21世纪高等教育金融学精讲教程

（第四版）

The Essence of INVESTMENT BANKING

投资银行学精讲

阮青松 余萍 编著

东北财经大学出版社
Dongbei University of Finance & Economics Press

·大连·

图书在版编目（CIP）数据

投资银行学精讲/阮青松，余萍编著. —4版. —大连：东北财经大学出版社，2022.6

（21世纪高等教育金融学精讲教程）

ISBN 978-7-5654-4510-1

Ⅰ.投…　Ⅱ.①阮…②余…　Ⅲ.投资银行–银行理论–高等学校–教材　Ⅳ.F830.33

中国版本图书馆CIP数据核字（2022）第068049号

东北财经大学出版社出版

（大连市黑石礁尖山街217号　邮政编码　116025）

网　　址：http://www.dufep.cn

读者信箱：dufep@dufe.edu.cn

大连日升彩色印刷有限公司印刷　　东北财经大学出版社发行

幅面尺寸：170mm×240mm　字数：407千字　印张：21.25　插页：1

2022年6月第4版　　　　　　　　　2022年6月第1次印刷

责任编辑：郭　洁　石建华　　　　　　责任校对：喜多多

　　　　　刘贤恩　吉　扬

封面设计：沈　冰　　　　　　　　　　版式设计：原　皓

定价：47.00元

第四版前言

　　投资银行自18、19世纪诞生以来，在证券发行与承销、企业兼并重组、风险投资分析等业务中起着举足轻重的作用，是资本市场上重要的金融中介。近年来，投资银行业发展迅猛，已跻身于金融业务的国际化、专业化中，衍生出了众多专业的投资银行，如我国的中信证券、中金公司、申银万国、国泰君安，美国的高盛、摩根士丹利等。其业务结构也更加多元化，不止局限于传统证券承销的业务框架，也拓展了私募发行、基金管理、公司理财、项目融资等众多业务。

　　本书系统地阐述了投资银行学的相关理论与应用方法，极具指导性与创造性，可作为培养应用型本科、研究生等层次经济管理人才的通用教材，同时也可做相关从业人员的业务自学与专业素质的提高之用。全书共14章，主要内容包括投资银行简介、投资银行的地位与作用、中国投资银行的现状与展望、投资银行的运营和管理、投资银行的经营策略、投资银行的监管、证券发行与承销业务、证券投资与交易业务、兼并与收购业务、项目融资、资产管理业务、资产证券化业务、风险投资业务、金融衍生品。同时，每章后附了案例资料（囿于篇幅，大部分采用扫码阅读方式）与思考应用等内容，助力提升读者运用相关理论分析解决实际问题、独立进行财务决策的能力。

　　本版继续保持了上一版教材内容循序渐进、结构科学合理、行文生动易懂的特色，并在此基础上对其中的案例、数据等内容做了更新替换，以便更好地呈现投资银行业近年来的最新发展与我国投资银行的业务实际，具体工作体现在：补充了股票发行核准制与注册制、2020年新证券法、科创板与创业板上市条件等内容；更新了相关政策法规和数据。为进一步结合实际说明问题，特别补充和修订了以下案例：《从中外合资到国资控股：中金公司的前世今生》《康美药业财务造假　广发证券遭重罚》《注册制改革新探索——锋尚文化成创业板注册制第一股》《中信建投助力北汽新能源收购前锋股份》《PPP：杭绍台铁路建设项目》《投资银行持续助推　阿里巴巴步步为营》。我们相信，修订后的本书更具时效性和实务性，距离成为理论与实际相结合、方法与应用相适应的投行经典教材更进一步。

在本版的修订过程中，上海立信会计金融学院副教授吕大永博士对全书的更新补充提出了诸多有效的建议，对本次修订的统筹组织工作贡献颇多。硕士研究生房浩明、胡苏米雅、凌涵杰、王琳、谢远鑫、易小琪、曹天骄、李函霏参与了相关章节的内容补充与案例数据更新工作，在此一并致谢。

虽然本版在上一版基础上做了进一步的修改补充，但仍难免存在疏漏与不足之处，请广大读者不吝赐教，您的批评指正也是我们进步的动力。

阮青松

2022年2月19日于同济嘉定园

其他版次前言

序

陈琦伟

　　投资银行产生于西欧，发展于北美洲，后来逐渐在亚洲、拉丁美洲等地兴起，作为国际金融市场中的一类重要金融机构，曾经在世界经济体系中发挥过不容忽视的积极作用。然而，自2008年以来，由美国次贷危机引发的新一轮金融危机席卷全球。在此次危机中，曾经是现代金融体系中最活跃、利润最丰厚的投资银行，损失最为惨重。华尔街叱咤风云的三大独立投资银行——贝尔斯登、雷曼兄弟以及美林证券全部黯然退出历史舞台。2008年3月17日，摩根大通同意以2.4亿美元左右收购贝尔斯登（美国第五大独立投资银行，成立于1923年）；2008年9月15日，雷曼兄弟（美国第四大独立投资银行，成立于1850年）申请破产保护，美林证券（美国第三大独立投资银行，创立于1914年）被美国银行收购。尤其令人关注的是，高盛（美国第一大独立投资银行）与摩根士丹利（美国第二大独立投资银行）皆已决定转型为传统银行集团，希望能借着银行功能来改善其日益窘迫的流动性。业界人士多把上述事件看做是美国投资银行商业模式的终结，但仔细思考，就其实质而言与其说这是美国投资银行商业模式的终结，不如说这意味着华尔街不断玩弄财务杠杆而图利的时代已结束，我们不妨认为这倒是个好趋势。近十余年来金融权利无限扩张，它们在美国及全球吹出了超级泡沫，这个时代也该结束了。只是它们丢下了一个超级烂摊子，这是一场灾难，而且现在仍然看不到尽头。

面对这样的境况，建立不到20年的中国投资银行业究竟该何去何从？这不能不引起我们深思，因为随着全球金融一体化，中国早已不是与世隔绝的金融领域的"世外桃源"，在这一波危机中，无论是纯本土投资银行，如中信证券、国泰君安、申银万国，还是有外资背景的本土投资银行，如中金公司、中银国际、瑞银证券，皆不能置身事外。整个中国的投资银行业与全球投资银行业一道，也面临着前所未有的挑战与压力。

但是，在这新一轮的"洗牌"中，对于中国正在高速成长的投资银行业来说，是不是也面临着机遇呢？各投资银行收缩业务，重新审查投资，加强风险管理；国资委牵头，全国近百家金融机构组成海外招聘团，赴华尔街招揽平时根本无法企及的一流金融人才……这一切，有理由让我们期待，正如风险永远与利润并存一样，危机永远是与机遇并存。值此以投资银行业为代表的全球金融体系面临巨大变革之际，无论是金融业的业内人士，还是经济管理专业的学生，了解投资银行的理论与实务，掌握其要点，都具有很强的现实意义。

投资银行的理论与实务体系目前已比较完整，也较为庞杂，对于初涉其中者，首先需要对其中一些最基本最重要的原理和观点有所掌握，并且对最新发生的一些案例有所了解，这就很需要有一本这方面的教材。同济大学经济与金融系副主任阮青松副教授编著的这本《投资银行学精讲》就是这样一本教材。该书最大的特点就是简明扼要，用较少的篇幅阐明最主要的理论，文字通俗易懂、层次结构合理，并且结合了大量的案例分析，其中很多案例正是取材于目前仍在持续中的这场全球金融危机，具有很强的时效性。因此，本书既可作为大学研究生和本科生的教材，亦可作为投资银行从业人员的培训资料，还可成为业余爱好者的阅读材料，相信广大读者一定会从中受益。但是，必须强调的是，投资银行永远是强调实践和创新的行业，所以希望读者最终能将阅读本书的心得运用于实践之中。

2008年12月于上海交大

前言

　　投资银行是资本市场的核心与灵魂。我国开始设立资本市场至今仅有二十余年历史，投资银行业尚处于起步阶段，行业规模相对较小，业务内容相对简单。然而，我国是目前世界上经济增长速度最快的国家之一，经济的发展必然将带动资本市场的迅速发展，而资本市场的迅速发展必将带来对投资银行业相关人才的强烈需求。为适应这一需求，本书按照当前我国投资银行理论与实务的教学要求，结合本人近年来在投资银行理论与实务教学和科研中的体会，以及参与多项中国资本市场投资银行业务的实践经验，在分析阐述投资银行基本知识、基本理论的基础上，着重于现代投资银行实务的分析与运作方面的讲解，并结合大量的国内外投资银行业务案例进行深入细致的剖析和研究，力求做到理论知识的系统性、业务技能的实用性、政策法规的准确性和信息资料的时效性的四个"统一"。本书分析了最近全球金融风暴中投资银行的相关案例，同时密切联系中国资本市场的实践，注重反映投资银行对于中国资本市场发展和经济改革深化的重要作用和现实意义。本书将有助于读者充分了解投资银行在资本市场中的作用以及在中国经济改革中的重要功能，熟悉投资银行的各种基础业务和创新业务，使读者能够更好地投身于中国投资银行的理论研究及实践中。

　　在本书的编写过程中，我的一些研究生做了大量繁琐的工作，金晓慧参与了第一章、第二章、第三章和第十一章的资料收集与编写，周鑫参与了第四章、第五章、第六章的资料收集与编写，汪士佳参与了第七章的资料收集与编写，郑巍然参与了第八章的资料收集与编写，冯薇薇参与了第九章的资料收集与编写，胡之波参与了第十章的资料收集与编写，狄瑶参与了第十二章、第十三章和第十四章的资料收集与编写，李进龙参与了第十四章的资料收集与编写，华东理工大学余萍女士参与了第十二章和第十三章的编写，吕大永与余萍协助我对全文进行了整理与校对。

本书可以作为各大学的投资学、金融学、经济学、管理学等相关专业本科生教材，也可以用作这些专业的硕士、博士研究生以及 MBA 和 EMBA 学生学习投资银行理论与实务的参考教材。此外，本书也可作为金融业从业人员业务进修的重要参考。当然，由于编写时间紧张，同时限于编著者的水平，书中难免有疏漏，希望教材的使用者能够给我们提供改进意见，以便我们以后能对本教材进一步修改完善。

阮青松

2008 年 12 月于上海

目录

第一章

投资银行简介

投资银行作为资金需求者和资金供给者之间的桥梁，在资本市场上以其特殊的角色定位发挥着无可取代的作用。尽管在不同年代、不同地域，投资银行总被赋予不同的称谓——证券公司、商人银行、全能银行等，但是，在其漫长的发展过程中，一直保持着鲜明的行业特征。本章主要从投资银行的定义、特征以及产生与发展的过程等方面进行介绍，使读者对投资银行及其从事的业务有一个初步的认识。

第一节　投资银行的定义

一、投资银行的基本含义

由于各国的法律法规及传统习惯不同，当前世界各国对于投资银行的定位也有所区别。总的说来投资银行有以下三种不同的类型：

第一类是以美国为代表的投资银行，即 investing bank 或 security firm（证券公司）。这种类型的投资银行的一个最根本的特点是在法律的规定下不得从事商业银行的存贷款业务，主要从事与证券及证券市场有关的业务活动[①]。现阶段我国和日本称其为证券公司。

第二类是以英国为代表的投资银行，即 merchant bank（商人银行）。商人银行可追溯到18世纪中叶一些大贸易商开办的票据承兑所。由于其信用良好，许多商人要求他们承兑汇票以便出售或贴现。随着伦敦逐渐成为早期的国际金融中心，大量的商人银行在继续从事中长期信贷业务的基础上，将证券承销、交易等纳入其业务范围。

---

① 奚君羊. 投资银行学［M］. 2版. 北京：首都经济贸易大学出版社，2014.

第三类是以德国为代表的投资银行，即 universal bank（全能银行）。在德国，证券业务与存贷款业务传统上是不分开的，德国的全能银行既从事商业银行的核心业务——存贷款业务，也从事中长期信贷以及证券发行、承销等业务。

随着经济和金融的发展，投资银行的业务不断拓展，投资银行业的发展日新月异，各国对投资银行的界定也出现了很大差异。那么，到底什么是投资银行呢？简单来说，投资银行就是指主营业务为投资银行业务的金融机构。这一定义其实是个无意义的循环定义，但是它至少为我们提供了一种解决问题的思路，即如果我们定义了投资银行业务，也就定义了投资银行。美国著名金融投资专家罗伯特·劳伦斯·库恩（R.L·库恩）根据投资银行业务的发展趋势，曾经对投资银行业务按其范围大小顺序提出了从广义到狭义的四种描述。

定义一：投资银行业务包括华尔街大型公司的所有金融市场业务，即任何经营华尔街金融业务的银行都被称为投资银行。这是投资银行定义最广泛的表述，它既包括从事证券业务的金融机构，也包括保险公司和不动产经营公司，它们从事华尔街所有的金融活动，如国际银团承销、企业证券发行和房地产及保险等。

定义二：投资银行业务只包括所有资本市场的业务。这里的资本市场是与货币市场相对应的，主要指为资金需求者提供中长期（一年或一年以上）资金的市场。这些业务包括证券发行与承销、公司理财、收购兼并、商人银行业务、基金管理、风险资本运作、私募发行、咨询服务以及风险管理和风险工具的创新等，但是不包括向客户零售证券、不动产经纪、抵押、保险以及其他类似的业务。

定义三：投资银行业务仅包括以证券承销与公司并购为重点的某些资本市场活动，而不包括基金管理和风险资本（创业资本）及产品的风险管理，但包括商业银行业务。

定义四：投资银行业务仅指证券承销和交易业务，这是投资银行定义最狭义的表述。这种定义把投资银行从事的其他重要的且具有创新性质的业务排除在外，因而不能概括现代投资银行。

目前，许多经济学家，包括库恩本人，都倾向于第二种定义。美国学者弗朗哥·莫迪利亚尼（Franco Modigliani）在《资本市场：机构与工具》一书中也持这样的观点。他认为，在金融服务业中，有一些公司只为客户买卖证券而没有融资功能，这些公司称为证券公司或经纪公司。而投资银行必须具备两项功能：一是对于需要资金的公司、本国政府机构以及外国实体（主权机构和公司），投资银行帮助他们获得资金；二是对于想进行投资的投资者，投资银行充当证券买卖的经纪人和交易商。当然，随着资本市场业务的不断发展，投资银行的内涵也在不断变化。

结合上述几种定义以及现阶段投资银行的发展情况，我们将投资银行定义为：

在资本市场上从事证券发行、承销、交易及相关的金融创新和开发等活动，为长期资金盈余者和短缺者提供资金融通服务的中介性金融机构。

二、商业银行与投资银行的区别

在漫长的历史进程中，投资银行与商业银行总是分分合合。曾有学者将两者的发展过程概括为：混业→分业→高级混业。现阶段，尽管两者混业经营的趋势越来越明显，但是投资银行和商业银行作为资本市场的两大核心，在今后一段时间内仍将共存，为此我们有必要讨论一下两者的联系与区别。从本质上来讲，两者都是资金盈余者与资金短缺者之间的中介，一方面使资金供给者能够充分利用多余资金以获取收益，另一方面又帮助资金需求者获得所需资金以求发展。从这个意义上来讲，两者的功能是相同的。然而，在充当金融中介的过程中，投资银行与商业银行的运作方式有很大的不同。

商业银行是间接融资的媒介。它对于资金供给（盈余）者来说是资金需求者，从事负债业务；而对于资金需求（短缺）者来说又是资金供给者，从事资产业务。资金盈余者和资金短缺者彼此之间无任何权利和义务，他们只与商业银行发生关系，彼此没有契约的直接约束，只有间接信用，债权债务和风险大小均由商业银行和筹资者承担。商业银行的金融中介作用如图1-1所示。

图1-1 商业银行的中介作用

投资银行是直接融资的媒介。所谓直接融资即由资金盈余者以最终贷款人的身份购入资金筹集者所发行的债权凭证而进行融资的方式。投资银行可以向投资者推介发行股票或债券的筹资者，也可以为投资者寻找适合的投资机会。投资银行是直接融资的中介。投资银行并不介入投资者和筹资者的权利与义务，投资者与筹资者直接拥有相应的权利和承担相应的义务。投资银行的主要作用是为资金供需双方提供咨询、策划以及为投融资成功提供法律上和技术上的支持。投资银行这种相对超脱的媒介地位是其他金融中介所不具备的，因此，投资银行在中介的深度和效率方面具有其他金融中介无可比拟的优势。投资银行的金融中介作用如图1-2所示，投资银行与商业银行的区别则[1]如表1-1所示[2]。

---

[1] 奚君羊. 投资银行学 [M]. 2版. 北京：首都经济贸易大学出版社，2014.
[2] 赵洪江. 投资银行学 [M]. 成都：西南财经大学出版社，2011.

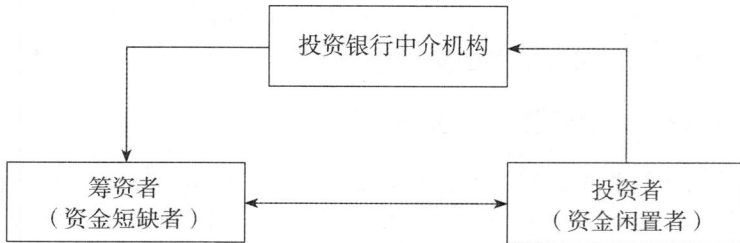

图 1-2　投资银行的中介作用

表 1-1　　　　　　　　投资银行和商业银行的区别

	投资银行	商业银行
本源业务	证券承销	存款、贷款
功能	直接融资、较侧重于长期融资	间接融资、较侧重于短期融资
业务概貌	无法用资产负债表反映	表内与表外业务
利润主要来源	佣金	存贷利差
经营方针与原则	在控制风险的前提下更重开拓	追求收益性、安全性、流动性三者的结合，坚持稳健原则
宏观管理	证券监管机构、财政部或中央银行和证券交易所多层次管理	中央银行
保险制度安排	投资银行保险制度	存款保险制度
服务领域	资本市场	货币信贷市场

三、投资银行的类型

（一）国外对投资银行的分类

投资银行业务涉足的领域繁多、地域广阔，但并非每一家投资银行都能囊括所有的投资银行业务，也并不是每一家银行都能够拥有遍布世界的分支机构。投资银行业中也存在着规模差异和专业化分工。投资银行在美国、日本以及欧洲一些国家已经有很长的历史，在漫长的发展过程中涌现出了不同类型的投资银行形式。

1.超大型投资银行（bulge bracket firms）。在规模、市场实力、客户数目、客户实力、信誉等方面均达到了一流水平。在美国，根据 2020 年 Vault 最新发布的数据，Centerviews、Evercoer、Goldman Sachs（高盛）、Morgan Stanley（摩根士丹利）和 Guggenheim 五大投行占据了全球前五的位置。在欧洲，投资银行和商业银行存在不同程度的混业经营，许多投资银行附属于商业银行。欧洲的超大型投资银行有瑞士银行旗下的瑞银华宝、德意志银行麾下的德意志摩根建富和汇丰集团控股的汇丰控股有限公司①。

2.大型投资银行（major bracket firms）。也从事综合性的投资银行业务，但在资本规模、信誉、实力等方面均低于超大型投资银行。

超大型投资银行和大型投资银行是投资银行界的核心，在一国乃至世界经济中发挥着十分重要的作用。

3.次大型投资银行（sub-major bracket firms）。是指那些以本国金融中心为基地，专门为某些投资者群体或较小的公司提供服务的投资银行。这些投资银行一般规模较小，资本实力和信誉相对较差，在组织上一般采取灵活的合伙制。

4.地区性投资银行（regional firms）。是指专门为某一地区投资者和中小企业及地方政府机构服务的投资银行。它们一般以某一地区为基地，不会在全国及世界金融中心设立总部和分支机构。

5.专业性投资银行（specialized firms）。通常被称为投资银行界的"专卖店"，专门从事某个或某些重要领域的业务，发挥竞争优势。例如，那些仅承销或经营某些行业证券（如新材料行业证券、IT行业证券、网络行业证券、生物制药行业证券等）或进行技术性承销的投资银行。这类投资银行具有很强的专业性和行业特性，在单个行业中具有很强的竞争优势，往往能取得出人意料的业绩。

6.商人银行。这里的商人银行与英国的"商人银行"概念不同，它是指专门从事兼并与收购（merger & acquisition）以及某些筹资活动的投资银行，这类投资银行有时也用自有资金购买证券。黑石集团（Blackstone Group）、瓦瑟斯坦·潘里拉公司（Wasserstein Porella & Co.）是美国著名的商人银行。

（二）我国的投资银行

我国的投资银行起步较晚，最初称得上投资银行的只有一些从银行独立出来的证券经营公司，这些公司主要从事证券承销与经纪业务，形态上采取有限责任公司或股份有限公司的形式。2019年12月28日第十三届全国人民代表大会常务委员会第十五次会议第二次修订，自2020年3月1日起施行的最新《中华人民共和国证券法》第一百二十条规定，经国务院证券监督管理机构批准，取得经营证券业务许可证，证券公司可以经营下列部分或者全部业务：证券经纪、证券投资咨询、与证券交易和证券投资活动有关的财务顾问、证券承销与保荐、证券融资融券、证券做市交易、证券自营，以及其他证券业务。我国的投资银行已经取得了长足发展，投资

---

① 杨丽萍，沈双生.投资银行理论与实务［M］.北京：高等教育出版社，2015.

银行的意义已经脱离了单纯的证券公司，而开始涉足其他一些投行业务，这极大地改善了我国投资银行的盈利能力。表1-2列举了我国2020年净利润排名前五位的证券公司[①]。

表1-2　　　　　　　　2020年我国证券公司净利润排名　　　　　　单位：亿元

序号	公司名称	净利润
1	中信证券股份有限公司	149.02
2	国泰君安证券股份有限公司	111.22
3	海通证券股份有限公司	108.75
4	华泰证券股份有限公司	108.23
5	广发证券股份有限公司	100.38

第二节　投资银行的特征

尽管在漫长的历史进程中投资银行发生了巨大的变化，但其鲜明的行业特征却丝毫没有减退。这些特征构成了这一特殊行业区别于其他行业的标志，也是其保持稳定和发展的基础。概括来讲，这些特征主要包括创新性、专业性和道德性。

一、创新性

过去，人们并不把创新性列为投资银行的基本特征。那时，投资银行能否取得成功的关键不在于概念和观念的创新，而在于他们同客户公司的董事会和经理层的关系。但是，随着行业竞争的加剧，投资银行越来越有必要为客户提供具有创新性的方案以满足客户多样化的需要，因此，创新性已经成为投资银行业一个必备的武器，金融工具和结构的创新有助于保持投资银行业的竞争优势。

（一）创新性的概念

创新性包括"创造"和"革新"两个方面，创造是指有价值的新事物产生的过程，革新是指将有价值的新事物转变为商业上可行的产品或服务的过程。创造的实质是从"无"到"有"，而革新的实质是把已经存在的事物进行商业化。投资银行的创新性，一方面是对创新性精髓的理解并知道如何去激发创新性，另一方面是为业务运作注入活力，包括新战略设计、研究和开发的不断进步、质量的提高、财务状况的优化、信息的获取、人力资源管理水平的提高以及为不同的组织营造创新性的文化氛围。对当前的投资银行来说，创新性的管理意味着投资开发更好的金融产

[①]　资料来源于中国证券业协会官方网站 https://www.sac.net.cn/。

品、提供更为高效的服务以及开创更节约成本的服务方式等，只有这样投资银行才能在激烈的竞争环境中生存下来并获得发展。

（二）创新性的内容

投资银行的创新性体现在如下几个方面：

1.融资方式。投资银行开发出不同期限的浮动利率债券、零息债券、抵押债券，发行认股权证和可转换债券，建立"绿鞋期权"（green shoes）①承销方式等。20世纪70年代，投资银行又创造出一种新型的融资方式——资产证券化，即以资产支撑的证券化融资。

2.并购产品。投资银行提供桥式贷款，发行垃圾债券，创立各种票据交换技术、杠杆收购技术和种种反收购措施，如毒丸战术、降落伞计划、白衣骑士策略等。

3.基金产品。投资银行推出的基金新产品有套利基金、对冲基金、杠杆基金、雨伞基金、股息滚动投资、定期投资计划以及定期退股计划等。

4.金融衍生产品。金融创新思想和对实际金融问题的创造性解决思路的最终体现形式就是新型金融工具，包括以利率、汇率、商品价格、证券价格或指数为基础的期货、期权、远期合约以及各种金融互换产品等。

（三）创新性的培养

创新性将影响到投资银行业的方方面面，但是这种创新性并非天生的，而是必须经过后天的培养。杰出的投资银行家并不是天生就与众不同，而是经常地思考和寻找解决问题的新思路和新方法，在这个过程中他们才成为了创新大师。尽管如何培养创新性是仁者见仁智者见智，并无定法可循，但大致都包括以下五个方面：

1.营造有利环境。培养创新性需要有一个自由灵活的环境，使工作人员在与公司共同目标保持一致的同时发挥个人的自主性和创新性。通常人们对创新性的呼吁是："告诉我你想要让我完成什么，但不是告诉我该怎样去完成。"如果领导层的监督过于严格，就会严重扼杀员工的积极性，一些公司缺乏创新性的主要原因正在于此。

2.激发每个人的创新性。最富有创新性的想法可能来自意想不到的某个人，每个人都有创新的潜力，因此必须激发每个人的创新性。无论是出色的技巧还是长期积累的经验，都不是确保能产生独到见解的因素，事实上，这些因素还可能会因强化了长期以来形成的常规思维模式而妨碍创新性。

3.向创新型人才提供帮助。不同的人在很多方面都是有区别的，尤其是在创新

---

① "绿鞋期权"惯例的做法是，发行人在与主承销商订立初步意向书（letter of intent）时明确，给予主承销商在股票发行后30天内，以发行价从发行人处购买额外的相当于原发行数量15%的股票的权利。

能力方面。对投资银行来说，必须学会尊重和帮助这些创新型人才，他们往往是比较特别、难以控制、喜欢在奇怪的地方和反常的时间里进行工作的人。发现和利用这些创新型人才没有捷径可循，切记创新型人才可能不是最聪明的或最敏锐的，也可能不具有进取精神或魄力，甚至没有意识到自身的创新天赋，所以投资银行家必须学会发现和珍惜他们。

4.培养斗士和组织者。要使创新性在投资银行业中发挥作用，必须拥有能够担任两种角色的人——斗士与组织者。斗士是敢于承担高风险项目主要责任的"勇士"，他们通常被安置在公司的中级职位上，充满着敬业精神和狂热的激情，他们的工作能使那些创新性的想法得以实现。组织者是公司的高级职员，对高风险项目有强烈的兴趣，因为他们在公司的职位较高，所以往往是创新型项目的发起者和组织者。

5.奖惩并用。大多数公司对待风险的态度都是有两重性的，他们对成功的冒险大加赞赏，而对失败则是给以重罚。这一机制从表面上来看似乎是有效的，但在事实上却从制度上扼杀了公司内部人员的创新性，因此，创新性的工作失败的可能性往往比成功的可能性更大。为了使创新型人才能够安心地进行创新工作，应该给他们提供更广阔的活动空间和更灵活的奖励制度。

二、专业性

投资银行是一个知识密集型行业，需要专业的知识和专门的技能，特别是在资本市场飞速发展的年代，要做好投资银行业务，对专业性的要求更高。投资银行专业性的特征主要体现在以下几方面：

（一）金融学和金融理论

投资银行的业务与资本市场紧密相联，其从业人员必须对投资理论和金融工程方面的知识十分了解和精通，熟悉投资理论的最新进展，并掌握金融工程的基本技术和工具，以便在业务开展过程中拥有深厚的理论基础。对一些常规的理论和技术，如资产组合理论、金融衍生工具、套期保值技术，以及公司的财务分析、成本分析、收益曲线分析技术等都能够灵活地运用。许多国际大型的投资银行对投资理论和投资技术都有很高的要求，并且配有专家委员会对业务的开展提供支持。虽然具备扎实的投资理论并非一定能成为成功的投资银行家，但是缺乏必要的投资理论一定不可能成为一流的投资银行家。

（二）金融实践和业务经验

金融实践和业务经验是投资银行业专业知识体系中的一部分，从千千万万金融个案实践中积累起来的业务经验是开展未来业务的坚实基础。借助于自己的理解力，对过去的金融实践经验进行回顾和总结，将有助于改进和提高未来的工作。例如，多年积累起来的并购经验可以更有效地帮助现在从事并购活动的客户获得更大的成功。当然，丰富的融资经验和专业化的渠道对造就杰出的投资银行家来说也还是不充分的，它只是投资银行专业知识体系中的一个重要组成部分而已。

（三）行业专长和业务能力

投资银行的核心竞争力体现在精通的业务能力和行业专长上，因为投资银行的资源和人力是有限的，不可能把精力平均分散到所有的投资银行业务中，最佳的选择是根据一般的业务原则和行业的特殊性，集中资源于某一种或几种业务，重点发展某一行业或几个行业的业务，创造业内的最佳和最具竞争力的品牌。因此，对投资银行的从业人员来说，精通的业务能力和行业专长也是十分关键的。

（四）市场悟性和远见[1]

投资银行业务既是一门科学，又是一门艺术。虽然技术方面的理性分析非常重要，但对市场的洞察力和感悟力同样不可缺少，有时甚至发挥着更大的作用。它不仅影响着投资银行具体业务的开展，而且对投资银行自身的发展起着非常重要的作用，许多国际大型投资银行成功的经验都充分证明了市场洞察力的关键性。一个优秀的投资银行家应了解从事证券承销工作的最佳时机、制定证券最合适的发行价格，并能识别何为热门资产，了解市场的下一个热点在哪里，察觉到那些不利或危险的因素。市场洞察力已经成为投资银行家的一种职业本能，凭着职业直觉来对未来的市场前景做出判断。

（五）人际关系处理技巧

人际关系俗称人脉网络，它是靠与人共事的能力或技巧来构建的，也是投资银行业专业知识体系中不能忽视的一部分。投资银行业属于服务性行业，是典型的金融机构，他的每一项业务都免不了要与人打交道，因此，处理人际关系的能力和待人接物的技巧对投资银行业的重要性是显而易见的。以承销业务为例，投资银行要处理好与发行公司、投资者、证券管理部门、其他中介机构如律师事务所、会计师事务所等各方面的关系，起到穿针引线、全面总管的作用。[2]前花旗环球金融亚洲有限公司副主席、前花旗投资银行（中国）总裁任克英的人际交往技巧一直被业界称道。在看到一个项目后，她首先会考虑其在资本市场的可操作性，然后查明与项目有关的负责人，逐个打通关系。她似乎天生具备一种罕见的才能，能够让每个与之交往的人成为她的利益共同体。在其任职的几年内，任克英已经多次上演了最后一刻入场却抢得订单的传奇故事。

① 奚君羊. 投资银行学［M］. 2版. 北京：首都经济贸易大学出版社，2014.
② 奚君羊. 投资银行学［M］. 2版. 北京：首都经济贸易大学出版社，2014.

三、道德性

每一个职员作为公司的一员、行业的一分子都应该恪守职业道德。对于投资银行业来说，职业道德不仅是其重要的无形资产，而且是提高声誉、扩大业务范围和提升个人价值的有效方法。职业道德构成了投资银行业的内在基础，是客户产生信心的源泉，缺少职业道德的投资银行将无法生存。随着投资银行业的发展渐趋成熟，客户对投资银行家的行为要求也变得十分严格，都力求找到具有高标准和良好道德准则的投资银行作为自己的代理。职业道德越来越成为投资银行业竞争的新武器。此外，对投资银行的具体从业人员来说，具备良好的职业道德将为其未来的职业发展增加一个分量颇重的砝码。投资银行业对职业道德的要求具体表现在以下几方面：

（一）遵纪守法

在这个以利润最大化为目标的行业里，非法行为看起来往往是成功的捷径，但是帮助客户从事非法或有悖道德的活动会使投资银行及其客户公司走上犯罪和破产的道路，并将受到舆论的谴责和法律的制裁。20世纪80年代末和90年代初，美国两大知名高成长投资银行——德崇公司和基德·皮博迪公司就因为从事非法活动导致破产和清算出售。因此，投资银行一方面应该告诫客户依法办事，同时自己也应该严格按照法律法规的要求从事经营活动，为客户和同行做出表率。

（二）为客户保密

泄露客户机密是典型的违反职业道德的表现，不仅会损害客户的利益，也会给证券市场的稳定带来不利影响。避免泄露客户机密行之有效的办法是不要告诉他人不必要告诉的事情。但究竟什么是"不必要告诉的事情"，不同的人往往会有不同的理解，许多投资银行会硬性规定一个限制性的名单，其中列出一些与投资银行有业务关系的公司，这些公司及其有关情况都属于保密范围，任何经纪人员、销售人员、并购合伙人以及其他雇员都不得为客户或自己买卖这一名单上的公司的证券。只要公司仍然属于被限制名单之列，投资银行和投资银行家便不能通过买卖该公司的证券来获益。此外，部门分割也是为客户保守秘密的一种方法，这种方法要求相关各部门的人员对其所知晓的信息保持缄默，不对本部门以外的人员传播这些信息。例如，当公司的财务人员知道公司信托部门投资的企业即将破产时，他们应该保持沉默。2022年，随着瑞士银行对于客户资料保密管理的松动，这一原则在投资银行的实践中是否仍能得到严格实施也不免引发关注。

（三）诚信原则

投资银行业是以诚信为基础的中介服务业，致力于长期发展的投资银行必然要立足于诚信地为客户提供最优服务。如果投资银行失去诚信，那么它将失去客户资源并最终丧失在资本市场上的竞争优势。投资银行在向客户提出建议时，应尽力说明自己对这一建议的信任程度，如果投资银行自己没有把握，也要向客户诚实相告以免误导客户。客户一般都欣赏投资银行的诚信态度，同时诚信也是确立客户与投资银行之间长期关系的基础。

（四）公开原则

为了维护证券市场的公平性，要求投资银行在开展业务时必须进行合乎规范的信息披露。投资银行在履行公开原则时，要做到以下两个方面：第一，保证客户做出合适的信息披露。投资银行应尽最大努力使证券发行者将与发行有关的所有重要信息都进行完整和正确的公布，避免遗漏重要资料和进行错误的表述。第二，主动将真实情况公布于众。例如，如果上市公司和管理层之间存在集体交易，投资银行必须加以披露。

第三节 投资银行的产生和发展

一、投资银行产生的基础及经济因素

追本溯源，投资银行的原始形态产生于大约 3 000 年前的美索不达米亚平原上的金匠。当时各国的货币以贵金属为主，因此，一方面金匠可以利用职业便利向商人们提供货币兑换和开展一些存贷款业务；另一方面，这些金匠又为商人们提供票据的兑现、各类证券的抵押放贷、财务顾问和咨询服务，具备了现代投资银行主要业务的基本形态。可以说，这些金匠既是商业银行的鼻祖，又是投资银行的滥觞。

此后，随着商品经济的发展和国际贸易的兴盛，这些商人发现进行资金融通更加有利可图，便逐步放弃原来的贸易活动，开始从事融资中介服务和承兑业务，原先的商人变成了"商人银行"。此时的"商人银行"业务和一般商业银行的业务并无太大的区别，只是其业务不断扩展和专业化，与现代意义上的投资银行相似。

中世纪意大利的商业特别发达，出现了许多"商人银行"。1397 年成立的麦迪西银行（Medici Bank）最为著名。麦迪西银行的总部设在佛罗伦萨，在威尼斯、热那亚、米兰和罗马都设有分行。

奥斯曼土耳其帝国的兴起使意大利的商业逐渐衰退下去，直至失去了其欧洲经济、贸易、金融中心的地位。此时世界经济中心由地中海沿岸转移到大西洋沿岸，荷兰的阿姆斯特丹逐渐成为新的贸易和金融中心，形成了北起波罗的海、南至比斯开湾的巨大贸易区。1609 年，阿姆斯特丹银行成立，荷兰的商人和银行家们在 17世纪到 18 世纪的大部分时间里从事为贸易融通资金、兑换外汇以及为外国政府提供贷款的业务。

英国投资银行的历史更为悠久。投资银行在英国被称为商人银行，16世纪中期，英国成为世界霸主，其通过海外殖民地扩张势力，发展对外贸易，这客观上需要有与外贸业务相关的融资服务机构，因而出现了一些由出色的商人主持、专门承担出口风险的金融商号，这些商号就是英国商人银行的雏形[①]。

随着商品经济的发展、生产规模的扩大，货币资本的需求量及供给量日益扩大，资金融通成为企业生产正常进行的必要条件，这就促进了金融业的发展，而金融业的发展则为投资银行提供了良好的环境。纵观历史，投资银行的早期发展主要得益于以下四方面因素：

一是贸易规模的扩大。随着贸易范围和金额的扩大，客观上要求融资以信用作为基础，于是一些信誉卓著的大商人便利用其积累的大量财富成为银行家，专门从事融资和票据贴现业务，这是投资银行产生的根本原因。

二是证券业务的兴起与发展。证券发行与证券交易的迅速发展是投资银行业迅速发展的催化剂，并为其提供了广阔的发展空间。投资银行作为证券承销商、证券经纪人以及做市商，逐步奠定了其在证券市场中的核心地位。

三是基础设施建设的投资高潮。资本主义经济的飞速发展给交通、能源等基础设施造成了巨大的压力，为了缓解这一压力，18、19世纪欧美掀起了基础设施建设的投资高潮，这一过程中巨大的资金需求使得投资银行在筹资和融资过程中迅猛发展。

四是股份公司的兴起。股份公司是商品经济发展的必然产物，在16、17世纪随着西欧各国的对外贸易和殖民扩张而逐渐兴起，18、19世纪逐步发展壮大。股份制的出现和发展不仅带来了西方经济运行体制的一场深刻的革命，也使投资银行作为企业和社会公众之间资金中介的作用得以确立。

二、美国投资银行的产生和发展

与英国相比，美国的投资银行产生较晚，但是发展迅猛，堪称现代投资银行发展的典范。美国投资银行的发端及历史可以追溯到19世纪初期，目前公认的美国最早的投资银行是1826年由撒尼尔·普莱姆创立的普莱姆·伍德·金投资银行。1864年的美国《国民银行法》（The National Banking Act of 1864）禁止国民银行进入证券市场，有权从事证券业务的银行只是那些被称为"私人银行"的机构，这些私人银行接受客户的存款之后可以在证券市场上从事承销、投资业务，而当时的国

① 栾华. 投资银行学 [M]. 北京：高等教育出版社，2011.

民银行和私人银行都被称为银行。

美国投资银行的发展历史大致可以分为以下几个阶段：

（一）早期的投资银行（20世纪20年代）

第一次世界大战之后美国经济迅速发展，新兴企业不断崛起，企业债券和股票成为投资热点，债券和股票市场也得到了快速发展。由于通过资本市场融资的成本较低、期限较长，公司的融资途径发生了很大变化，更多地倾向于通过股票和债券市场融资。在这种条件下，投资银行得到了快速发展，在这期间产生了一些具有影响的著名的投资银行，如摩根·塞利格曼·斯培叶（Morgan Stanley）、摩顿·罗斯、梅里尔·林奇（Merrill Lynch）、雷曼兄弟（Lehman Brothers）、高盛（Goldman Sachs）等，都是那时很活跃的投行机构。

这一时期的美国投资银行具有两个特点，一是投资银行的主营业务是证券承销和分销，二是投资银行和商业银行处于混业经营状态。

虽然《国民银行法》规定商业银行不能从事证券市场业务，但对商业银行通过控股的证券公司来从事该类业务却未加限制。于是，在巨额利润的推动下，商业银行纷纷将储户的存款通过下属证券公司投向高风险的股票和债券市场，主要开展经纪人业务和向客户提供保证金贷款。这种贷款给投资者的投资提供了巨大的杠杆效应，平均每个客户只需交纳股价10%~15%的资金就可以交易。1927年的《麦克法登法》的通过使商业银行的分支机构得以涉足承销领域，并从母银行借入大量的资金在股票市场上进行投机或偿还私人债务，但从不归还贷款，于是在当时的证券市场上产生了巨大的泡沫。

1929年以前的经济繁荣带来了投资银行业的高涨和繁荣，在证券投机商宣扬的"永远繁华"的舆论鼓动下，西方证券市场的交易变成一种狂热的货币投机活动。由于受到证券市场丰厚利润的吸引，商业银行往往凭借雄厚的资金涉足证券市场，大银行通常用存款人的钱来承保新股票甚至直接参与证券投机，同时各国缺乏针对证券业的专门监管机构，这些都为1929年至1933年的世界性金融和经济危机埋下了祸根。

（二）危机期间的投资银行（1929—1933年）

20世纪20年代美国证券投资交易规模达到了空前水平，作为虚拟资本的有价证券不断膨胀，形成巨大的证券泡沫。1929年10月28日（"黑色星期一"）股票市场如决堤洪水狂泻不止，拉开了20世纪30年代经济大危机的序幕并产生"多米诺骨牌"效应，波及全世界。"泡沫"破碎了，繁荣消失了，取而代之的是破产、挤兑、倒闭、失业、自杀，经济进入大萧条时期，进而导致了世界历史上空前持久和深刻的经济危机。在大危机期间，纽约证券交易所上市股票价值从897亿美元跌到156亿美元，其中美国钢铁公司的股票每股价格由292美元降到21美元，美国电报电话公司股票价格由每股310美元降到70美元，通用公司股票价格由每股92美元降到7美元，一些声誉较差的公司股票则只好摘牌。到1932年，股市市值仅剩下危机前的10%，美国工业生产从危机前的最高点降到1932年危机时的最低点，下降了55.6%，退回到了20世纪初的水平。此间，银行业受到的冲击是最大的，从1929年到1933年末，美国银行由23 695家减少到14 325家，4年之内净减了近万家，出现了世界金融史上最悲惨的一幕。而投资银行业无疑也遭到重创，陷入萧条。深究此次危机的原因，主要有以下几个方面：

第一，混业经营模式增加了金融风险。大危机前投资银行和商业银行的业务相互交叉和渗透，银行的存贷款业务与投资银行的证券承销和交易业务没有严格分开，许多短期资金得以进入证券市场进行风险较大的长期投资。短期借贷资金进行长期投资必然面临挤兑的风险，导致了银行的经营风险越来越大。

第二，银行资本和产业资本彼此渗透。银行资本和产业资本彼此渗透产生了许多金融寡头，使证券市场的竞争性相对减弱，证券市场的人为波动因素增大，一旦某个环节出现问题必然导致连锁反应，因此，随着证券市场的崩溃，许多投资银行以及投资银行控制的生产经营性公司纷纷倒闭。

第三，金融监管体系不完善。当时的金融法规和监管体系十分不健全，缺乏有效的监管机构和相应的法律体系，许多投资银行和商业银行的业务游离于政府的管辖范围之外，偏离了正常的金融轨道。

为了防止危机的再度出现，美国政府相继出台了多项法律，其中最著名的是1933年的《银行法》（The Banking Act of 1933），这个法案对证券投资活动的布局和渠道做了大规模的调整，制定了证券投资活动的根本原则，引发了美国银行业史上最深刻的变革。这一法案通常被称为《格拉斯-斯蒂格尔法》（Glass-Steagall Act），该法案将商业银行和投资银行的业务严格分开，规定任何以吸收存款业务为主要收入来源的商业银行不能同时经营证券投资等长期性资产业务，而任何经营证券业务的投资银行也不能经营商业银行的业务；商业银行的人员不能在投资银行兼职，商业银行不得设立从事证券业务的分支银行或附属机构。该法案还规定建立联邦存款保险公司，通过经营商业银行的存款保险业务对银行进行监督和管理，保证存款者的资金安全和金融业的稳定。

商业银行业务和投资银行业务的分离，从根本上确立了投资银行的概念和在经济中的地位。该法案标志着现代投资银行和商业银行分业格局的形成，同时也标志着纯粹意义上的商业银行和投资银行的分野。摩根公司将投资银行业务专门转由摩根士丹利公司经营，商业银行业务则由J.P·摩根公司经营，而雷曼兄弟公司则选择了证券业。

（三）复苏期间的投资银行（20世纪30—70年代）

1934年起美国经济以及整个世界经济开始复苏，以美国为代表的世界证券市场又开始繁荣起来，投资银行也更加活跃，但由于随后欧洲和日本陷入战争的灾难之中，其证券业和投资银行的发展受到严重制约，而远离战场的美国其证券市场却在法律的护航下平稳发展了数十年。在此期间，投资银行和商业银行分别活动在自己的领域，美国一些大的投资银行，如摩根士丹利、所罗门兄弟、美林和高盛等都得到充分的发展。

在20世纪60年代的并购热潮中，一流投资银行开始大量介入企业并购活动，当时的并购备受追随集团公司化潮流的公司的推崇。风险套利（risk arbitrage）开始流行，许多交易导向型的公司通过对收购公司及被收购公司的股票进行买空与卖空赚取巨额利润，因此许多交易导向型的投资银行开始向传统牵头经理人施加压力，并利用做市和交易方面的专业技能来赢得客户。这期间的市场波动和交易业务的激增导致了投资银行业的第一次合并浪潮。

在当时突飞猛进的欧洲债券市场上，一些大型的承销机构面临着不同于国内市场的困难和挑战，而很多美国一流的投资银行依靠他们长期的客户关系成为一流的欧洲债券承销商，同时将他们在国内的进取风格搬到欧洲市场，加强二级市场业务能力，以弥补他们由于缺乏广泛的分销网络导致的在国际市场上募集能力的不足。美国的商业银行也通过附属公司参加承销辛迪加和推销集团，这些附属公司通常以母银行的名义在伦敦市场上开展业务，包括参与欧洲债券的承销。

从证券交易上来看，20世纪50年代末美国股价和交易量同步增长，到1963年美国股票交易量首次超过1929年的水平，1968年比1963年的交易量增长了3倍。随着证券交易量日益扩大，人工证券交割制度显得十分落后，严重制约了美国投资银行的发展。1968年12月未交割的证券交易金额达到41亿美元，清算差错率高达25%~40%，100多家投资银行因此倒闭。这次危机促使电子技术在证券领域广泛运用，新的中介机构如电讯证券公司（Wire House）或大经纪公司的出现改变了金融业的现状。

1970年美国政府颁布的《证券投资者保护法》设立了与商业银行保险制度相类似的"投资银行保险制度"，并在此基础上建立了"证券投资者保护协会"。1975年5月1日（简称"五月日"，May Day），美国取消了固定佣金制，这一变化促使了贴现经纪人（discount broker）的兴起，他们向客户提供佣金低廉的简单经纪人服务。

（四）加速发展的投资银行（20世纪80年代—21世纪初）

投资银行与商业银行的分业与混业一直是美国政策与立法中争论的主要问题之一。20世纪80年代以来，随着世界金融市场一体化进程的加快，分业经营的金融体制无法适应国际市场竞争的需要，投资银行和商业银行分业管理限制了美国投资银行的发展，因此要求混业经营的呼声越来越高。自此，美国逐渐放宽了投资银行业的业务限制，1999年11月通过了《金融服务现代法案》（Financial Service Modernization Act of 1999），为投资银行的混业经营奠定了法律基础。投资银行与商业银行的重新融合产生了国际金融市场上的所谓"超级银行"，它们通过推出全方位的金融一条龙服务在激烈的市场竞争中一举夺得领先地位，使人不难预见，在美国将诞生集多项金融业务于一身的"金融超级市场"，并逐渐向全能银行的模式发展。这种趋势是经济全球化和全球金融一体化的必然结果，在未来的国际金融业的发展中，全能型银行无疑将占主导地位。

（五）次贷危机爆发后的投资银行（2007—至今）

在次贷危机爆发的前5年中，美国的房地产业大幅拉动了美国整体经济的增长，同时也逐年扩大了美国的住房抵押贷款市场。在房市繁荣的时候这些贷款的风险并不算高，原因在于当借款人无力偿还贷款时他可以通过出售房屋还清借款，然后再凭借宽松的条款获得新的贷款。但是，当美国房价走势渐趋平和时，这种贷款就成为高危品种，一方面无力偿还的贷款人数上升，另一方面通过出售房屋的所得也未必能够还清借款。

次贷危机爆发之前美国的抵押贷款市场一直由政府支持的房利美和房地美两家公司主宰，这两家公司将贷款打包成证券出售给投资者，承诺向投资者支付本金和利率，但是随着两大公司财务丑闻的爆发，他们在抵押贷款市场的份额急剧下降，到2006年底两家公司的份额从2003年的70%降到40%。就在此时大量投资者为了追逐利润纷纷加入这一市场，其中包括成千上万风险偏好的对冲基金、养老基金以及投资银行。为了获得更高的利润，它们降低了房贷标准，不断鼓励房贷机构尝试各种各样的贷款类型，风险开始蔓延。2007年7月10日，穆迪公司宣布降低对总价值约52亿美元的399种次级抵押贷款债券的信用评级，标准普尔也在当天宣布下调对总价值约120亿美元的612种此类债券的评级。两大权威评级机构对次级抵押债券的大规模降级使得金融市场的风险慢慢浮出水面，受此影响，全球金融市场纷纷出现剧烈波动，各大股市大幅下挫，当日跌幅普遍超过1%。

2007年6月，贝尔斯登旗下两只投资于次级贷款抵押债券市场的基金——高级信贷策略基金和高级信贷策略杠杆基金宣布破产，尽管贝尔斯登向两只基金提供了16亿美元的应急资金也未能挽回颓势，公司负责此项业务的共同总裁和共同首席运营官沃伦·斯佩克特也于破产当天宣布辞职。此时的贝尔斯登气数已尽。2008年3月16日，摩根大通在美联储的协助下以每股2美元收购了贝尔斯登，自此贝尔斯登成为次贷危机中最早的牺牲者。2008年的美国第四大投资银行——雷曼兄弟在第二季度巨亏39亿美元，创158年以来单季度亏损最高水平。到2008年9月，雷曼兄弟股价跌幅已经达到100%，最终公司无奈宣布出售旗下资产，雷曼兄弟成为继贝尔斯登之后美国投行业的第二大牺牲者。在两大投行先后倒闭之后，美国第三大投资银行——美林证券的处境也十分艰难，到9月12日，美林的股价跌幅已经高达36%，市值缩水150亿美元。15日，美国银行以440亿美元的价格收购了有着94年历史的美林证券，收购价格仅为美林证券股价峰值的30%。五大投资银行中幸存的两家——摩根士丹利和高盛虽然逃过破产命运，但公司也遭受了巨大的损失，9月21日，美联储批准了这两大投资银行提出的转为银行控股公司的请求，这一决定在5天的等候期后正式生效。两大投行转变身份之后可以设立商业银行分支机构吸收存款，还可以与其他商业银行一样永久享受从美联储获得紧急贷款的权利。可见，两大投行之所以决定转变身份也是金融危机下的无奈选择。至此，自2007年次贷危机爆发以来，美国五大投资银行在损失不断加大的情形下"非死即伤"。严格说来，真正意义上的五大投资银行在这一场次贷风暴中已经成为历史，这对美国金融体系的整体发展是一个重大打击。为了重塑美国金融体系，美国政府自2009年开始进行了次贷危机后最大规模的金融改革，并于2010年发布金融监管改革法案，即《多德-弗兰克华尔街改革与消费者保护法案》（简称《多德-弗兰克法案》），这次改革的核心是控制金融机构的系统性风险，同时保护金融服务消费者利益。这其中对于投行影响最直接的就是对自营投资业务的限制，其规定投行投资于对冲基金和私募股权的资金规模不得高于自身一级资本的3%，这一规定带来的直接结果就是高盛、摩根士丹利和摩根大通等大型投行不得不逐步考虑关闭其自营业务交易部门。这一过程是对全能型投行全价值链运作模式的阶段性否定，而接下来的美国投行便开始了一个长期的去杠杆化的过程。[①]

2009—2014年，为了达到降低金融杠杆的目的，美国采用"宽货币+严监管+强改革"的政策组合，即在长期实施零利率和宽松的货币政策的前提下，升级了对房地产和商业银行的监管，实施《沃尔克法则》（Volcker Rule）并控制杠杆率。在这一政策组合下，美国的金融去杠杆取得了显著的成效，房地产金融泡沫得以控制，私人部门资产负债表得到修复，经济也逐渐复苏。《多德-弗兰克法案》出台后，相关监管措施逐步落地实施。根据美国达维律师事务所统计，到2016年7月

---

① 林喜鹏. 美国投行创新经验总结及对我国券商的启示 [A] //中国证券业协会. 创新与发展：中国证券业2012年论文集. 北京：中国财政经济出版社，2013.

19 日，《多德-弗兰克法案》所提出的 390 条监管规则中，成功落地的已有 274 条（占比 70.3%)，尚在修订中的仅剩 36 条（占比 9.2%)，整体来看该法案的监管规则已基本落地。①

然而，随着金融监管的不断深入，各种问题和争议也逐渐浮现，放松金融管制的呼声渐强。2018 年 5 月，《经济增长、放松监管和消费者保护法案》被正式签署，对系统重要性金融机构、资本市场、自营交易、中小银行等的监管均有不同程度的放松。2019 年 8 月 20 日，美国货币监理署和美国联邦存款保险公司批准通过了《沃尔克规则》修订案，将美国金融监管的放松推向了新高潮。由此，美国金融监管实现了从强化到放松的十年轮回。②然而，华尔街银行和投行从修改议案中获益较少，这些银行和投行依旧受到严格限制，如《沃尔克规则》中仍禁止自营交易。

三、日本投资银行的发展

日本的证券公司历史悠久，早在明治维新时期就出现了证券公司的雏形。然而，由于历史原因，间接融资在日本的金融体系中始终占有极其重要的地位，大财团雄厚的资金实力也为经济的发展提供了充足的物质基础。因此，长期以来日本的证券市场始终处在缓慢的发展状态中，直到第二次世界大战以后，日本的证券市场才逐渐活跃起来，证券公司也随之发展起来。

进入 20 世纪 80 年代后，日本投资银行进入快速发展时期，业务创新速度不断加快，资产规模不断扩大，证券公司不断分化重组，出现了野村、大和、山一、日兴四大投资银行巨头。这四大投行很大程度上操纵和控制着日本证券市场，包揽了一级市场 80% 的承销业务，同时二级市场上的大宗商品买卖也多由他们承担。③20世纪 80 年代末期，日本证券市场市价总值上升到世界第一，野村等投资银行也在规模上达到了空前的水平。

从 20 世纪 90 年代开始，日本泡沫经济崩溃，由此陷入长期衰退，特别是亚洲金融危机爆发后，日本投资银行出现了行业性亏损，多家证券公司倒闭。日本第七大投资银行——三洋证券因其债主拒绝将其 200 亿日元的债务还款期限向后推迟而被迫向法院申请破产保护，成为日本金融史上第一家申请破产清盘的投资银行；第四大投资银行——山一证券在成立 100 周年之际宣布破产，负债高达 3.2 万亿日元，成为日本战后规模最大、负债金额最多、影响最大的倒闭事件。1996 年 11 月，日本公布号称 "大爆炸"（Big Bang）的金融改革方案，以 "国际化、公平化、自由

---

① 陈昊，鲁政委.《美国对〈多德-弗兰克法案〉的修订》[R]. 兴业银行研究报告，2018.
② 胡滨. 从强化监管到放松管制的十年轮回——美国金融监管改革及其对中国的影响与启示 [J]. 国际经济评论，2020（5）.
③ 栾华. 投资银行学 [M]. 北京：高等教育出版社，2011.

化"为原则，允许各金融机构业务相互渗透，股票交易手续费自由化。1997年6月，日本政府制订了改革计划，列出改革事项以及具体措施。1998年4月，日本重新修订了外汇及外贸管理法，此后，包括银行法、证券交易法、保险法在内的一系列法律修正方案于1998年12月相继出台，共同组成了《金融体系改革方案》。该方案通过引入新的投资信托渠道以及实现证券衍生工具的完全放开等举措，改进了金融机构的资产管理手段。并且，该方案还打破了银行、证券公司和保险公司进入彼此传统业务领域的限制，一定程度上促进了金融市场的自由化。①

到了21世纪，为了进一步集中金融监管权力，提高监管效率，日本政府又进行了一系列改革。2000年3月，日本政府将中小金融机构的监管权由地方收归中央，交由金融监督厅监管。2000年7月，日本政府将金融监督厅和大藏省金融企划局合并，成立了金融厅。随着2001年1月金融再生委员会的撤销，金融厅成为日本金融监管体系的最高行政部门。至此，日本建立起高度集中的新型金融监管体制。

2007年席卷全球的次贷危机对日本经济造成了巨大冲击。为了维护日本国内金融体系的稳定，日本政府分别进行了短期和中长期金融监管改革，有效提升了日本金融机构抵御风险的能力。到2008年9月，日本国内四家大型金融机构的总损失只占全球总损失的1.1%左右，约为1.39万亿日元，相比于其他资本主义国家而言，损失较少。②

四、新兴资本市场上的投资银行

新兴资本市场（emerging capital market）是指那些创立时间较短、发展速度较快的资本市场。1969年以前在新兴资本市场上几乎没有任何投资银行或商人银行机构，20世纪70年代以后，一些发达国家在国内金融市场日趋饱和的情况下，积极向新兴资本市场如中国内地、墨西哥、新加坡、韩国、印度、中国的香港和台湾等地进军，在这些发达国家获取丰厚利润的同时，投资银行在这些新兴的资本市场上也开始落地生根、发展壮大。

1970年新加坡创立了第一家投资银行——渣打银行，之前泰国已于1969年成立了泰国投资证券有限公司。东盟国家成立投资银行主要以三种方式：一是在世界银行集团下属国际金融公司（IFC）的帮助下，由政府部门发起成立；二是由私人部门自发创立；三是依靠发展银行类金融机构创立。国际市场的充分流动性、东盟国家旺盛的贷款需求以及新加坡、中国香港证券市场的繁荣，吸引了大量的国外金融机构涌入东盟各国，但大多数金融机构由于受到东道国对国外资本控制权方面的

---

① 冷静. 日本"大爆炸式"金融体制改革评述：成就与挑战 [J]. 金融法苑，2001（1）.
② 赵玉婷，李云静. 日本的金融监管体制改革及对中国的启示 [J].税务与经济，2018（5）.

限制，采用了通过购买东道国其他投资银行类的非银行金融机构的股份进入东盟国家金融市场的方式。东盟国家的投资银行业务一般集中在两个方面，一方面是进行基金操作和筹集存款，另一方面是充当经纪人。在1997年亚洲金融危机期间，东南亚的投资银行首当其冲，遭受重创甚至走向破产边缘。为了应对危机，东南亚各国政府进行了金融监管机制的改革，采取了救助干预措施，包括成立基金、维持较低利率等，帮助经济逐渐走出困境，但此次危机仍使东南亚资本市场元气大伤。2008年美国金融危机的爆发对于东南亚国家资本市场而言又是一次巨大的冲击。作为拥有东南亚最为开放的金融市场的国家，新加坡受创最重，海峡时报指数连日跌破5年新低纪录。其他国家的资本市场也受到不同程度的损害，如印度尼西亚股市在经历了持续暴跌之后，于2008年10月10日被政府宣布无限期休市。①在这一背景下，东南亚国家的金融体制改革步入了第二阶段。在主要国际经济组织与国际评级机构的指导下，各国都推动和完善了金融监管体制，以维护金融稳定。同时，各国还积极响应"普惠金融"倡议，发展微型金融（microfinance），促进互联网科技金融的创新，由此促进了数字普惠金融的大规模发展。②

在其他新兴市场国家，以国内业务为主的投资银行业也迅速得到发展，韩国是这类投资银行在亚洲最成功的例子。大宇证券是韩国最大的本土证券公司，其前身是成立于1970年的东洋证券公司，1973年被大宇收购，实收资本从1970年的5 000万韩元增加到160亿韩元，成为韩国大宇集团的核心成员机构，但在亚洲金融危机中大宇证券和其他韩国投资银行一样受到沉重打击，甚至在采取一系列的措施之后还是无力回天，最终倒闭。尽管如此，这却推动韩国资本市场拉开了新的序幕。为了走出金融危机，韩国政府被迫向IMF等国际组织和其他国家求助，在外国势力的倒逼之下，韩国被动开始改革，开放了资本市场。外资的进入提升了韩国公司治理的水平，约束了国内既得利益者。尽管转型过程较为艰难，但却使得韩国资本市场迎来了质的变革。自1999年起，韩国经济开始反弹，焕发出新活力。

在拉丁美洲，本土投资银行最为发达的国家是巴西和墨西哥；在非洲则是尼日利亚。

一般来说，商业银行、开发银行、储蓄银行和保险公司都先于投资银行而成立。但在发展中国家，在证券市场问世后，由于保证证券市场的有效运行离不开投资银行，于是才产生了投资银行。

---

① 卢光盛. 全球金融危机对东南亚的冲击及其对中国–东盟经济关系的影响［J］. 东南亚纵横，2008（11）.
② 陈凌岚. 东南亚国家金融监管模式改革、特点及其启示［J］. 发展研究，2019（12）.

—————————— 本章小结 ——————————

　　1.投资银行是指在资本市场上从事证券发行、承销、交易及相关的金融创新和开发等活动，为长期资金盈余者和短缺者提供资金融通服务的中介性金融机构。

　　2.投资银行是直接融资的媒介，它并不介入投资者和筹资者的权利和义务，其利益主要来自佣金。投资者和筹资者相互接触并且相互拥有权利并承担相应的义务。投资银行和商业银行的区别主要表现在本源业务、功能、业务概貌、利润主要来源等方面。

　　3.投资银行业的行业特征既是该行业区别于其他行业的标志，也是其保持稳定和发展的基础。投资银行业的主要特征包括：创新性、专业性和道德性。

　　4.投资银行的创新性包括"创造"和"革新"两个方面，创造是指有价值的新事物产生的过程，革新是指将有价值的新事物转变为商业上可行的产品或服务的过程。创造的实质是从"无"到"有"，而革新的实质是把已经存在的事物进行商业化。

　　5.投资银行的专业性是指投资银行有自己的专业知识和专业技能，其具体内容主要包括：金融学和金融理论、金融实践和业务经验、行业专长和业务能力、市场洞察力和远见、人际关系处理技巧。

　　6.投资银行业的道德性构成了投资银行业的基础，因此它已成为该行业一个十分重要的特征。投资银行业对职业道德的要求具体表现在以下几方面：为客户保密、遵守法律、诚信原则、公开原则。

　　7.商品经济的发展、生产规模的扩大，促进了金融业的发展。金融业的发展也为投资银行提供了良好的环境。投资银行的早期发展主要得益于以下四个方面的因素：贸易活动范围与金额的扩大、证券业务的兴起与发展、基础设施建设的投资高潮、股份制的发展。

—————————— 思考与应用 ——————————

　　1.什么是投资银行？

　　2.投资银行与商业银行相比有哪些区别？

　　3.投资银行的类型有哪些？

　　4.如何理解投资银行的创新性、专业性和道德性？

　　5.早期的投资银行赖以发展的经济因素有哪些？

【参考案例一】　　　　　　　　崛起的摩根大通

　　2008年的华尔街哀声一片，无数知名的金融机构在次贷危机的冲击下轰然坍塌，美林被收购，雷曼兄弟申请破产保护。当这些叱咤华尔街多年的航母级投资银行纷纷倒下时，整个世界陷入了一片恐慌。金融危机来临了！与此同时另一个消息也让华尔街为之一震，摩根大通银行宣布2007年收入达到714亿美元的历史水平，净收益创154亿美元的新高。

　　2007年第四季度次贷危机全面升级，但就在此时摩根大通依然创下了30亿美元的净利润，将花旗、美林等远远抛在身后（见图1，资料来源于当年各投行第四季度季报）。摩根大通在次贷危机中的表现让许多观察家大为惊叹，为此我们不妨来重新审视一下这间华尔街投行中的百年老店。

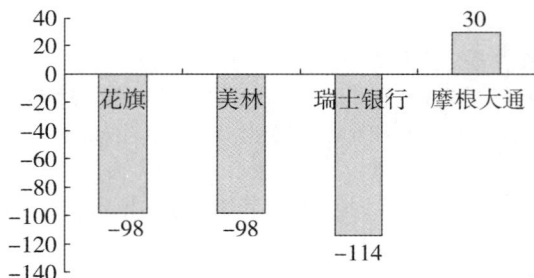

图1　2007年四大投行第四季度利润比较（单位：亿美元）

摩根大通的起源可以追溯到1838年的美国商人乔治·皮博迪（George Peabody）和他的搭档吉诺斯·摩根（J. P. Morgan 的父亲）共同创办的伦敦商业银行有限公司。

继续阅读请扫码

【参考案例二】　　　　　"嗜血"的高盛

　　高盛（Goldman Sachs）、摩根士丹利（Morgan Stanley）、美林证券（Merrill Lynch）、雷曼兄弟（Lehman Brothers）、贝尔斯登（Bear Stearns）——曾经呼风唤雨、不可一世的华尔街五大投行，在2008年的次贷危机中的命运却是不尽相同。贝尔斯登于2008年3月16日被摩根大通以每股2美元总价约2.36亿美元的"白菜价"收购；美林证券在2008年9月15日被美国银行并购；雷曼兄弟在同一天申请破产保护；摩根士丹利同样陷入困境，在危机中苦苦支撑。在同样的经济衰退中，在同行要么破产、要么被收购的情况下，高盛却能够逆势而上，仅在2009年第二季度就净盈利34亿美元。为何在被冠以"强盗贵族""秃鹫式资本家""吸血大乌贼"等头衔的不利局面下高盛依旧能成为华尔街的头号代言人和金融危机的大赢家？我们不禁期待对这个连续19年被评选为全球最适宜工作的百家公司之一的企业有更深的了解。

一、顶尖投行的蜕变史

　　高盛集团的历史可以追溯到1869年，当时美国南北战争结束不久，银行的利率很高，全家搬到纽约的马库斯·高曼便模仿德裔银行家的商业模式，在纽约曼哈顿创立了马库斯·高曼公司（Marcus Goldman & Co.），并开发了针对小型商业票据的贴现业务，这也就是高盛公司的前身。马库斯·高曼的公司非常简陋，刚刚创立时公司坐落在一间狭小的底层建筑里，尽管如此他对外仍称自己为"经纪人及银行家马库斯·高曼"。随着业务的逐渐开展，他渐渐有能力雇用一位非全职的财务会计和一名员工。马库斯十分勤奋地工作，公司的业务也越做越好，在公司发展的早期，马库斯一年可以完成的商业票据交易价值将近500万美元。

　　在高盛公司的大纯银章上面有两个人物——马库斯·高曼和塞缪尔·盛克斯。这塞缪尔·盛克斯是马库斯·高曼最心爱的小女儿路易莎的丈夫。塞缪尔·盛克斯自幼非常懂事，为人十分沉稳，因父亲突然病逝，他高中便辍学并开始经营一家干货店，独自担起父亲遗留的债务责任。随着公司经营的日渐顺利，业绩规模不断扩张。马库斯·高曼很赞赏塞缪尔·盛克斯，在他60岁生日将临之际，马库斯·高曼宣布邀请塞缪尔·盛克斯正式加入自己的公司。一年多后的1882年，他又决定让萨缪尔·盛克斯成为公司的初级合伙人，并且从那时开始把公司更名为高曼·盛克斯公司（M.Goldman and Sachs），1888年公司正式更名为高盛公司（Goldman Sachs & Co.），也就是如今的高盛。

继续阅读请扫码

【参考案例三】　　　　　中信证券

中国投资银行业所包含的组织形式较为广泛，证券公司、金融投资公司、资产管理公司等从事投资银行业务的机构都被纳入其中。上世纪80年代末期，随着我国经济的快速发展，证券业务逐渐从商业银行的投资业务部独立出来并迅速壮大，发展出了以证券流通、交换为主的中介机构体系。至此，券商作为极具专业性的资本市场中介机构，其发展关系到了整个资本市场的融资结构与秩序，已成为中国投资银行业的核心。证券公司作为资本市场最重要的主体之一，是金融界的灵魂和支柱，也已经成为我国金融体系和国民经济系统中主要的组成部分，对我国金融市场的未来发展具有重要影响力。

中信证券股份有限公司成立于1995年，是中国证监会核准的第一批综合类证券公司之一。截至2021年4月28日，其注册资本为129.27亿元，主营业务范围包括证券的代理买卖，代理证券还本付息、分红派息，证券的代保管、鉴证，代理登记开户，证券自营买卖，证券承销，客户资产管理，证券投资咨询等。到2020年底，中信证券总资产达到10 529.62亿元，成为国内首家资产规模破万亿的券商，营业收入543.83亿元，净利润149.02亿元。根据中国证券业协会发布的2020年证券公司经营业绩排名情况，中信证券夺得了20项指标的第一名，是当之无愧的行业龙头，其发展历程对于中国证券业而言极具代表性，堪称我国国内证券公司的发展标杆，即便在同行业利润水平出现整体下滑的时候，中信证券的净利润仍然常年居于市场领先地位。参见表1、图1。

表1　　　　　　　　　2020年中信证券经营业绩排名情况

项目	排名
总资产	1
净资产	1
营业收入	1
净利润	1
净资产收益率	2

续表

项目	排名
信息技术投入	3
信息技术投入占营业收入的比例	22
公益性支出	11
净资本	2
核心净资本	1
财务杠杆倍数	2
客户资金余额	1
托管证券市值	1
证券经纪业务收入	1
代理买卖证券业务收入（含交易单元席位租赁）	1
交易单元席位租赁收入	1
代理买卖证券业务收入	8
营业部平均代理买卖证券业务收入	10
代理销售金融产品收入	1
投资银行业务收入	2
承销与保荐业务收入	2
股票主承销佣金收入	1
债券主承销佣金收入	3
担任资产证券化管理人家数	1
财务顾问业务收入	1
并购重组财务顾问业务收入	2
投资咨询业务收入	3
资产管理业务收入	2
代理机构客户买卖证券交易额	1

项目	排名
代理机构客户买卖证券交易额占代理全部客户买卖证券交易额的比例	8
基于柜台与机构客户对手方交易业务收入	1
境外子公司证券业务收入占营业收入比例	4
融资类业务利息收入	1
融资融券业务利息收入	1
约定购回业务利息收入	–
股票质押业务利息收入	2
证券投资收入	1
股权投资收入	1

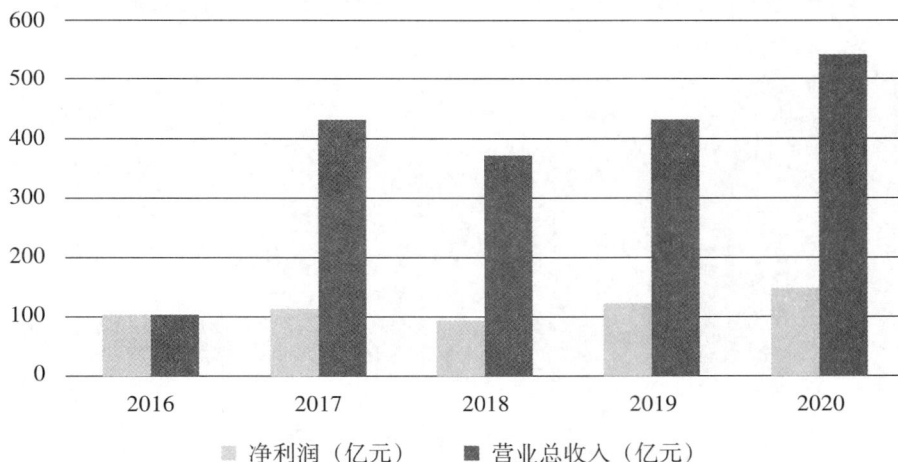

图1 中信证券2016—2020年净利润和营业收入

　　然而，中信证券在成立之初，身处中金、海通、广发等一众大有声名的券商之中，显得非常普通并不起眼。但是，投行业风起云涌，券商间的竞争异常残酷。在短短20多年时间里，中国投行业经历了一轮又一轮的重新洗牌，许多曾经叱咤风云的大券商们纷纷跌落神坛。一出生就有豪华股东光环加持的"贵族"——中金证券，在遭遇战略失误以及屡曝违约事件之后，从2005年净利、营收双登顶的"中国第一投行"，到后来的年净利润跌落至71位，早已风光不再；海通、广发等曾经占据过各项财务指标榜首的大券商也在激烈的竞争中纷纷败下阵来，甚至多次险些被挤出排名的前十……而在这变化莫测的行业竞争中悄悄脱颖而出，进而占据了绝对领先地位的券商，就是曾经籍籍无名的中信证券。那么，中信证券是如何做到多年来业绩持续领跑的呢？我们不禁想对这个证券业的"领头羊"有进一步的了解。

继续阅读请扫码

投资银行的地位与作用

投资银行的出现使资本市场产生了翻天覆地的变化，在漫长的发展过程中，投资银行以其鲜明的个性特征在金融市场中发挥着无可取代的作用。在金融领域，投资银行素有"资本市场的心脏"之称，这充分显示了投资银行在金融市场中的核心地位。本章主要阐述投资银行与各类金融市场的关系，具体比较投资银行与其他各类金融机构的差别，以此突出投资银行在行业中的地位；在此基础上，概括投资银行在金融市场中所发挥的作用，使读者进一步认识投资银行。

第一节　投资银行的地位

一、金融市场概述

（一）金融市场及其分类

在经济体系中运行的市场可以划分为三种类型：要素市场、产品市场和金融市场。

在要素市场上，生产者向出价最高的消费者出售他们的劳动力和其他资源。要素市场分配着生产要素，如土地、劳动力与资本，并向生产要素的所有者分配收入——工资、租金等。而在产品市场上，生产者提供各式各样的商品和劳务，如住房、食品、旅游项目、文艺演出、教育等，消费者则把他们从要素市场上获得的收入的一部分拿来购买这些产品。

不过要素供给者并不是把所有从要素市场获得的收入都用于消费，每年居民获得的收入的一部分都被用于个人储蓄，以备不时之需。此外，企业也进行储蓄以应付将来可能的资金需求，同时现代经济要求有大量的投资来生产消费者需求的商品和劳务，而单一的企业或政府一时之间又没有数目如此庞大的资金，此时无论是闲置资金的拥有者还是急需资金的生产者都企盼出现一个新的市场来解决这一问题，这就是金融市场产生的原因。

在金融市场上通过销售金融索取权（如股票和债券）进行投资的企业与政府，可以很快地从居民、企业与政府积累的大量储蓄中筹集到巨额资金，然后用未来的收入来偿还从金融市场上获得的资金。

金融市场上的资金就是所谓的商品，而资金的借贷就是所谓的商品交换。正是在经济体系内运作的金融市场，使得当前收入和未来收入的交换以及将储蓄转化为投资成为可能，促进生产与收入的增长。因此，金融市场是商品市场和其他要素市场的先导，是启动商品市场和其他要素市场的"润滑剂"和助推器。

在现代经济体系中，金融市场的发达程度也标志着一个国家经济与金融的发展水平。正如邓小平同志在1991年考察上海时的讲话中所指出的："金融很重要，是现代经济的核心。金融搞好了，一着棋活，全盘皆活。"①

概括来讲，金融市场是指资金供求双方借助金融工具进行各种货币资金交易活动的市场（或场所），是各种融资市场的总称。从理论上说，它是一个包含许多不同层次和内容的复杂混合体。

按照不同的标准，金融市场的分类也不同，具体来说，可以从以下几方面进行划分：

（1）按照交易期限可以分为短期金融市场和长期金融市场，即货币市场和资本市场。

（2）按交割方式可以分为现货市场、期货市场和期权市场。

（3）按成交与定价方式可以分为公开市场和协议市场。

（4）按证券交易的方式和次数可以分为发行市场和流通市场，即一级市场和二级市场。

（5）按具体的交易对象可以分为票据市场、证券市场、金融衍生品市场、外汇市场、黄金市场等。

（6）按金融活动的范围可以分为地方性、区域性、全国性和国际性金融市场。

（二）金融市场的功能

概括来讲，金融市场主要有以下八方面功能：

1.将储蓄转化为投资。金融市场为公众的储蓄提供了多种渠道。通过在货币和资本市场上销售债券、股票与其他金融工具，公众的储蓄流向各个投资领域，从而

---

① 王玉霞. 中国投资银行论［M］. 北京：中国社会科学出版社，2005.

生产出更多的商品和提供更多的服务，提高整个社会的福利水平。

2.财富的保值与增值。对于选择储蓄的企业和个人而言，金融市场上销售的金融工具提供了极好的储存财富的途径（即维持所持有资产的价值），直到需要资金时才进行支付。尽管可以选择以实物形式（如房屋、汽车等）储存财富，但是这些实物会折旧，并且常常具有较大的损失风险。债券、股票与其他金融资产能够创造价值，其损失的风险相对较小。

3.增强流动性。在现代社会中，货币可以随时用来支付而不需要转化成其他形式，因此具有完全的流动性，但是也不能带来收益，即使将其转化为银行存款收益也是非常小的，而且它的购买力受通货膨胀的影响很大。因此，为了获取较大收益，公众应该保持合理的货币持有量并持有一定比例的其他金融工具。金融市场为公众提供了很多风险较小且收益较高的金融工具，而且在他们急需现金时可以向他们及时提供流动性。

4.价格发现。同其他类型的产品一样，金融产品的价格除了由其本身的价值决定之外，还受到市场供求关系的影响。当某种金融工具供不应求时，价格就升高，反之价格降低，所以金融市场是金融工具的合理定价机制。

5.提供信息。企业和个人由于受到时间和空间的限制，各自掌握的信息非常有限，因此在信息匮乏的情况下，他们很难做出正确的决策。金融市场能够给企业和个人交易金融资产提供诸如利率、汇率、价格等有用信息，帮助他们做出正确的决策。

6.支付清偿手段。客户在涉及大额款项的交易时使用现金会有很大的不便，金融市场给客户提供了多种支付清偿的手段，而且交易不仅可以通过银行系统进行，还可以通过共同基金的交易账户进行，除此之外，客户还可以通过一般信用卡服务来实现这些功能。这大大提高了交易的效率、节省了交易的成本。

7.贯彻政府政策。金融市场已经成为政府贯彻其经济政策的主要场所。通过合理地调节利率与信贷规模以及公开市场业务，政府能够影响公众的借款与支出计划，而这反过来又会影响就业和经济增长。

8.风险管理。金融市场内有大量从事风险控制的专业人才，他们可以运用掌握的专业知识和方法针对不同客户提供应对不测和控制市场风险的办法。许多金融机构设有专门的风险管理委员会，委员会下设不同的部门分别对不同的风险进行防范。图2-1[①]是众多金融机构所采用的风险管理组织结构。

---

① 杨雪. 金融机构风险管理体系建设经验研究［J］. 吉林金融研究，2016（12）.

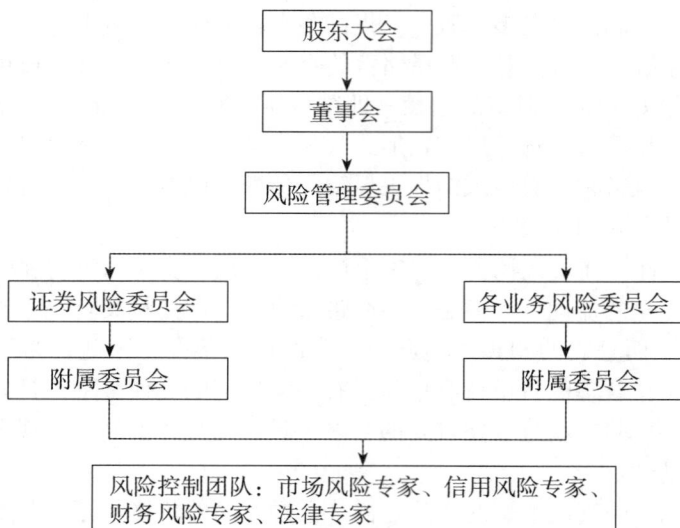

图2-1　风险管理组织结构

（三）金融市场在经济体系中的作用

1.金融体系对现代经济发展的贡献

现代经济增长理论把促进经济增长的力量归结为两个方面，一是要素投入量的增加，二是要素生产率的提高。金融体系对经济增长的贡献也可以从两方面考察，即金融体系在促进要素投入量增加上的贡献和在促进要素生产率提高上的贡献。此外，由于金融在现代经济中还是一个重要产业，金融体系对经济发展的贡献还包括金融业自身产值的增长。

金融体系在促进要素投入量增加上的贡献主要通过促进储蓄率、储蓄向投资的转化系数和就业量的增长体现出来。

首先，金融体系不但能够通过自身发展促使潜在储蓄转化为实际储蓄，而且还能够促进储蓄向投资的转化。在任何社会中，在储蓄量既定的条件下，投资数量都取决于储蓄向投资的转化能力，而转化能力的高低不但与利息高低有关，金融机构和金融市场在当中也发挥着重要作用。如果考虑到金融体系在现代经济中还可以提供超过储蓄量的信用货币投入，那么金融体系对要素投入量增加的促进作用就更加明显了。

其次，金融体系促进劳动投入的增长主要是通过促进就业比重的提高体现出来。金融体系不能使人口增加，也不能使劳动力增加，但可以使总劳动力中的就业比重增加。一方面金融体系通过促进资本投入量的增加吸纳更多的就业人口；另一方面金融领域直接吸纳了一部分就业人员。从就业结构来看，随着金融体系的发展，金融部门的从业人员比重在不断上升。

把金融体系对资本投入量增长的贡献和对劳动投入量增长的贡献一并计算，金融体系在现代经济中通过促进要素投入量的增加对经济增长的贡献是非常显著的。

随着现代金融业的不断发展，金融在推动国民经济发展的同时，也通过自身产值的增长为经济发展直接做出贡献，金融业产值在国内生产总值中的比重不断上升。到20世纪60年代总共只占到美国国内生产总值的4%的金融业，在21世纪初的10年间就已经占到了其国内生产总值的8%。由此不难看出，金融业自身产值增长对经济的贡献也是不容忽视的。

总之，金融体系通过促进要素投入量的增长、要素生产率的提高和自身产值的增长对现代经济增长做出了巨大贡献。

2.金融体系在经济体系中的重要地位

在现代经济体系中，尽管各个国家的发达程度存在差异，但有一点是共同的，即金融已经与各国的经济密不可分。现代经济社会中基本上已不存在没有金融的纯实体经济，金融已渗透到经济活动的各个方面，并且影响力越来越大。货币经济、信用经济、金融经济的提法都从不同侧面描述了现代经济的这一基本特征。

资金运行是现代经济运行的传送带，而在资金运行中金融体系起着关键作用。如果金融体系有着较高的效率，则可以最大限度地促使资金从盈余部门向短缺部门转移，即最大限度地促使储蓄转化为投资。如果金融体系效率很低，储蓄向投资的转化便会受到约束，储蓄不能全部转化为投资，其差额是闲置储蓄，这意味着社会生产潜力没有得到充分运用。由此可以得到一个重要结论：金融体系的运作状况以及效率高低决定着储蓄向投资转化的数量和质量。西方著名经济学家戈德·史密斯曾经论证，在美国这样一个经济发达的国家，金融体系对经济发展起了难以估量的作用，通过金融市场融通的资金量进入21世纪后已超过金融总量的2/3，足见金融市场在发达国家经济中的地位。

随着经济现代化进程的加快，金融的国际化趋势也在迅速增强。这种趋势通过三个方面表现出来：一是金融机构的跨国设立；二是跨越国界的金融业务已占据很大比重；三是金融市场的全球一体化。金融的国际化既是由金融体系内在的特征决定的，又是国际经济发展和金融业竞争的必然结果。金融国际化是国际经济一体化发展的重要前提，对国际经济一体化有着巨大的推动作用，而国际经济一体化又为金融的国际化奠定了坚实的基础。

二、投资银行与金融市场的关系

投资银行是金融体系中非常重要的一部分，它参与了几乎所有种类的金融市场活动，与各类金融市场有着千丝万缕的联系，在整个金融系统运作过程中起着举足轻重的作用。

（一）投资银行与货币市场

货币市场是连接短期融资和投资、增加货币资金流动的市场。投资银行参与货币市场主要是以中介经纪商和保付代理商的角色出现，有时也以自有资本为融资者短期垫资，以应付其短期资金流动性的不足。投资银行的主要业务包括金融机构的同业拆借；承兑或贴现未到期商业票据（如在国际大型机器设备贸易中长期"福费廷"业务中的保付代理）、代理发行和承销短期融资票据和公司债券、政府公益事业债券和国库券，同时主营上述短期证券的续期和换新业务。美国的投资银行往往独立设立货币市场基金，集聚短期闲散资金并代客户组合金融投资。由此可见，投资银行也是货币市场上的主要参与者。①

（二）投资银行与资本市场

资本市场从性质上可细分为中长期债券市场、股票市场和投资基金市场三大类。投资银行是资本市场上最活跃、最重要的参与主体，其主要业务活动包括：以承销商的角色出现，为公司和政府承销中长期债券和股票及基金证券；以经纪商的角色出现，向客户提供债券和股票的买卖中介服务，有时代客户垫资，进行信用交易的短期投资；以财务咨询和市场分析师的角色出现，为投资者提供投资咨询和市场研究报告，帮助投资者投资和理财；以战略策划者的角色出现，为企业进行并购和反并购出谋划策；以做市商的角色出现，调节资本市场价格和交易量的升跌与平衡；通过设立风险投资基金，为风险投资者的投资、风险投资企业的风险资本运营及市场退出提供中介服务。实力雄厚的投资银行也会开展自营业务，通过在资本市场上买卖债券、股票和基金，直接参与资本性的证券交易以赚取利润。

（三）投资银行与金融衍生产品市场

金融衍生产品市场具体可以分为远期市场、期货市场、期权市场和金融互换市场。在金融衍生产品市场上，投资银行扮演了三种角色，一是金融衍生产品的创造者，二是金融衍生产品的交易者，三是参与金融衍生产品交易方的服务者。例如，在金融远期和金融互换市场上，投资银行作为经纪商帮助远期和互换交易的买卖双方达成交易，并促使交割期的清算和资金交付顺利完成；在金融期货和金融期权市

---

① 张赟. 美联储应对次贷危机的金融救助政策分析［D］. 长春：吉林大学，2012.

场上，投资银行身兼经纪商和风险管理者双重职责，在协助客户顺利完成交易的同时还要充当客户的投资顾问，帮助客户通过组合交易规避交易风险，实现投资的保值和增值。除此以外，投资银行也会运用自有资金进行金融衍生品投资获取利润或者规避风险。

（四）投资银行与信贷市场和保险市场

从投资银行本源业务来看，投资银行似乎与信贷市场和保险市场并无联系，但事实上，投资银行与信贷市场和保险市场联系非常密切，主要表现在以下几个方面：

第一，投资银行在日常经营活动中的闲置资金需要存托于商业银行的账户，特别是投资基金业务和资产管理业务中的基金和代管资金常常参与存款。

第二，应监管机构的要求投资银行必须通过提留损失准备金参加证券投资保险。

第三，投资银行在日常的证券类业务活动中出现的暂时流动资金不足需要从信贷机构或保险机构融通，以满足信用交易的垫支需求。

第四，信贷机构和保险机构本身也有发行证券和投资证券的需求，投资银行通过承销他们的证券或直接将其他证券推销给此类机构，间接参与信贷市场和保险市场。

第五，在资产证券化业务活动中，投资银行常常帮助商业银行和保险公司设计信贷资产和保险资产组合，并将组合资产证券化，然后推销到证券投资者手中。

三、投资银行与其他金融机构的关系

除了投资银行之外，在金融市场中还存在着多种其他金融机构，它们以不同的形式和途径参与金融市场活动。不同的金融机构具有不同需求，为了谋求自身的发展，各个金融机构之间必然存在激烈的竞争。但是投资银行与其他金融机构在利益的驱使下也必然存在利用对方为自己服务的合作需求，于是，投资银行与不同种类的金融机构之间的关系表现为既合作又相互排斥，具体到某一类金融机构，又有明显的特殊性。

（一）投资银行与储贷机构

储贷机构以商业银行为主，同时也包括其他专业银行和信用社等机构。投资银行与储贷机构有着密切的联系，在现代金融体系中，二者既是亲密的合作伙伴，又是强劲的竞争对手，关系错综复杂。

有些商业银行和其他储贷机构通过信托业务提供经纪服务，这与投资银行存在着激烈的竞争。许多商业银行为商业票据和国债进行承销，与投资银行的承销业务也存在竞争。商业银行的许多咨询业务，尤其是针对兼并与收购的财务顾问服务，是投资银行强劲的竞争力量。在金融市场上，尤其在国际金融市场上，商业银行与投资银行的业务活动已看不出差别，许多商业银行设立了从事投资银行业务的子公司，投资银行也收购了一些陷入财务困难的储贷机构，而在实行金融混业经营的国家中，商业银行和投资银行则是合为一体的。

（二）投资银行与基金机构

基金机构按性质划分为两类，即养老基金和共同基金（在美国称互助基金，实质上属于投资基金）。作为养老基金的顾问，投资银行为其提供证券买卖和证券投资组合建议等方面的服务，或者帮助养老基金直接进行证券买卖，向其建议如何利用风险控制工具规避市场风险。对于共同基金，投资银行则为其代理证券买卖。

总的来说，投资银行与这两类基金机构之间的关系比较简单，基本上属于合作关系，二者相互依存、相互支持。然而，投资银行在具备一定的实力之后通常会设立自己的基金，这通常会导致投行与其他基金之间的竞争。

四、投资银行在现代金融体系中的核心地位

投资银行素有"资本市场的心脏"之称，向来在资本市场上扮演着最活跃、最富有创造力的角色。投资银行是联系筹资者和投资者的极为重要的金融中介，在现代金融体系中执行着其他金融机构所无法替代的职能，是当之无愧的现代金融体系的核心。

作为资本市场的组织策划者，投资银行在资本市场的运行中起着主导性作用。投资银行是成熟金融体系的重要组成部分，在现代经济中发挥着沟通资金供求、构造证券市场、推动企业并购、促进产业集中和规模经济形成、优化资源配置等重要作用。随着资本市场的发展和深化以及投资银行业务的新变化，投资银行的作用将越来越大。回顾历史，商业银行和投资银行是依据各自在间接融资、直接融资中的不同作用而划分的。而投资银行的业务发展和组织结构的变迁反映了国际金融业务和资本市场的发展趋势，即由传统的间接金融业务向直接金融业务转换。美国历史学家和金融专家罗伯特·索贝尔曾说过："投资银行是华尔街的心脏，确实也是华尔街之所以存在的最重要原因。"这句话形象地说明了投资银行在金融市场中的重要地位。在每一次的企业并购浪潮中都会看到投资银行的身影，投资银行不仅可以降低企业并购的成本，而且可以提高整个社会配置资源的效率。在资本的跨国流动中，投资银行也不甘寂寞，一个国家要发展直接融资更离不开投资银行。从融资方案的选择、融资渠道的拓展、融资市场的构建，到交易主体的寻找、交易工具的运用、交易原则的达成，投资银行都在其中发挥着重要作用。

　　随着资产证券化、融资证券化的比重不断提高以及直接融资比例的不断上升，投资银行的作用将越来越大。此外，新经济的发展加剧了企业之间的竞争，一些企业开始着手产业调整，另一些企业则试图通过兼并重组获得新生，其中投资银行的作用不容忽视，这必将带来投资银行业务的新一轮发展。展望未来，在当今国际金融一体化的形势下，投资银行必将进一步发挥其举足轻重的作用，对世界经济的发展产生深远影响。

第二节　投资银行的作用

　　投资银行发展至今，已经具备相当的规模。Dealogic[1]数据显示，早在十几年前的2013年，全球投资银行总收入就已高达726亿美元，较2012年增加了6%。当时，排名前10的投资银行的业务总收入为397.64亿美元，市场份额占比高达54.9%，相较2005年增长了19%。726亿美元大约相当于0.45万亿元人民币，而2013年上海的GDP是2.32万亿元人民币，可见，按当时的汇率，全球投资银行的收入大约占上海GDP的1/5。在2013年的全球所有投资银行中，不得不提的是名列前10位的投资银行（见表2-1[2]）。在2006年，前十大投资银行的收入在50强的总收入中占到44%，堪称投资银行业的航空母舰。这些投资银行为各国以至全球的金融发展发挥了巨大的作用，同时这些金融企业的发展状况也极有力地牵动着一国整体经济的运行态势。

表2-1　　　　　　　　　**2013年全球前十大投资银行收入排名**　　　　　　单位：百万美元

排名	金融机构名称	收入	市场份额占比（%）
1	J.P.·摩根集团	6 225	8.6
2	美林集团	5 420	7.5
3	高盛集团	4 946	6.8
4	摩根士丹利	4 219	5.8
5	花旗集团	3 858	5.3
6	德意志银行	3 769	5.2
7	瑞士信贷银行	3 649	5.0
8	巴克莱银行	3 451	4.8
9	富国证券	2 160	3.0
10	瑞士银行（UBS）	2 067	2.9
总计		39 764	54.9

---

① 一家全球数据处理公司。
② 资料来源于Dealogic数据库。

近年来，投资银行的业务规模更发展到了相当大的程度。根据外媒报道，2020年全球投资银行收取的承销费总计达到1 245亿美元，创下了历史新高。值得一提的是，2020年摩根大通、高盛、美国银行、摩根士丹利、花旗银行等美国大型银行的投资银行业务收入都接近370亿美元，产生的手续费占全球银行手续费的30%左右，比重也达到了2013年以来的最高水平。

投资银行作为金融中介的代表，在各国金融业的发展过程中做出了巨大贡献。虽然投资银行的本源业务是股票与债券的销售和交易，主要扮演承销商和经纪商的角色，但近些年来，投资银行又开始在企业的并购市场中发挥越来越大的作用。虽然较商业银行等信贷机构出现得都晚，但投资银行却后来居上，在较短的时间内做出了惊人的"创举"。

投资银行在资本市场上一直扮演着重要角色，它使资金的需求和供给通过各种不同的方式巧妙地连接和分离，为资本市场的发展创造了巨大空间。随着资本市场的不断发展，投资银行也在紧跟时代步伐，不断地改变和完善自己，使其作用范围得以不断延伸，以更好地服务于资本市场。概括来讲，投资银行的作用具体表现为四个方面：

一、资金供需的媒介

投资银行与商业银行的共同点在于都是资金供给者和需求者的媒介，但两者又有不同之处。商业银行在融资过程中充当间接媒介。商业银行同时具有资金需求者和供给者的双重身份，对于存款人来说它是资金的需求方，对于贷款人来说它是资金供给方。存款人和贷款人并不直接发生权利与义务关系，而是通过商业银行间接发生关系。投资银行可以向投资者推介股票或债券，也为投资者寻找适合的投资机会。一般情况下，投资银行不介入投资者和筹资者的权利和义务当中，投资者与筹资者直接拥有相应权利和承担相应义务，如投资者通过认购股票投资于企业，投资者直接与企业发生财产权利与义务关系，而投资银行不介入其中。投资银行的媒介作用主要包括以下四个方面：

（一）期限中介

不同的资金供需者对于期限的要求往往不同，短则一两天，长则几十年。投资银行可以充分发挥其媒介作用，将各种期限不同的资金加以灵活转换，成为长期资金和短期资金之间的期限中介。有了投资银行的加入，资金的周转变得更加灵活，使用更富效率。例如，当受托管理开放式基金时，投资银行利用聚集来的长期和短期资金进行股权投资（一种长期投资），当投资者要收回短期资金时，他们可以要求投资银行赎回其所持有的开放式基金。而作为开放式基金的管理者，投资银行可能收到新的短期或者长期的投资资金，用来弥补其付出的资金。正是以这种方式，投资银行起到了长期和短期资金的期限中介作用。

（二）风险中介

在投资银行出现以前，投资者和筹资者作为单个的市场主体，都必须承担市场的不确定性风险，长此以往，对金融市场的稳定十分不利。投资银行不仅为投资者和融资者提供了融资的平台，也为他们提供了降低风险的渠道。投资银行将筹得的资金进行组合投资从而大大降低了资本运作过程中的非系统性风险。索尼克在其《风险的国际定价》一文中指出，若一项投资达到了20种股票的充分多样化组合时，该组合的总风险将降低70%。投资银行代理客户理财的业务时，通常将这些聚集起来的资金投资到不同的股票和债券中，以达到分散风险的目的。

在投资银行为投资者降低风险的同时，也为融资者降低了风险。融资者无法直接了解到投资者的信用及其真正实力，所以在没有投资银行协助的情况下会面临被欺诈的风险，而投资银行利用其对金融市场的深刻了解，可以大大降低这类风险，同时投资银行通过证券承销也可以大大降低融资者的风险。

（三）信息中介

现代投资银行网络遍布世界各地，他们通过各种先进的通信工具对搜集的信息进行加工整合，形成各自的信息库，从而能够为资金供需双方提供信息中介服务，节约信息加工与合约成本。所谓信息加工成本主要是指收集、加工信息花费的时间和金钱；而合约成本是指谈判、撰写、签订合约花费的时间和成本。[1]为提供信息中介服务，投资银行需要收集大量的信息，签订许多合约，因而会产生规模效应。投资银行通过规模效应、专业化和分工，即可有效降低信息加工及合约成本。

（四）流动性中介

由于股票、债券的流动性较差，所以一般被人们作为长期投资的工具。当客户出现现金流紧张时就需要一种机制变长期资产为短期可支配资金，考虑到这一问题，投资银行为客户设计了各种票据、证券与现金之间的转换机制。例如，当一个持有股票的客户临时需要现金时，充当做市商的投资银行可以购进客户持有的股票从而满足客户的流动性需求；而在保证金交易中，投资银行可以客户的证券作为抵押贷款给客户购买股票。

二、证券市场的构造者

证券市场是金融市场的重要组成部分。任何一个经济相对发达的国家，无一例

---

① 田美玉，鲍静海. 投资银行学［M］. 南京：东南大学出版社，2005.

外都拥有比较发达的证券市场体系。证券市场可分为一级市场，即发行市场；二级市场，即流通市场。证券市场的主体包括证券发行者、证券投资者、管理组织者和投资银行，其中投资银行在资本市场中起着穿针引线、牵线搭桥的作用，是市场中不同主体之间相互联系的纽带。

从证券发行市场来看，由于证券发行是一项非常繁琐的工作，证券发行者必须准备各种资料，进行大量的宣传工作，提供各种技术条件，办理复杂的手续，因此，仅仅依靠发行者自身的力量向投资者发行证券，不仅成本高，效果往往也不理想，因此，证券发行工作一般需要投资银行的积极参与才能顺利完成。具体说来，投资银行在证券市场上主要从事以下几方面业务：

（一）咨询

投资银行为证券发行者和证券投资者提供咨询服务。投资银行可以凭借自己丰富的经验、雄厚的研究实力，提供有关行业、企业以及宏观经济形势的分析资料，并建议以何种方式、何种价格，在何时何地发行证券或者买卖证券。

（二）承销

投资银行在与发行者确定了证券发行的价格、数量、金额、时间之后，就要开始对其即将发行的证券进行承销，这样，投资银行就全部或者部分承担了证券发售不出去或者必须降价销售的风险。一旦这种风险变为现实，投资银行就必须以指定的价格购买所有的剩余证券，这就大大降低了发行者的成本和风险，有利于保持证券发行市场的稳定。

（三）提供声誉担保

小企业的信誉一般来说不如大企业高，所以，为了顺利地发行证券，小企业可以选择信誉较高的投资银行作为承销商。一旦投资银行答应承销，投资者往往相信投资银行对企业的评估，更加愿意购买该企业发行的证券。因此，不知名的企业会寻找声誉较高的投资银行帮助其发行新证券。

（四）私募

投资银行在证券的私募发行中也承担着非常重要的角色。如果没有投资银行为证券发行人策划证券发行、联系私募证券的投资者，私募发行几乎很难成功，因此，投资银行在私募发行市场上的作用是难以替代的。

三、资源配置的优化者

（一）项目融资与优化资源配置

投资银行为政府、大型企业、国家重点项目融资时，由于其资信高，易于通过证券融资且利润丰厚，所以对这类证券承销有着极大的热情和积极性。它们不仅在国内市场中开展融资活动，甚至还会涉足国际资本市场，跨国发行证券（如 H 股、N 股），充分吸引外国资本，从而使大量的资金流入国家重点建设项目、重点扶持产业、公共用品部门及效益好的大型企业集团，这有利于国家基础设施的建设、产业计划的实施、重点企业的成长，进而促进资源的有效配置，使整个国家的整体经济利益和福利水平得到提高。同时，政府还可以通过买卖政府债券等方式，调节货币供应量，保障经济系统的稳定运行。

（二）证券发行与优化资源配置

投资银行从自身的利益出发，更愿意帮助那些产业前景好、经营业绩优良和具有发展潜力的企业，通过发行股票和债券帮助它们从金融市场上筹集到所需要的资金，从而使资金流入效益较好的行业和企业，促进资源的优化配置。

首先，投资银行通过其资金媒介作用发行股票，一些具有发展潜力的企业从金融市场上获得了资金，同时也为资金盈余者提供了获取收益的途径，从而提高了国家整体的经济效益和福利。

其次，投资银行在企业债券发行方面起着主要作用。在欧美一些发达国家和地区，债券市场同股票市场一样为企业提供了大量的资金，其市场容量甚至比股市还要大。作为企业融资的另一种方式，企业债券对于资源的优化配置也起着积极作用。投资银行帮助企业发行债券，不仅能使企业获得发展和壮大所需的资金，而且将企业的经营管理以及财务状况置于广大债权人的监督之下，这有利于企业建立产权明晰的现代企业制度，提高企业管理的规范化程度，加强企业自身的实力。另一方面，投资者通过购买公司债券可以获得相对稳定的收益，有利于社会稳定。

最后，投资银行还便利了政府债券的发行，使政府可以获得足够的资金用于提供公共产品，加强基础设施建设，为经济的长远发展奠定基础。

（三）投资银行的并购业务与优化资源配置

国外投资银行都设有并购部门，并购业务为国外券商带来了巨额收入。据统计，2013年美国、欧洲五国和亚太地区投行的并购收入分别达到了78.77亿、45.91亿和20.75亿美元（见表2-2[①]）。2015年，高盛公司的并购业务收入达到26.14亿美元，占其投行总收入（55.05亿美元）的47.48%、公司总收入的7.73%。[②]

近年来，一方面，并购业务所占的比例日益扩增，甚至逐渐取代了IPO。数据显示，2017年，并购交易取代了近20%的IPO项目，其比例创下2010年以来的历史新高。另一方面，投行并购业务的行业格局也相应改变，精品银行的崛起对传统大型投行造成了极大冲击。虽然2017年占据并购业务霸主地位的仍是高盛，其并

---

① 数据来源于 Dealogic 数据库。
② 参见2015年高盛公司年报。

表2-2　　　　　2013年美国与欧洲五国、亚太地区投资银行业务收入构成　　　单位：亿美元

各项业务	美国	欧洲五国	亚太
并购	78.77（22%）	45.91（26%）	20.75（18%）
股权资本市场	82.46（23%）	31.02（18%）	40.82（35%）
债务资本市场	91.64（25%）	62.68（36%）	37.74（32%）
银团贷款收入	107.01（30%）	35.24（20%）	17.59（15%）
总计	359.88（100%）	174.85（100%）	116.90（100%）

购总收入达到24.50亿美元，共承销并购339起案例，但美国并购业务收入前十榜单上也首次出现了三家精品投行的名字，即分别排在第七至九名的Barclays、Lazard和Evercore Inc。同时，不同于以往重量级并购案被大型投行垄断的局面，2017年精品银行开始参与重大的并购项目，尤其是精品投资银行Centerview策划了CVS保健公司（CVS Healthcare）收购Aetna，以及迪士尼收购21世纪福克斯（21st Century Fox）两起重量级并购案，表现十分抢眼。

多年来，我国的证券公司一直以投资银行的本源业务作为收入的主要来源，并购业务一直处于可有可无的地位，不成气候。在并购活动中投资银行大有"英雄无用武之地"的感慨，其原因在于我国的经济体制。我国的国有企业在经济体制中一直居于主导地位，国有企业的实际控制权掌握在政府手里，因此在企业并购活动中，代表国有资产所有权的政府自然而然地成为关键因素，中介的作用显得无足轻重，投资银行在这一过程中就逐渐被边缘化了。

但随着我国资本市场的发展、国有资产管理体制改革的进行、并购法律法规的完善、券商自身实力的增强以及业务创新，并购业务必将在投资银行业务中谋得重要的一席之地。从国外投资银行的发展历程来看，这也是一种必然趋势。

美国著名经济学家、诺贝尔经济学奖获得者乔治·斯蒂格勒说过："通过并购竞争对手而成为巨型公司是现代经济史上的一个突出现象，没有一个美国公司不是通过某种程度、某种方式的并购而成长起来的，几乎没有一家大公司主要是靠内部扩张成长起来的。"这句话非常精辟地说明了资本市场在企业发展和产业集中过程中所起的重要作用，而投资银行作为资本市场的枢纽和灵魂，通过参与并购与产权交易，影响企业组织乃至产业结构调整，其所起的作用更是难以替代。

投资银行的兼并和收购业务促成了经营管理不善的企业被兼并或收购，经营状况良好的企业得以迅速发展壮大，实现规模经济，促进了产业结构的调整和生产的社会化。企业的并购业务是现代投资银行业务的一项重要组成部分，它包括两方面

内容：一是并购策划和顾问业务，具体是指投资银行作为中介人为兼并方以及被兼并方针对兼并的可行性、兼并的具体方式以及融资等问题提供咨询服务；二是产权投资业务，在这类业务中投资银行本身充当并购交易的主体兼并某项产权，然后或直接整体转让或分拆卖出，或重组经营待价而沽，或包装上市抛售股权套现，目的是从中赚取买卖差价。投资银行在企业并购中的积极作用表现为以下三个方面：

第一，作为兼并方的顾问，帮助兼并方以最低的价格、最优的方式并购最合适的企业；或者作为被并购方的顾问，帮助被并购目标企业以尽可能高的价格出售给最合适的买主。

第二，对敌意并购中的目标企业及其股东而言，投资银行的反并购业务可帮助它们以尽可能低的代价实现反并购，从而捍卫目标企业及其股东的正当权益。

第三，投资银行积极参与企业并购能有效地防范并购风险，加速并购进程，降低交易成本，提高并购活动的效率，节约企业并购过程中的资源耗费，从而有力推动企业并购活动的健康发展，提高宏观经济运行效率。

由此可知，企业兼并的作用有宏观和微观两个层面，两个层面功能的综合发挥可促进整个社会产业结构合理化、产业组织合理化和新兴产业的发展。实践已经充分证明，每次企业的并购高潮都伴随着产业结构和企业结构的重新调整，从而带动整个社会资源的进一步优化配置。

（四）投资银行的基金管理业务与优化资源配置

普通家庭和个人没有专门的知识去进行证券市场投资，投资银行以自己的名义发起设立基金，将这些闲散的资金集中起来成为一笔数目极为可观的资金，然后以投资代理人的角色寻求投资回报较高的企业或者在股市上购买其认为有较高回报的股票。这样的投资基金在英美等发达国家和中国香港地区规模巨大、数目众多，已成为证券市场和企业的主要机构投资者之一。投资基金与商业银行存贷款业务最大的区别在于后者是以债务的方式吸引资金，再以债权的方式将资金贷给企业，存款人只能获得固定的利息；投资基金则以股权的方式吸收资金，以基金投资的收益回报投资人，因而业绩优良的投资基金回报要远远高于银行存款。正因为这样，投资基金对广大投资者极具吸引力，因而能够更加有效地聚集社会资源。从另一方面看，投资银行将手中所管理的大笔基金通过自己的仔细选择，投入那些增长潜力大、发展前景良好的企业以期有较高的投资回报，这从客观上促进了资本向更有效率、更有前途的产业和企业流动，而且也使资金从所有者手中到需求者手中的时间缩短，变得更为直接和有效。

（五）投资银行的风险投资业务与优化资源配置

许多尚处于新生阶段、经营风险很大的高新技术产业难以从商业银行获取贷款。投资银行通过为这些产业设立风险基金，向这些急需启动资金的产业提供帮助。从这个意义上来说，投资银行促进了产业的升级换代和经济结构的优化，优化了资源配置。

发展高新技术产业是一项艰巨的社会经济系统工程，需要国家财政和间接融资以外的投入。高新技术产业与传统产业相比有三个显著的特点：第一，高投入。高新技术企业发展中的投入既体现在发展初期，也体现在经过一段时间的发展而具有一定规模后的进一步资金投入。第二，高风险。高新技术企业发展中包含大量的创新式劳动和新技术应用，因此在很多方面具有不确定性，风险很大。第三，高收益。高新技术企业在承担高风险的同时也给投资人带来高收益。

高新技术企业发展具有的高风险和高收益的特点，使得这类企业对资金的要求与其他企业不同。在以间接融资为主的银行体系下，资金的安全性具有非常重要的意义。高新技术企业因其较高的风险，常常得不到银行资金的青睐，这时就需要资本市场发挥作用。在资本市场中，投资者对风险有不同的偏好，将资本市场中风险投资者的资金运用来发展高新技术产业，可以使投资者和企业双方的需求都得到满足。

凭借敏锐的投资眼光和受到利益驱动，投资银行会选择那些市场前景看好、有高成长性的企业为其融资，特别是为没有上市资格或不是股份有限公司的企业发行债券，为这些企业发展提供强大的支持，在满足资金对最佳投资机会的需求的同时，促进这类企业的成长。投资银行通过其资金媒介作用使能获取较高受益的企业通过发行股票和债券等方式来获得资金，同时为资金盈余者提供获取更高收益的渠道，从而使国家整体的经济效益和福利得以提高。

总之，投资银行是联结宏观经济决策与微观企业行为的枢纽，它有效地动员社会资源投入经济建设，高效地使用所筹集的资本，推动市场机制在资源配置中充分发挥作用，从而优化社会资源的配置。

四、产业整合的促进者

投资银行为企业提供了多种金融中介服务，促进了生产的社会化和产业结构的优化与升级。在经济发展过程中，生产的高度社会化必然会导致产业的集中和垄断，而产业的集中和垄断又反过来促进生产的社会化向更高层次发展，进一步推动整体经济的发展。产业集中的进程，在资本市场出现之前是通过企业自身成长的内在动力以及企业之间的优胜劣汰缓慢实现的。在资本市场出现之后，一种对企业价值独特的"注重未来"的评价机制应运而生，这一机制为资金的流向提供了信号，促进资金更多地流向效率高的企业，大大加快了产业集中的进程。投资银行适应资本市场中投资者的评价标准，通过募集资本的投向和并购方案的设计，引导资金流向，促进了产业整合与集中。其具体的模式是，当一种具有广泛市场的新技术进入商业领域时，最先采用这种新技术的企业会得到迅速发展，投资者也会慷慨地给予支持，促使更多的企业进入该领域。当越来越多的企业进入这一领域时，就会出现生产能力严重过剩的局面，市场竞争空前激烈，一些企业在激烈的竞争中不断壮大，另一些则在竞争的压力下趋于崩溃，整个产业进入集中和精简阶段。最后，在投资银行的协助下，前者收购或者兼并了后者，带来产业的集中和总体经济效益的提高。在整个行业的重组过程中，公司的破产当然是不可避免的，但是大多数经营不善、缺乏竞争力的公司还是通过并购被集中到有竞争力的公司中去了，只有那些无人问津的公司才会最终破产倒闭，从而使总体经济损失降到最低限度。

　　一般认为，由投资银行帮助实现的产业集中和企业重组可以实现以下利益：首先，可以实现经营协同效应，这被认为是产业集中最主要的原因。经营协同包括实现规模经济和范围经济、专业化协作程度的提高和上下游的联合化。其次，财务协同也是产业集中的重要动因。财务协同包括使企业利用财务杠杆的能力上升、资金的集中使用和资金结算等银行活动内部化、对外投资内部化等等。最后，如果企业价值被市场低估，也很容易引起并购和回购活动。

　　随着全球经济一体化步伐的加快，企业的经营范围从国内延伸到了国外，竞争也更加激烈。企业为了适应竞争环境，需要从全局的角度来考虑自己的市场规模，在战略选择上也要充分考虑全局利益的最大化。同时，全球经济一体化也使得国际分工重新洗牌，企业必须重新确定自己的核心业务、调整市场定位，并在此基础上重新配置资产。

　　如果说科学技术是21世纪经济增长的原动力，那么现代金融体系则是21世纪经济的心脏。21世纪全球经济体系中不同经济体之间的竞争，既是科学技术的竞争，又是金融能力的竞争。市场一体化的重心正在从贸易市场一体化向金融市场一体化转移，金融正在以前所未有的力量影响甚至改变着世界经济的运行轨迹。投资银行作为金融体系的核心，集银行、证券公司、风险投资者的功能于一身，是业务多元化和综合化的机构，在现代金融体系中发挥着无可取代的作用，是构筑现代金融体系的重要环节，是推动国民经济发展的生力军，是资本市场的灵魂。作为直接融资的枢纽机构，投资银行对国民经济的发展起着重要的促进作用。我国是一个经济潜力巨大的国家，因此，必须从国家战略的高度去理解在中国建立投资银行、构建现代金融体系的深远意义。

本章小结

1.经济体系中存在着三种类型的市场：要素市场、产品市场和金融市场。金融市场是指资金供求双方借助金融工具进行各种货币资金交易活动的市场或场所，也就是各种融资市场的总称，它是一个包含许多不同层次和内容的复杂混合体。

2.概括来讲，金融市场的功能主要有以下八个方面：将储蓄转化为投资、财富保值与增值、流动性、价格发现、提供信息、支付清偿手段、贯彻政府政策和风险管理。

3.金融的国际化趋势正在不断增强，这种趋势通过三个方面表现出来：一是跨越国界的金融业务已占据很大比重；二是金融机构的跨国设立；三是金融市场的全球一体化。

4.投资银行的作用具体表现为以下四个方面：资金供需的媒介、证券市场的构造者、资源配置的优化者、产业整合的促进者。

5.具体来说，投资银行的媒介作用主要有以下几方面：期限中介、风险中介、信息中介、流动性中介。

6.证券市场可分为一级市场，即发行市场；二级市场，即流通市场。证券市场的主体包括：证券发行者、证券投资者、管理组织者和投资银行。

7.在证券发行市场，投资银行主要提供咨询、承销、提供声誉担保、私募等服务。

8.投资银行是联结宏观经济决策与微观企业行为的枢纽，它有效地动员社会资源投入经济建设，高效地使用所筹集的资金，推动市场机制在资源配置中充分发挥作用，从而优化社会资源的配置。

思考与应用

1.论述金融市场在现代经济体系中的重要作用。

2.金融市场的功能具体表现在哪些方面？

3.投资银行在金融市场的地位如何？

4.投资银行的功能具体有哪些？

5.谈谈投资银行在企业并购中发挥的作用。

第三章 ——中国投资银行的现状与展望——

  经过十几年的发展，我国的资本市场已初具规模。在资本市场不断发展壮大的过程中，投资银行业应运而生。最初，在我国，是由商业银行从事投资银行业务。20世纪80年代中后期，随着我国证券市场的开放，一些商业银行的证券业务逐渐与其本源业务相分离，各地区先后建立了一大批证券公司，形成了以证券公司为主的资本市场中介机构体系。在随后的十几年里，证券公司逐渐发展成为我国投资银行业务的主体。当然，除了证券公司以外，还有一大批业务范围广泛的信托投资公司设立的证券机构、金融投资公司、产权交易与经纪机构、资产管理公司、财务咨询公司等机构也从事投资银行的相关业务。截至2020年底，我国已有专业证券公司135家，各种从事证券业务的营业机构逾3000家。

  1995年8月，由中国建设银行、摩根士丹利集团、中国经济技术担保公司、新加坡政府投资公司和中国香港名力集团五家金融机构共同出资1亿美元设立的中国国际金融有限公司（简称CICC）正式成立，作为我国第一家具有国际模式的中外合资的投资银行，它昭示着中国的金融机构正式参与国际资本的合作。2014年成立的中金基金管理有限公司，成为国内首家全资持有的基金公司，2015年，获得证监会批准，取得证券投资基金托管业务资格，同年，中金公司在香港联交所主板成功挂牌上市。

  大力发展投资银行对深化我国企业改革，促进上市公司发展，进而加速我国金融体制和经济体制的改革已经并仍将产生积极而深远的影响。因此，研究我国当前投资银行的现状和发展趋势有着重要的现实意义。

第一节 我国投资银行的现状

一、我国投资银行的发展过程

相比于西方发达国家，我国的投资银行起步较晚。直到20世纪90年代初，我国才出现真正意义上的投资银行。资本市场的不断壮大和完善给投资银行的成长创造了良好的环境，而投资银行的发展又进一步推动了资本市场的繁荣。从诞生之日起，中国投资银行就与资本市场有着密不可分的联系，两者相伴相生。从1987年第一家证券公司——深圳经济特区证券公司成立开始，至2020年底，我国已有135家证券公司，总资产接近9万亿元。回顾几十年的发展历程，中国投资银行的发展大致可以分为四个阶段：

第一阶段，1987年至1989年，这一阶段是证券公司发展的起步阶段。1980年国务院颁布了《关于推动经济联合的暂行规定》，指出银行要试办各种信托业务；同年，中国人民银行下达了《关于积极开办信托业务的通知》，在此之后，四大国有银行相继以全资或参股形式创办了隶属于银行的证券部。与此同时，其他银行总行均设立了信托投资公司及其所属的证券营业部；各地方的国有银行分支机构也纷纷效仿，建立了地方性机构。这些部门或机构便是中国证券公司的雏形，其主要业务以代理国债发行与兑付为主。1987年9月，由中国人民银行牵头，深圳12家金融机构合资组建，成立了中国第一家证券公司——深圳经济特区证券公司。[①]这也标志着以银行为主导，兼营部分证券业务的中国投资银行正式形成。1988年4月13日，第七届全国人民代表大会通过了《中华人民共和国中外合作经营企业法》[②]，为中外合资银行及投资银行的发展奠定了基础。

第二阶段，1990年至1995年，这一阶段是证券公司的快速增长时期。1990年12月1日，深圳证券交易所挂牌营业；1990年12月19日，上海证券交易所在上海浦江饭店正式宣告成立。这两件大事为中国证券市场的规范运营和迅猛发展奠定了制度基础，同时也为中国投资银行的发展提供了最直接的推动力。1992年初，在股份制改革政策的大力推动下，中国股市扩容速度加快，当时正值广大投资者积蓄已久的"投资饥渴症"爆发之际，市场行情一路看好，一些证券公司和具有证券经营资格的信托投资公司单靠承销证券就获得了巨额利润，因此各级银行等金融机构、财政部门及其他事业单位在利益的驱动下纷纷创办了证券公司和证券营业部，

---

① 栾华. 投资银行学［M］. 北京：高等教育出版社，2011.
② 2019年3月15日第十三届全国人民代表大会第二次会议通过《中华人民共和国外商投资法》，自2020年1月1日起施行，《中华人民共和国中外合作经营企业法》同时废止。

证券公司的数量在两三年内空前增长。1993年12月29日第八届全国人大常委会通过了《中华人民共和国公司法》[①]，为规范公司的组织和行为，保护公司、股东和债权人的合法权益奠定了基础。据统计，到1995年底，全国具有法人资格的信托投资公司就有393家，其中全国性公司24家，地方性公司369家。从隶属关系来看，属国有商业银行系统的185家，属中央各部委和主管部门的15家，属行业性公司的4家，属省级政府部门的78家，属地方政府部门的111家。另外，一些财务公司和融资租赁公司也加入到了证券投资中介机构的行列。

第三阶段，1996年至2000年，这一阶段是证券公司的规范重组阶段。1995年7月1日起实施的《中华人民共和国商业银行法》[②]奠定了中国银证分业经营和分业管理的法律基础，同时也为中国投资银行的升级换代提供了契机。该法规定，商业银行不得再从事证券业务，隶属的信托投资公司或证券公司与商业银行分离。经过改革，一大批小规模的证券营业部关停并转，而一些实力雄厚的证券公司则在借机对前者进行鲸吞的过程中不断发展壮大，一跃成为中国证券业的巨头，如华夏证券、南方证券、申银证券、海通证券等。时隔不到一年，申银证券又与万国证券合并，成为全国注册资本最大、拥有营业部最多的头号证券公司。到1997年底，中国内地具有专营证券业务资格的证券公司96家，具有兼营证券业务资格的机构330家。1998年12月29日第九届全国人大常委会通过了《中华人民共和国证券法》，进一步完善了证券市场设立制度，自此，证券公司的稳步发展正式拉开了帷幕。

第四阶段，2000年至今，这一阶段是证券公司的稳步发展阶段。2000年以后，全国人大常委会和证监会连续出台了一系列规范证券业发展的政策法规（参见表3-1[③]）。其中，全国人大常委会通过的法律有《中华人民共和国外资企业法》《中华人民共和国中外合资经营企业法》《中华人民共和国证券投资基金法》《中华人民共和国企业国有资产法》《中华人民共和国企业破产法》《中华人民共和国合伙企业法》，并经过多次修订。2019年12月28日，第十三届全国人大常委会第十五次会议审议通过了最新修订的《中华人民共和国证券法》，已于2020年3月1日开始施行。此次证券法的修订作出了一系列新的制度改革和完善，包括全面推行证券发行注册制度、显著提高证券违法违规成本、完善投资者保护制度、进一步强化信息披露要求、完善证券交易制度、落实"放管服"、要求取消相关行政许可、压实中介机构市场"看门人"法律职责、建立健全多层次资本市场体系、强化监管执法和风

[①] 根据2018年10月26日第十三届全国人民代表大会常务委员会第六次会议《关于修改〈中华人民共和国公司法〉的决定》，《中华人民共和国公司法》进行了第四次修正。
[②] 根据2015年8月29日第十二届全国人民代表大会常务委员会第十六次会议《关于修改〈中华人民共和国商业银行法〉的决定》，对《中华人民共和国商业银行法》进行了第二次修正。
[③] 截至2021年7月，除2001年之前发布的之外，不包含修订。属不完全统计。

险防控、扩大证券法的适用范围等。在陆续实施了一系列法律法规之后，我国的资本市场有了明显的改善，同时，中国投资银行的业务也不断多元化，业务结构开始向国际化转变。投资银行国际化一方面表现为国际投资银行对新兴市场的进入，国内投资银行面对国外投资银行的挑战；另一方面，随着世界经济、资本化市场的一体化和信息产业的飞速发展，业务全球化已经成为投资银行能否在激烈市场竞争中占领制高点的关键因素。

表 3-1 证监会令

年份	证监会令
2001 年	《客户交易结算资金管理办法》 《证券交易所管理办法》 《证券公司管理办法》
2002 年	《外资参股证券公司设立规则》 《证券业从业人员资格管理办法》
2004 年	《证券投资基金信息披露管理办法》 《证券投资基金运作管理办法》 《证券投资基金管理公司高级管理人员任职管理办法》
2005 年	《中国证券监督管理委员会冻结、查封实施办法》
2006 年	《证券登记结算管理办法》 《上市公司证券发行管理办法》 《首次公开发行股票并上市管理办法》 《证券市场禁入规定》 《证券公司风险控制指标管理办法》 《上市公司收购管理办法》 《合格境外机构投资者境内证券投资管理办法》 《证券公司董事、监事和高级管理人员任职资格监管办法》
2007 年	《上市公司信息披露管理办法》 《律师事务所从事证券法律业务管理办法》 《期货交易所管理办法》 《期货投资者保障基金管理暂行办法》 《中国证券监督管理委员会限制证券买卖实施办法》 《境外证券交易所驻华代表机构管理办法》 《合格境内机构投资者境外证券投资管理试行办法》 《期货公司董事、监事和高级管理人员任职资格管理办法》 《期货从业人员管理办法》 《证券市场资信评级业务管理暂行办法》

年份	证监会令
2008年	《上市公司并购重组财务顾问业务管理办法》 《证券期货规章制定程序规定》
2009年	《证券期货市场统计管理办法》 《证券投资基金评价业务管理暂行办法》 《中国证券监督管理委员会行政许可实施程序规定》
2010年	《中国证券监督管理委员会行政复议办法》 《证券期货业反洗钱工作实施办法》
2011年	《期货公司期货投资咨询业务试行办法》 《转融通业务监督管理试行办法》
2012年	《证券期货市场诚信监督管理暂行办法》 《期货公司资产管理业务试点办法》 《证券投资基金管理公司管理办法》 《证券期货业信息安全保障管理办法》 《基金管理公司特定客户资产管理业务试点办法》 《非上市公众公司监督管理办法》
2013年	《全国中小企业股份转让系统有限责任公司管理暂行办法》 《人民币合格境外机构投资者境内证券投资试点办法》 《证券投资基金销售管理办法》 《证券投资基金托管业务管理办法》 《公开募集证券投资基金风险准备金监督管理暂行办法》
2014年	《优先股试点管理办法》 《首次公开发行股票并在创业板上市管理办法》 《创业板上市公司证券发行管理暂行办法》 《沪港股票市场交易互联互通机制试点若干规定》 《非上市公众公司收购管理办法》 《非上市公众公司重大资产重组管理办法》 《公开募集证券投资基金运作管理办法》 《私募投资基金监督管理暂行办法》 《关于改革完善并严格实施上市公司退市制度的若干意见》 《上市公司重大资产重组管理办法》 《期货公司监督管理办法》 《中国证监会委托上海、深圳证券交易所实施案件调查试点工作规定》

续表

年份	证监会令
2015年	《股票期权交易试点管理办法》 《公司债券发行与交易管理办法》 《行政和解试点实施办法》 《证券公司融资融券业务管理办法》 《中国证监会派出机构监管职责规定》 《中国证券监督管理委员会行政处罚听证规则》 《货币市场基金监督管理办法》
2016年	《证券投资者保护基金管理办法》 《上市公司股权激励管理办法》
2017年	《内地与香港股票市场交易互联互通机制若干规定》 《证券期货投资者适当性管理办法》 《期货公司风险监管指标管理办法》 《区域性股权市场监督管理试行办法》 《证券公司和证券投资基金管理公司合规管理办法》
2018年	《证券期货市场诚信监督管理办法》 《外商投资证券公司管理办法》 《存托凭证发行与交易管理办法（试行）》 《证券期货经营机构及其工作人员廉洁从业规定》 《外商投资期货公司管理办法》 《证券公司和证券投资基金管理公司境外设立、收购、参股经营机构管理办法》 《证券期货经营机构私募资产管理业务管理办法》
2019年	《证券基金经营机构信息技术管理办法》 《科创板首次公开发行股票注册管理办法（试行）》 《科创板上市公司持续监管办法（试行）》 《期货公司监督管理办法》 《证券公司股权管理规定》 《公开募集证券投资基金信息披露管理办法》 《境外证券期货交易所驻华代表机构管理办法》 《非上市公众公司信息披露管理办法》

续表

年份	证监会令
2020年	《证券期货规章制定程序规定》 《创业板首次公开发行股票注册管理办法（试行）》 《创业板上市公司证券发行注册管理办法（试行）》 《创业板上市公司持续监管办法（试行）》 《证券发行上市保荐业务管理办法》 《科创板上市公司证券发行注册管理办法（试行）》 《证券投资基金托管业务管理办法》 《公开募集证券投资基金销售机构监督管理办法》 《合格境外机构投资者和人民币合格境外机构投资者境内证券期货投资管理办法》 《可转换公司债券管理办法》
2021年	《公司债券发行与交易管理办法》 《证券市场资信评级业务管理办法》 《上市公司信息披露管理办法》 《证券市场禁入规定》 《证券期货违法行为行政处罚办法》

　　从中国投资银行业的发展历史可以看出，中国的投资银行业仅用了短短十几年时间就走完了西方国家上百年的发展道路，发展速度在世界历史上前所未有。但是，这种跳跃式的发展也注定了我国投资银行业带有严重的先天不足，在发展过程中各种问题层出不穷。基于这样的背景，年轻的中国投资银行在跨入21世纪后同发达的西方投资银行同台竞争，其所面临的挑战可想而知。

二、我国投资银行的发展模式

（一）投资银行发展模式概述

　　国际上，处理投资银行与商业银行的关系有两种基本模式，包括以20世纪90年代以前的美、日等国为代表的分离型模式和以德国以及20世纪90年代以后的美、日等国为代表的混合型模式。

　　分离型模式强调银证分离。采用分离型模式的国家明确规定：商业银行不得承购国债、地方债券和政府担保债券以外的证券，禁止银行兼营有价证券的买卖活动或充当证券买卖的中间人、经纪人和代理人，这类业务由证券公司经营。而在混合型模式下，银行业务不做具体界限的划分，银行可以经营存贷款、证券买卖、租赁、担保等商业银行与投资银行的各项业务，也可以根据自身的优势、各种主观和客观条件来自行决定经营何种业务，政府不会过多干预。

分离型和混合型两种模式在实际运作过程中各有利弊，这些利弊主要是从金融业的风险控制和效率两方面考虑。

1.分离型模式的利弊

分离型模式的第一个优点在于能够有效地降低整个金融体制运行中的风险。这主要表现在以下方面：

（1）商业银行是一个资金存贷机构，储户存款的目的是要获得安全和稳定的利息回报或者为了交易或价值转移上的方便，因此，如果商业银行将储户的存款用于风险很大的证券投资，可能损害储户的利益。

（2）分离型模式可以保证商业银行及时满足客户提现和本身业务经营对现金的需要，保证资金的流动性和安全性。

（3）商业银行在进行高风险、高收益的证券投资时，一旦成功，高额的收益便可能被银行所有者或经理层据为己有，倘若投资失败，损失则由储户或存款保险公司承担。

分离型模式的第二个优点是有益于保障证券市场的公正与合理。商业银行不仅可以通过账户了解客户的资金收付状况，而且还可以通过贷款信用评估等手段掌握客户企业内部财务、经营和管理等多方面的信息，如果商业银行利用这些内幕消息从事投资银行业务，有可能危害到广大投资者的利益，甚至造成整个证券市场的混乱。采用分离型模式可以有效阻断此类内幕交易的发生，确保市场在规范的轨道上有效运行。

分离型模式的第三个优点是有利于金融行业的专业化分工。投资银行和商业银行可以分别利用有限的资源，各司其职，拓展自己的业务领域。同时，业务分离弱化了金融机构之间的竞争，客观上降低了金融机构因竞争被淘汰的概率，增强了金融体系的稳定性。

虽然分离型模式有许多优点，但是在长期的运作过程中它的弊端也日益显现。分离型模式最主要的缺点是它限制了银行的业务活动，制约了本国银行的创新能力和发展壮大，削弱了本国金融机构的国际竞争力。因此，严格的分业经营对商业银行和投资银行的发展都有很强的制约作用。

2.混合型模式的利弊

混合型模式可以在一定程度上克服和弥补分离型模式的缺点和不足，更准确地说，混合型模式具有以下优势：

（1）综合投资银行与商业银行业务的全能银行可充分利用其有限资源，实现金融业的规模效益和范围经济，降低运营成本，提高竞争能力，扩大利润来源。

（2）全能银行可以通过制定多元化的经营策略降低自身风险，"将鸡蛋放在不同的篮子里"有利于保障银行利润的稳定性，降低银行受不利经济环境影响的程度。

（3）全能银行有利于提高信息的共享程度。商业银行在贷款时和投资银行在承销时都希望尽量了解和掌握企业的经营管理、市场和财务状况，但是由于分离型模式的限制，它们往往只能了解企业的某一方面信息，因此如果将两者结合起来，就可以充分掌握客户企业的内部信息，实现信息的高度共享，这不仅可以降低银行贷款的呆账率，而且可以降低投资银行承销业务的风险。

（4）商业银行与投资银行的结合会加剧银行之间的竞争，而竞争有利于优胜劣汰和专业水平的提高，促进金融行业的加速发展和社会总效用的提升。

混合型模式的缺陷在于它可能会给整个金融体制带来较大的风险，因此实行混合型模式需要建立严格的监管和风险控制制度。

（二）我国投资银行现行的发展模式

选择分离模式还是混合模式的投行，取决于一国的历史特点、经济环境、习惯偏好、社会利益集团状况等多方面因素。目前，我国实行投资银行和商业银行分离的经营模式，这是由我国经济、社会以及金融业的现实情况决定的。

1.我国实行分离型模式的依据

（1）我国银行的风险控制机制与法律法规不够完善。首先，从我国目前的情况来看，无论是国有商业银行还是其他各家商业银行，都还没有建立起有效的风险控制机制，自身控制风险的意识也很薄弱，银行对风险的控制仍缺乏市场经济条件下的实践经验和内部管理制度。在商业银行自身缺乏有效的风险控制机制的情况下，如果涉足风险较大、波动剧烈的证券市场，有可能引起整个金融体系的动荡，酿成金融危机。同时，我国银行业的垄断状况十分严重，四大国有商业银行占据了全国七八成的信贷市场，倘若批准它们经营证券业务，这几大商业银行可能凭借自己的网络优势形成对证券业的垄断，造成资源配置的低效率。其次，我国商业银行和企业之间的关系十分密切，可以很容易获取企业的"内幕信息"，如果商业银行从事证券业务，会降低证券市场的公正性，造成更多的"黑幕交易"。再者，到目前为止，我国还没有一部真正意义上的投资银行法，国家虽已出台了证券法，但是规定比较笼统，无法全面指导和监督投资银行的全部业务，对违法违章事件的处理办法也比较匮乏。可见，在金融体制尚不完善、金融法规还不健全的情况下，我国实行分业经营模式仍是短期内的现实需要和客观选择。

（2）我国证券市场仍处于"青年"阶段。经过十几年的发展，尤其是在加入WTO和实行股权分置改革之后，我国证券市场得以迅猛发展，证券市场已初具规模，位于全球新兴市场前列，但是，将我国的证券市场与发达的国家相比不难发现，无论在规模上还是在质量上都无法与之分庭抗礼。到2020年，我国135家证券公司的总资产约为89 000亿元人民币，其中排名前十位的公司如表3-2[①]所示。

表3-2　　　　　　　　2020年我国排名前十位的证券公司　　　　　　　单位：亿元

序号	公司名称	总资产
1	中信证券	10 441.36
2	华泰证券	7 167.51
3	国泰君安证券	7 028.99
4	海通证券	6 940.73
5	中金公司	6 217.19
6	招商证券	4 997.27
7	申万宏源证券	4 911.24
8	广发证券	4 574.64
9	银河证券	4 457.30
10	国信证券	3 027.56

国内证券公司的资本规模与国外单个投资银行数千亿的资本规模比较相差甚远。2008年9月宣布破产的雷曼兄弟公司资产总额高达6 390亿美元，大约相当于4万亿元人民币，而雷曼兄弟之前在美国华尔街投行中仅排名第四。再者，我国证券市场的规范程度不够、金融工具有限、黑幕交易频繁，这些都有待解决。在证券市场自身发展存在诸多不足的情况下，如果放开证券市场，允许大量资金进入证券业，很可能造成泡沫经济，不利于证券市场的健康稳定发展。因此，在我国证券市场尚处在成长阶段时实行混业经营并非明智之举。

（3）我国金融业缺乏有效的监管体系。我国金融业的监管体系就目前来说还有待进一步规范。一方面，中央银行（中国人民银行）实施对商业银行监督的职能，但对商业银行的资产运用缺乏科学的掌握和控制，不能有效地采取措施来监督商业银行的运营。另一方面，证监会实施对证券市场的监督，但其采用的监控制度和监控技术存在一定缺陷，在发现问题、解决问题上的表现都不尽如人意；同时，就证券市场而言，证监会、财政部和中央银行都有对其产生影响的权力。2000年国有

---

①　数据来源：同花顺。

股减持方案的出台就是多方参与的结果，也成为当时股市跌入大熊市的重要因素之一。从长期来看，我国还是一个资本需求国，经济的发展还需要一个完善运作的商业银行体系的支持，如果商业银行过早涉足证券市场，极有可能使大量资金投机性地滞留在二级市场上，从而加大金融体系的风险。

因此，根据我国经济发展水平和金融市场的现状，采取银证分离的模式是较为稳妥的选择。1995年《中华人民共和国商业银行法》（2015年8月修正）的出台正式确立了银证分离的方针，该法规定："商业银行在中华人民共和国境内不得从事信托投资和股票业务，不得投资于非自用不动产。商业银行在中华人民共和国境内不得向非银行金融机构和企业投资。"2014年8月31日第十二届全国人民代表大会常务委员会第十次会议修正并施行的《中华人民共和国证券法》再次强调了我国银证分离的政策，规定："证券业和银行业、信托业、保险业实施分业经营、分业管理，证券公司与银行、信托、保险业务机构分别设立。"

2016年以来，加强监管是证券市场的主旋律。从《证券公司风险控制指标管理办法》《上市公司重大资产重组办法》等法规的修订颁布、资产管理业务新"八条底线"的出台，到"无死角"的监管检查、历史新高的监管罚没款，无不彰显出监管机构稳定市场、防范风险的决心。严监管已成为行业常态，积极鼓励行业扩容发展。多项监管政策的连续出台，在使行业发展得到规范的同时也伴随着金融业务的收缩，至2018年，政策收紧的边际效应递减，市场制度改革等积极信号持续推进，如新三板制度改革、市场双向开放等，行业整体将维持扩容发展趋势。

2.我国商业银行和投资银行业务整合的途径

回顾西方投资银行的发展历史不难发现，在资本市场发展到一定阶段之后，投资银行与商业银行最终会走向混业经营。虽然我国目前呈现分业经营的格局，但随着资本市场的不断壮大和多种融资方式的出现，原有的银行业、证券业、保险业、信托业的分离格局已经有所改变，金融控股有限公司就是从分业经营向混业经营转变过程中的一种中间状态。就目前来看，我国商业银行和投资银行的业务整合主要有以下几种途径：

第一，境内分业与境外混业相结合。为规避国内法律，商业银行在境外组建投资银行，再返回境内展业，与国内商业银行一起分别为客户提供商业银行业务和投资银行业务，如建行与中金、中行与中银、工行与工商东亚等。

第二，加强科技和金融产品创新，实现市场对接。现在，商业银行除了从事传统的资金借贷之外还涉足其他一些金融业务，如基金托管、资产管理、银证通、代理基金发行、代理债券发行、代理保险等，形成了商业银行、投资银行、保险公司等机构依托各自优势在风险控制的前提下的功能互补，有限地进入对方的传统市场。

第三，制度创新。金融控股有限公司是从分业经营向混业经营转变过程中的一种中间状态。中信集团一直被称为国内构建金融控股公司的典型。中信集团公司出资设立了投资和管理境内外金融企业的控股公司，中信控股公司投资控股中信实业银行、中信证券股份有限公司、中信信托投资公司、信诚人寿保险公司、中信期货经纪公司、中信资产管理公司和中信国际金融控股公司，从而实现了银行、证券、保险、信托、资产管理、期货、基金等的混合经营，统一配置和有效利用资源，发挥品牌和协同效应，为客户提供国内外全方位服务。这种金融控股公司模式已经基本上与国际混业经营模式接轨，实现了银行、证券、保险等业务的优化整合。

三、我国投资银行现存的主要问题

总体说来，虽然我国的投资银行已经历了数量增长时期（1985年至1996年）、蓄势整理时期（1997年至1998年）、大规模重组规范发展时期（1999年至今），但我国金融服务业的发展水平还比较低，与发达国家甚至于一些新兴市场经济国家相比，在行业规模、竞争能力、创新能力、市场开拓、基础设施建设等方面都还存在明显的差距。主要包括以下几方面：

（一）发展水平低、增长速度慢

金融服务业发展的总体水平较低，增长速度缓慢，内部行业结构和区域发展结构不协调。

发达国家金融服务业增加值占GDP的比重一般在6%左右，2003年美国金融服务业在国民经济中的比重已经达到了8.3%，而我国仅相当于美国的一半。近年来我国金融服务业的发展速度放慢，金融发展对经济增长的支持乏力。金融服务业内部结构不均衡，银行业居绝对主导地位，而证券经纪与交易业、保险业、信托投资业的比重也相对偏低。另外，金融服务业发展的地区差异较大，农村金融服务的供给严重滞后，不能满足农村经济发展和农民生活改善的需要。

（二）行业竞争力弱、盈利能力差

金融服务各行业竞争力较弱，不能有效提供经济发展所需的金融服务产品。

国际投资银行的收入来源主要有投资银行、资产管理、本金交易、净利息收益和佣金五大项目。就高盛和摩根士丹利而言，投资银行业务收入包括承销各类证券的收入以及与并购、财务重组、房地产开发等有关的战略咨询收入。而目前我国的证券公司在资本市场主要承担两种角色——一级市场的承销商与二级市场的经纪商和交易商。其中，一级市场的承销收入是证券公司利润的重要来源。2020年全国135家证券公司全年实现营业收入12 496.73亿元，经纪业务及服务净收入1 028.30亿元，占营业收入的38.77%，自营交易与投资方面的收入与国际投资银行相比十分有限。相比之下，摩根士丹利2020年年报显示，资产管理和证券业务净收入为142.72亿美元，说明公司股票销售和交易业务表现持续强劲，固定收益和交易业务表现稳健。

（三）创新能力差

一方面，国外金融工具种类繁多，对新型金融产品的开发能力强，能够为客户提供全方位的金融服务；另一方面，目前中资金融机构的金融开发技术比较落后，金融工具种类单调、缺乏自主创新能力，在金融创新中处于被动模仿的地位，利用金融创新获取利润和占领市场主动权的能力较差。

（四）金融基础设施建设不够完善，内外部监管制度不健全

1.投资银行内部审核机制不健全

现阶段我国股票发行一般采取核准制，证券公司通过对项目承办人员所做的工作进行复核，能够有效防止工作中的失误从而避免股票发行的失败。目前国内所有综合类证券公司的投资银行部门均按中国证监会的要求和自身工作的需要，设立了专门的内核小组，开展日常的内核工作，也积累了一些工作经验。但是，内核工作仍主要停留在对发行人申报材料的审查、改错和补充方面，有些甚至只是纯形式上的排版与调整，对项目审核的广度和深度均显不足，未能有效发挥内核机制的审查作用。因此，进一步加强内核工作，健全完善内核工作机制，构建新型的内核工作运营模式仍是我国本土投行今后一段时间内的主要任务。

2.违法违规现象仍然存在

与许多其他行业的营销模式类似，我国证券业务中拉拢、腐蚀、贿赂上市企业领导的行为较为普遍，甚至部分在华的外国投行也在使用同样的办法争抢客户。另外，证券投资商有时出于自身利益的考虑，会提供带有欺骗性的咨询建议。当证券公司的自营业务与一般股民的利益发生冲突时，券商往往会牺牲股民的利益，所以其提供的证券投资咨询业务有相当一部分是为券商自身利益着想，通过欺骗、隐瞒等手段使股民上套。自2005年以来，证监会一直着力对证券市场的证券投资咨询服务进行一系列整顿，但提供虚假信息、蒙骗投资者的现象仍然很多。

3.高层次人才缺乏

国内从事投行业务的人员中有很大一部分专业素质较低，俗称"土投行"。事实上，我国投资银行并不缺少金融专业人才，但是既有行业经验又有开拓力，既能解读宏观经济政策又了解中国企业，既有金融知识又有数理分析能力的人才却很少。另外，国内一些投行之间完全是一种竞争的态势，而没有任何实质合作的诚意。以股票承销为例，名义上是组成了一个承销团，但由于其相互之间另签有补充协议，使得实际上股票承销的所有收益、风险都由主承销商独自承担。这种业务发

展模式，无法真正实现投行竞争能力的壮大，也无法形成核心能力。

4.法制不健全、操作不规范

我国的金融监管主要依靠"一行两会"（中国人民银行、证监会和银保监会），社会监管层次基本处于空白状态，而且监管内容大都以合规性监管为主，对预防性监管的关注不充分。我国虽然出台了证券法，但比较笼统，未能涉及具体的投资银行业务，更没有一部完整意义上的投资银行法。同时，我国现有的一些相关管理条例也很不完善。例如，《股票发行和交易管理暂行条例》中的一些规定与投资银行本身的业务相矛盾，其中规定"任何金融机构不得为股票交易提供贷款"，而根据国际惯例，投资银行在从事并购时可以为并购公司提供资金融通。不完善、不健全的法规体系助长了投资银行业务实践中的不规范操作。因此，要使从业者和投资者规范其行为，首先要有完善的法规体系、稳定的法律框架，使人有法可依。

第二节　我国投资银行的发展趋势

一、我国投资银行的市场化、规范化、国际化趋势

进入21世纪以来，中国证监会出台了一系列市场化的改革措施，这标志着我国证券市场正在经历一场金融管制放松的历史性变革。与此同时，金融机构赖以生存的市场环境正在发生翻天覆地的变化，这种变化也将给中国投资银行的发展带来深远而持久的影响。证券市场是投资银行进行经营活动的场所，也是影响投资银行发展的重要外部环境，对我国证券市场的最新发展进程进行考察，可以在一定程度上揭示我国投资银行未来的发展趋势。总的来说，我国的证券市场正在沿着市场化、规范化和国际化的道路前进。

（一）市场化

在过去很长一段时间内，我国都实行计划经济体制，市场本身的作用难以发挥，这客观上制约了经济的发展。实行市场经济就是要还市场于市场，逐步消除一切阻碍市场机制发挥作用的带有计划经济色彩的制度和措施，确立市场机制在资源配置中的基础性地位，进一步提高资源配置效率。市场化是证券市场不可逆转的发展方向，它具体包括以下三方面内容：

1.定价机制的市场化。所谓定价机制的市场化，是指市场主体（发行人、投资者和中介机构）自行确定证券发行价格，充分发挥市场的定价功能。

在证券市场中，价格是投资者选择资金流向的一个重要因素，但是，长期以来，我国股票发行的定价权一直牢牢掌握在政府手中，股票的市盈率不是由市场来决定而是由国家的监管机构强制决定的。这种近似固定市盈率的定价方式，由于没

有充分考虑每只股票的风险收益特征，因此造成价格信号失真，错误引导资金流向，大大降低了证券市场在资源配置方面的效率。

1997年7月，中国证监会颁布《关于进一步完善股票发行方式的通知》，引入了新股向法人配售的国际通行做法，并且规定"发行公司和主承销商制定一个发行价格区间"，这是我国证券市场定价机制市场化的首次尝试。目前，我国市场竞相采用的定价方法是放开发行价格的上限，通过路演推介和法人累计订单询价，以一定的超额认购倍数，最终确定发行价格。这种方法不仅可以充分发挥市场的价格发现功能，而且可以缩小一二级市场的差价。

随着市场化改革的进一步深入，除了股票、债券等金融产品发行定价机制的市场化外，任何应该由市场决定的价格，如证券中介机构服务费收入也都将走向市场化。

2.进入/退出机制的市场化。所谓进入/退出机制的市场化，是指市场主体在符合一定标准的前提下，可以自由选择进入或退出市场。

由于历史原因，我国的证券市场一直以来将国有企业视为主要服务对象，这使得所有制类别成了资源分配的主要依据，忽视了对企业价值的衡量。在额度管理体制下，为了获得上市机会，国有企业把主要精力放在抢额度、争指标上，监管机构则把主要精力放在制定规模和指标分配上，企业质量自然就被忽视了。因此，改革的根本途径就是在证券市场中引入公平竞争机制。目前，我国股票发行制度已经由过去的审批制转变为核准制及注册制，极大地促进了市场公平与效率。今后，股票发行和上市将不再受指标、规模、行业和所有制的限制，能否发行和发行规模的大小完全取决于筹资者自身的需要和投资者的认可程度。同时，一些连续亏损、资不抵债的上市公司也将被逐出市场。退出机制的建立，不仅为市场开辟了风险释放的渠道，更可贵的是它为市场引入了自由竞争和优胜劣汰的机制。

3.主体行为的市场化。所谓主体行为的市场化，是指市场主体，特别是发行人和中介机构，以股东利益最大化为目标，完全按照市场机制进行运作。

要保障市场健康有序地运转，不仅需要完善、合理的游戏规则，而且需要严格遵守规则的理性的市场主体，因此，主体行为的市场化是市场化改革的重要前提。长期以来，我国证券市场存在着严重的主体行为扭曲现象。例如，一些上市公司通过过度包装、捏造虚假利润等手段在股市上大肆圈钱，严重损害中小股东利益。这些问题的产生原因主要在于上市公司和中介机构的法人治理结构不健全，长此以往，市场化改革进程必然会受到阻碍。所以，主体行为的市场化将成为证券市场化的重要内容。

（二）规范化

与市场化相伴的另一个趋势则是规范化。市场化要求有完善和合理的规则体系以及严格执法来保证，要求对不适合市场发展的各种制度和做法予以规范，防止市场化可能造成的混乱，从而有利于证券市场的稳定和发展。投资银行经营的是金融产品和服务，对风险防范要求比较高，其经营管理要求也更加严格。规范化的实质是按照证券市场本身的发展规律，逐步地对证券市场发展初期一些不规范的做法予以调整和改进。因此，在证券市场向市场化发展的同时必然伴随着规范化，同时证券市场的规范化也会更有利于促进市场化和国际化进程。具体包括以下三方面：

1.监管职能调整。中国证券市场是一个政府推动型的市场，在设立之初，监管机构的作用就比较大，这一方面可以确保证券市场的稳定发展，但另一方面也造成了监管机构的过度干预，影响了证券市场的运行效率。因此，在证券市场的法律地位已经明确且市场规模逐步扩大的情况下，为了确保证券市场沿着市场的方向发展，就必须调整监管机构的监管职能。今后，证券市场监管的发展趋势是监管机构逐步减少对市场主体自主行为的干预，由审批、分配额度为主的家长式管理方式向核准、强制性信息披露和加强查处、打击违法违规案件的市场监管模式过渡。在这一过程中，加强对证券公司的监管是一个很重要的内容。

2.建立统一的、多层次的市场体系。这是我国证券市场今后发展的又一个重要趋势。由于受传统理论和体制的束缚，我国证券市场的创建和发展先天不足，证券市场存在着若干亟待解决的问题，如国家股、法人股不能上市，A、B股市场仍处于分割状态等。这些历史遗留问题是我国证券市场同股不同权、同股不同利等不规范现象产生的根源，妨碍了我国证券市场的进一步发展，也限制了证券市场在配置资源方面作用的发挥。因此，监管机构应努力寻求符合客观实际的方法，逐步解决这些历史遗留问题，为证券市场的进一步发展解除羁绊。此外，从发展角度来看，创业板以及场外交易市场尚未建立，债券市场还有待进一步发展，衍生金融工具市场仍处于空白状态，这些都使得我国的证券市场体系还不能很好地适应市场经济发展和参与国际竞争的要求，因此还需要继续努力加以完善。

3.规范市场秩序，加大执法力度。随着市场化进程的加快和监管机构的职能调整，规范市场秩序、加大执法力度将逐渐成为监管机构的一项任务。由于我国证券市场的发展历史还不长，在证券市场的参与者身上存在着自律与守法意识薄弱的问题，导致信息披露不规范，甚至出现虚假陈述和误导性陈述等现象，在证券交易中存在着操纵证券价格、过度投机以及侵害中小投资者利益的问题等，这些都不利于证券市场的规范化发展。因此，监管机构要继续加大执法力度，规范证券市场秩序，加强对中小投资者权益的保护。

（三）国际化

随着国际融资证券化浪潮的出现以及经济全球化的不断推进，国际资本市场在过去几十年里迅猛发展，投资银行作为资本市场的核心力量也发挥了巨大作用。在开放经济条件下，中国投资银行也不可能置身事外，证券市场的国际化将成为今后我国证券市场发展的一个重要趋势，它主要包括三方面内容：第一，属于服务贸易中试行准入原则的证券行业的开放；第二，属于资本项目的证券市场对外国投资者的开放，允许国内投资者到国外投资；第三，在开放的基础上，实现管理体制和监管规则与国际全面接轨。

二、对发展投资银行业务的建议

基于上述对于我国投资银行业发展趋势的分析，这里就我国投资银行今后的发展给出几点建议：

（一）引进人才、培养人才

现代企业的竞争归根到底是人才的竞争，引进和培养有经验、有能力的高素质人才是企业发展的根本条件。像投资银行这样的高智力行业，引进和培养人才尤其重要，没有高素质的人才，投资银行将很难生存与发展，培养高素质的人才也是加大金融创新、更好地服务于客户的前提条件。证券公司需要具备一支综合素质高、能力强、专业知识扎实的队伍，他们不仅了解相关的专业知识和技术背景，而且必须掌握发行上市的有关法律知识和操作程序，从而从根本上提高证券公司整体实力，在竞争中处于有利地位。由于我国的投资银行尚不够成熟，因此我们十分有必要借鉴国外投行的先进经验。

（二）完善对于投资银行的监管

我国还没有真正意义上的投资银行法，因此对于证券市场中出现的诸多问题无法通过法律途径加以解决，因此，政府部门的监管就显得非常重要。首先，要合理定位投资银行业务的监管目标，严格防止或规避系统性承销危机带来的市场崩溃的风险。其次，要保护知情较少者的合法利益，要能够估计到未来相当一段时间的金融形势和交易结构变化，在变化的环境中保持有效监管。同时，要保持监管制度的相对稳定，慎重变革金融监管制度，因为金融监管制度安排的变革不仅会形成很大的转换成本，且会改变原有的金融运行规则和市场预期，加大金融体系风险。所以，保持投资银行业务监管制度的稳定性，既要保持投资银行业务监管政策和制度结构的相对稳定性，在进行监管制度设计和结构安排时，也要充分考虑未来的环境变化和监管结构的适应性，还要考虑监管在技术和经济上的可行性。

（三）不断提高创新能力

创新一直是投资银行业发展的主题，更是塑造投行核心竞争力的基本要素。投资银行本身是一个系统，系统的成功取决于各个要素的有机结合，核心能力只有经历系统创新后才可能转化为核心竞争力。具体来说，创新可以从以下方面入手：

1.通过业务创新打造自己的业务品牌。中国投资银行应完善业务结构，发展企业投资顾问、资产重组、债转股、收购兼并等业务，跳出一级、二级市场的局限。投资银行应以核心能力的培养和发展为中枢，努力开拓符合自身条件的特色业务空间，在通过结构性调整应对外来竞争的同时，正确分析自己的长处和短处，做好市场定位，利用好时机抢先起步，抢占市场份额，走特色化经营之路，打造企业业务品牌。

2.通过组织创新提高营运效率。科学合理的团队建设对投资银行至关重要。实行"统一领导、专业分工、集中管理"的投资银行体制，注重塑造专业化、知识结构合理的团队，有利于提高运作质量和效率。团队工作方式可减少浪费、减少官僚主义作风，积极提出工作建议，提高工作效率。

3.加大营销创新力度。首先，建立良好的投资者网络。股票销售的主力对象是机构投资者，主承销商能够运作的投资者网络的强大程度直接关系到销售股票的能力。其次，提高定价能力。股票发行的难点是合理确定发行价格，确定的价格既要体现股票价值，又要参考市场价格，考虑市场的需求和投资者对价格的认同度；既要满足发行人的筹资需求，又要照顾投资者的涨价收益。最后，加强推介能力。推介的方式很多，包括一对一推介、小型推介会推介、公开路演推介、网上推介、媒体宣传推介等，推介的关键在于准确定位股票的"卖点"，挖掘发行人的投资价值以及找到合适的投资群体。

（四）加强中国投资银行业风险控制管理

1.树立风险管理理念。未来几年将是中国证券市场消除泡沫的阶段，市场环境的变化也必将带来投资银行管理理念的转变，"谁能活得久"将成为比"谁能活得好"更重要的问题。投资银行业务风险控制、防范与化解能力已是事关券商生死存亡的头等大事，成为体现券商综合竞争优势的一个重要指标，因此，证券公司必须尽早树立风险管理观念，积极采取各种应对措施。

2.投资银行业务风险控制。风险贯穿于整个业务过程，因此投资银行在业务进行的每一个阶段都要采取措施来控制风险。在项目立项中，要以有关立项标准指引为基础对项目进行筛选，力求提高业务的质量和把风险化解于萌芽状态。到了项目跟踪阶段，投行必须密切关注项目的进展情况，一旦发现问题要及时与项目有关人员协商解决。在项目进行内核时必须首先经质量控制部门审核，再提交内核会议讨论，必要时要聘请外部的律师、会计师等参与讨论以提高内核的质量与效果。

3.加强员工的风险控制意识。在大力倡导建立风险管理制度、完善风险监控机制的同时，强化员工遵守道德规范和行为准则的自觉性、提高员工的职业素质是风险管理和内部控制能否取得成功的关键因素。在实行风险管理和内部控制的过程中，有效发挥或约束人的因素同样也是必要和重要的。

本章小结

1.处理投资银行与商业银行的关系有两种基本模式，即以20世纪90年代以前的美、日等国为代表的分离型模式和以德国以及20世纪90年代以后的美、日等国为代表的混合型模式。

2.分离型模式有三方面优点：（1）能够有效地降低整个金融体制运行中的风险；（2）有益于保障证券市场的公正与合理；（3）有利于金融行业的专业化分工。

3.混合型模式具有以下优势：（1）可以充分利用其有限资源，实现金融业的规模效益和范围经济，扩大利润来源；（2）全能银行可以通过制定多元化的经营策略降低自身风险；（3）有利于提高信息的共享程度；（4）加强了银行业的竞争，有利于优胜劣汰和专业水平的提高，促进金融行业的加速发展和社会总效用的提升。

4.我国实行分离型模式的依据有：（1）我国商业银行控制机制与法律法规不够完善；（2）我国证券市场仍处于"青年"阶段；（3）我国金融业缺乏有效的监管体系。

5.就目前来看，我国商业银行和投资银行业务整合主要有以下几种途径：（1）利用科技和金融产品创新，实现市场对接；（2）采取境内分业、境外混业相结合的模式；（3）制度创新，构建金融控股公司，实现混业经营。

6.我国投资银行现存的主要问题有：发展水平低、增长速度慢；行业竞争力弱、盈利能力差；创新能力差；金融基础设施建设不够完善，内外部监管制度不健全。

7.我国证券市场正在经历一场从金融管制到管制放松的历史性变革，金融机构赖以生存的市场环境正在发生着翻天覆地的变化，投资银行正在沿着市场化、规范化和国际化的道路前进。

8.投资银行的市场化具体包括以下三方面内容：定价机制的市场化、进入/退出机制的市场化、主体行为的市场化。

9.规范化的实质是按照证券市场本身的发展规律，逐步对证券市场发展初期一些不规范的做法予以调整和改进。具体表现在三个方面：监管职能调整；建立统一的、多层次的市场体系；规范市场秩序、加大执法力度。

10.今后发展投资银行业务可以从以下几方面入手：（1）引进和培养人才，提高业务人员素质；（2）完善对于投资银行的监管；（3）加强业务创新能力，提高中国投资银行业的业务拓展能力；（4）进一步加强中国投资银行业的风险控制与管理，保障持续竞争力。

思考与应用

1.简述分离型模式与混合型模式各有哪些优缺点。

2.我国为什么采用分离型的投行发展模式？

3.我国投资银行现存的问题有哪些？

4.结合中国投资银行目前的发展情况，谈谈中国投行未来的发展趋势。

【参考案例】　从中外合资到国资控股：中金公司的前世今生

改革开放为世界打开了一扇了解中国的窗口，吸引了众多的海外企业纷纷抢滩中国市场，投资银行也包括在内。发达国家的投资银行历史悠久，已经形成了非常完备的体系。一些世界顶级的投资银行依靠强大的资金实力、专业的人才储备、先进的管理方法在金融市场上建立了属于自己的强大商业帝国。他们的到来给中国本土的金融机构以巨大的威慑力和强烈的紧迫感，中国国际金融股份有限公司（CICC，以下简称"中金（公司）"）正是诞生在这样的背景下。

1995年6月25日，中金公司正式成立，注册资本为1.25亿美元。中金成立之前，国内电信、石油等拥有垄断资源的企业急于到海外上市，但是国内还没有一家投资银行可以担此重任，于是中金公司在中国政府多方大力支持下组建起来了。虽然中国证监会明文规定合资投行外方出资比例不能超过33%，但中金公司的股权结构（图1①）显然有违此规。

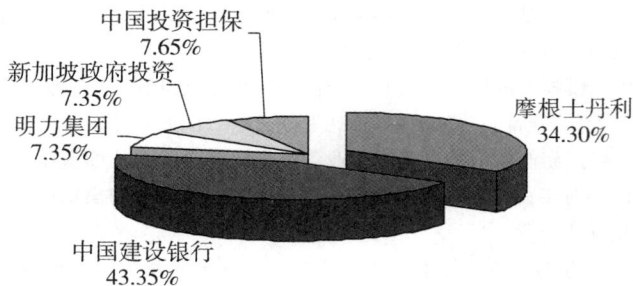

图1　中金公司的股权结构

从图中我们可以看到，中国建设银行出资比例最高，为43.35%，摩根士丹利的出资比例为34.3%，仅此一家外方出资就已经超过33%的界限，再加上新加坡政府投资公司以及中国香港明力集团的出资，出资总额比例达到49%，中方与外方的股权比例差距甚微，因此，中金公司可以称得上是一家名副其实的中外合资公司。2010年12月9日，由于摩根士丹利与中方管理层的管理理念不合，遂将其所持中金公司34.3%的股份转让给了KKR（科尔伯格-克拉维斯-罗伯茨）、TPG（德太集团）、新加坡政府投资有限公司和新加坡大东方人寿保险公司。2015年11月9日，中金公司在香港联交所主板上市。2017年，中金公司通过收购的方式，同中央汇金（中央汇金投资有限责任公司）旗下的中投证券（中投证券有限责任公司）合并形成"新中金"。截至2019年6月底，中央汇金持有中金公司46.245%的股份，成为中金公司第一大股东；海尔集团间接控股的子公司海尔金控持股9.505%，成为第二大股东。同时，在2019年，几家外资PE巨头都陆续减持退出。

一、中金公司的崛起

1997年，中国国际金融（香港）有限公司成立，2000年中金公司在上海建立了分公司，2002年，中金又经中国证监会批准在北京、上海、深圳成立了证券营业部。至此，中金公司完成了在内地几大金融中心的布局。

---

① 根据中金公司网站数据整理。

　　成立之初，中金公司就立志成为一个提供全方位金融服务的世界级投资银行，为中国金融业的发展树立一面旗帜。多年以来，中金公司的业务不断拓展，已经形成了7个大类的业务结构，这7个主要业务部门分别为：投资银行部、股票业务部、固定收益部、财富管理部、资产管理部、私募股权投资部、研究部（见图2）。

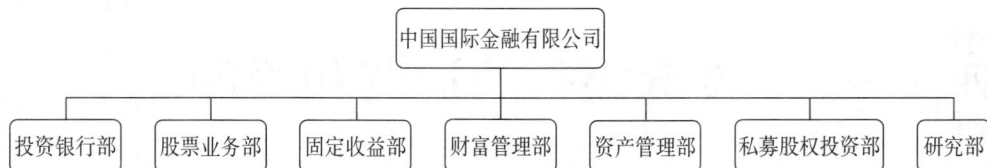

中国国际金融有限公司

投资银行部　股票业务部　固定收益部　财富管理部　资产管理部　私募股权投资部　研究部

图2　中金公司组织结构图

　　投资银行部是中金公司的核心业务部门，它主要向国内的大中型企业、跨国公司和政府机构提供证券承销和财务顾问服务，如股本和债券融资、企业重组改制、兼并收购等。经过十多年的努力，中金公司已经在众多领域大显身手，形成了自己的品牌优势，为企业的融资、改制、重组提供全方位的服务。至2020年，中金发展势头良好，在业内一直保持着领先地位。下面，我们将从股票发行、债券以及证券化和结构化产品、收购兼并和财务顾问三块业务来具体谈一下中金的业绩。

　　继续阅读请扫码

投资银行的运营和管理

在激烈的市场竞争中，随着投资银行业务日益向多样化、全球化发展，要想在投资银行这个行业中立于不败之地，就必须针对各投资银行具体的组织结构进行经营活动的管理和规划。现代投资银行的组织形式通常比较复杂且内部结构各不相同，但一般情况下，投资银行的内部管理都包含人力资源管理、风险管理和公共关系管理三个部分。其中，投资银行的风险管理可以说是最重要的部分。

第一节　投资银行的组织结构

投资银行的组织结构是指投资银行在实现其经营目标的过程中，联结银行内部全体成员和各部门的方式以及这种方式所呈现的形态。在现代投资银行业中，尽管各企业内部组织结构的设计千差万别，但没有一家投资银行的模式可称为典型的组织结构。一家投资银行采取的组织结构，不仅与其组建方式及经营理念有关，而且要与其价值观念相适应。判断一家投资银行组织结构优劣的标准就是要看它在业务经营的过程中能否以最小的成本代价实现其既定的利润最大化目标。通过分析投资银行的组织结构，可以使我们更深入地了解投资银行。

一、投资银行的组织形式

从投资银行历史演进的过程我们可以看出，投资银行的组织形式主要有合伙制、混合公司制和现代公司制三种类型。在当今投资银行业中，现代公司制的组织形式最为普遍。

（一）合伙制投资银行

20世纪70年代以前，投资银行在组织形式上主要采用合伙制。合伙制是指两个或两个以上的合伙人（自然人或法人）共同拥有公司并分享公司的利润，合伙人即为公司主人或股东。所有合伙公司至少有一个主合伙人主管合伙公司的日常经营业务并承担责任。然而许多合伙公司也存在有限合伙人，即其承担的义务仅限于财务方面，并不参与组织的日常经营管理，其对合伙组织的债务责任仅以其出资额为限，负有限责任。合伙制的公司有以下特点：合伙人在共同分享企业经营成果的同时，对亏损承担连带的无限责任；可以由所有合伙人共同参与经营，也可以由部分合伙人经营，其他合伙人仅出资并自负盈亏；可以由有限合伙人参与，并承担有限责任；合伙人数量不定，企业规模可大可小；由于合伙人所承担的无限责任，使得企业的经营者更加注重防范风险。

尽管合伙制曾一度被认为是最理想的经营方式，但随着世界经济、金融环境的变化发展，合伙制的缺陷也逐渐显露出来：一是决策效率低下。合伙制公司的每项决策都要征得所有合伙人的同意，但如果合伙人之间的利益不一致，就容易导致决策迟缓、效率低下。二是人员流动困难。合伙人之间的契约关系在建立企业时确立，每当合伙人变动时，都必须重新确立合伙人关系。还有就是风险承担不均。合伙人对企业债务负连带无限责任，而不是以出资额为限，如果存在道德风险，对企业没有控制权的合伙人则面临巨大的不确定性。

正是由于合伙制这种组织形式存在许多先天的缺陷，曾经的著名投资银行美林公司、贝尔斯登公司、摩根士丹利公司、高盛公司都分别于1971年、1985年、1986年和1999年从合伙制转变为股份制。

（二）混合公司制投资银行

混合公司制投资银行是指各不同部门在职能上没有什么联系的资本或企业合并而成的规模很大的企业。混合公司制是随着企业的并购浪潮而出现的一种组织形式，一些投资银行出于战略的需要或由于公司价值的急剧下降而被收购或被联合兼并为混合公司。其在本质上是现代公司，但又具有自己的特点：规模庞大，同时涉足多个没有直接联系的业务领域。通常情况下，投资银行会由于被收购或联合兼并而成为混合公司。

投资银行业是一个动态竞争性和适应性合二为一的行业，同时也是一个循环周期性很强的行业。1987年美国经济滑坡后，投资银行业合并之风开始盛行，1 300多家（占总数的20%）小型投资银行倒闭或被合并，并且几乎所有大的投资银行都经历了重组、合并，其结果是投资银行变得更集中、经营更专业化。

混合所有制公司也可称为集团制。按照投资银行母公司的性质，这种组织形式可分为两类：

1.投资银行的母公司是投资银行或其他金融机构。其主要动机是扩大母公司的业务规模。例如，普美公司（Primerica）在 1987 年收购美邦公司（Smith Barney）和哈里斯·阿汗公司（Harris Upham）后，又于 1993 年从美国捷运公司（Railway Express Agency）手中买入了希尔逊经纪公司（Shearson）。在此基础上，普美公司组建美邦·希尔逊公司（Smith Barney Shearson），从而成为美国第二大经纪公司。1995 年，欧洲最大的商人银行巴林银行（Barings Bank）倒闭，随之被荷兰国际集团（Internationale Nederlanden Group）收购；美林公司出资 8.4 亿美元收购英国最大的经纪公司——兆富公司，从而成为世界上最大的股票证券经纪公司。

2.投资银行的母公司是非金融机构。其主要动机是增强母公司的获利能力和多元化经营能力。例如，1986 年通用电气公司（GE）接管了基德·皮博耶公司。然而，非金融混合公司对投资银行的收购有时会导致经营失败而得不偿失。例如，斯耶公司买下了迪思·怀特公司是为了实现其金融超级市场计划，其中包括保险、房地产、经纪代理业务等，然而此计划并非像其所设想的那样成功，因此，1992 年斯耶公司把 20% 的迪恩·怀特公司股权向公众出售，并改名为迪恩·怀特·迪斯克公司。

（三）现代公司制投资银行

1.现代公司制的概念及特点

现代公司制的投资银行以普通股方式向社会公众出售其公司股权，股东享有公司利润分红或保持红利作为再投资的权利。除此之外，公司还可以通过对外举债（银行借款、发行债券等）或发行优先股及普通股配股等方式筹措资金。投资银行的管理者则主要对其所有者即股东负有责任。

投资银行的现代公司制组织形态与传统的合伙制相比，具有更加强大的功能和优越性，主要表现为：

（1）管理现代化。现代公司制可以使投资银行实现管理活动的专业化和利益制衡的规范化。一方面，管理活动的专业化带来管理的职业化、知识化和经理人员地位的独立化；另一方面，利益制衡的规范化是指投资银行内部各利益主体的互相制约和内部激励机制的建立和规范化，从而提高投资银行的效率和效益。

（2）具有更强大的融资功能。投资银行实行公司制，能够迅速打通资金瓶颈，特别是当投资银行成为上市公司时，就与股票市场紧密联系在一起，使其融资能力得到充分发挥，具备了实现迅速发展的可能性。在股份公司内部有一套完整的累积机制，包括提取公积金、转增股本、职工内部持股计划和债转股等。这套机制以内部章程或外部法律条文的形式固定下来。现代公司，特别是上市公司，比其他企业组织形态更容易吸引社会资金，因为它的风险有限，所持股权流动性高，财务状况也比较透明。此外，股份公司的兼并收购、战略联合为资本积累和资本积聚提供了另一条重要途径。

（3）具有法人功能。公司法人制度赋予公司独立的法人地位，其确立是以法人财产权为核心和重要标志的。法人财产权是企业法人对投资及其增值在内的全部企业财产享有的权利，表明了法人全体的权利，而不再表现为个人的利益，公司法人将包括有形资产和无形资产在内的全部企业资产视为一个不可分割的整体来行使权利。公司法人不仅拥有对这些财产的占有权、使用权、收益权，同时还有处置权，这些构成了一个完整的权利体系。公司法人对财产权利的行使具有永续性。公司通过其组织结构和法人代表来行使法人财产权，以此对抗和排除包括股东在内的其他个人和机构对投资银行经营活动的非法干预。

（4）易建立有效的激励机制。现代公司组织形态可以建立一套更规范的治理结构，处理好委托－代理中信息不对称和激励不相容的困境。实行现代公司制度的企业可以建立长期股权激励制度，使经理层和股东的目标一致，从而实现股东利益的最大化，招揽高素质的管理人才。同时，企业能够有效地建立职工持股计划（employee stock ownership plan，ESOP）的制度安排，以调动广大员工的积极性。投资银行的主要资源在于人力资本，高素质的专业人才是投资银行参与竞争的关键因素，因此，通过建立长期激励机制来稳定、提升企业管理人员和员工素质，是投资银行不断创新、保持活力的有效途径。

目前，各国投资银行较多地采用股份公司制形态。美国排行前几位的大投资银行均采取股份公司制形态。

2.金融控股公司制

金融控股公司制是在现代金融混业经营的趋势下，以控股公司形式组建的金融控股集团。它是金融业实现全能化的一种组织制度，本质上属于现代公司制的范畴。20世纪80年代后，发达国家进入"滞胀"时期，使资金供需矛盾发生逆转，储蓄银行受到证券公司、投资银行的挑战，出现了打破专业化的要诉求，金融业开始由分业走向混业。1986年，英国完成金融"大爆炸"（Big Bang）改革；1998年，日本实施《金融体系改革一揽子法》；1999年，美国推出《金融服务现代化法案》。其共同点就是取消分业经营限制，实施混业经营策略，这就使得投资银行再次面临组织结构的创新。在这种背景下，金融控股公司应运而生，它是国际投资银行的基本运作模式，如美林集团的母公司是美林公司。为了应对来自国外全能化的投资银行的竞争，投资银行必须通过组建金融控股公司的形式沟通金融领域各行业之间的业务联系，以增强综合竞争实力。从发展趋势看，金融控股将成为现代投资银行组织结构的典型特征。

二、投资银行的内部组织结构

投资银行内部组织具有明显的层次关系，一般可分为决策层、职能层和业务部门等几个层次。图4-1就描述了比较典型的现代投资银行的内部结构层次关系。

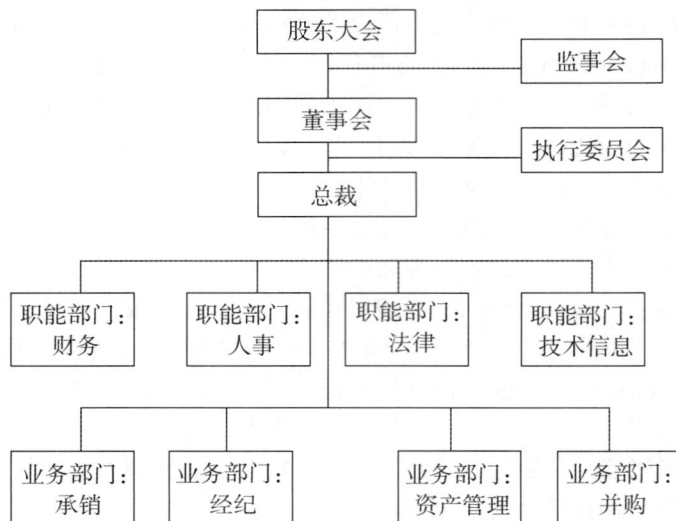

图4-1 投资银行内部结构层次

（一）决策层

投资银行的决策层包括股东大会、董事会、执行委员会和总裁等几个层级。股东大会是现代公司制投资银行的最高权力机构。董事会是股东大会的常设机构，负责投资银行的经营管理和战略决策，是投资银行的最高决策机构。董事由股东代表组成，非股东作为独立董事和外部董事越来越成为流行的做法。监事会是与董事会平行的监察部门，独立地行使监察权，并向股东大会报告。总裁由董事会任命，是投资银行最主要的管理者和决策执行者。总裁主要负责日常业务管理和内部管理制度的制定，包括任免各个层级的工作人员；对日常经营活动进行决策、管理和控制；奖惩工作人员；定期向董事会及下设的执行委员会提交经营状况和财务状况的报告；制定年度预算和长期规划等。

（二）职能层

职能层是投资银行必须具备的内部控制和核算中心，兼有服务和监督的职能。保证投资银行内部按照规定的经营目标和工作程序运作是职能部门的主要任务，职能层通过对各个部门人员和业务活动进行组织、协调和制约，从而控制在经营过程中潜在的非系统风险。例如，摩根士丹利设置了六个职能部门：人力资源部、稽核部、财务部、法律部、风险管理部和信息技术服务部。

内部控制部门又包括内部管理控制和内部会计控制两个部门，其主要任务是确定各个职能部门的职责权限，实行分级管理、岗位责任考核和岗位制衡，完善内部管理制度和财务制度。

（三）业务部门

由于各投资银行的战略定位和经营方针存在差异，监管环境和风险控制理念不同，投资银行的部门设置也存在诸多差别，但一般情况下，投资银行主要包括资本市场部门、消费者市场部门和研究发展部门等。

1.资本市场部门

资本市场部门负责传统的投资银行业务和公司金融业务。其所涉及的各职能领域则由其下属的独立部门负责。

（1）证券承销部门。又称公司融资部（corporate finance department），其主要功能是负责在一级市场上承销公司发行的股票、债券和票据等各类证券，如公司债券、高收益债券、可转换的其他抵押债券、国际债券、优先股、普通股，以及商业票据和中期国库券等。某些规模庞大的投资银行在承销业务量很大的情况下，会将该部门按不同标准做进一步细分：如按照承销证券的种类分为股票承销部、债券承销部和其他品种承销部等；按照客户公司所在产业划分为基础工业组、高科技工业组、服务性行业组等。一些大型投资银行还设有公共融资部，主要为各级政府、公共事业组织、研究院和大学等非营利性公共机构承销债券。

（2）并购部门。主要负责进行信息收集、寻找目标公司、评估定价、接管、杠杆收购和管理层收购、反收购，以及调整企业的资本结构。并购部门日益成为投资银行一个重要的组成部分，为投资银行带来重要的利益来源，并且在业务上与其他部门相互配合。

（3）经纪业务部门。主要负责二级市场上的证券交易，接受客户的委托，代理客户买卖证券，向客户收取一定的佣金。同时在法律许可的情况下，向客户提供保证金贷款和融券服务等。

（4）风险资本部门。从事风险资本业务，不仅接受创业企业的融资委托，而且还主动寻找新兴的创业企业，进行投资决策。

（5）项目融资部门。是为某些专门项目和大型项目设计融资方案和安排融资的部门。项目融资是一种独特的筹措资金的方法，特指某种资金需求量巨大的项目筹资活动，并且以贷款作为资金的主要来源，是一种以项目未来的现金流量作为担保条件的无追索权或有限追索权的融资方式。该部门主要处理项目发起方、项目公司和资金供给者等之间的合约关系问题，如为能源和自然资源方面的公司进行项目融资设计和推介。

（6）私募部门。主要负责与机构投资者和富有的私人投资者建立良好的合作关系，并向这些投资者发行不公开上市的证券，为企业募集资金。

（7）货币市场部门。主要在货币市场上活动，运用中短期国库券、储蓄存单（CD）和商业票据（CP）、中期债券和合成债券等交易工具，从事货币市场上的筹资和交易业务。

（8）高收益债券部门。专门负责高收益债券的承销和投资业务。目前，高收益债券已经发展成为现代公司财务中一个规模巨大和重要的组成部分。

（9）国际业务部门。主要管理投资银行的所有国际业务，并为国外跨国公司在本国的子公司和本国跨国公司的海外子公司服务。

（10）掉期交易部门。主要负责组织和安排掉期交易，掉期交易的目的是套期交易、平衡资产和负债，并改善不同企业之间的相对成本效率。

（11）交易和套利部门。其基本职能是从事机构投资者和投资银行自身的大宗交易，是投资银行的一个重要的利益中心。

（12）风险管理部门。主要功能是将专门和各种套期交易工具结合在一起，为企业和投资银行财务管理开发出一整套套期交易方法。风险管理一般由期货和套期交易、金融期货、期权交易和指数期货期权等更为细化的部门来负责。

（13）证券化部门。主要负责将缺乏流动性但具有某种可预测的现金收入属性的资产或资产组合，通过创立以其为担保的证券，在资本市场上出售变现。随着资产证券化的发展，证券化部门已经成为一个十分重要的利润中心。

表4-1[①]和表4-2分别反映了国内外投行业务结构的差异，国外投行我们仍以被兼并前的美林证券为例。

从现实情况来看，我国证券公司的业务结构极不平衡，经纪业务的手续费收入占绝大比例。另外，我国证券公司的业务结构比较单一而且创新不足，和国外投行存在重大差异，相应的收入结构也体现出了这种差异。

2.消费者市场部门

消费者市场部门主要进行各种证券的销售和分配，涉及从新金融产品的设计到分支系统的经营管理的整个过程。同时还包括为消费散户提供金融产品和基金，为机构、各种有限公司提供金融产品和基金，进行新的金融产品和基金的开发、创设等。

---

① 参见2010年美林证券年报。

表4-1 **美林证券业务结构**

经纪业务	证券交易佣金	上市公司证券和柜台交易佣金
		投资基金交易佣金
	其他	货币市场工具交易佣金
		第三方年金合约交易佣金
自营	自营差价收入	权益类证券及其衍生工具投资收益
		负债类证券及其衍生工具投资收益
		抵押担保品收益
		外汇交易收益
	证券投资利息收入	权益类证券及其衍生工具利息收益
		负债类证券及其衍生工具利息收益
		抵押担保品利息收益
		外汇交易利息收益
投资银行	承销收入	权益类证券承销收入
		负债类证券承销收入
		混合类证券承销收入
	战略咨询收入	收购咨询收入
		兼并咨询收入
资产管理	资产管理收入	
	投资组合服务收入	
	客户流动资产账户费收入	
	营运资本管理收益	
	现金管理收益	
其他或有收入	运用衍生工具对公司长期资本进行管理带来的收益	

表4-2 **国内券商业务结构**

证券经纪业务	营业部手续费收入
	部分券商网上手续费收入
投资银行业务	证券发行与承销收入
	财务顾问的服务收入
证券自营	股票债券投资利息收入
资产管理	委托理财的服务收入
其他业务收入	

3.研究发展部门

投资银行的研究发展部门十分重要，是投资银行开展业务的基础性部门。投资银行必须进行行业研究、公司研究、宏观经济研究，以及具体项目的可行性和项目评估等方面的研究。研发是投资银行开展业务的前提，研发部门要在投行业务的进程中提供及时的信息和技术支持。

第二节　投资银行的人力资源管理

人力资源是企业的主要资源之一。在智力密集型的投资银行业中，人的重要性表现得尤为突出。从某种意义上来说，投资银行最大的财富就是其所汇集的优秀人才。投资银行的人力资源管理就是指对人才的获得、开发、保有和使用等所进行的规划、组织、指挥和控制的活动。它是研究本行内人与人关系的调整、人与事的配合，以充分开发人力资源，挖掘人的潜力，调动人的积极性，提高工作效率，以实现本行目标的理论、方法、工具和技术。投资银行的人力资源管理包括四个重要的方面：投资银行的人才选择和聘用、投资银行人才的教育和培训、投资银行人才的使用和管理以及投资银行的人才激励。

一、人才的选择与聘用

投资银行人才的选择和聘用是指投资银行根据其内部各部门的需要，通过科学的方法寻找和吸引有能力又有兴趣来企业任职的人员，并从中选出合适的优秀人才予以聘用的过程。投资银行对员工的选择和聘用是其有效人力资源管理的前提。

（一）投资银行对员工的基本要求

1.高水准的职业操守。作为一名投资银行的从业人员，必须具备高水准的职业操守。除了要有基本的事业心和责任感，还要有正直诚信的价值观、良好的职业道德、勤勉的学习态度、严谨的工作方法、良好的团队合作精神，并自觉遵守社会道德规范和文明准则。投资银行必须把员工的职业道德要求放在第一位。

2.卓越的职业技能。投资银行员工的职业技能包括完善的知识结构和良好的业务能力。投资银行员工的知识结构根据所在岗位的需要而不同，主要由基础知识、专业知识和相关知识组成。同时，投资银行员工还应具备一定的业务能力，包括基础技能（如较强的语言文字表达能力、逻辑思维能力和创新能力）和专业业务能力（根据其从事的具体业务而异）。

3.较好的身体素质和心理素质。投资银行的员工应该具有良好的生理和心理素质，能够适应正常的工作要求，能够适应现代化的工作节奏和强度。

（二）投资银行人才选择与聘用的程序

投资银行在员工的选择聘用中，遵循双向选择、效率优先、公开招收、全面考核、择优录取、优化组合等原则，并且按照一定的程序进行。

1.评估和确定投资银行员工的需求量。投资银行应根据岗位定员的要求合理确定其对员工的需要量。按工作岗位不同，投资银行员工可分为业务人员和管理人员。业务人员的数量应根据业务项目、对象数量和质量要求确定，管理人员的人数则按职责范围和工作性质的不同来确定。

2.制定岗位标准。投资银行需要分析各岗位的工作特点，员工必须具备的知识、能力和所负责任，并以此作为录用员工的具体标准。

3.发布招聘信息。投资银行可通过报纸、网络等多种方式发布招聘信息，求职者可递交申请就职表。

4.对求职者进行初步选择。投资银行的人力资源部门可审查求职者的就职申请表，根据各岗位的需要进行初步选择。

5.公开考试。公开考试可以考察求职者的基础知识并体现公正、公平、公开的原则。

6.组织面试。通过面对面的交流可以进一步了解求职者的逻辑思维、语言表达能力、心理素质及其对投资银行业务的熟悉程度等。

7.体检。员工的身体素质良好是基本要求，因此就职前的体检也是一个关键的环节。

二、人才的教育和培训

投资银行员工教育培训是其人力资源管理的重要组成部分。它是指用理论和实践的方法促使员工在其道德、知识、技能、行为方式等方面有改进和提高，保证员工能够按照预期的标准完成所承担或将要承担的业务任务。投资银行对员工的培训是一项长期投资，而不应被看成一项成本费用。投资银行应该力求为积极向上的员工提供不断发展的平台。

投资银行的员工教育培训过程由三个具有连续性的阶段组成：第一阶段是评估阶段，这是整个员工培训工作的基础，是对员工培训的需求进行分析和评估，以确定培训内容和目标；第二阶段是培训实施阶段，是根据确定的培训原则采取适当的培训方法来具体实施员工培训的过程；第三阶段是效果评价及反馈阶段，主要内容包括确定工作指标、检查培训效果、对不足的地方做出及时的反馈。

具体来说，培训工作主要有以下几种：

一是新员工培训。新员工培训是指向新员工提供正确的相关企业与工作岗位的信息，目的是帮助新员工了解他们所处的工作环境，并传达投资银行统一的企业文化和企业价值观。

二是业务知识和技能培训。投资银行对员工的业务知识和技能进行培训要采取岗位培训的形式进行。培训内容以本岗业务为主，增加综合业务知识和计算机操作技能方面的培训。可以采取培训班、研讨会、接受各种学力教育、出国学习考察等方式，提高员工的理论素质和业务水平。

三是管理人员培训。对投资银行的管理人员需要进行较系统的培训，可以采取专门的管理培训、专题讲座、工作轮换、上司辅导等培训方式进行。

四是职业规划培训。职业生涯规划是职业发展的根本保证，因此投资银行也应该密切关注员工的职业发展，制定人力资源培养的规划，按照公司规划和员工自身的发展方向，给业绩突出者以相应的培训、升迁机会。比如，中国国际金融公司对其员工的培训就包括海外培训、公司内部培训、相关产品知识及技能培训、校园招聘员工入职培训、专业证书报考资助等。

三、人才的使用和管理

（一）投资银行人才的使用原则

1.因事择人的原则。投资银行选人就是为了让其占据某个岗位，从事与该岗位相关的工作及承担一定的责任。要使投资银行业务卓有成效地完成，首先要求工作人员具备相应的知识和能力。因此，因事择人是人力资源管理的首要原则。

2.量才而用的原则。不同的业务要求不同的人去完成，而不同的人也具有不同的能力和素质，不同的人适宜从事不同的业务活动。投资银行只有根据投资银行员工的特点来安排工作，才能使员工的创造性得到最充分的发挥，使其工作热情和积极性得到最大限度的激发。

3.动态调整的原则。投资银行本身处于动态环境中，这要求它不断地调整自己。投资银行员工的能力和知识也是在不断提高和丰富中，同时投资银行对其员工的素质认知也是不断全面、深入的。因此，人与事的配合也需要进行不断调整，以求使每一个人都能得到最合理的岗位，实现人与工作的动态平衡。

4.优化组合的原则。投资银行在人才使用时要搭配好工作团队，让每个人发挥各自的长处，形成优势互补，以发挥团体的优势，更好地实现组织目标。

（二）投资银行对人才的管理

1.可以通过日常观察员工在工作职位上的表现，结合与员工谈话，对员工的表现进行评估，判断员工是否适合现在的岗位。

2.可以按照实践的需要制定出关于人才的标准，用量化的标准对照员工的情况，看是否达标。

3.可以将识别对象放在一个模拟的真实环境中，利用各种评估技术，现场测试被考察对象的工作能力、组织能力和应变能力。

4.可以定期组织人才考核，对员工的品德、学识、技能以及健康状况进行考察、评价、反馈、改进，这是人才管理的关键环节。

四、人才的激励机制

人力资源开发与管理的核心是建立有效的激励机制，只有机制运作有效才能真正吸引高素质的人才，并充分调动员工的积极性、主动性，将员工的潜能挖掘出来。投资银行的激励机制一般包括精神激励和物质激励。

（一）精神激励

1.目标激励。员工积极性的源泉在于内在的需要，而需要总是指向一定的目标。符合人们的生理、心理需要的目标可以引发、指导和促进人们向着目标努力奋斗。通过投资银行企业目标的实现可以进一步增强企业的向心力、凝聚力。因此，投资银行在制定中、长期发展规划时，要在充分研究分析的基础上集思广益，制定出一个符合公司实际的规划目标。规划目标确定后，要利用多种形式给员工讲解，在员工中树立起一面振奋人心的旗帜，使员工看清公司的发展前途和希望所在。员工认识到自身在企业中的价值，产生目标实现后的成就感，可以增强其作为主人翁的责任感，激起员工自觉为企业目标而奋斗的工作热情，从而保证企业目标的顺利实现。

2.参与决策激励。投资银行要加强上下级沟通，提倡全员决策。上下级之间的信息沟通，不仅会增进工作效率的提高，而且可以加强两方的了解和共识，使员工对公司发展有一种参与感，有利于进一步激发员工的工作热情。沟通的方式可以灵活多样，包括建立公司内部的情况通报系统，设立"决策建议信箱"，开展年度员工意见调查。在做出重大决策前，先让广大员工讨论评价，经常召开全体员工参与的交流讨论会等等。全员决策不能流于形式，投资银行的领导者应以积极的态度欢迎员工提意见，在公司内部营造一种员工为公司的发展争相提建议的氛围。

3.员工发展机会激励。投资银行应当给予员工足够的发展空间，使员工之间形成一种良性的竞争关系，并且随着公司的不断发展和规模的不断扩大，必须设计一套良好的人员升迁测评、考核制度。考核制度应该结合公司的具体情况，充分体现贡献、能力、道德优先的原则，这样有利于调动广大员工的积极性，形成众望所归的良性循环。在实施晋升时，一方面要考虑指标体系的完备性，另一方面要考虑晋升的时间，不宜太长或太短，要利用一定的时间范围、周全而公平的指标，建立杰出人才的升迁机制。

4.关怀激励。投资银行在尽最大努力满足职工物质条件需要的同时，可以通过开展送温暖活动、生病慰问、领导接访等多种形式，满足员工的精神需要，使员工感受到大家庭的温暖，进而在本职岗位上取得最大的成绩。

5.育才激励。除制定优惠政策吸引人才外，投资银行应当把立足点放在培养自己的人才上面。对员工培训要舍得投资，搞好硬件建设，要坚持请进来、走出去的原则，开展多种形式的培训，提高员工的技术水平和业务素质，为企业的发展积蓄力量。

（二）物质激励

物质激励是投资银行通过对员工的工作业绩进行正确的评价，据此给予物质报酬，将业绩与报酬结合起来，并将员工的短期报酬和长期报酬有机地结合在一起。在一些发达国家实施的比较成功的物质激励机制中，除了基本的现金报酬激励以外，更主要的是长期产权报酬激励，包括员工持股计划、员工认股权证和员工持有高息公司债券或可转换公司债券。

1.员工持股计划（ESOP）

员工持股计划是指企业员工通过购买企业的股票而拥有本企业产权的一种激励形式。其一般做法是：加入持股计划的公司员工，自与所服务的公司和信托公司（或其他金融机构）签约时起，每月向信托公司交付储存一定数额的购股储存金。这种购股储存金无须自己亲自按期交付，而是设立独立的外部信托基金会，从员工的工资中扣除约定的金额，再加上本公司发给的专门作持股奖励用的补助金，一并转给信托公司，由信托公司从二级市场购买本公司的股票或累积到一定金额认购本公司新发行的股票。信托基金会负责保管员工的股份，防止员工随意出售股份。[1]

实行员工持股计划能使企业目标与个人目标结合在一起，使经营者、员工、所有者统一起来，在公平合理的激励标准下达到激励的效果。投资银行实行员工持股制度，可以有效地解决人才流失问题，让员工持有一部分企业的股票，成为股东，他们就不得不更加重视企业的发展，为确保企业在市场中的领先优势而积极献计献策。投资银行的高级管理人员持有可观比例的股份，有助于解决经营者拿黑钱、为自己谋取私利的问题，从而起到了优化治理结构、加强内部的监督与激励的作用。

2.认股权证（认股证）

认股权证（warrant）是一种买方远期看涨选择权证券，它给予持有人一定权利，其持有人可于将来某一约定的时期按约定的认购价格认购某只已发行在外的股份。这个约定的价格是固定的，通常以一定时期内上市公司股票价格为基础，再增加一定的溢价，不会随着现行股票价格的波动而改变。认股权证有一定的行权期，

---

① 陈琦伟，阮青松. 投资银行学［M］. 大连：东北财经大学出版社，2007.

在指定的行权日期后，持有人就不能认购股票了，而认股权证也变得毫无价值。所以，认股权证实际上代表了一项购买股票的非强制性权利。

作为员工激励机制的一种重要工具，认股权证属于股本认股权证，但其发行的对象仅限于本公司的员工。为鼓励员工长期持有，一般规定认购期从发行后二三年甚至更长时间才开始，认购期限比一般的股本认股权证也要长得多，中间一旦离职就会丧失认股的权利。认股权证是一种看涨期权，因此，只有在本公司股票的市场价格超过认股权证约定的购买价格后，持有认股权证的公司员工才能将认股权证转换成股票获得收益，如果在整个认购期限内股票的价格都没有超过行使权价，认股权证就成为没有任何价值的废纸。而股票的市场价格是由企业的业绩所决定的，这样公司员工为使本公司股票的价格持续上涨，就需要关心公司未来长远的发展，需要长期在公司服务，为股东创造更多的收益。可见，认股权证有利于引导员工行为的长期化，是一种中长期的预期激励工具。

3.高息公司债或可转换公司债券

高息公司债，即向本公司的员工以较高的利率发行本公司的债券。与一般的公司债不同，这种公司债的发行对象仅限于本公司的员工，而且利率较市场利率为高，期限一般比较长。债券到期时，若员工仍然在公司服务，则可以获得高额利息和本金；若其在债券未到期前离开公司，则公司按市场利率支付本息，赎回债券。

可转换债券是公司发行的一种债券凭证，其持有人可以在规定的期限内，按照事先确定的条件，将债券转换为公司的股票。如果债券持有人没行使转换的权利，发行公司就必须按期支付债券利息，并在债券到期时清偿本金。可以说，可转换债券是一种具有债券和股票双重性质的金融工具。可转换债券的这一特征使它可以成为一种好的员工预期激励工具。公司可以比较优惠的条件，如比同期一般可转债较高的收益率和较低的转换溢价向本公司员工发行可转换债券，但债券期限可以相对较长，并约定从发行日起一定时期后才能转换。当本公司股票的市场价格在约定的转换期间内超过转换价格后，公司员工可以将其转换成股票获利；而当股价在转换期间没有超过转换价格时，员工也可以得到债券的本息，当然利息比市场利息要低。这样，就可以促使员工关心企业的未来发展。

投资银行向员工发行的高息公司债和可转换债券在公司破产的情况下，都是优先于其他公司债务偿付的。

对于投资银行的高级管理人员而言，其报酬激励一般包含三部分：一是高级管理人员的基础工资，包括酬金、薪水和奖金；二是额外总收益，包括津贴、养老金权益和补偿安排；三是股票和股票期权。其中基础工资和额外收益是短期现金报酬激励，股票和股票期权是长期产权报酬激励。高级管理人员股票期权（ESO）激励制度的最大优点是经营者的收益与未来经营业绩挂钩，能够避免短期行为，与企业的长期稳定发展相适应，正是由于上述优点，因而20世纪80年代以来，期权成为美、英等国高级管理人员报酬增长最快的部分。①

与发达国家投资银行普遍采用长期的期权激励相比，我国证券公司尚没有完善的激励机制，主要的激励手段还仅限于薪酬激励。国内各券商的薪酬结构都比较单一，其基本组成部分是工资、奖金和福利。其中工资可细化为岗位工资、技能工资、年功工资、学历工资；奖励分为月季度奖、年终奖、业务奖；福利分为社会保险、补充保险、住房福利、自选福利。

第三节 投资银行的风险管理

风险管理对一切金融机构的经营管理而言都是一个永恒的课题，对投资银行来说更是如此，这是由投资银行所处行业及其业务特征决定的。投资银行的风险管理就是采取科学合理的方法对投资银行内部固有的一些不确定因素将带来损失的可能性进行识别、分析、规避、消除和控制。

一、投资银行面临的风险

按诱发风险的具体原因，我们把投资银行面临的各种风险分成流动性风险、市场风险、信用风险、操作风险、法律风险、体系风险、政策风险。

（一）流动性风险

流动性风险又称变现能力风险，是指投资银行流动比率过低，其财务结构缺乏流动性，头寸紧张，金融产品不能以合理的价格迅速卖出或将该工具转手使投资银行无力偿还债务形成的风险。1994年美国Askin管理公司就是因投资于华尔街的"有毒垃圾"按揭保证债务工具，后因利率猛升无法脱手而损失6亿美元。

（二）市场风险

市场风险是指由于市场变量（如价格、利率、汇率、波动率、相关性或其他市场因素水平等）的变化，导致投资银行某一头寸或组合发生损失或不能获得预期收益的可能性。在有关市场风险的模型中，往往把它定义为金融工具及其组合的价值对市场变量变化的敏感程度。根据市场变量的不同，又可细分为利率风险、汇率风险、市场发育程度风险、资本市场容量风险。1994年美国加利福尼亚州奥兰治县（Orange Country）的破产突出说明了市场风险的危害。该县以约75亿美元的基金从事高杠杆率的金融交易，大量投资于所谓的"结构性债券"和"逆浮动利率产品"

---

① 陈琦伟，阮青松. 投资银行学［M］. 大连：东北财经大学出版社，2007.

等衍生证券。由于利率上升，这些衍生证券的收益和市场价值随之下降，从而导致奥兰治县的投资组合出现了17亿美元的亏损。事发后，美国股市、美元汇价均出现较大跌幅。

（三）信用风险

信用风险是指合同的一方不履行义务的可能性，包括贷款、掉期、期权及在结算过程中的交易对手违约带来损失的风险。投资银行签订贷款协议、场外交易合同和授信时，将面临信用风险。通过风险管理控制以及要求交易对手保持足够的抵押品、支付保证金和在合同中规定净额结算条款等程序，可以最大限度地降低信用风险。例如，由于1997年的亚洲金融风暴，J.P·摩根将其约6亿美元的贷款划为不良贷款，从而导致其1997年第四季度的每股盈利只有1.33美元，比上年的2.04美元降低了35%，也低于当时市场预期的1.57美元的每股收益。

（四）操作风险

操作风险是指因交易或管理系统操作不当而引致损失的风险，包括公司内部风险管理失控所产生的风险。投资银行内部风险管理失控的表现包括：超过风险限额而未察觉、越权交易、交易或后台部门的欺诈（包括账簿和交易记录不完整、缺乏基本的内部会计控制）、职员的不熟练以及不稳定、易遭非法侵入的电脑系统等等。1995年2月巴林银行的倒闭说明了防范操作风险的重要性。英国银行监管委员会认为，巴林银行倒闭的原因是新加坡巴林期货公司的一名职员尼克·里森越权交易，而巴林管理层对里森隐瞒的衍生工具交易毫无察觉。里森作为交易员，同时兼任不受监督的期货交易、结算负责人的双重角色，巴林银行未能对该交易员的业务进行独立监督，公司也未将前台和后台的职能分离，正是这些操作风险导致了巨大的损失并最终毁灭了巴林银行。巴林银行倒闭不久，日本大和银行又爆出类似丑闻。这两家银行都错在违背了风险管理中要将交易职能和支持性职能分开的基本准则。

（五）法律风险

法律风险来自交易一方不能对另一方履行合约的可能性，可能是因为合约根本无从执行，或是合约一方超越法定权限的行为。法律风险包括合约潜在的非法性以及对手无权签订合同的可能性。1994年奥兰治县因为炒作衍生产品破产，接着奥兰治县对当时的美林公司提出控告。在控告中，奥兰治县指出，美林公司应该知道合约违反了加利福尼亚州宪法的好几项条款。据此，奥兰治县认为，该县签订的衍生工具合约在法律上是无效的，美林公司应该赔偿其越权行为给奥兰治县所带来的损失。在今天经济全球化的环境下，大型投资银行由于它们的业务范围广、业务性质庞杂，经常面临大量的诉讼。

（六）体系风险

体系风险主要包括：（1）因单个公司倒闭、单个市场或结算系统混乱而在整个金融市场产生多米诺骨牌效应，导致金融机构相继倒闭的情形；（2）引发整个市场周转困难的投资者"信心危机"。1998年是亚洲金融危机的深度和广度达到极限的一年，年初中国香港百富勤的破产和年中长期资本管理公司（Long-Term Capital Management Corp.，LTCM）的濒危充分体现了体系风险的危害性。2008年美国金融危机中涉及的贝尔斯登被收购、雷曼兄弟破产、美林公司被兼并及各大银行纷纷倒闭等也是体系风险为害的结果。

（七）政策风险

政策风险是指由于国家宏观政策及法律法规的调整而产生的、对资本市场造成的始料不及的负面影响。资本市场是市场经济发展的必然产物，而投资银行又是基于资本市场的发展而产生的，因而它与资本市场乃至整个市场经济休戚相关，从而也就使得其受国家经济政策影响较大。所以，投资银行的从业人员尤其是管理者，必须熟悉国家最新的微观、宏观经济动态，预测出国家或其他经济管理部门有可能制定的一些影响银行业务的政策，使投资银行不至于因为运作滞后于政策而招致巨大的风险。

二、风险管理的组织机构

国外投资银行的风险管理结构一般由审计委员会、执行管理委员会、风险监视委员会、风险政策小组、业务单位、公司风险管理委员会及公司各种管制委员会等组成。这里只介绍几个委员会或部门的职能：

（一）审计委员会

审计委员会一般全部由外部董事组成，由其授权风险监视委员会制定公司风险管理政策。审计委员会是投资银行高层次的风险管理机构。

（二）风险监视委员会

风险监视委员会一般由高级业务人员及风险控制经理组成，并由公司风险管理委员会的负责人兼任该委员会的负责人。该委员会负责监视公司的风险并确保各业务部门严格执行识别、度量和监控与其业务相关的风险。该委员会还要协助公司最高决策执行委员会决定公司对各项业务风险的容忍度，并不定期及时向公司最高决策执行委员会和审计委员会报告重要的风险管理事项。

（三）风险政策小组

风险政策小组是风险监视委员会的一个工作小组，一般由风险控制经理组成，并由公司风险管理委员会的负责人兼任负责人。该小组审查和检视各种风险相关的事项并向风险监视委员会汇报。

（四）最高决策执行委员会

公司最高决策执行委员会为公司各项业务制定风险容忍度，并批准公司重大风险管理决定，包括由风险监视委员会提交的有关重要风险政策的改变。公司最高决策执行委员会特别关注风险集中度和流动性问题。

（五）公司风险管理委员会

公司风险管理委员会是一个专门负责公司风险管理流程的部门，它根据董事会和执行委员会确定的风险管理要求，负责审议公司风险管理的战略、制度和政策；审定公司总体风险限额及分配方案；审定全面风险管理报告和风险评估报告；审定重大风险、重大事件和重要业务流程的评估标准、管理制度及内控机制；定期评估公司资产配置的风险状况及风险限额的执行情况；审议风险管理策略和重大风险事件的解决方案；审定执行委员会授权的有关风险管理的其他重大事项。风险管理委员会直接对执行委员会负责，由首席执行官、首席运营官、首席风险官和相关部门负责人组成。

风险管理委员会一般由市场风险组、信用风险组、投资组合风险组和风险基础结构组等小组组成。

1.市场风险组，负责确定和识别公司各种业务需要承受的市场风险，并下设相对独立的定量小组专门负责建立、验证和运行各种用来度量、模拟各种业务的数学模型，同时负责确立监视和控制公司各种风险模型的风险集中度和承受度。

2.信用风险组，负责评估公司现有和潜在的个人和机构客户的信用度，并在公司风险监视和度量模型可承受风险的范围内决定公司信用风险的承受程度。该组需要审查和监视公司特定交易、投资组合以及其他信用风险的集中程度，并负责审查信用风险的控制流程，同时与公司业务部门一起管理和设法减轻公司的信用风险。该组通常设有一个特别的专家小组专门负责公司资产确认和管理在早期可能出现的信用问题。

3.投资组合风险组，具有广泛的职责，包括通过对公司范围内重点事件的分析，把公司的市场风险、信用风险和运作风险有机地结合起来统筹考虑，进行不同国家风险和定级的评估等。该组一般设有一个流程风险小组，集中落实公司范围内风险流程管理的政策。

4.风险基础结构组，向公司风险管理委员会提供分析、技术和政策上的支持以确保风险管理委员会更好地防范公司范围内的市场、信用和投资组合风险。

除了以上有关风险管理组织外，投资银行内部还有各种管制委员会制定政策、审查和检视各项业务，以确保新业务和现有业务的创新不超出公司的风险容忍度。

这些委员会一般包括新产品审查和检视委员会、信用政策委员会、储备委员会、特别交易审查检视委员会等等。

三、投资银行风险管理流程

在实践中，投资银行的风险管理体系常常由四个环节构成，即风险识别、风险分析与评估、风险控制和风险决策。

（一）风险识别

风险识别就是在纷繁复杂的宏观、微观市场环境中及对投资银行实行经营管理的过程中识别出可能给本行带来意外损失和额外收益的风险因素。风险识别需要投资银行对宏微观经营环境、竞争环境有充分了解，有完备的信息收集处理系统，还需要丰富的实践经验和深刻敏锐的洞察力。

（二）风险分析与评估

风险分析指投资银行深入全面地分析导致风险的各种直接要素和间接要素，如影响市场行情的宏观货币政策、投资者的心理预期。风险评估是指管理者具体预计风险因素发生的概率，预测这些风险因素对投资银行可能造成损失和收益的大小，进而尽可能地确定投资银行的风险程度。[1]

风险评估中需要用到风险管理指标体系，主要适用于可度量风险的识别和评估。该体系分为两个层次，一个是反映公司整体风险情况的，一个是反映各部门风险情况的。一级指标体系中包括安全性指标（如资产负债率、资产权益率等）、流动性指标（如流动比率、速动比率、长期投资余额占资本的比例等）、风险性指标（自营证券期末余额与所有者权益比例、风险投资比率、应收账款比率等）和盈利性指标（如资产收益率、资本收益率等）。二级指标分为证券自营部门和投资管理部门监控指标、经纪业务监控指标和承销业务指标。[2]

（三）风险控制

风险控制就是指对投资银行的风险进行防范和补救。它包括风险回避、风险分散、风险转移、风险补偿等多种方式。风险回避主要指在资产的选择上避免投资于高风险的资产，通过对资产期限结构进行比例管理等方式来规避风险；风险分散主要指通过资产投资的多样化，选择相关性较弱的甚至是不相关或负相关的资产进行搭配，以实现高风险资产向低风险资产分散；风险转移是指通过合法的交易方式和业务手段将风险转移到受让人的手里；风险补偿是指通过将风险报酬打入价格或订

---

① 阎敏. 投资银行学［M］. 3版. 北京：科学出版社，2016.
② 宋国良. 投资银行学：运营和管理［M］. 北京：清华大学出版社，2007.

立担保合同进行保险等方式保证一旦发生风险损失就可以有补救措施。[①]

（四）风险决策

投资银行风险决策一般由投资银行管理者在风险分析和评估的基础上做出，是风险控制的基础。它是指投资银行的管理层在综合考虑风险和收益的前提下，根据自身的风险偏好以及对于相关业务的发展前景的一些判断，选择风险承担方式的过程。风险决策首先要依据投资银行的经营目标确定决策目标，然后采用概率论、决策树等方法提供两个或两个以上的方案，最后确定优选方案。

四、VAR方法及其应用

VAR风险管理技术是1994年由J.P·摩根提出的一种金融风险评估和计量模型，该模型受到业界的广泛认可，被全球各金融机构、公司和金融监管机构广泛采用。

（一）VAR方法产生的背景

第二次世界大战以后，随着经济全球化和投资自由化的发展，金融市场出现了前所未有的波动，各金融机构及工商企业的运作环境也日趋复杂，金融风险管理成了其日常管理中一个最重要的主题。金融风险主要包括市场风险、信用风险、操作风险、流动性风险和法律风险等。

进入20世纪70年代后，全球金融体系开始发生巨大的变化：首先是布雷顿森林体系的崩溃导致浮动汇率制下汇率、利率等金融产品价格的变动日趋频繁和无序；其次是由于技术的进步，以衍生性金融工具的爆发式增长为标志的金融创新迅猛发展；还有就是西方发达国家奉行的"放松金融管制"的浪潮为金融创新营造了良好的环境。这些变化的最终结果就是导致金融市场出现了前所未有的波动性和脆弱性，市场风险已经成为金融风险的最主要形式。

美国奥兰治县政府破产案、英国巴林银行倒闭案、日本大和银行巨额交易亏损案等，向各微观主体的管理者敲响了一次又一次的警钟。如何有效地控制金融市场尤其是金融衍生品市场的风险，就成为金融机构和工商企业管理人员以及金融监管当局所面临的亟待解决的问题。在这个背景下，VAR方法就应运而生了。

（二）VAR的定义

VAR（value at risk）中文译为"风险价值"，是指在正常的市场条件和给定的置信度内，用于评估和计量任何一种金融资产或证券投资组合在既定时期内所面临的市场风险大小和可能遭受的潜在的最大价值损失。

在数学上，它表示投资工具或某一组合的损益分布的 α 分位数。用数学公式表

---

① 奚君羊. 投资银行学［M］. 2版. 北京：首都经济贸易大学出版社，2014.

示为 Prob（ΔP≤-VAR）=r。ΔP 表示组合在持有期 Δt 内、置信度为 1-α 下的市场价值变化。VAR 为在置信水平为 α 的条件下处于风险中的价值。该等式说明了损失值等于或者大于 VAR 的概率为 α。

例如，某投资银行某年某日 99%VAR 值平均为 3 500 万美元，这表明该投资银行可以以 99% 的概率做出保证，该日的投资组合在未来 24 小时内的平均损失不会超过 3 500 万美元。通过这一 VAR 值与该投资银行本年的年利润和资本额相对照，则该证券公司的风险状况即可一目了然。

（三）VAR 的计算方法

VAR 的计算方法大都围绕对投资组合报酬分布特征的确定而展开。其基本思想是利用投资组合的历史波动信息来推测未来情形，它给出的是一个概率分布而非一个确定的值。一般投资组合都会比较庞大复杂，又因为保留组合中所有证券的历史数据不太现实，因此直接估计该证券组合的价值几乎不可能。因此，在 VAR 计算中，每一个证券都被映射为一系列的"市场因子"的组合。其中，市场因子是指影响证券组合价值变化的利率、汇率、股指及商品价格等基础变量。

根据推测市场因子未来变化方法的不同，VAR 的计算方法可分为三类：

1. 历史模拟法。历史模拟法是借助于计算过去一段时间内的资产组合风险收益的频率分布，通过找到历史上一段时间内的平均收益以及既定置信水平下的最低收益水平来推算 VAR 值。历史模拟法的优点是简单、直观、易于操作。但它对突发事件的预测效果较差，也无法做特殊情况下的敏感性测试。

2. 蒙特卡罗模拟法。蒙特卡罗模拟法基于历史数据或既定分布假定下的参数特征，借助随机的方法模拟出大量的资产组合的数值，然后从中推出 VAR 值。这种方法被认为是计算的最佳途径。但由于它的计算量太大，而且存在维数高、静态性的缺陷，近年来许多学者对其进行了改进。

3. 分析方法（方差-协方差方法）。分析方法是一种利用证券组合的价值函数与市场因子间的近似关系、市场因子的特征分布（方差-协方差矩阵）来简化计算 VAR 值的方法。分析模型可分为两大类——delta 和 gamma 类。这种方法已被广泛应用，其缺点是往往低估了市场风险的 VAR 值。

（四）VAR 方法的应用

目前，VAR 方法及在此基础上形成的管理模式和方法正不断地被越来越多的金融监管当局、商业银行、投资银行和机构投资者所普遍认同和广泛接受。这是由相对于以往的风险度量方法而言 VAR 方法所特有的全面性、简明性、实用性的特点所决定的。

首先，VAR 方法是投资银行进行投资决策和风险管理的有效技术工具。投资银行利用VAR方法进行营运资金的管理，制定投资策略，通过对所持有资产风险值的评估和计量，及时调整投资组合，以分散和规避风险，提高资产运营质量和运作效率。以摩根士丹利公司为例，公司利用各种各样的风险规避方法来管理它的头寸，包括风险暴露头寸分散化、有关证券和金融工具头寸的买卖、种类繁多的金融衍生产品（包括互换、期货、期权和远期交易）的运用。公司在全球范围内按交易部门和产品单位来管理与整个公司交易活动有关的市场风险。

其次，VAR方法也是机构投资者进行投资决策的有力分析工具。机构投资者应用VAR方法，在投资过程中对投资对象进行风险测量，将计算出的风险大小与自身对风险的承受能力加以比较，以此来决定投资额和投资策略，减少投资的盲目性，尽可能减轻因投资决策失误所带来的损失。目前，VAR方法除了被金融机构广泛运用外，也开始被一些非金融机构如西门子公司和IBM公司等采用。

另外，许多国家的金融监管当局利用VAR技术对银行和证券公司的风险进行监控，以VAR值作为衡量金融中介机构风险的统一标准与管理机构资本充足水平的一个准绳和依据。例如，巴塞尔委员会在其《关于市场风险资本要求的内部模型法》（1995）中向其成员方银行大力倡导这一方法，并规定，在计算市场风险时，成员方银行可以采取巴塞尔委员会制定的标准计算方法，也可以采取自己的内部VAR模型，但至少要满足巴塞尔委员会设置的最低标准，即至少要计算置信度为99%、持有期为10天的每日VAR值。

第四节　投资银行公共关系管理

一个组织只有通过有效的传播途径，将自己的宗旨、政策、行动计划告诉公众，同时也通过有效途径了解公众的意愿、建议，使组织和公众相互了解对方，才能实现相互的理解和适应，组织才能得到公众的支持。所谓内求发展、外求团结，强调了投资银行的公共关系管理就是通过对这一系列与内部利益相关者、外部公众之间的关系的管理，树立良好的信誉、扩大知名度，营造一个更有利于自己生存和发展的最佳环境。

一、投资银行公共关系的类型

投资银行的公共关系可分为两大类，即投资银行内部公共关系和投资银行外部公共关系。

（一）投资银行内部公共关系

投资银行内部公共关系是指投资银行与内部各利益相关者之间的关系。投资银行的内部公共关系主要由员工关系、股东关系、团体关系、领导者关系组成。一个企业的内部关系是否融洽、团结、目标一致，决定着该企业是否充满生机，能否具有竞争优势和良好的发展前景。建立良好的内部公共关系，是投资银行开展各种对外公共关系活动的基础和前提。

1.员工关系。开展员工关系工作的主要任务是正确引导员工行为，充分调动员工的积极性、创造性，培养员工对投资银行的认同感、归属感，使所有员工都能围绕组织目标同舟共济、不懈努力。员工关系工作的核心是深入研究员工的需求结构，通过不断满足员工需求来激发员工的热情，塑造亲切、人性化的组织形象。

2.股东关系。投资银行做好股东关系处理工作的目的是争取股东和发展投资者，帮助潜在的投资者了解和信任投资银行的可靠性和发展前景，创造有利的投资环境和气氛，稳定现有的投资队伍，吸引投资者。

3.团体关系。投资银行内部的团体，是介于集体与员工个人之间，因某些共性而集合在一起的群体，包括按不同的职能设立的部门等正式团体，也包括因兴趣爱好、地域文化等特征自发联盟的非正式团体。投资银行的管理者要了解各个团体的志趣、特点，明确岗位责权、加强沟通交流、协调内部关系，通过发挥团体作用，增强组织凝聚力，激发团体的开拓性和创造力。同时，也要正确引导非团体的群体关系，丰富健康的团体活动，这也是处理好内部公共关系的一项重要任务。

4.领导者关系。领导者是以处理决策性事务为主要职责的组织代表。他们在企业中处于特殊地位，对内部公共关系的工作效率和效果有着最为直接的影响。投资银行要求领导者具有强烈的公共关系意识，善于采取有利于公共关系推进的领导方法（如注重收集员工意见、建立积极进取的激励机制、推行民主管理等），通过在组织内营造一种团结、拼搏、和谐的人文氛围，使内部公共关系得到升华。

（二）投资银行外部公共关系

投资银行处在社会大环境中，在其对外提供服务或进行沟通的时候必然会形成外部公共关系，只有对外建立了良好的公共关系，获得外部公众的大力支持，投资银行的组织目标才能有保障。投资银行的外部公共关系主要包括客户关系、同行业竞争者关系、媒介关系和政府关系。

1.客户关系。客户关系是投资银行最重要的外部关系。投资银行的客户包括个人和企业。客户是投资银行生存的基础，是投资银行赢得利润的根本保障。做好客户关系管理工作的目的就是提高客户满意度和忠诚度，通过客户来扩大投资银行的业务量，以求得更大的发展。

2.同行业竞争者关系。投资银行与同行业竞争者的关系是一种竞争与合作的关系。由于共同从业于金融服务领域，它们在业务上不可避免地会产生激烈的竞争，但同时也会通过各种形式发生业务上的交叉与合作。在处理此类关系时尤其要注意把握分寸，不能有绝对的敌对情绪，也不能过度地与其开展业务合作。

3.媒介关系。媒介是投资银行与外部公众进行沟通的一个重要的桥梁。投资银行需要利用媒介来宣传产品与服务项目、传播企业文化，并以此来塑造相应的品牌形象。公共关系部门在制订公共关系计划时尤其要注意借助媒体的宣传影响力。

4.政府关系。这是指投资银行与政府的关系。一方面，两者间存在领导与被领导的关系，投资银行作为社会的一员，首先必须服从政府对整个社会的统一管理，这样也才有利于各项其他社会活动的开展；另一方面，两者间又存在间接的客户关系，当地政府常会请投资银行为企业或工程项目筹资。

二、投资银行公共关系的运行与管理

（一）投资银行内部公共关系的运行与管理

内部公共关系对内部公众心理、行为的引导和调节，不应靠行政的强制手段，而是需要内部公众从知觉、感官、体念和认知上，对企业行为、群体文化产生认同和形成共鸣，从而使内部公共关系向良性的健康的方向持续发展。投资银行应从以下几方面做好内部关系管理：

1.加强内部公众对企业的认知。内部公共关系的运行以内部公众对企业的认知为前提，投资银行应从生活、工作、学习环境、言行举止、价值观、服务特色、产品技术等多方面，强化组织特色，增加企业透明度，借助参观、交流、研讨、信息传递、学习宣传等手段，向员工展示积极进取、团结互助、充满生机的真实形象，以此增进员工对企业的了解和信赖，加强员工对企业的好感，获得员工的认同和共鸣。尤其是对组织的新成员应注重岗前培训和宣传引导，让他们尽快熟悉企业环境，消除与老员工之间的陌生感，对企业留下良好的第一印象。

2.正确引导内部公众意识行为。投资银行组织目标的实现需要统一员工的思想、行为。为此，内部公共关系要注重企业文化的宣传，加强员工沟通，并应制定出系统的规则标准，借助经济奖惩、物质与精神激励、舆论导向、教育培训等手段，对内部公众的思想和行为进行正确引导和规范，从而建立良好的工作秩序。

3.紧密连接内部公众与企业的利益。投资银行是个体、团体利益的集合体，内部公共关系在维护企业利益的基础上，还必须通过明确责、权、利关系，兼顾个体、团体的利益，实现利益的互动。

4.激励内部公众动机。为了提高内部公众的积极性和创造力，投资银行可以采取民主管理、精神奖励、物质奖励等多种激励方式来激发员工热情，力求达到有效的激励效应，比如评选先进、树立榜样、召开座谈会、发放奖金、培训、晋升等。激励内部公众必须尽可能确保公平公正，避免违背激励的原则而引发内部矛盾。

（二）投资银行外部公共关系的运行与管理

投资银行的外部公共关系的运行需要围绕关系目标，针对外部不同公众的个性、特点、期望、要求及利益共鸣点，选择恰当的传播、沟通、协调、引导、协作等手段，建立紧密的公共关系，树立良好的公众形象。

1.投资银行要强调产品和服务质量，讲究诚信，注重新产品开发，善于传播先进文化，积极引导行业潮流，不断提高专业化管理水平。投资银行要以市场和公众利益为导向，积极开展市场和公众需求调查研究，加强消费管理和消费引导，使企业的决策和行动同公众的心理需求相吻合，从而影响和改变公众的态度，令其产生有利于投资银行的行为。[①]同时要注重向社会公众传递真实、公平和透明的经营信息，有效开展公共关系活动，以此扩大投资银行的社会影响力，使客户熟知、信任和支持自己。

2.投资银行要注重维护行业的经营秩序，力求与同业机构达成利益共识，并可利用双方的资源优势实现局部合作，缓解彼此的敌对情绪。同时，也要树立防范意识，对核心技术和经营决策采取保密措施，并要预防同业竞争者采取凌厉的竞争手段对自身的生存构成威胁。

3.投资银行要充分利用网络、电视、报刊、广播等大众传播媒介，将传统的营销传播手段与网络等新型媒介加以整合，频频发动全方位的宣传攻势，积极宣传推广"CS"战略（顾客满意战略）和"CI"战略（企业形象战略），使公众得到更多的关于投资银行的经营理念、金融产品、金融服务等方面的信息，在最短的时间、最大的范围内达到与公众沟通的目的，利用传播媒介的权威性和可信度提高投资银行的知名度和美誉度。

4.投资银行要积极响应政府的号召和领会监管层的文件精神，做到守法经营、足额纳税，并应注重生态环境保护，积极参加社会公益活动，主动帮助政府解决就业等社会问题，以赢得政府的好评和支持。

本章小结

1.投资银行的组织结构是指投资银行在实现其经营目标的过程中，联结银行内部全体成员和各部门的方式以及这种方式所呈现的形态。一家投资银行采取何种组织结构，不仅与其组建方式及经营思想有关，而且与其经营思想相适应。

2.从投资银行的发展历史来看，投资银行的组织形式主要有合伙制、混合公司制和现代公司制三种类型。股份公司制是各国投资银行较为普遍采用的一种组织形式。

3.在投资银行的内部组织中，存在明显的层次关系，一般可分为决策层、职能层和业务部门

① 周冰. 对商业银行开展现代公共关系管理的思考［J］. 上海金融，2003（9）.

等几个层次。

4.投资银行的人力资源管理就是指对人才的取得、开发、保持和使用等方面所进行的规划、组织、指挥和控制的活动。

5.投资银行的人力资源管理包括四个重要的方面：投资银行的人才筛选和聘用机制、投资银行人才的教育和培训机制、投资银行的人才使用和评价机制、投资银行的人才激励机制。

6.投资银行的风险管理就是对投资银行内部固有的一些不确定因素将带来损失的可能性进行识别、分析、规避、消除和控制。

7.投资银行面临的各种风险分成流动性风险、市场风险、信用风险、操作风险、法律风险、体系风险和政策风险。

投资银行的风险管理结构一般由审计委员会、执行管理委员会、风险监视委员会、风险政策小组、业务单位、公司风险管理委员会及公司各种管制委员会等组成。

8.在实践中，投资银行的风险管理体系常常由四个环节构成，即风险识别、风险分析与评估、风险控制和风险决策。

9.VAR是指在正常的市场条件和给定的置信度内，用于评估和计量任何一种金融资产或证券投资组合在既定时期内所面临的市场风险大小和可能遭受的潜在最大价值损失。由J.P·摩根于1994年提出的VAR模型受到业界的广泛认可，被全球各金融机构、公司和金融监管机构广泛采用。VAR的计算方法可分为三类：历史模拟法、蒙特卡罗模拟法和分析法。

10.投资银行公共关系管理就是通过对一系列投资银行与公众之间的关系的管理，树立良好的信誉，扩大知名度，营造一个更有利于自己生存和发展的最佳环境。

11.投资银行的公共关系可分为两大类，即投资银行内部公共关系和投资银行外部公共关系。投资银行内部公共关系主要由员工关系、股东关系、团体关系、领导者关系组成；投资银行外部公共关系主要指投资银行的客户关系、同行业竞争者关系、媒介关系以及政府关系。

思考与应用

1.调研一家国际知名的投资银行，了解其组织形式和部门设置，分析其内部结构层次关系。

2.分析投资银行对其从业人员的职业道德和职业技能方面有什么要求。联系实际分析我国投资银行家的素质状况。

3.在投行的人力资源配置过程中应遵循哪些原则？

4.投资银行的员工激励手段有哪些？

5.投资银行面临的风险主要有哪些？对这些风险进行管理的流程包括哪些步骤？

6.如何理解VAR模型的含义及其在投资银行风险管理中的应用？

7.投资银行的公共关系包括哪些方面？对各方面进行的公共关系管理又要注意什么？

【参考案例】　　雷曼破产——美国史上最大金融破产案[①]

2008年9月15日，全美排行第四，有着158年历史的老牌华尔街投行雷曼兄弟控股公司

---

① 根据和讯、金融界、搜狐、中金在线、东方财富等网站相关资料整理。

（Lehman Brothers Holdings Inc., 简称雷曼兄弟）正式发布公告宣告破产。从资产数额来衡量，这是美国历史上金融业中最大的一起公司破产案。

在百年一遇的金融风暴的猛烈冲击下，继2008年3月美国第五大投资银行贝尔斯登因濒临破产而被摩根大通收购之后，9月15日美国第三大投资银行美林证券被美国银行以近440亿美元收购，美国第四大投资银行雷曼兄弟控股公司因为收购谈判"流产"而申请破产保护。接着，高盛和摩根士丹利两家"幸免于难"的华尔街独立投行也在9月21日无奈宣布转型为银行控股公司。如果说华尔街经历了一场巨大"海啸"的话，那么雷曼兄弟便是这场海啸中最大的牺牲品。

一、雷曼兄弟公司简介

破产前的雷曼兄弟公司是一家为全球公司、机构、政府和投资者的金融需求提供服务的全方位、多元化投资银行，其总部设在纽约，在伦敦、东京和香港都设有地区总部，在世界上很多城市都设有分支机构或者办事处。

继续阅读请扫码

投资银行的经营策略

投资银行的经营策略是指投资银行在现代市场经营观念的指导下，面对激烈竞争、挑战严峻的环境，为求得长期生存和不断发展而进行的总体性谋划。它是投资银行战略思想的集中体现，是其经营范围的科学规定，同时又是其制定规划的基础。更具体地说，投资银行的经营策略是在符合和保证实现其本身使命的条件下，在充分利用环境中存在的各种机会和创造新机会的基础上，确定投资银行同环境的关系，规定投资银行从事的业务范围、成长方向和竞争对策，合理地调整结构和分配资源。

从以上的定义中我们可以看出，制定投资银行经营策略首先要分析投资银行的内部条件和外部环境，然后再将两者的优势结合起来，避开劣势。因此，投资银行必须要研究整个行业竞争的态势，并定准其在竞争环境中所处的位置，建立自己的竞争优势，这样才能制定出正确的战略。所以，投资银行经营策略的核心思想是确立公司的竞争优势，并在这一领域内建立自己的品牌。

第一节　投资银行的品牌策略

在全球化、市场化以及信息化不断发展的时代背景下，品牌已经成为企业最具竞争力的资产，对投资银行这个行业来说也不例外。当今的市场竞争实质上就是品牌的竞争，一流的品牌意味着高市场占有率、高附加值和高利润率。是否拥有自己的强势品牌、知名品牌，是衡量一个企业发展成熟与否的基本尺度，也是判断一个企业综合实力强弱与否的基本标准。金融品牌是金融服务个性化的反映，它犹如一面旗帜，向人们展示着其所代表的金融企业的品质特征与整体形象。努力创建知名金融品牌，是投资银行增强竞争优势的根本要求。

一、品牌概述

(一) 品牌的概念

美国营销学权威菲利普·科特勒指出，品牌（brand）是一个名称、术语、标记、符号或设计，或是它们的组合，其目的是借以辨认某个销售者或某群销售者的产品或服务，并使之同竞争对手的产品和服务区分开来。

一个品牌往往是一个更为复杂的符号标志，它能表达出六层意思（这里以梅赛德斯汽车为例）：（1）属性：一个品牌首先给人带来特定的属性。例如，梅赛德斯代表昂贵、工艺精良、耐用、高声誉。（2）利益：属性需要转化成功能和情感利益。属性"耐用"可以转化为功能利益："我可以几年不买车了"；属性"昂贵"可以转化为情感利益："这车可以帮助我认识到自身的重要性和受人羡慕"。（3）价值：品牌还体现了供应商的某些价值感。梅赛德斯就体现了高性能、安全和威信。（4）文化：品牌可以象征一定的文化。梅赛德斯意味着德国文化：有组织、有效率、高品质。（5）个性：品牌代表了一定的个性。梅赛德斯可以使人想起一位不会无聊的老板（人）、一头有权势的狮子（动物），或一座质朴的宫殿（标志物）。（6）使用者：品牌还体现了购买或使用这种产品的是哪一种消费者。我们期望看到的是一位55岁的高级经理坐在车里，而非一位20岁的女秘书。①

对于品牌的阐述，我国学者大都采用了菲利普·科特勒的定义并加以延伸。被称为国内第一本从理论上系统研究品牌问题的专著——《品牌策划》指出："品牌俗称牌子，是商品的脸谱。它体现商品（或服务）个性和消费者认同感，象征生产经营者的信誉、包装等符号的组合。""品牌是一个复合概念，它由品牌名称、品牌认知、品牌联想、品牌标志、品牌色彩、品牌包装及商标等要素组成。"通俗地理解，品牌就是生产者、经营者为了标志其企业、产品、服务，以区别于竞争对手，便于让消费者认识而采用的显著性标记。

(二) 品牌创建模式

品牌创建既包括从无到有的创建，也包括从弱到强的建设，其核心都是品牌资产理论。这里，我们简要介绍三种比较权威的模型：

1. 大卫·艾克（David A.Aaker，1991）模型。艾克把品牌资产分解为五种要素：品牌认知价值、品牌知名度、品牌联想度、品牌忠诚度和特殊专有资产。该模型认为品牌创建的核心就在于品牌识别。

2. Y&R（Young & Rubicam，1993—1998）模型。Y&R模型把成功品牌状态分

---

① 科特勒. 营销管理［M］. 梅清豪，译. 11版. 上海：上海人民出版社，2003.

解为：差异度、相关度、认可度、知识度。其中，差异与相关决定品牌的强度，认可与知识决定品牌的地位，强势品牌必须是四者都强。

3.凯文·莱恩·凯勒（Kevin Lane Keller, 1998）模型。凯勒把品牌创建直接分解为确定符号要素、规划营销方案、发挥相关因素的杠杆作用三大部分，其中发挥杠杆作用的基点就是认知度和联想度。

比较上述三种模型我们可以发现一个共同的结论：品牌来源于客户导向；品牌必须个性化；品牌必须为客户接受，并成为客户自己的知识；品牌创建的基础在于认识品牌资产的构成元素。

（三）品牌建立的方法

1.确定核心价值。品牌建设的第一个基本工作是明确品牌的核心价值，并全力维持。品牌的核心价值其实是消费者对品牌理解的概括，核心价值可以刻画产品的价值，也可以刻画消费者本身，还可以刻画品牌与消费者的互动关系。

2.坚持统一的品牌形象。品牌形象是指消费者怎样看待你的品牌，它反映的是当前品牌给人的感觉。坚持统一的品牌形象是一些国际品牌走向成功的不二法则。

3.品牌个性要鲜明。在品牌传播中，一定要突出品牌的个性，以区别于其他同类的品牌。只有突出品牌的鲜明化和个性化，品牌的效果才能够显现。

4.品牌不可随意延伸。品牌的力量与其产品种类成反比。一个成功的品牌有其独特的核心价值与个性，只有在这一核心价值能够包容拓展产品时，才可以大胆地进行品牌延伸。品牌延伸应以尽量不与原有核心价值或个性相抵触为原则。

（四）品牌的管理

企业创出品牌后，并不能高枕无忧，出于生存与发展的需要，还需要对品牌进行行之有效的管理。品牌管理应遵循一贯性、差别性、全面性等基本原则。从以下方面出发可以做好品牌管理工作：了解产业环境，确认自己的强弱项，决定核心业务；形成企业的长远发展战略目标及可操作的价值观；建立完整的企业识别方案，并形成维护管理系统；确认品牌与消费者的关系，进行品牌定位；确定品牌策略及品牌识别；明确品牌责任归属，建立品牌机构，组织运作品牌；整合营销传播计划及执行，确保品牌与消费者的每一个接触点都能传达有效的信息；直接接触消费者，持续记录，建立品牌档案，不断培养消费者的品牌忠诚度——品牌跟踪与诊断；建立评估系统，跟踪品牌资产——品牌评估；持续一致地投资品牌，不轻易改变。

品牌管理的目的在于通过细分市场找到自己的独特性，建立自己的品牌优势，并获取利润。品牌能够在市场上脱颖而出，企业必须更新观念，避免只重视媒体宣传、促销等短期行为，而要重视品牌的延伸性管理。如果管理不力将不利于企业树立统一形象，并且易造成视觉差错。

品牌管理是建立、维护、巩固品牌的全过程，是一个有效监管控制及其与消费者之间关系的全方位管理过程，只有通过品牌管理才能实现品牌愿景，最终确立品牌的竞争优势。

二、品牌管理与维护工作的要素

（一）品牌管理的业务团队建设

品牌管理与保护必须基于公司高层管理者的高度重视（视为第一生产力）。最高管理者（首席执行官或总裁）应该是当然的品牌领袖，是品牌的主要倡导者。建立强有力的品牌管理团队，一方面有助于企业快速扫清组织上的障碍（可以由不同的利益相关群体派出代表成立品牌管理小组，以免品牌管理的行为受到阻挠）；另一方面有益于妥善处理突发事件对品牌的伤害。可以说，品牌管理团队事关品牌与企业的成败。

（二）品牌管理标准的确立

知名品牌是经过长期的市场竞争，以始终如一的品质标准和完善的售后服务而赢得消费者对品牌的认可的，而不是由政府或行政主管部门评出来的。知名品牌无终身保障，消费者永远是喜新厌旧的，企业只有不断创新，从品质、功能、外观、款式、包装、服务等方面不断地充实品牌的内涵，企业才能不断发展，品牌才能常青不衰。否则即使有了知名品牌，也仅能昙花一现。

（三）品牌管理的目标设定

品牌管理的目标有三：品牌的增值（品牌创利能力）；品牌延伸与潜力挖掘（扩大品牌的获利范围）；延长品牌作用时间（防止品牌随主导产品的过时而失去依托，造成品牌价值的流失和浪费）。

品牌的创利能力，取决于品牌利润率（产品利润率减去行业利润率）和销售收入。创利能力，是品牌价值的基本体现。世界上最有价值的品牌，一般都拥有明显高于同行的市场占有率和价格水平。也就是说，品牌管理的目标是寻求品牌创利能力最大化，在于增加与扩张品牌作用空间，即积极而又稳妥地将现有品牌名称扩展到新的产品和新的市场，扩展品牌的作用范围，以增加企业价值，同时也要力求延长品牌的作用时间。

（四）时时检验品牌

品牌管理的目标在于时时收集与品牌有关的信息，并借此了解产品及其与消费者的关系，掌握消费者到底是如何认知企业品牌的。①

三、投资银行的品牌策略

投资银行的品牌代表一种能够为客户取得超额利润的智慧，代表着企业本身的诚信和竞争力。投资银行作为金融服务业组织，应该制定并实施合适的品牌策略。

（一）品牌策略

1.确定特色业务领域，明确品牌定位

确立鲜明的、有特色的业务就是确立自身的市场定位，即对特定的客户群体提供有特色的产品和服务，也就是明确自身的品牌定位。品牌定位是指建立（或重塑）一个与目标市场有关的品牌形象的过程与结果。品牌定位的核心是STP，即细分市场（segmenting）、选择目标市场（targeting）和具体定位（positioning），它们之间的关系如图5-1所示。

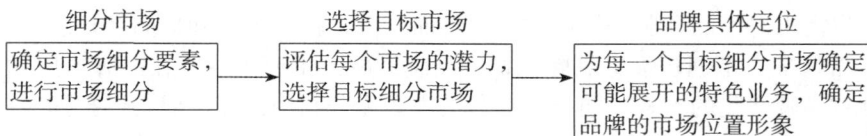

细分市场	选择目标市场	品牌具体定位
确定市场细分要素，进行市场细分	→ 评估每个市场的潜力，选择目标细分市场	→ 为每一个目标细分市场确定可能展开的特色业务，确定品牌的市场位置形象

图5-1 品牌定位的三个步骤

国外的大型券商都各有经营特色。次贷危机前，美林证券的主要优势是从事债券股票的全球发行承销和资产重组项目融资；雷曼兄弟公司的特长是商业票据的发行和债券交易；摩根士丹利精于股票承销；而高盛则雄霸并购市场。所以，各投资银行必须根据自己的经营特长对市场进行科学细分，在此基础上确定特色业务领域。

2.确立以客户为导向的品牌服务理念，塑造品牌形象

投资银行的品牌资本在本质上是一种服务品牌资本。优质的服务不仅可以使金融产品的附加值扩大，而且可以向客户传递理念性和情感性的品牌形象，增进客户对企业的认识、理解与支持。当前，金融消费市场的内涵正在发生深刻变化，要求金融企业能够提供个性化、情感化乃至智能化的全方位金融服务。为此，投资银行要不断更新服务理念，推出新的服务标准，增强服务技能，建立起以客户为中心的服务体系，不断提高客户满意度，以求在客户心中建立良好的品牌形象。

3.改进品牌质量，提升品牌价值

品牌的质量可以概括为以下两个层次：一是企业的运行质量。投资银行要保持充足的资本水平，加强风险管理，稳健经营，维护企业的安全运营，这是创建品牌的先决条件，也是形成品牌价值的基础。二是产品的质量。产品质量就是指产品在

---

① 陈琦伟，阮青松. 投资银行学［M］. 大连：东北财经大学出版社，2007.

安全性、增值性、流动性及方便性等方面的综合效能水平。①投资银行应尽力在保证安全性的基础上，帮助客户实现资金最大限度的增值。只有不断改进产品质量，投资银行品牌的信誉度、知名度、美誉度、忠诚度才能不断增强，这样品牌的价值才能不断提升。

4.进行有效营销，扩大品牌影响

品牌需要营销，营销提升品牌。要想在数量众多、产品丰富多彩、金融需求复杂多变的市场中创建投资银行品牌，扩大品牌的影响，卓有成效的营销工作是必不可少的。品牌的营销推广工作包括：广告推广、销售推广、公关推广、新闻推广、网络推广等。它既是建立消费者品牌认可度、忠诚度的重要方式，又是提高品牌知名度、美誉度的有效途径。通过品牌推广，可以使客户充分了解投资银行的服务内容、渠道和手段，更好地享受投资银行提供的各种产品与服务，充分地表达自己的金融消费需求，使自己的个性化需求得到满足。在推广过程中投资银行可以不断地根据客户需求对产品和服务加以改进，从而有效地挽留客户和提高客户忠诚度。可以说，品牌推广是创建强势品牌、扩大品牌影响的重要手段。在品牌推广过程中，要注重对品牌文化的投入。同时，在营销中要充分利用传媒，要善于把握时机扩大宣传效应，不断改进产品品质和服务质量，进而有效维护客户和提高客户忠诚度。因此，营销是创建投资银行品牌的基本手段。

我国国内券商应特别注重媒体的营销功能，及时将自己开发的产品通过媒体向广大投资者推介，还要在不同时期针对不同的客户群体通过产品展销会、巡回演示等方式进行直接营销，将合适的产品和服务介绍给客户。

（二）品牌建设的方法与手段

投资银行是通过为客户提供服务赢得市场的，因此如何树立在客户中的信誉是其品牌建设中最重要的方面。

投资银行的信誉是指投资银行能认真履行客户的委托，客观真实地向客户提供咨询服务，妥善保管客户的资金和证券，严格保守客户机密，工作效率高，在解决复杂的金融问题时具有创造性等。对证券发行者而言，承销或包销的投资银行的信誉体现在工作效率高、有足够的资金实力、能按时履行划款合同等方面。对投资银行的业界同行来说，信誉是指能及时履行清算交割义务，有足够的资金实力，不参与证券市场的非法活动，合法经营和工作作风稳健，有高水平的专业素质和高质量的职员队伍等。投资银行可以采取以下多种方法和手段，在资本市场上树立起良好的品牌。

1.守约。投资银行在开展业务的过程中，与客户在许多方面通过合同形成法律

① 马蔚华. 关于加快金融品牌建设的思考 [J]. 中国金融，2005（1）.

关系，如承销证券时签订承销协议，担任并购顾问时签订财务顾问协议，从事证券经纪时签订委托协议等。如果业务进展顺利，协议的执行不会发生什么问题。但一旦发生某些意外情况，不利于投资银行的自身利益，这时一家投资银行能否仍然严格执行合约、履行自己的职责，就体现了其经营信誉的好坏。事实上，确实有些投资银行在承销业务中发生过由于二级市场低迷而临阵脱逃、背弃包销承诺的事件，使自己在客户中的信誉大受影响，也给其今后的市场开拓带来相当大的困难。所以，守约是一家投资银行在竞争激烈的资本市场立足的第一原则。

2.高效。资本市场瞬息万变，投资银行在为其客户服务的过程中能否抓住稍纵即逝的机会，除了取决于其良好的市场判断能力以外，还取决于其经营运作的效率。例如，在并购业务中，投资银行要帮助客户策划如何在第一时间取得一家公司的控股权；在经纪业务中，投资银行需要立即将客户的指令传达到交易市场；在增发股票的承销业务中，投资银行要看准时机，获得较高的发行价；在基金管理业务中，投资银行要根据市场状况不断变化投资组合。经营效率是投资银行实力的体现。效率的取得一方面靠投资银行先进的硬件设备，另一方面则靠其员工积极的工作态度、良好的组织管理手段等。

3.稳健。资本市场具有高风险特性，投资银行作为资本市场的中枢，所面临的风险自不待言。具有稳健的经营风格是投资银行可持续发展的保证，而投机心态过重是投资银行发展过程中的最大危险，1995年英国巴林银行的倒闭和2008年美国雷曼兄弟公司的破产就是前车之鉴。投资银行与客户的关系往往是长期的，双方的利益互相关联，客户不希望自己所依赖的投资银行热衷于疯狂投机，具有稳健的经营作风才是投行争取与客户长期合作的关键。

4.创新。要求投资银行具有稳健的经营作风并不意味着投资银行只是维持现状，不求开拓进取。投资银行的信誉还体现为其能否发挥创新精神，针对客户不同的需求，开发出不同的金融产品。相对商业银行而言，投资银行的业务更加灵活多变，客户对投资银行创新有着更高的要求。纵观著名投资银行的发展历史，其规模的扩大、信誉的提高，与其开发某种新一代的金融产品从而迅速占有市场具有极大的相关性。例如，美林证券20世纪80年代开发出国库券本金息票分离技术，从而一举创造了无息债券市场。伴随并购业务发展而发展的德雷塞尔证券公司所推广的"垃圾债券"也是明证。2014年5月，中信启航在深交所挂牌，成为国内首个以商业地产收益权为基础的资产管理计划。中信启航是我国第一支真正的权益类REITs产品，该产品首次创设了"私募基金+专项计划"的双SPV结构，即目前被广泛认可的类REITs结构，也为如今"公募基金+ABS"的公募REITs思路奠定基础，对中国REITs的发展产生了深远的影响。2015年，鹏华基金助力万科打造的鹏华前海万科 REITs 封闭式混合型发起式证券投资基金，作为国内首只获批的公募 REITs，开创了中国地产界金融创新领域资产证券化的先河。投资银行经营的创新不仅体现在其提供新的金融产品和服务上，还包括组织架构、管理制度等方面的创新，尤其是面对日益全球化的证券市场，投资银行如何确定自身全球业务网络的分布，如何对经营决策机制进行设计等都是新的课题。

5.规范。投资银行业务有着许多成文和不成文的职业规范，能否严格地遵守这些职业规范，是投资银行能否树立信誉的重要因素。如在为企业充当收购顾问时，要做到严守秘密，不泄露内幕信息，以降低收购的成本；在证券交易业务中，要严格区分自营和委托业务，防止侵犯客户利益的行为发生；在从事咨询研究业务时，要确保研究结论的客观性、中立性等。

投资银行的信誉是一点一滴地积累起来的，良好信誉的建立来自公司各方面长期一贯的坚持不懈的努力。然而，毁掉公司信誉却是极为容易的，一次违法行为、一起违约事件等，都可能使公司声誉扫地，造成难以弥补的损失。世界一些著名的投资银行，在上百年的经营历程中，始终如一地坚持良好的经营理念，维护了自身的优良形象，其在世界上的地位也因此不可动摇。

（三）公关宣传

投资银行的公关宣传对于树立其良好的社会形象，扩大知名度，建立与社会各界的密切联系，具有重要作用。国外投资银行通常采用以下方式来实施其公关策略：

1.拜访政府部门、管理部门和企业的高层人士，交流对地方经济发展、企业经营和资本市场培育的看法，建立合作关系。

2.就企业界、政府部门、金融界、学术界共同感兴趣的一些议题组织有关研讨会。这样，既起到了交流经验、互相学习的作用，又提高了投资银行的业务层次，能使社会各界了解投资银行的研究实力和对问题认识的超前性。

3.制作反映投资银行技术水平、资本实力、人才优势和经营业绩的各式各样的宣传资料，突出公司在行业中的经营优势，并在相关新闻媒体中通过一定的广告宣传扩大影响。

4.在行业类杂志、报纸上发表各式各样的文章，开辟专栏，或回答读者提问，或分析市场走向，或进行业务探讨，或介绍公司情况。

5.注重企业的文化建设。例如，制定公开的员工行为准则、经营方针；制作有特殊意义的企业标志物，有利于公众对投资银行经营特色的迅速识别。美林公司的"公牛"标记和高盛公司著名的14条经营守则均令人印象深刻。

6.将公司内部的研究成果公布于众，如定期发布关于行业、宏观经济形势的研究报告，以公司名义定期发表价格指数，举办大型面向投资者的咨询会等。

7.开展优质服务活动，接受公众监督。此举不仅有利于提高公司形象，还可以帮助发现经营中存在的问题，改善管理。

8.开展社会公益活动，如赞助体育比赛，资助教育事业，参与社会建设等。

9.邀请相关单位进行互访，一起就经济和金融发展、市场走势、行业前景、本公司经营活动等方面话题交换看法，缩短相互间的距离。[①]

第二节　投资银行的竞争战略

一、投资银行的竞争战略分类

（一）总成本领先战略

总成本领先战略是指针对大众化的服务，凭借低成本、高效率、勤勉尽责的服务态度和质量，实现高的市场占有率。为此，投资银行应全力以赴降低成本，严格控制成本、管理费用及研发、服务、推销、广告等方面的费用。为了达到这些目标，投资银行需要在管理方面对成本给予高度的重视，确保总成本低于竞争对手。

（二）差异化战略

差异化战略是指投资银行使提供的产品或服务差异化，树立起一些全行业范围内具有独特性的东西。投资银行实现差异化策略有许多方式，如树立品牌形象，保持技术、性能特点、顾客服务、商业网络及其他方面的独特性等。最理想的状况是投资银行在几个方面都具有差异化的特点。差异化战略是针对小规模的市场提供特色化的服务。

（三）集中化战略

集中化战略是指投资银行把自己的经营业务集中于某个特殊的顾客群、产品的某一个细分区段或某一地区市场。低成本与差异化战略都是要在全行业范围内实现其目标。集中化战略的前提思想是：投资银行业务的集中化能够以较高的效率、更好的效果为某一狭窄的特殊对象服务，从而超越在较广范围内竞争的对手。投资银行或者通过满足特殊对象的需要而实现了差异化，或者在为这一对象服务时实现了低成本，或者二者兼得。这样，投资银行可以使其盈利的潜力超过整个行业的平均水平。集中化战略一般针对高度集中的市场空缺，对目标顾客群做定位诉求。

成功的投资银行在市场竞争的整体作战中，能够寻找出一个独特的市场定位以区别于其他竞争者，并从这种差异化战略中获取竞争优势及发现市场空缺。市场定位可协助投资银行发展出集中、高品质和低成本的服务，而低成本和高品质的服务

---

① 陈琦伟，阮青松. 投资银行学 [M]. 大连：东北财经大学出版社，2007.

就是投资银行核心业务竞争能力的集中体现。

以美国为例，投资银行可区分为超一流公司、一流公司、次一流公司、区域公司、专业公司、调研公司和商人银行。超一流公司是指那些规模、声誉、在主要市场的地位和客户基础都很杰出的投资银行；能提供全方位服务，但不具备超一流公司地位的大型投资银行被称为一流公司；次一流公司通常以纽约为基地，为特殊机构和小型企业提供服务；纽约之外，服务于地区发行者的投资银行被称为区域公司；还有专门从事某一大型业务活动的"精品店"；商人银行则主要从事合并与收购的资金筹措活动。我国的投资银行很可能逐步分化为走向集团化和国际化的大型券商以及渐趋组织化和专业化的中小券商。

二、投资银行的竞争战略管理过程

（一）环境分析

投资银行在制定竞争战略之前，必须首先进行SWOT分析。所谓SWOT，即strength（优势）、weakness（劣势）、opportunity（机会）、threat（威胁）。所以，投资银行必须要分析外部环境以发现可能的机会和威胁，同时也必须分析内部环境以自知优势和劣势。

外部环境分析的目的是了解投资银行所处的外部环境正在发生或者将要发生何种变化，这些变化会给投资银行的业务带来何种有利或者不利影响，会创造何种机会或者产生何种威胁，这种机会或者威胁将对制定战略产生何种制约或限制作用。外部环境主要包括宏观环境和行业环境。宏观环境主要包括政策环境、经济环境、社会文化环境、技术环境。其中，投资银行业务往往对系统性政策和市场变化反应更敏感，比如战争、政权更迭、政府发展规划、经济金融政策、调控政策、利率调整等。行业环境包括行业政策、竞争者、市场规模、产业结构、行业周期等，这些对投资银行的经营和战略实现都有着直接的影响。

内部环境分析的目的是了解投资银行自身的资源状况、竞争能力、行业位势、比较优势及劣势等。这些内部环境是决定投资银行战略选择的基础。

（二）战略制定

战略制定是一个复杂的决策过程。首先是确定投资银行的使命。其次是在未来一定战略期内，沿着已定的使命或宗旨方向，将要达到一个怎样的目标结果，即战略目标的确定。然后是如何实现这一战略使命与目标，即投资银行应该采取何种战略措施。

在制订战略方案时，可以考虑多种方案，然后根据一定的标准进行评估比较，以选择最有助于实现公司使命和目标的管理战略。①被选择的方案应有助于投资银行在自己所确定的经营领域中夺取优势，从而保证其目标的实现。一般应当选择在现有产品和市场领域内能促进销售、降低成本、改善资金运用等的战略方案，这样比较容易且风险较小。如果这方面的战略方案尚不足以实现目标，就需在新的产品和市场领域里进一步寻找有效的战略方案，如开辟新市场、发展新产品、开展多种经营等。

（三）战略执行

投资银行竞争战略的执行过程是指通过切实可行的步骤和方法将战略化为可执行的行动。战略执行要做好以下三项工作：

战略方案的分解。为了使每一个部门都明确自己在一定时期内的任务，应将战略方案中规定的总目标进行分解。目标层层落实后，还要与考核和奖励制度结合起来，以便调动广大员工执行战略的积极性。

行动计划的编制。通过编制行动计划，可以进一步规定任务的轻重缓急和时机，可以明确每一战略项目的工作量、大体时间安排、资源保证、负责人等。

战略任务的执行。各单位要根据编制好的行动计划，有秩序、高效率地具体执行所分配的任务。

（四）战略控制

战略控制是投资银行实施竞争战略中重要的一环。战略控制过程是指将战略的执行结果与既定的战略目标进行对比，发现偏差、分析原因，及时采取措施加以克服的整个过程。如果将实际工作成果与预定的目标或评价标准进行对比，就会发现偏差，特别是实际成果达不到目标要求的情况。这时就要进一步分析造成偏差的原因，究竟是战略本身的问题（如原定的战略目标过高等），还是执行不力、方法不妥、互相脱节等行动方面的问题，然后针对存在的问题进行战略修订或调整，纠正偏差。

三、投资银行竞争战略优势的建立

投资银行的竞争战略优势是指投资银行根据其总体经营战略而规划的独一无二的、与其他企业明显不同的战略，从而形成比其他对手更具竞争能力和创新能力的一种资源和因素。在当今经济全球化的大环境、大趋势下，投资银行要在与众多国内外竞争对手进行的同台竞争中取胜，仅靠以往成功的战略优势显然不够，必须建立起强于竞争对手的独特的、具有生命力的战略优势。一种竞争战略的成功与否在很大程度上取决于投资银行与顾客需求变化之间能否保持一种动态的优于竞争对手的协调。因此，投资银行要建立持久的、具有生命力的竞争战略优势尤其要做到以

① 徐荣梅，等. 投资银行学 [M]. 广州：中山大学出版社，2004.

下几个方面：

（一）树立价值大于服务的观念

在经营理念上，投资银行必须做到由满足顾客需求提升到向顾客提供价值。投资银行属于金融服务业，它最大的财富莫过于忠诚于它的顾客，因而投行之本就在于为顾客提供价值。与以满足顾客需求的经营理念相比较，其内涵仅仅是满足顾客的需求和向顾客提供最佳的服务是远远不够的，竞争战略优势还应考虑如何将其优势与既定的目标、顾客的需求和需要相匹配。向顾客提供卓越的价值，这是投资银行建立竞争战略优势的源泉。

（二）立足于优势资源

企业是以自己的资源与竞争对手争夺顾客的，资源是最关键的战略因素。所以，投资银行要以优势资源为核心设计竞争战略，以取得优势。在新的竞争条件下，一个企业的竞争优势并不是与其对手对资源的占有量成正比的，而取决于其优势资源的拥有量。企业拥有的相对于竞争对手的特殊资产就是优势资源，它可以是有形的，如黄金地段、先进产品等；也可以是无形的，如专有技术、特殊产品、先进管理方式、知识产权、商业秘密、名牌商标、良好的公众形象等。有了自己的优势资源，才能在标新立异的市场上吸引消费者，才能在强手如云的同行业竞争中立于不败之地。因此，投资银行应将自己的事业从立足于金融服务产品转向立足于优势资源，这是建立投资银行竞争战略优势的根本。

（三）不断更新竞争战略，保持优势

对于想取得持续性成功的大多数企业来说，探索竞争战略优势、发现新机会和创造出需求是最基本的要求。消费者需求是不断变化的，任何既定的竞争战略优势都有可能随着时间的变化而减弱。要想留住老顾客发展新顾客，更新企业的战略优势是很有必要的，其中，目标扩大化、管理上同时关注长期和短期目标、"忘却"现有优势是非常关键的。投资银行尤其要关注竞争战略优势的更新，这要求持续不断地进行投入和创新。不断创新是企业具有活力的表现，是企业战略优势的灵魂。投资银行如果固守原有的竞争战略优势，一成不变、故步自封，就会在市场的竞争中逐渐失去优势。投资银行要克服路径依赖，不断发展优势资源，更新竞争战略优势，才能满足顾客日益丰富的消费需求。

（四）进行有效到位的宣传

有了自己的战略优势，还得让顾客了解才能起作用。通过有效的宣传，可以让顾客了解、认识企业的战略优势，从而吸引顾客的注意力，以锁定顾客。投资银行既要客观地宣传自己的竞争战略优势，更要注重宣传媒体的创意特色，以让顾客感知到这种优势而吸引他们的注意力。进入信息时代，随着互联网使用量的激增和媒体及舆论的效应日益扩大，投资银行特别要做好宣传工作。

在当今市场竞争节奏快速化的环境中，竞争战略越来越重要，没有竞争战略优势的投资银行，将面临被市场竞争淘汰的风险。因此，投资银行必须创建以优势资源为核心的战略优势，并使之不断发展不断更新，如此才能超越竞争对手从而长盛不衰。

四、投资银行竞争战略管理需具备的观念

（一）市场观念

投资银行直接面对客户、面对市场，因此，其竞争战略管理必须树立市场观念，要善于进行市场调研、预测市场变化、跟踪市场趋势、把握市场脉搏、迎合市场需求，并力争引导市场潮流，主导市场发展方向。只有具备这样的市场观念，才能制定出符合市场要求的竞争策略，在市场竞争中立于不败之地。

（二）信誉观念

投资银行作为金融服务业组织，必须树立信誉第一、信誉至上的观念，信誉是立身之本。投资银行如果形成了良好的信誉，客户会源源不断，而一旦丧失信誉便很难再持续经营。中外投资银行的无数案例都一再证明信誉的价值和重要性。因此，投资银行必须树立信誉和品牌观念。

（三）信息观念

信息是现代文明的标志之一，投资银行的业务特点要求它比其他行业更要具备信息观念。特别是对宏观经济信息、金融信息的把握，对行业、对公司信息的判断等，这些都对投资银行的业务操作起着至关重要的作用。因此，只有充分了解真实有效的信息，具备了敏感的洞察力和敏捷的应变力，才能制定和实施科学的竞争战略。

（四）服务意识

这是投资银行业的基本要求，投资银行竞争战略管理必须树立全面的服务意识，兼顾从客户开发、客户管理到后续服务等整个过程，投资银行业务比一般服务行业更讲究巩固客户资源的重要性。

（五）超前意识

战略管理必须具有前瞻性，制定和实施竞争战略管理不仅要注重当前，更要放眼未来，不仅要把握最新市场变化，更要准确预测变化趋势，提高战略决策的预见性。

（六）创新意识

从某种程度上讲，创新是投资银行的灵魂。近些年来不断涌现的金融衍生工具和产品打破了传统业务的单一模式，不断创新已经成为投资银行业基本的思维方式、重要的竞争手段和风险管理技术。每家投资银行都在努力开发更令客户满意、

更有效的金融工具，以此来争夺市场，战胜竞争对手。因此，投资银行在竞争战略管理上必须具备创新意识。

（七）人才观念

人力资源是投资银行最宝贵的资源，具有不可剥夺性、主观性、智力性和开发的连续性，如何获取、留住优秀人才，充分激发人才潜能，是投资银行战略管理的重要内容。

本章小结

1.品牌是生产者、经营者为了标记其企业、产品、服务，以区别于竞争对手，便于让消费者认识而采用的显著的标志。品牌的建立方法是：（1）确定核心价值；（2）坚持统一的品牌形象；（3）品牌个性要鲜明；（4）品牌不可随意延伸。

2.品牌管理与维护工作的要素包括：（1）品牌管理的业务团队建设；（2）品牌管理标准的确立；（3）品牌管理的目标设定；（4）时时检验品牌。投资银行建设良好的品牌必须做到：守约、高效、稳健、创新、规范。品牌管理应遵循一贯性、差别性、全面性等基本原则。

3.投资银行的品牌策略包括：确定特色业务领域，明确品牌定位；确立以客户为导向的品牌服务理念，塑造品牌形象；改进品牌质量，提升品牌价值；进行有效营销，扩大品牌影响。

4.投资银行的竞争战略包括：总成本领先战略、差异化战略和集中化战略。总成本领先战略是指针对服务对象可凭借低成本、高效率、勤勉尽责的服务实现高的市场占有率。差异化战略是指投资银行提供的产品或服务具有差异化，树立起一些全行业范围内具有独特性的东西。集中化战略是指投资银行把自己的经营业务集中于某个特殊的顾客群、产品的某一个细分区段或某一地区市场。

5.投资银行的竞争策略管理过程包括环境分析、战略制定、战略执行和战略控制这四个环节。

6.投资银行要想成功地做好竞争策略管理，必须具备以下观念：市场观念、信誉观念、信息观念、服务意识、超前意识、创新意识和人才观念。

思考与应用

1.分析投资银行品牌管理的重要性以及品牌管理的要素。

2.结合我国的实际阐述如何建立投资银行的品牌。

3.结合实际谈谈投资银行的竞争策略的选择。

4.投资银行的品牌策略包括几方面？选择一家中国的投资银行，分析一下它使用了哪些品牌策略。

5.投资银行对竞争策略的管理内容主要包括哪些？什么是SWOT分析？

第六章

投资银行的监管

由于投资银行业务范围广、业务风险大，加之其主要业务是处于国民经济核心领域的证券市场，所以对投资银行业务进行监督管理就显得尤为重要。投资银行业的健康发展有助于证券市场的繁荣与兴旺，但若经营不善发生危机，则可能引起证券市场动荡，甚至可能激化社会矛盾。所以，各国政府一方面对投资银行大力扶持，另一方面严格监管。

第一节 政府对投资银行业的监管

一、投资银行的监管框架

投资银行业是一个高风险行业，而且由于投资银行的主要业务活动领域在证券市场，因此对投资银行的监管是各国证券市场监管的重要组成部分，也是一国金融监管的重要内容之一。

就投资银行的监管目标而言，不外乎以下三点：保护投资者的合法权益、维护投资银行体系的安全与稳定以及促进投资银行业开展公平竞争。为了实现这三个主要目标，各国在具体的实践过程中形成了各具特色的监管体制：以美国为代表的集中统一型监管体制、以英国为代表的自律型监管体制和以德国为代表的中间型监管体制。在集中统一监管模式下，政府制定专门的证券市场管理法规，并设立全国性的证券管理监督机构，对全国证券市场实行集中统一管理。在自律监管模式下，政府除了某些必要的国家立法外，较少干预证券市场，对证券市场的管理主要由证券交易所及证券商协会等组织机构自行管理。而中间型监管体制既设有专门的立法和政府监管机构来进行集中监管，也强调自律组织的自律监管。

一般来说，投资银行业监管框架包含以下三个层次：政府监管、行业自律及内部监管。

（一）政府监管

政府监管是由隶属于政府的证券监管部门，按照国家的有关法律、规章和政策，对全国范围内的证券业务活动，包括投资银行的业务活动进行监督管理。政府监管带有行政管理的性质，是一种强制性管理。政府监管一般会颁布一套投资银行业管理的专门性法律，使投资银行及其业务活动有法可依，所有活动均纳入法制化轨道；而且设有全国性的独立的专门监管机构，能较公平、公正、客观地发挥监管的作用，防范市场失灵的情况出现，保护投资者的合法利益。[①]

（二）行业自律

行业自律是指行业内自律组织通过制定公约、章程、准则、细则，对投资银行活动进行自我监管。而国家除了必要的立法之外较少干预投资银行业。证券交易所和证券业协会是最主要的自律组织。自律组织一般采取会员制，符合条件的投资银行可申请加入自律组织，成为其会员。

行业自律的依据是国家的法律、法规以及以此为前提制定的自律性规章制度，因此，通过行业自律可以保证将有关法律、法规落到实处，避免"上有政策，下有对策"现象的产生。由于自律性组织成员参与具体的经营与金融交易活动，具有信息优势，这种让证券交易商参与制定和执行证券市场监管规则的自律制度使监管更有效且更具灵活性。此外，自律性组织直接置身于市场中，其独特的市场敏感性及技术力量使其更易觉察可能出现的问题，防患于未然，并且能对市场中的违规行为做出迅速而有效的反应。

（三）内部监管

所谓内部监管是指投资银行制定和实施各种内部控制制度、措施和方法，以保证业务的正常运转，实现既定的工作目标，防范经营风险的产生。内部监管实质上是投资银行业自我规范、自我约束和自我完善的一种自律行为，主要内容包括内控机制和内控文本制度两个方面。

内控机制是指投资银行的组织结构及其相互的制约关系。投资银行的内控机制通过三个方面来实现：其一是决策系统，包括股东会、董事会等决策机构；其二是执行系统，包括公司的总经理、各职能部门和分支机构等执行机构，其是股东大会、董事会的各项决议的执行者；其三是监督系统，主要由监事会和稽核部组成。

内控文本制度是投资银行为规范经营行为、防范风险而制定的一系列业务操作

---

① 任映国，徐洪才.投资银行学 [M].4版.北京：经济科学出版社，2005.

程序、管理办法和措施等规章的总称，是公司各职能部门和分支机构经营运作必须遵守的规范。简言之，内控文本制度是投资银行的内部"游戏规则"。

二、政府监管主体

投资银行监管职能在不同的国家和地区由不同的政府部门承担，这些部门一般包括由政府设立的独立的监管机构、中央银行或者财政部门。

（一）独立的监管机构

这一类型国家的证券监管机构是由政府专门设立的独立监管机构，代表国家是美国。在美国，证券市场的专门管理机构是根据《1934年证券交易法》创立的证券交易委员会（SEC），它是投资银行等证券经营机构和证券经营活动的最高监管机构，在美国主要地区建有分支机构。证券交易委员会直接隶属于国会，由总统任命、参议院批准的5名委员组成，对美国全国的证券发行、证券交易、券商和投资公司实施全面监管。

我国对投资银行的监管主要借鉴美国的集中统一监管制度，朝着集中统一监管的方向发展。目前，我国的政府监管机构主要是中国证券监督管理委员会及其派出机构。

中国证券监督管理委员会简称"证监会"，成立于1992年，下设发行监管部、市场监管部、机构监管部、基金监管部等若干职能部门和上海、深圳两个监管专员办事处。中国证监会对投资银行实施监管的主要职能部门是机构监管部，相关部门有发行监管部和市场监管部。《中华人民共和国证券法》（以下简称《证券法》）规定，国务院证券监督管理机构在对证券市场实施监督管理过程中履行下列职责：依法制定有关证券市场监督管理的规章、规则，并依法行使审批或者核准权；依法对证券的发行、交易、登记、托管、结算进行监督管理；依法对证券发行人、上市公司、证券交易所、证券公司、证券登记结算机构、证券投资基金管理机构、证券投资咨询机构、资信评估机构以及从事证券业务的律师事务所、会计师事务所、资产评估机构的证券业务活动进行监督管理；依法制定从事证券业务人员的资格标准和行为准则，并监督实施；依法监督检查证券发行和交易的信息公开情况；依法对证券业协会的活动进行指导和监督；依法对违反证券市场监督管理法律、行政法规的行为进行查处；法律、行政法规规定的其他职责。

（二）中央银行

这一类型国家的证券监管机构本身就是该国中央银行体系的一部分，代表国家是巴西。巴西投资银行的监管机构是证券委员会，属于巴西中央银行体系的组成部分。它根据巴西国家货币委员会（巴西中央银行的最高决策机构）的决定，行使对投资银行的监管权力。

（三）财政部门

这一类型的国家由财政部作为投资银行的监管主体或者完全由财政部直接建立投行监管机关，代表国家是日本。日本的投资银行由日本财政部——大藏省设立的大藏省证券局主管。证券局下设四个职能部门，即协调部、证券市场部、公司财务部和证券业务部。证券局除对一切证券经营事项进行注册登记、批准许可、检查以及对一切证券法令的执行情况进行监督外，还对证券公司的经营与证券交易实行直接行政指导。[1]

三、政府监管的法律体系

由于各国的历史和社会经济背景不尽相同，对投资银行进行监督管理的模式和法律制度也不尽一致，因此形成了各具特色的法律体系。下文概述的是美国和中国投资银行监管法律体系的主要内容：

（一）美国的投资银行监管法律体系

美国对证券市场的监管比较规范，着重立法，强调"三公"原则，并有一套完整的法律体系。1929年美国出现经济危机，当时的立法目的在于防止危机再度出现。美国投资银行的监管体系为分业监管，是世界金融分业监管制度的鼻祖。美国投资银行业的立法管理可分为三级：第一级是联邦政府对证券市场的立法管理，主要包括：《1933年证券法》，主要管理有价证券的发行，即一级市场；《1934年证券交易法》，设立了证券交易委员会，并管理有价证券在二级市场的交易活动；《1940年投资公司法》，保护投资者的利益，防止证券交易的垄断、欺诈、不法投机等损害投资者利益的行为。除此之外，《1936年马隆奈法》《1939年信托契约法》，以及1982年美国证券交易委员会为规范证券承销程序颁布的Rule415等，也都与证券管理有关。第二级是各州政府对证券市场的立法管制，这类地方政府有关证券发行和交易的立法统称为蓝天法。第三级是各自律机构如联邦证券所和全国证券交易商协会所订立的章程。由此可见，旧的金融监管体系最大的特色是"双线多头"的伞形金融监管模式，其中"双线"是指联邦和各州均有金融监管的权力，而"多头"是指多个部门负有监管职责。美国建立的是一个由联邦政府、各州政府的专业机构、团体参与的多层次的立法体系。

在金融业混业经营的大趋势下，美国以分业监管为基础的监管体系根基产生了动摇。金融企业的综合化、巨型化和全球化推动美国在1999年出台了《金融服务

---

① 郑鸣，王聪.投资银行学教程［M］.北京：中国金融出版社，2005.

现代化法案》，建立了新的金融监管体系。《金融服务现代化法案》在以往金融监管一味强调安全、设立严格准入限制的基础上，推行功能监管，提倡竞争与效率。它的出台标志着作为20世纪全球金融业主流的分业经营模式，已被21世纪发达的混业经营体制取代，与之相适应的新金融监管制度为混业经营提供了良好的监管环境。美国的这部法律不仅对美国金融业发展起到积极作用，也对世界各国的金融立法产生了巨大影响。

（二）中国的投资银行监管法律法规体系

中国投资银行监管的法律法规体系包括三个层次：一是法律，主要是《中华人民共和国公司法》（以下简称《公司法》）和《证券法》，这两个基本法律是证券公司管理总的指导方针，其他有关法律法规都是根据《公司法》和《证券法》确定的大原则来具体制定的，并不得与《公司法》和《证券法》相抵触。二是由国务院下发的有关证券市场管理方面的行政法规，主要有《中华人民共和国国库券条例》《企业债券管理条例》《证券公司监督管理条例》《证券公司风险处置条例》《证券交易所风险基金管理暂行办法》等。三是由前证券监督管理委员会和国务院证券委员会制定的有关规章，有《证券业从业人员资格管理办法》《证券经营机构股票承销业务管理办法》《证券投资基金管理暂行办法》《证券交易所管理办法》《证券、期货投资咨询管理暂行办法》《公开发行股票公司信息披露实施细则（试行）》《禁止证券欺诈行为暂行办法》等。

四、政府监管的内容

（一）市场准入监管

1.开业登记监管。综观世界各国的实践情况，投资银行的设立方式基本上有两种：一种是以美国为代表的登记注册制。在注册制条件下，监管机构对投资银行的设立进行标准审查，投资银行只要符合有关资格规定，并向相应的金融监管部门提供全面、真实的资料，便可以经营投资银行业务。另一种是以日本为代表的特许制。在特许制条件下，投资银行在设立之前必须向有关机构提出申请，经监管机构核准之后方可设立。同时，监管机构还将根据市场竞争状况、证券业发展目标、投资银行的实力等因素综合考虑批准其经营何种业务。1998年12月1日，日本通过新的《证券交易法》，自1999年起将特许制改为注册制。根据中国证监会于2018年6月29日公布的《金融资产投资公司管理办法（试行）》，目前中国对于投资银行的开业登记监管制度为登记注册制。

2.业务范围监管。投资银行的业务范围监管是投资银行权利能力和行为能力的法律体现，作为一种资格，它必须经监管机关核准后方能取得。在投资银行业务的范围控制上有两种主要模式：一种是德国的全能银行模式，银行可以经营信贷、证券等多种金融业务，集商业银行职能与投资银行职能于一身，被誉为"金融全能公司"；另一种是美国过去倡导的分业管理模式，即实行银行业与证券业分业经营，两业之间被《格拉斯—斯蒂格尔法》隔离起来，但时至今日美国也走上了金融全能公司之路。应当说，金融全能公司是未来投资银行业务的发展趋势。

在我国，不仅实行银行业与证券业分业经营，而且对不同类型的证券公司规定了不同类型的业务范围，经纪类证券公司只能从事经纪业务，综合类证券公司既可以从事经纪业务，也可以从事承销、自营业务。

（二）经营活动监管

1.信息报送制度。投资银行必须定期将其经营活动按统一的格式和内容报告证券监管机关。有些国家还规定，经营报告分为年报、季报和月报三种，经营情况好的投资银行只需要上交年报，而那些被认为需要重点监管的投资银行则必须上交季报甚至月报。我国2008年4月23日公布的《证券公司监督管理条例》规定，证券公司应当自每一会计年度结束之日起4个月内，向中国证监会报送年度报告；自每月结束之日起7个工作日内，报送月度报告。

2.收费标准。为了防止投资银行在证券承销、经纪服务中收费过高，人为抬高社会筹资成本，证券监管机构对投资银行业务的收费标准一般实行最高限制。比如，美国投资银行的经纪业务佣金额不得超过交易额的5%，其他业务的佣金比例不得高于10%，否则将按违反刑法论处。根据我国2014年发布的《关于调整证券交易佣金收取标准的通知》，证券公司的佣金额不能超过证券交易金额的3‰。

3.净资本比例制度。为了防止进行过度风险投资，规定投资银行的净资本和负债之比最低不得少于某一比例。净资本是由现金和随时可以变现的自有资本组成。该原则实际上是要求投资银行在经营中保持足够的现金资产，以便把投资银行的经营风险控制在一定的范围之内。比如，美国证券交易委员会就规定，投资银行的净资本与其负债的比例不得低于1：15。根据我国2016年10月1日起修订实施的《证券公司风险控制指标管理办法》的规定，证券公司净资本不得低于公司对外负债的8%；证券公司净资本与各项风险资本准备之和的比例不得低于100%；证券公司流动性覆盖率不得低于100%；证券公司可用稳定资金与所需稳定资金的比例不得低于100%。

4.经营管理制度。为了更好地贯彻"三公"原则，证券监管机构对投资银行建立了严格的经营管理制度，制定反垄断、反欺诈假冒和反内部沟通条款。投资银行可以在不违反这些条款的前提下，开展合理的证券投机活动。反垄断条款的核心是禁止证券交易市场上垄断价格的行为，制止哄抬或哄压证券价格，制止一切人为造成证券价格波动的证券买卖。反欺诈假冒条款的核心是制止证券交易过程中的欺诈假冒和其他蓄意损害交易对手的行为。反内部沟通条款的核心是禁止公司的内部人员或关系户利用公职之便在证券交易中谋取私利。[①]

5.管理费制度。除了投资银行注册费之外，投资银行必须按经营额的一定比例向证券监管机构和证券交易所缴纳管理费，这些管理费将集中起来，主要用于对投资银行经营活动的检查、监督等方面的行政开支。我国政府自2003年1月1日起，对在我国境内注册的证券公司、基金管理公司、期货经纪公司均收取机构监管费。根据2016年发布的《国家发展改革委 财政部关于重新核发银监会证监会保监会监管费等收费标准的通知》，对证券公司和基金管理公司每年按注册资本金的0.5‰收取监管费，最高不超过30万元；对期货经纪公司每年按注册资本金的0.5‰收取监管费，最高不超过5万元。

（三）业务活动监督

1.投资银行三大传统业务监管。证券承销、经纪业务、自营业务是投资银行的三大传统业务。在这些活动中投资银行掌握大量的证券，加上其拥有的资金、信息等优势很有可能会以此来操纵市场，同时在风险控制方面也很有可能为追求高收益而忽视对风险的防范。因此，为了保护投资者的利益，同时保证市场能有效、规范地运行，各国对投资银行的三大传统业务的监管特别重视。一般来说，主要有以下几方面的监管内容：

（1）公开公正原则。此项原则禁止投资银行以任何形式欺诈、舞弊、操纵市场、内幕交易。在证券发行中如果投资银行和发行公司之间存在着某种特殊的关系（如持有发行公司股票），必须在公告书中加以说明，以便投资者有充分的心理准备和正确的认识。为了防止投资银行操纵市场，许多国家规定，投资银行必须将自营业务和经纪业务严格分开。此外，一家投资银行所能购买的任意一家公司的证券数量不得超过该公司发行的证券总量的一定百分比，或者不得超过该发行公司资产总额的一定百分比。

（2）诚信原则。投资银行在证券承销、经纪、自营业务中应承担诚信义务。禁止投资银行参与（或不制止）证券发行公司在发行公告中弄虚作假、欺骗公众。在提供给投资者相关信息时，必须保证其真实性和合法性，保证语意清楚，不得含有使人误信混淆的内容。

（3）道德约束。投资银行在从事经纪、自营业务时，要接受道德约束：不得向客户提供证券价格走势的肯定性意见；不得劝诱客户参与买卖证券交易；不得

---

① 何小锋，黄嵩.投资银行学［M］.2版.北京：北京大学出版社，2008.

利用其作为经纪商的优势地位限制客户的交易行为；不得从事可能对保护投资者利益和公平有害的活动；也不得从事有损于整个行业信誉的活动；不得以任何方式向任何人公开和泄露客户的证券交易情况，金融监管机构和国家执法机关调查除外。

（4）费用监管。禁止投资银行对发行企业征收过高的费用从而造成企业的筹资成本过高，侵害发行者的利益，影响二级市场的运行。在经纪业务中，投资银行应严格按照规定收取佣金，不得私自决定收费标准或佣金比例。

（5）风险控制。禁止投资银行承销风险超过自身所能承受范围的证券，避免过度投机。一些国家要求投资银行对其证券交易提取一定的准备金；严格限制投资银行的负债总额以及流动性负债规模，限制其通过借款来购买证券；限制投资银行大量购买有问题的证券（如遇到重大自然灾害或严重财务困难的公司的股票、连续暴涨暴跌的股票等）。

2.投资银行金融衍生产品监管。金融创新使得越来越多的金融衍生产品出现，给各国的金融体系带来了更大的风险，也向监管者提出了新的挑战。对此各国提出的监管措施包括以下几项内容：

（1）交易机构必须制定一套完善的风险管理、交易资讯收集的制度，以增加透明度，防范损失。

（2）证券交易所、票据交易所与央行必须强化交易、清算以及交割的管理，将交易日到交割日的期限标准化，扩大使用交易当天便交割的制度，以增加市场流动性。

（3）投资银行应将需向主管部门汇报的资料标准化，保证主管部门借以评估交易本身及市场的风险。

（4）大客户投资人必须与监管当局合作，遵从相关的交易法令，以增加市场流动性。

（5）加强电子信息系统的安全管制，要从技术上采取安全措施，防止出现危害甚大的"机器故障"。

（四）市场退出监管

广义的投资银行市场退出应包括主动退出和被动退出。主动退出包括投资银行在市场化条件下自行解散或者以市场化并购的方式退出等。被动退出一般包括投资银行被接管、破产清算、责令关闭、行政关闭。

1.解散。解散一般指因公司章程规定的营业期限届满或者其他事由出现、股东会议决定解散或者因公司合并或分立而解散。

2.市场化并购。并购包括收购和兼并。其中，收购更多的是指实力雄厚的投资银行购买陷入困境的投资银行的全部或者大部分股权，从而取得控制权；兼并一般指由经营稳健的投资银行接手陷入困境的投资银行，将各方的全部资产和负债合并在一起，被兼并的投资银行因失去原有的独立法人资格而退出市场。

3.接管。接管是指金融监管当局对陷入危机的投资银行采取行政性挽救措施，通常由金融监管当局、其他投资银行或专门组建的机构来充当接管人，对被接管投资银行的经营管理、组织结构进行必要的调整，使其尽可能恢复正常的经营能力。

4.破产清算。破产清算即按照法定的破产程序对陷入困境的投资银行进行债权债务的清算与处理。一般来说，投资银行通过破产清算的方式退出，对社会的震动较大，所付出的成本也相对较多。

5.责令关闭。责令关闭是指监管机构对投资银行实施行政处罚，终止营业活动，吊销其经营证券业务许可证。

6.行政关闭。行政关闭其实是一种政府干预并承担损失的方法。当金融监管当局认为某投资银行深陷危机而无法挽救时，可运用行政手段将其关闭，由监管当局或指定的机构对被关闭的投资银行进行清理并承担相应的债务。[①]

第二节　政府与投资银行业的发展

一、政府对投资银行业发展的扶持

投资银行是连接证券发行者和投资者的桥梁，是企业和投资者的参谋与顾问。一国证券市场和经济的发展离不开投资银行所起的积极作用，因此，为保证投资银行业的正常发展，政府常常对投资银行业加以必要的扶持，帮助投资银行业克服发展中遇到的困难。政府对投资银行业的扶持主要表现在两个方面，其一是促使投资银行的实力增强，其二是改善投资银行的发展环境。

（一）增强投资银行实力

增强投资银行的实力是为了提升投资银行的竞争力，提高投资银行抵御风险的能力。在金融国际化的背景下，投资银行的竞争力决定了投资银行的生存与发展。各国政府都设法增强本国投资银行的实力，以面对外国竞争者的挑战，同时，也希望本国的投资银行有能力走出国门，参与到国际竞争中去。以日本为例，在日本经济起飞、金融市场逐步开放的过程中，日本政府就扶持了大和、野村、山一等一大批投资银行，一方面为资本输出和本国企业进入国际资本市场服务，另一方面也避

---

① 李成.金融监管学［M］.2版.北京：高等教育出版社，2016.

免本国投资银行在国际竞争中处于不利地位。

政府为达到增强投资银行实力的目的所采取的措施有多种，比如鼓励投资银行扩大规模以及投资银行间兼并重组，促使投资银行提高业务水平，拓宽投资银行的融资渠道等。在我国投资银行的发展壮大过程中，政府就采用了相关扶持手段。1999 年以前，我国的证券公司规模普遍偏小，业务种类单一，为改变这种局面，中国证监会从 1999 年开始，同意并支持多家证券公司增资扩股，并对证券公司的重组加以引导。针对券商缺乏规范的短期融资渠道和业务拓展受到限制的情况，中国人民银行自 1999 年 10 月开始向符合条件的投资银行开放同业拆借市场；2000 年2 月 14 日，中国证监会和中国人民银行又联合发布了《证券公司股票质押贷款管理办法》，允许符合条件的证券公司以自营的股票和证券投资基金作质押，向商业银行借款，最长期限为 6 个月；2004 年 11 月 4 日，中国人民银行、中国证监会和中国银监会又联合修订了《证券公司股票质押贷款管理办法》，新办法中将借款最长期限延长为 1 年；2013 年 3 月 3 日，中国证监会发布了《证券公司债务融资工具管理暂行规定》，允许证券公司按照规定发行收益凭证这一新的融资工具；2015 年 1 月15 日，中国证监会发布了《公司债券发行与交易管理办法》，允许证券公司通过沪深交易所、机构间私募产品报价与服务系统等交易场所发行与转让证券公司短期债券；同年 10 月 12 日，中国证监会发布了《证券公司及基金管理公司子公司资产证券化业务管理规定》，允许证券公司开展融资融券收益权资产证券化业务；2020 年5 月 29 日，中国证监会发布了《关于修改<证券公司次级债管理规定>的决定》，允许券商以公开方式发行次级债，由于次级债能按比例折算入净资本，这有利于增强券商资本实力；2021 年 7 月 23 日，中国人民银行发布《证券公司短期融资券管理办法》，允许证券公司按照相关规定发行收益凭证这一新的融资工具，进一步拓宽了券商融资渠道、降低融资成本。此外，中国证监会还投入大量精力，研究投资银行业务创新问题，在防范风险的前提下，允许符合条件的证券公司开展网上证券委托业务，以此来增加证券市场活力。

（二）改善投资银行的发展环境

在投资银行的各种发展环境中，影响最大的是市场环境。市场是投资银行业务的来源地，也是投资银行开展业务的场所。市场波动不可避免地带来投资银行经营上的各种问题。如果证券一级市场不景气，则投资银行的承销业务就难以有效扩大；如果二级市场低迷，投资银行的自营与经纪业务收入就要打折扣，而自营与经纪业务收入在投行总收入中的占比很高，甚至超过 70%。当市场极度恶化时，投资银行的生存甚至受到威胁。因此，改善投资银行的发展环境，尤其是市场环境，对投资银行来说是强有力的扶持，从我国证券市场上就可以清楚地看出这种扶持的重要性。从 2001 年中期开始，我国股票二级市场长期走低，市场成交量极度萎缩，这对以经纪和自营业务作为主要收入来源的投资银行来说所造成的经营困难是不言而喻的，许多投资银行出现了大量亏损，甚至一些国内著名的投资银行也难以幸免。2001 年 10 月 23 日，中国证监会暂停执行国有股减持方案，随后财政部在 2001 年 11 月 15 日宣布降低交易印花税，2002 年 5 月 1 日我国证券交易实行了浮动佣金制度，2008 年 4 月财政部又将证券交易印花税从 3‰ 下调至 1‰，并规定从 2008 年 9 月 19 日起实行印花税单边征收。2021 年 6 月 10 日，第十三届全国人大常委会通过《中华人民共和国印花税法》，维持现行税制框架。这些举措在很大程度上就是为了改善投资银行的生存和发展环境。随着经营环境的改善，证券行业呈现出良好的发展势头。党的十八届三中全会的召开又将金融改革和资本市场的建设推升到了新的高度，为证券市场的建设带来了制度红利，从支持资本市场改革和国家产业转型的角度看，近几年以及未来的几年，都是证券行业实现跨越式发展的时期。

二、政府与投资银行业务的扩张

政府的职能部门中，有些职能部门与投资银行的发展关系密切，如证券监督机构，它们对投资银行的发展进行直接的监督和扶持，确保投资银行业乃至整个证券市场、金融市场的稳步发展。也有一些职能部门虽然与投资银行没有直接的关系，但它们在制定、实施国家经济发展政策、措施，履行自己的职责时，对投资银行业务的扩张起到了促进作用。这些政策措施包括宏观财政政策、货币政策的实施，国家产业结构的调整，国家经济资源的优化配置等。

如果政府实施扩张性的财政政策，通常情况下是采用扩大财政支出的方式，而资金的来源则主要是依赖增发国债，国债的发行与流通就给投资银行带来了扩大债券承销、自营与经纪业务的机会。扩张性的货币政策，不论是降低存款准备金率，还是降低再贴现率以及公开市场操作，都会促使市场利率下调，使更多的资金流向证券市场，从而推动证券市场的繁荣发展，投资银行的自营与经纪业务也将相应得到扩张。

在国家产业结构的调整过程中，有一些行业的企业会成为优先扶持发展的对象，也有一些行业的企业面临关、停、并、转的命运。得以优先发展的企业通过证券市场获取所需资金时，当然少不了投资银行的参与；需要关、停、并、转的企业在进行企业内以及企业间整合时，通常也需要投资银行出谋划策。

国有企业无论在资本主义国家还是社会主义国家中都存在，各国政府根据经济发展的需要，常常对国有企业进行资源的优化配置，比如，英国、法国对国有企业进行的私有化改造，我国国企的改制上市、国有股减持等，这种国有经济资源的调整，同样会给投资银行带来扩展业务的机会。①

本章小结

1. 由于投资银行的融资功能和风险特性，各国政府对投资银行均采取加强监管和尽可能加以扶持的态度。为保证投资银行业的规范发展，各国形成了各具特色的监管体系，这些监管体系基本上由政府监管、行业自律及投资银行内部监管三个层次构成。

2. 政府监管是由隶属于政府的证券监管部门，按照国家的有关法律、规章和政策，对全国范围内的证券业务活动，包括投资银行的业务活动进行监督管理。

3. 行业自律是行业自律组织通过制定公约、章程、准则、细则，对投资银行活动进行自我监管。证券交易所和证券业协会是最主要的自律组织。

4. 投资银行的内部监控是指投资银行制定和实施各种内部控制制度、措施、方法，以保证业务的正常运转，实现既定的工作目标，防范经营风险的产生。

5. 投资银行监管职能在不同的国家和地区由不同的政府部门承担，这些部门一般是政府设立的独立监管机构、中央银行或者财政部门。

6. 政府监管的内容包括四个方面：市场准入监管、经营活动监管、业务活动监督和市场退出监管。

7. 政府对投资银行业的扶持主要表现在两个方面：一是促进投资银行实力增强；二是改善投资银行的发展环境。

8. 政府的政策和监管机构对投资银行的业务扩张具有直接或间接的影响。

思考与应用

1. 投资银行业的监管框架包括哪几个层次？各层次之间的关系怎样？
2. 政府对投资银行监管的主体有几类？比较几个不同类型政府监管主体的部门设置和职责。
3. 政府监管的主要内容有哪些？
4. 政府如何发挥对投资银行扶持的职能？
5. 政府怎样支持投资银行的业务扩张？

【参考案例】 康美药业财务造假 广发证券遭重罚

一、康美药业简介

康美药业成立于1997年，成立的第二年，康美药业就通过了国家GMP认证，并逐步成功研制出了利乐、诺莎等国家级新药，迅速在医药市场上站稳了脚跟。也是凭借着这几款新药，康美药业用了不到4年的时间就成长为医药界的新星，并成功登陆上海证券交易所挂牌上市。几年时间里，康美药业就获得了"《财富》中国500强""上市企业市值百强"等不少荣誉，其创始人马兴田也先后获得"全国劳动模范""广东省中医药强省建设致敬人物""广东省医药行业特殊贡献企业家"等一系列荣誉。2013年、2017年，马兴田更是两度荣登福布斯中国发布的"中国上

---

① 陈琦伟，阮青松.投资银行学［M］.大连：东北财经大学出版社，2007.

市公司最佳CEO"榜单；在胡润研究院2018年2月发布的"2018胡润全球富豪榜"上，马兴田家族以450亿元的财富位居国内第61名。

二、康美药业财务造假事件始末

靠着西药起家的康美药业，又通过中药饮片迎来发展的第二春。2015—2017年间，康美药业实现净利润27.57亿元、33.40亿元及41.01亿元。不过，在这期间还伴随着一系列恶性事件，包括产品质量黑榜和涉及贿赂案件。2016—2017年间，康美药业的菊皇茶、菊花和人参产品分别因违法添加行为、农药残留量项目等不合格，多次被国家食品药品监督管理总局处罚和通报。此外，2000—2012年期间，中国证监会发行监管部发行审核一处处长、创业板发行监管部副主任李量利用职务上的便利，为康美药业等9家公司申请公开发行股票或上市提供帮助，收受贿赂折合人民币共计约694万元。

继续阅读请扫码

第七章　证券发行与承销业务

　　自诞生伊始，证券发行和承销便是投资银行的本源业务。时至今日，虽然各种金融创新不断，投资银行业不断涉足商业银行的传统业务领域，但其本源业务仍绿叶长青。诚如读者将在本章中看到的，证券的发行和承销是一项程序性很强的业务，但这并不妨碍投资银行家运用各种金融工具为客户设计独到的发行、承销方案。可以说，每一次证券发行和承销，都是投资银行家智慧和个性的展现。

　　投资银行依靠其自身专业的员工队伍和丰富的从业经验，协助企业转变为主营业务突出、治理结构合理、资产负债状况良好、内部控制完善的现代企业，为其上市融资做好充分准备；进而为企业设计合理的证券发行方案，协助企业走向证券市场，获得投资者的认可，以较少的成本获得企业发展需要的大量资金；面对全球化，投资银行又为企业提供了海外上市的专业服务，防止其"水土不服"，助其走向国际市场。

　　本章也将沿着这一进程，以股份有限公司为载体，从投资银行的角度，详细阐述投资银行在企业股份制改组、股票的发行和承销、债券的发行和承销以及企业海外上市中的职能和作用。

第一节　股份有限公司概述

一、股份有限公司

　　股份有限公司也称股份公司。按照我国《公司法》的定义，股份公司是指"其全部资本分为等额股份，股东以其所持股份为限对公司承担责任，公司以其全部资产对公司债务承担责任"的公司形式。

根据上述定义，股份有限公司具有如下法律特征：

1.股份有限公司的全部资本划分为均等的若干股份。资本的等额股份化是股份有限公司与有限责任公司的一个重要区别。

2.股份有限公司的股东仅就其认购的股份向公司承担有限责任。

3.股份有限公司公开向社会发行股票集资，股东可以自由转让自己的股份。按《公司法》的规定，股份有限公司根据其所发行的股票是否上市交易，可将其分为上市公司和非上市公司。相关资料表明，截至2020年年底，我国境内上市公司（A、B股）数目达到了4 154家，市价总值80万亿元。

股份有限公司作为独立的法人实体，依法享有诸如法人财产权、设立分公司或子公司的权利以及公司担保、转投资等权利，同时履行相应的义务。正因为它具有上述法律特点，股份有限公司可以通过发行股票或者公司债券来筹集大量的资金，通过兼并收购来促进生产规模的发展。同时，由于资本所有权和公司管理权的分离，股份有限公司可以建立完善的现代企业治理结构，有利于企业管理。总之，股份有限公司是适应现代社会化大生产的公司组织形式。

以下主要简述股份有限公司的设立、变更和解散。有关公司治理结构、股票/债券发行的内容将分别在以后的相应章节中详细阐述。

我国《公司法》规定，股份有限公司的设立采用核准设立的方式，即公司除了必须符合《公司法》规定的条件之外，还必须经过有关行政机关的核准审批方能成立。

具体而言，股份有限公司的设立必须符合以下规定：

1.发起人符合法定人数。我国《公司法》规定发起人数量为2~200人。

2.发起人认购和募集的股本达到法定资本最低限额。《公司法》规定发起人认购不少于公司股份总数35%的股份。

3.股份发行、筹办事项符合法律规定。

4.发起人制定公司章程，采用募集方式设立的，经创立大会通过。

5.有公司名称，建立符合股份有限公司要求的组织机构。

6.有公司住所。

对于股份公司的设立，法律规定分为发起设立和募集设立两种。《公司法》同时规定，向社会公开募集股份，应当由依法设立的证券公司承销。

公司的变更是指公司的合并、分立以及公司形式的变更。公司的解散是指使公司法人资格消灭的法律行为。我国《公司法》对公司的变更和解散做出了具体的规定，相关内容可参阅该法。

二、股份有限公司的公司治理结构

上文曾经提到，股份有限公司有利于建立完善的现代公司治理结构。这里将首先分析上海浦东发展银行股份有限公司的公司治理结构，使读者对股份公司的公司治理结构有一个感性的认识，进而探讨公司治理结构各组成部分的详细内容。

浦东发展银行股份有限公司是在上海证券交易所上市的一家股份有限公司。据该公司2011年度报告显示，公司治理结构包括股东大会、董事会、监事会、独立董事以及高级管理层。该公司治理结构及其隶属关系如图7-1所示。

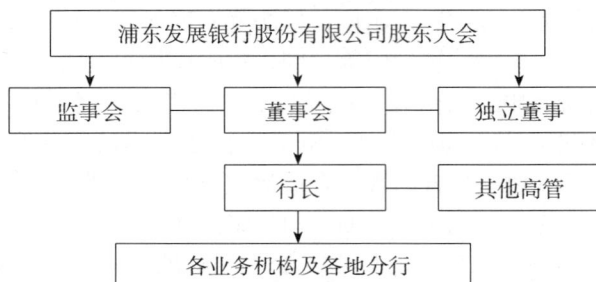

图7-1 浦东发展银行股份有限公司的公司治理结构

由7-1图可以发现，股东大会处于最高层，是公司的最高权力机构，董事会、监事会、独立董事以及公司高级管理人员之间各有隶属、各有牵制、各司其职。这一整套现代公司治理结构从制度层面保证了公司的有序、高效经营。

下面我们来具体考察公司治理结构中各组成部分的功能和职责。

1.股东大会。依照《公司法》的规定，股东大会是由全体股东组成的公司权力机构。它是公司的最高权力机构，但是并不具体执行公司业务，也不能对董事会的业务决策任意干预，而只是对公司的重大问题进行决策。这里所说的公司重大问题是指诸如决定公司的经营方针和投资计划，选举和更换由非职工代表担任的董事、监事，审议批准董事会和监事会的报告，审议批准公司的年度财务预算、决算方案之类涉及公司重大利益的决策。股东大会分为年会和临时股东大会两种。年会是指应当每年召开一次的会议，我们看到的公司年报就是由年会审议通过的关于公司状况的公司文件；临时股东大会是指当有重大事项发生时可以由相关人员要求召开的股东大会。

2.董事会。董事会是指由股东推选的董事组成的，对内管理公司事务、对外以公司名义进行活动的公司常设机构。董事会是公司的执行机关，负责公司业务活动的指挥和管理，代表公司对各种业务事项做出决策，并组织实施和执行这些决策。

股份有限公司设董事会成员 5~19 人，要经董事会全体董事半数以上通过选举产生董事长 1 人。

3.监事会。监事会是指依照公司法、公司章程所设立的，对公司事务实行监督的机构。监事会作为公司的监察机构，其主要职责是对公司的管理实行监督，其成员不得参与公司的实际管理活动，一般也无权对外代表公司，但是可以与董事会成员一起共同处理有关事务。股份有限公司每 6 个月至少召开一次监事会议。

4.独立董事。上市公司设立独立董事。所谓独立董事，是指不在公司担任董事外的其他职务，并与受聘的公司及其主要股东不存在妨碍其进行独立判断关系的董事。独立董事依照公司章程和相关法律，维护公司整体利益，尤其要关注中小股东的合法权益不受侵害。

5.高级管理层。高级管理层除董事外，还包括经理、董事会秘书以及财务总监等。经理是公司的常设辅助业务执行人，直接隶属于董事会，对内处理公司事务，对外在董事会的授权范围内代理或代表公司进行业务活动。经理与公司的关系实质上是一种委托关系。上市公司设立董事会秘书，负责公司股东大会和董事会会议的筹备、文件保管以及公司股东资料的管理，办理信息披露事务等事宜。公司财务总监由经理提请聘任或解聘。

三、股份有限公司和证券市场

股份有限公司可以采用通过在证券市场募集公众资金的方式设立，或者通过增发、发行公司债券等方式筹集公司开展业务所需要的资金。证券市场为业绩优秀、具有良好发展前景的股份有限公司提供了融资的良好场所，同时广大中小股东的存在和公司上市带来的更为严厉的外部法律监督和舆论监督也使得公司治理结构更趋规范、公司行为更趋理性。

股份有限公司在证券市场的行为主要由《公司法》《证券法》来进行规范。

股份有限公司在证券市场发行股票，是指符合条件的股份有限公司，以筹集资金为目的，通过法定程序，以同一条件向特定或者不特定的公众出售股票的行为。股票发行一般分为两种：一是为设立新公司而首次发行股票，即设立发行；二是为扩大已有的公司规模而发行新股，即增资发行。设立发行的主要条件我们已经在前述"股份有限公司"内容中讲过，此处不再赘述。增资发行还需满足如下条件：

1.三个会计年度加权平均净资产收益率平均不低于 6%。扣除非经常性损益后的净利润与扣除前的净利润相比，以低者作为加权平均净资产收益率的计算依据；

2.除金融类企业外，最近一期期末不存在持有金额较大的交易性金融资产和可供出售的金融资产、借予他人款项、委托理财等财务性投资的情形；

3.发行价格应不低于公告招股意向书前20个交易日公司股票均价或前一个交易日的均价。

公司发行股票，应当遵守法律规定的申请文件预先披露制度。

公司债券是指公司依照法定程序发行的、约定在一定期限还本付息的有价证券。公司债券代表的是一种债券，而股票代表的是一种股东权利。

公司债券的发行条件在《证券法》中有如下列举：

1.股份有限公司的净资产不低于人民币3 000万元。

2.累计债券余额不超过公司净资产的40%。

3.最近3年平均可分配利润足以支付公司债券1年的利息。

4.筹集的资金投向符合国家产业政策。

5.债券的利率不超过国务院规定的利率水平。

股份有限公司可以按照法律程序通过购买其他股份有限公司已上市的股份以达到对已上市公司进行控股或兼并的目的。但在收购过程中，股份有限公司必须遵守《证券法》规定的"禁止内幕交易""禁止操纵证券市场行为"以及当收购的股份数目达到法律规定时的"权益披露制度"等原则。

四、股份有限公司和投资银行

证券的承销与发行是投资银行的基础业务和核心业务。我国《公司法》明确规定，向社会公开募集股份，应当由依法设立的证券公司承销；中国证监会发布的《证券发行上市保荐业务管理办法》第二条规定，股份有限公司首次公开发行股票和上市公司发行新股、可转换公司债券，应当聘请保荐人。该办法同时指出保荐人必须具备中国证监会规定的投资银行业务经历。

此外，投资银行还在股份有限公司的重组、兼并、收购、项目融资、资产证券化等方面积极地发挥着作用。这些内容将在本章的后续部分以及本书的后续章节展开详细的阐述，此处暂不提及。

第二节　企业股份制改组

企业的股份制改组是企业规范治理结构、实现上市的前提条件，从法律意义上回答了企业资产的归属权问题，从经济意义上回答了企业资产的经营问题。本书的主角——投资银行在企业改组中发挥了重要的作用，比如投资银行帮助国企改组上市，改变了其过去依靠财政和银行贷款的单一融资渠道，开辟了国有企业通过股市直接融资的新渠道。

一、公司股份制改组的基本内容

公司股份制改组就是通过一定的程序，建立起产权明晰、投资主体多元，股东大会、董事会、监事会、经理相互制衡的现代企业治理结构，形成有效的企业内部竞争机制、激励机制，促进企业的发展。

公司要通过股份制改组一般要符合以下要求：剥离非经营性资产和离退休人员；主营业务突出；机构独立；尽量避免、减少关联交易；会计报表中的收入、成本、费用分割合理；生产、供应、销售部门应独立。[①]

其具体程序[②]一般分为如下七个步骤：

1. 拟订总体改组方案。一般由企业会同聘请的具有改组和主承销商经验的证券公司（改组的财务顾问）根据企业实际情况，依据有关法规政策和中国证监会的要求拟订股份制改组及发行上市的总体方案。

2. 选聘中介机构。企业改制除需要聘请证券公司作为财务顾问之外，还需要聘请有相应资质的会计师事务所、资产评估机构以及律师事务所，这些中介机构将在改制过程中协同证券公司及改制企业完成审计、资产评估、出具法律意见等必要的工作。

3. 开展改组工作。这是改组方案的实施阶段。如果企业改组涉及国有资产的管理、国有土地使用权的处置、国有股权管理等诸多问题，均须按要求分别取得有关政府部门的批准文件。

4. 发起人出资。企业设立验资账户，各发起人按发起人协议规定的出资方式、出资比例出资，以实物资产出资的应办理完毕有关产权转移手续。资金到位后，由会计师事务所现场验资，并出具验资报告。

5. 公司筹委会会议发出召开创立大会的通知。主要工作为初步审议公司筹备情况及公司章程草案，并确定创立大会时间，发出召开创立大会的通知。

6. 召开创立大会及第一届董事会会议、第一届监事会会议。

7. 办理注册登记手续。主要工作为：改制后企业名称发生变化的，先办理名称变更预先登记手续，并领取相关登记表格；企业改制需要新增货币资本的，到经市场监督管理部门确认的入资银行开立入资专户，办理入资手续；递交申请材料，材料齐全，符合法定形式的，等候领取"准予行政许可决定书"；领取"准予行政许可决定书"后，按照其上确定的日期到市场监督管理部门交费并领取营业执照。

下面将具体讨论企业股份制改组的各个方面。

---

① 戴天柱.投资银行运作理论与实务［M］.2版.北京：经济管理出版社，2010.
② 陈文君.投资银行实务［M］.上海：上海财经大学出版社，2005.

二、企业的资产重组

一个公司由于受到主观或者客观环境的不利影响，在经营上出现停滞、困难或者危机，于是对公司的资本结构进行重新调整和组合，构造出一个新的公司形态，以适应新的经营环境，取得更好的发展前景，这种方式就称为资产重组或公司重组。[①]它遵循最佳化、最低成本、优化配置的原则。具体而言，企业资产重组包括以下模式[②]：

（1）整体资产重组：这一模式即通过一定的方法，把原企业所有资产全部重组成为一个新的公司。该方法适合具有较少非经营性资产的企业使用。比如，企业从有限责任公司改组成为股份有限公司就可以采用这一方法。但是，这一方法也可能导致重组后的企业因为没有剥离非经营性资产而效益低下。

（2）部分资产重组：这一方法是指，从原企业中抽离一部分优质资产组建成新的公司，剩余的质量较差的资产留存在原企业。我国国有企业在上市过程中一般采用这种方法。比如，"中海油"就是从中国海洋石油总公司中剥离出来的优质资产，而"中海油服"则作为非经营性资产留存在母公司，形成了所谓的存续资产。这种方法的问题是，存续资产如果处理不好，就会形成上市企业圈钱养活存续资产从而两败俱伤的局面。

（3）共同重组方式：这种方式是指若干企业各自从本企业拿出质量较好的资产，共同组成新的公司上市。

从我国的实践来看，经济领域改革的一项重要议题就是把计划经济体制下的国有企业改组成为符合现代市场经济要求、产权明晰、拥有现代企业治理结构的公司。在"公司股份制改组的基本内容"中向读者介绍了企业股份制改组的一般程序，接下来，我们以国有企业改组为例，介绍企业的资产重组。在国有企业的改制过程中，国有资产界定和拆股的执行标准，是国有资产不至流失的重要保证。

国有企业改制过程中的产权界定，就是国家依法划分财产所有权和经营权等产权归属，明确各类产权形式的财产范围和管理权限的一种法律行为。改制过程中的产权界定具体包括国有资产的界定、土地使用权的界定以及非经营性资产的界定。

（一）国有资产的界定

在股份制企业中，国有资产的界定原则如下：

国家机关或者国家机关授权单位向股份制企业投资形成的股份，包括现有的已投入公司的国有资产形成的股份，构成国家股，界定为国有资产。

① 郭红，孟昊.投资银行学教程［M］.北京：人民邮电出版社，2011.
② 戴天柱.投资银行运作理论与实务［M］.2版.北京：经济管理出版社，2010.

具有法人资格的国有企业、事业及其他单位以其依法占用的法人资产向独立于自己的股份公司出资形成或依法定程序取得的股份构成国有法人股，界定为国有资产。

在股份制企业的公积金、公益金中，国有单位按照投资比例应当占有的份额，界定为国有资产。

在股份制企业的未分配利润中，国有单位按照投资比例应当占有的份额，界定为国有资产。

上述原则中，国家股和国有法人股是依投资主体和产权管理主体的不同而形成的。国家股是指有权代表国家投资的机构或部门向股份公司投资形成的股份。国有法人股是指具有法人资格的国有企业、事业及其他单位以其合法占有的法人财产向独立于自己的股份公司投资形成的股份。不论国家股还是国有法人股，从本质上而言，均为国家所有，统称为国有股。①

国有企业股份制改造过程中进行国有资产拆股时，必须执行《在股份制试点工作中贯彻国家产业政策若干问题的暂行规定》，同时保证国有股的控股地位。

（二）土地使用权的界定

公司改组为股份公司，必须对其使用的国有土地使用权进行评估。应该由具有A级资质的土地评估机构评估并经国家土地管理部门认定。我国的公司改组实践中，对土地的使用权一般采取三种处理方式：（1）以土地使用权作价入股；（2）交纳土地出让金，取得土地使用权；（3）交纳土地年租金。

（三）非经营性资产的处置

国有企业因为历史原因，有许多和主营业务不相关的附属部门，比如学校、医疗机构等，但现代企业治理结构要求公司主营业务明确，将经营性资产和非经营性资产剥离出去，这就使得我国国有企业在改制过程中面临非经营性资产处置的问题。

有学者认为，企业股份制改组中，应该把非经营性资产和经营性资产完全分开，由社会相关的职能部门或者组织（诸如教育行政机关、医疗行政机关等）来管理和运营非经营性资产。国有企业的其他非经营性资产可以通过转让、拍卖等方式实现剥离。

三、企业股份制改组中的资产评估

企业股份制改组过程中的资产评估，必须由具有证券相关业务从业资格的资产评估机构进行。完成改组后的资产，如果能获得较高的信用等级，就可以增加资产

---

① 戴天柱.投资银行运作理论与实务［M］.2版.北京：经济管理出版社，2010.

的市场价值。需要注意的是，企业股份制改组中的会计、审计和资产评估不能由同一家中介机构完成。

资产评估的主要程序包含：（1）企业申请并选聘资产评估中介机构；（2）企业对自身资产进行清查，按一定格式造册登记；（3）评估机构对企业资产进行评定估算并出具评估报告；（4）企业将评估机构的估算报告上报上级主管部门验证确认。经主管部门确认的评估报告是股份制改组时国有资产拆股的重要依据。

资产评估机构采用的估价方法主要有收益现值法、重置成本法、现行市价法。

收益现值法是指将评估对象剩余寿命周期间每年的预期收益，以适当的折现率折现，累加得出评估基准日的现值。此方法常用于有收益企业的整体评估和无形资产评估。其基本计算公式（收益现值法计算公式）如下：

$$p = \sum_{i=1}^{n} \frac{CF_i}{(1+r)^i}$$

式中：CF_i——资产在第 i 年带来的收益；

r——折现率，它与资产的风险成正相关关系；

n——资产寿命。

例如，中商资产评估有限责任公司在对"中国计算机报"的商标进行资产评估的评估报告中对采用收益现值法作为评估方法做了如下解释：

"从商标权作为无形资产的这一特性来分析，'中国计算机报'商标是 IT 传媒行业的知名商标，已经为使用它的企业带来超过社会平均收益的超额收益，并将在未来企业运营中继续产生超额收益，因此该商标权的价格是按其获利能力带来的超额收益确定的，而非本身'物化'价值决定的。依照这一特点，我们通过测算商标权带给企业未来的超额收益，并通过计算其现值来评估'中国计算机报'商标权的价值，是比较适宜的。"

关于商标的收益期，评估公司根据《商标法》中"注册期为 10 年，可以无限续展"的规定，采用了永续年限。同时，评估公司选取了与中国计算机报社相近的6 家上市传媒企业近 4 年的平均利润率和净资产收益率作为行业平均利润率和折现率。

其计算的具体步骤为：

首先，计算确定 2008 年 5 月 31 日的超额收益现值。将持续经营企业的超额收益分为前后两个阶段，第一阶段预测期为 5 年，即自 2008 年 5 月 31 日至 2013 年 5 月 30 日。第一年自 2008 年 5 月 31 日至 2009 年 5 月 30 日，第二年至第五年依此类推，对第一阶段的预期超额收益采取逐年预测折现累加的方法；第二阶段为 2013 年 5 月 31 日至永续年期，假设其超额收益趋于稳定，保持第五年的收益水平，对该段永续超额收益进行还原并折现，将前后二段超额收益现值相加，求得2008年5月31日的超额收益现值，即：

$$\begin{array}{l}2008年5月31日 \\ 超额收益现值\end{array} = \begin{array}{l}企业前5年预期超额 \\ 收益折现值之和\end{array} + \begin{array}{l}企业5年之后衍生品带来的预期 \\ 超额收益折现值之和\end{array}$$

其次，将2008年5月31日超额收益现值折现至评估基准日下的商标权完整价值。

评估基准日自2006年11月30日至2008年5月31日共计1.5年，则评估基准日商标权完整价值为：

$$商标权完整价值 = \frac{2008年5月31日的超额收益现值}{1+折现率}$$

最后计算得出，以2006年11月30日为评估基准日的商标现值为人民币10 250万元。[①]

重置成本法是指以现时条件下被评估的资产全新状态的重置成本减去该项资产的实体性贬值、功能性贬值和经济性贬值来估算资产价值的方法。而现行市价法是指通过市场调查，选择一个或者多个与评估对象相同或类似的资产作为比较对象，分析比较对象的成交价格和交易条件，进行对比调整，估算出资产价值的方法。

在实际进行资产评估时，必须对不同主体投入股份公司的相同资产采用相同的评估方法。

四、企业股份制改组中的财务审计

企业股份制改组中的财务审计，必须由具备从事证券相关业务资格的会计、审计中介机构进行。从事企业财务审计的中介机构应该是独立于对企业进行资产评估的中介机构的组织。企业股份制改组中的财务审计程序主要如下：

根据企业的选聘，会计审计机构进行项目的立项。在对被审计对象进行调查之后，制订初步的审计计划。

实施审计。对被审计单位的内部控制制度和实施情况、会计报表项目进行测试，根据测试结果进行评定。

整理审计工作底稿，评价审计过程中得到的数据，形成审计结论、审计期后事项[②]和或有损失，完成审计报告。

完成审计工作后，会计审计机构应出具审计报告。审计报告有规范的格式要

① 佚名."中国计算机报"商标权转让价值资产评估报告书正文 [EB/OL]. [2017-05-23]. http://www.docin.com/p-7510513.html.
② 期后事项是指从资产负债表截止日到审计报告日，从审计报告日到会计报表公布日发生的对会计报表产生影响的事项。

求。根据审计情况，审计报告出具的意见必须是以下四项之一，即无保留意见、保留意见、否定意见和拒绝表示意见。

审计机构还应本着审慎性原则进行盈利预测，合理预计企业在未来经营时间内的经营成果。[①]

例如，中瑞岳华会计师事务所的两位注册会计师对北京首航艾启威节能技术股份有限公司进行财务审计后，出具的无保留意见的审计结论如下：

"我们认为，上市会计报表已经按照企业会计准则的规定编制，在所有重大方面公允地反映了北京首航艾启威节能技术股份有限公司2011年9月30日、2010年12月31日、2009年12月31日、2008年12月31日的财务状况以及2011年1—9月、2010年度、2009年度、2008年度的经营成果和现金流量。"[②]

审计机构出具的审计报告对企业上市发行股票等筹资行为有重要影响，比如我国《证券法》就对增发股票的公司有诸如最近3年内必须盈利、财务报表没有虚假记载、预计利润率不低于银行同期利率等规定。

五、企业股份制改组中的法律审查

企业股份制改组中的法律审查，是指依照法律规定，由具有从事证券相关业务资格的律师对企业改组和公司设立文件及其他相关事宜进行合法性审查的过程。我国法律规定，公司上市向公众公开发行股票前，必须向中国证券监督管理委员会提交由两位具有从事证券相关业务资格的律师签名的法律工作文件和意见书。

进行法律审查的律师通常考虑以下项目：（1）企业进行股份制改组的可行性和合法性。在这个项目中，律师主要考察企业是不是符合国家的产业发展政策，是不是符合《证券法》关于发行股票的公司必须在最近3年内盈利的规定等。（2）发起人资格及发起协议的合法性。例如，我国法律规定发起人中至少有1/2是在中国境内有居所的法人或者自然人。（3）发起人投资行为和资产状况的合法性。（4）无形资产权利的有效性和处理的合法性。该项目主要审查诸如有期限的知识产权等类无形资产是不是还在有效期内。（5）原企业重大合同及相关债权债务的合法性。（6）原企业诉讼和仲裁的解决。（7）承销协议的合法性审查等。[③]

依法完成上述程序后，企业便完成了程序上向股份制企业的转变。成为股份公司的企业能够享受的最大便利是可以通过资本市场进行直接融资来不断壮大和发展本企业。投资银行正是沟通资本市场和企业的桥梁。企业依靠投资银行专业的员工

① 戴天柱.投资银行运作理论与实务［M］.2版.北京：经济管理出版社，2010.
② 参见首航2012年3月7日节能公司公告.
③ 戴天柱.投资银行运作理论与实务［M］.2版.北京：经济管理出版社，2010.

队伍和完善的服务，就能够以最低的成本在资本市场上通过股票、债券等有价证券的形式从广大的投资者手中获得发展所需要的大量资金。而这，正是我们即将在下面的几节中要讨论的内容。

第三节 股票的发行和承销

大家也许对股票和债券并不陌生，但是可能读者在购买新股的时候，并没有关注到股票背后作为承销商的投资银行的身影。证券的发行和承销是投资银行的本源业务，也是其核心业务。本节及下一节我们将讨论股票的发行和承销以及债券的发行和承销。

一、股票发行和承销的准备

（一）发行和承销的基本概念

股票发行，是指发行人将新股票从发行人手中转移到社会公众投资者手中的过程。股票发行一般可分为首次公开发行（IPO）和二次发行。

股票承销，是指发行人将股票销售业务委托给专门的股票承销机构销售。按照风险承担和手续费的高低，股票承销可以划分为包销和代销。关于包销和代销的相关内容，我们将在后文中展开论述。

由于专门的股票销售机构往往有强大专业的员工队伍和完善周全的服务，能发挥规模经济效应，以最低的成本帮助企业准备各种公开发行证券所需要的文件，办理各种复杂的手续，从而帮助企业在较短的时间内以较低成本募集到大量的资金。出于控制和降低融资成本的考虑，发行人往往将股票发行和销售业务委托给专门的股票销售机构。

股票的发行和承销按照承销商数量的多寡，可以分为单个承销商承销以及承销商团承销。由承销商团（往往有一个主承销商，根据需要设立一个或者若干个副承销商）承销发行的股票往往发行规模比较大，一家投资银行不足以承担，或者投资银行担心风险过大，从而采取承销商团承销的方法来达到分散风险的目的。我国《证券法》明确规定，向不特定公众发行证券票面价值大于人民币5 000万元的，应该由承销商团承销。中海油上市时，由于企业规模巨大，当时预计上市融资额达到14亿美元之巨，所以采用了由包括中银国际在内的承销商团承销的股票发行方式。

（二）股票发行制度

股票发行制度主要分为两种：一是核准制，以欧洲国家为代表；二是注册制，以美国和日本为代表。

1. 股票发行核准制

股票发行核准制指发行人申请发行股票时，不仅要公开披露企业相关的真实信息，而且必须符合《公司法》《证券法》等相关法律规定的条件。核准制实行实质管理原则，证券监管机构不仅对申报文件的真实性、全面性、准确性作核查，还对企业的营业状况、发展前景、财务情况等进行实质性审查，对不符合相关条件的股票有权拒绝申请发行。核准制的发行条件较为严苛，有利于公众利益和市场的稳定发展。

核准制是对发行人进行实质审核，股票发行的相关条件和手续较多，发行人不仅要充分公开企业的真实状况，还必须符合相关法律规定的必备条件。核准制对企业上市和退市的条件也较为苛刻，例如阿里巴巴、拼多多等优质企业难以在国内上市，只能去境外上市，而一些劣质企业退市过程较长。目前，我国由核准制向注册制转变的过程正在稳步推进中。

2. 股票发行注册制

股票发行注册制指发行人申请发行股票时，必须依法将与股票发行相关的所有资料准确地交给主管机构公开审查，监管机构只负责审查发行申请人提供的申报文件是否履行了信息披露义务，而不对发行人的资质进行实质性审核，将发行公司股票的价值判断留给市场。2015年12月9日，国务院常务会议审议通过了《关于授权国务院在实施股票发行注册制改革中调整适用<中华人民共和国证券法>有关规定的决定（草案）》，并于次年正式施行股票发行注册制。注册制的核心在于快进快出，只对发行申请人提供的注册文件资料是否存在虚假、遗漏等情况进行形式检查，而不对发行人营业性质、发展前景、发行数量与价格进行实质审查，从而降低了企业上市门槛。相较核准制而言，注册制市场化程度较高。

2019年3月1日，注册制在上交所科创板落地实施；2020年6月12日，注册制在深交所创业板落地实施；主板、中小板的注册制实施正全面推进中。科创板、创业板新股注册制以信息披露为核心，强调事中、事后管理，简化了上市条件及流程，提高了上市发行效率。在注册制改革前，科创板等均采用核准制，由证监会对企业的申报材料进行审核，通过后才能在交易所上市。从发行效率来看，注册制改革后的科创板企业IPO审核周期为6~9个月，上交所审核通过后的20个工作日内，上市公司在证监会完成注册；而主板市场核准制下的平均发行周期则长达18~24个月。2019年12月28日，第十三届全国人大常委会第十五次会议审议通过了修订后的《证券法》，并于2020年3月1日起施行。修订后的《证券法》基于全面推进注册制改革的基本定位，对证券发行制度做了系统的修改完善；在注册制试点的经验基础上，授权国务院对注册制的具体范围、实施步骤等作了规定，为注册制的全面落实创造了条件。

3. 股票发行注册制与核准制比较（见表7-1）

表7-1 　　　　　　　　股票发行注册制与核准制的比较

比较项目	注册制	核准制
核心	信息披露	监管部门的合规性审核
监管部门审核方式	形式审核	实质性审核
实质审核主体	主承销商、保荐人等中介机构	证监会、交易所、中介机构
发行成本	低	高
发行效率	高	低
上市门槛	低	高
市场化程度	完全市场化	逐步市场化
公司定价	在法律框架下，市场决定	在法律、政策监管下，市场主导

（三）承销商资格的取得和维持

在我国，从事证券发行和承销应该具备相应法律规定的资格。这些条件主要包括：在中国境内注册，获得从事证券承销业务的资格；具有独立法人资格或者在中国境外注册，依照注册地法律拥有证券承销从业资格；具有独立法人资格的证券公司、银行或者其他金融机构。同时，我国法律规定，自1999年9月1日起，信托投资公司不再从事股票发行和承销业务。

按照我国《证券法》的相关规定，证券发行和承销机构还应该具备如下条件：

1. 净资产不低于人民币5 000万元，净资本不低于人民币2 000万元。

2. 从业人员取得"证券从业资格证"。在尚未取得"证券从业资格证"时，应当具备下列条件：（1）高级管理人员具备必要的证券、金融、法律等有关知识，近2年内没有违法违规行为，其中2/3以上具有5年以上证券业务或8年以上金融业务的工作经历；（2）主要业务人员熟悉有关的业务规则及业务操作程序，近2年内没有违法违规行为，其中2/3以上具有2年以上证券业务或3年以上金融业务工作经历。

3. 有符合证监会规定的计算机信息系统和业务资料报送系统。

4. 具有健全的管理制度和内部控制制度。

5. 近1年内无严重的违法违规行为，2年内未受到中国证监会取消证券从业资格的处罚。

6. 近3年具有股票承销业绩。

担任股票主承销商的，还应该具备以下条件：净资产不低于人民币3亿元，净资本不低于人民币2亿元；在近3年新股发行中担任主承销商不少于3次或担任副承销商不少于6次；有10名以上具备条件的证券承销业务专业人士以及相应的会计、法律专业人员。

证券承销公司的承销资格证书有效期为1年。已取得证券承销资格的承销商想要维持其承销资格的，应当在承销资格失效前3个月向中国证监会提出申请。此外，每年的1月15日，承销商应当向中国证监会报备上一年度的证券承销、经纪业务。

（四）股票发行和承销的程序

股票发行资格的取得，必须符合《公司法》《证券法》的相关法律规定。

1.两法对首次公开发行股票做了如下规定：

（1）发起人认购的股本数额不少于公司拟发行股本总额的35%。

（2）公司股本总额不少于人民币5 000万元。

（3）发起人在近3年内没有重大违法行为。

（4）公司近3年连续盈利。

（5）公司预期利润率达同期银行存款利率。

不同于主板，科创板主要面向跨越创业阶段具有一定成长潜力的科技创新企业，创业板则为暂时无法在主板上市的创业型中小企业提供融资渠道。因此，这两个板块在上市门槛、上市条件方面有不同的规定（见表7-2）：

表7-2　　　　　　　　　科创板与创业板上市条件比较

比较项目	科创板	创业板
企业类型	成长型创新企业	
经营年限	持续经营3年以上	
股本要求	发行后股本总额不低于3 000万元；首次公开发行的股份达到公司股份总数的25%以上，公司股本总额超过人民币4亿元的，首次公开发行股份的比例为10%以上	
财务指标	市值及财务指标符合相关规定的标准	
人员要求	近2年核心技术人员未发生重大变化	对核心技术人员的稳定性无特殊要求
科创属性	对研发投入、发明专利数量有定量要求	无
行业要求	六大行业	"负面清单"管理，原则上不得是《深圳证券交易所创业板企业发行上市申报及推荐暂行规定》中的十二大行业

2.两法对已上市公司增发新股做了下列规定：

（1）前一次发行的股份已经募足，并且间隔时间在1年以上。

（2）公司在最近3年连续盈利，并能向股东支付股利。

（3）公司最近3年内财务会计文件无虚假记载。

（4）公司预期利润率能达到同期银行利润。

股票发行程序一般如图7-2所示。

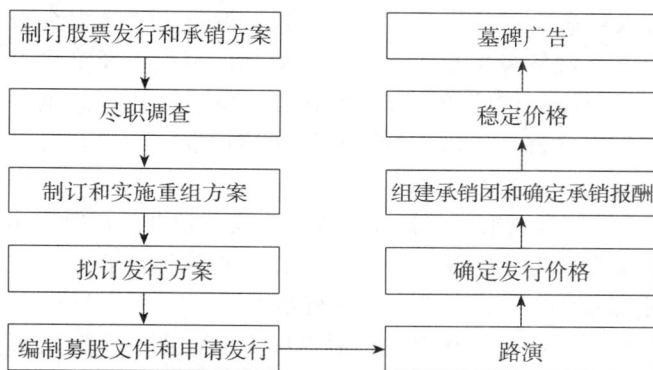

图7-2 股票发行的一般程序

尽职调查是指承销商以本行业公认的业务标准和道德规范，对股票发行人及市场的有关情况及有关文件的真实性、准确性、完整性进行的核查、验证等专业调查。如果公司在发行股票的过程中出现虚假陈述等欺诈公众的事件，发行人和投资银行都要负法律责任。但是，如果中介机构能够证明自己已经以其行业的公认标准进行了调查，仍无法发现欺诈行为，则可以免责。投资银行一般从下面方面来进行尽职调查：发行人情况，股票一、二级市场情况和发行人有无违反国家产业政策。

股份公司必须在上市前经过相关机构辅导，以确保公司上市后能规范操作，保证投资者利益。这一过程称为上市辅导（股票发行上市辅导报告参见章后附件一）。

上市辅导的内容包括，协助拟上市公司在公司设立、资产重组、股权设置和转让方面进行核查，以确定公司产权关系明晰与否；督促其实现主营业务突出、核心竞争力突出；督促其建立和规范会计制度、内部决策和控制系统；核查辅导对象是否妥善处理了商标、专利、土地等相关的法律问题；对拟上市公司的高级管理人员进行相关法律法规诸如《公司法》《证券法》等的学习指导。

辅导期限至少为一年，从辅导机构向辅导对象所在地的中国证监会派出机构报送备案资料后算起，自派出机构出具合格的监管报告之日结束。辅导结束，辅导人员应出具辅导报告，并签字负责。

募股文件（公司股票上市申请书参见章后附件二）的准备是股票发行前的重要工作。在我国境内上市公司必须按照《公开发行证券的公司信息披露内容与格式准则》的要求制作募股说明文件。

根据中国证监会相关文件的要求，首次公开发行股票并上市的申请文件应该包含下列文件：招股说明书、招股说明书摘要、发行公告、发行人关于本次发行的申请报告、发行人董事会有关本次发行的决议、发行人股东大会有关本次发行的决议、发行保荐书、财务报告及审计报告、盈利预测报告及审核报告、内部控制鉴证报告、经注册会计师核验的非经常性损益明细表、法律意见书、律师工作报告以及发行人的设立文件、本次发行募集资金运用的文件、与财会资料相关的其他文件等。[①]

一般情况下，招股说明书应包括发行人本次发行情况、风险因素、发行人基本情况、同业竞争和关联交易情况、公司治理和财务信息、业务发展目标、募集资金运用、股利分配政策等内容。"本次发行情况"一栏中，发行人应载明发行股票种类、每股面值、发行股数和占发行后总股本的比例、每股发行价、标明计算基础和口径的市盈率、发行前和发行后每股净资产、标明计算基础和口径的市净率、承销方式和佣金等内容。"风险因素"一栏中，发行人应当遵循重要性原则，按顺序披露可能直接或间接对发行人生产经营状况、财务状况和持续盈利能力产生重大不利影响的所有因素，包括但不限于下列应做定量分析披露的因素：产品或市场变化、产品生命周期或商业周期、市场占有率情况；经营模式发生的变化、经营业绩情况、是否过度依赖某一原材料、原材料价格上涨情况；内部控制不善、资金周转能力较差导致的流动性风险、现金流状况不佳、重大担保或诉讼等或有事项可能带来的风险等。注册制下，对企业财务状况、经营情况等上述因素不做实质性审查。

之后，便进入了股票发行前的最后一个阶段——发行审核。我国法律规定的发行审核单位是中国证券监督管理委员会下设的发行审核委员会。拟发行股票的公司必须向该委员会提供相关文件资料，申请审核。

证监会发审委的审核程序分为普通程序和特别程序，分别适用于公开发行股票、可转换公司债券等中国证监会认可的公开发行方式以及非公开发行方式。其具体程序可参考《中国证券监督管理委员会发行审核委员会办法》（中国证券监督管

---

① 中国证监会.公开发行证券的公司信息披露内容与格式准则第9号——首次公开发行股票并上市申请文件（2006年修订）［EB/OL］.（2013-07-01）［2017-05-23］. http://www.csrc.gov.cn/pub/newsite/ztzl/xg-fxtzgg/xgfxxxfg/201307/t20130701_230093.html.

理委员会令第31号）[①]，此处不赘述。

二、股票发行和承销的实施

前文已经提及，在投资银行进行股票的发行和承销时，按照风险承担和手续费用的高低，可以将承销划分为包销和代销（承销协议参见章后附件三）。

包销是指按照承销协议的规定，承销商全部买入发行人拟发行的股票，然后按照发行价格向社会投资者出售股票的承销形式。如果募股期结束后社会公众股票认购数额没有达到发行数量，承销商需要将剩余股票全部购入。可以看到，包销的风险主要由承销商承担，而发行人能够较快地得到资金，但是必须付出比代销高的手续费。

代销是指按照承销协议的规定，承销商代发行人发行股票，承销期满后，将未售出的股票全部返还给发行人的承销形式。这种承销方式，发行人承担主要的风险，但相应的，其所需要支付的手续费用也较少。

值得注意的是，不管是包销还是代销，期限一般最长不超过90天。

（一）推销和路演

投资银行在受理了某公司的股票发行和承销业务之后，就有义务对该公司及其股票进行推销。推销的目的在于通过对发行人市场形象的设计和市场推荐，引发市场对该公司拟发行股票的需求，同时根据反馈得到的数据，合理准确地确定发行人股票发行的数量和价格。

投资银行对发行人的推销一般集中在对发行人良好的公司形象的展示，以及上市后良好的业绩表现上，以赢得投资者对该公司的投资兴趣，确保承销的证券能够在市场上迅速被投资者认购。

投资银行往往会同发行人的高级管理人员，到某些城市和金融中心进行路演（Road Show），推介发行人，拜会潜在的机构投资者和证券分析员，使他们对公司的股票产生兴趣。路演提供给发行公司一个展示公司形象、公司素质和公司成长前景的机会，同时能够增强投资者信心，创造新股的市场需求。

设计合理、有效的路演是有依据可循的。股票的内在价值始终是路演建立的基础。很难想象一只由毫无成长前景的公司发行的股票会因为投资银行的包装而获得市场长期的追捧。投资银行在向投资者推荐股票内在价值的过程中，一般比较注重股票的动态价值，即股票发行人在未来可能获得的成长机会将给投资者带来的回

[①] 中国证监会.中国证券监督管理委员会发行审核委员会办法（中国证券监督管理委员会令第31号）[OE/OL].（2008-04-18）[2017-05-23]. http://www.csrc.gov.cn/pub/zjhpublic/zjh/200804/t20080418_14488.htm.

报。当然，中国证监会也在其相关规定[①]中明确指出，股票投资推荐报告的写作必须是真实的、公正的。

此外，投资银行还以市场需求为导向，使公司的成长性与市场现时的和可能的未来需求相契合，以吸引投资者的目光。同时，投资银行还会根据目标市场的不同采取不同的路演策略，以满足不同的投资主体的投资需求，使得股票发行获得成功。

路演主要是为了塑造发行人良好的形象，投资银行会挖掘公司某一个特点，着力强调这一特点的唯一性，以及这一特点、优势将为公司带来的未来收益，从而向投资者彰显发行人股票的巨大投资价值，吸引投资者投资。将发行人与同行业其他领先公司或者已上市公司进行比较，从而突出发行人的某一个与众不同之处，突显发行人更值得投资者期待的投资价值，也是投资银行常用的路演策略。发行人的形象塑造可以通过诸如媒体广告、财经评论员的投资推荐和投资研究报告等中介。中海油之所以能够在第二次IPO时成功上市，其有效的路演和财经公关功不可没。

（二）股票的定价

通过推销和路演，承销商应该从反馈得到的市场信息中确定股票发行的价格、规模。根据我国法律的规定，股票不得以低于股票票面金额的价格发行。根据发行价与票面金额的差异，发行价格可以分为按票面价格发行和溢价发行。

股票的定价受到诸如公司盈利水平、公司潜力、发行数量、行业特点、股市状态等因素的影响。其中，公司盈利水平和公司潜力等公司有关成长性因素是决定股票价格的内在因素，而股市状况等因素只能是一种外部因素。

通常用来评价公司经营业绩的指标有每股净资产、每股税后利润和净资产收益率。用公司净资产和税后利润分别除以公司的股本总数，就得到该公司每股净资产和每股税后利润这两个指标。每股净资产和每股税后利润越高，表示公司的经营业绩越好，从而股票有较强的上升空间。净资产收益率反映了企业资产的盈利能力，如果该项指标较高，则表明公司经营状况较好。例如，比亚迪公司2020年度净利润42.34亿元，预计2021年度净利润将达到67亿元，因而中信证券推荐为"目标价341元，买入"。

股票的定价在实践中一般采用如下四种方法：

1.议价。采用议价的方式时，由投资银行和发行人确定股票价格，然后向市场发行。议价在实践中，一般采用固定价格和市场询价两种方式。

---

① 中国证监会.证券发行与承销管理办法（证监会令第95号）[EB/OL].（2013-12-13）[2017-05-23]. http://www.csrc.gov.cn/pub/zjhpublic/G00306201/ndbg/201312/t20131213_239903.htm.

当采用固定价格时，投资银行和发行人综合考虑发行人的盈利能力、发展前景、财务状况以及整体宏观环境和市场对新股需求等因素，确定股票发行价格，然后向市场投资者发售。在这种模式下，投资银行应该全力包销，即在确定股票发行价格后，投资银行应该通过各种渠道向投资者推销股票，如果在一定期限内（一般为90天）股票还没有完全售出，投资银行有义务将剩余股票全部买入。

当采用市场询价的方式时，投资银行和发行人根据发行人情况和市场需求，先确定一个发行价格区间。然后，投资银行和发行人就展开路演，向潜在的投资者推荐股票和认购意向书，同时，从投资者处得到反馈，在确定的价格区间内，按照大多数投资者能够接受的价格水平来确定股票的发行价格。采用此种定价方式的典型代表是美国证券市场。例如，在美国的证券市场上市的股票事实上要经历三次定价过程：第一次发生在发行人和承销商签订承销协议的时候，由承销商报价，一般发行人会倾向于选择报价较高的承销商；第二次发生在将招股说明书递交给证券交易委员会的时候；第三次发生在IPO的前一天，承销商和发行人往往会根据申购情况，按照一定的认购额倍数确定发行价格。例如，中海油首次IPO时，因为认购不足，所罗门美邦曾考虑降价来刺激投资者的投资兴趣。[①]

2.竞价。该方法一般可以有如下方式来确定股票的发行价格：网上发售、机构投资者竞价和承销商竞价。

当采用网上发售方式时，投资银行作为唯一的卖方，通过证券交易所股票交易电脑平台，将拟发行股票按照发行人确定的发行价格全数卖出，投资者在网上以不低于发行价格的价格申购。当采用机构投资者竞价的方式时，由投资银行将股票按照发行人确定的发行价格卖出，机构投资者进行申购。之后，投资银行按照机构投资者的有效申购从高到低进行排位，然后按照事先确定的申购价格和申购量之间的关系确定发行价格。当采用承销商竞价方式时，发行人作为唯一的卖方，由投资银行投标决定股票的发行价格，中标的标书中载明的价格就是股票的发行价格。

3.市盈率定价。市盈率指股票市场价格和每股收益的比率。采用该种方法时，应该首先计算出股票的每股收益，然后根据二级市场的平均市盈率情况和发行人的行业发展情况和成长性等拟定发行市盈率，最后依据发行市盈率与每股收益的乘积或者每股净资产和溢价倍率的乘积计算出股票发行价格。

例如，江苏华昌化工股份有限公司在其定价发行公告中有如下陈述："发行

① 栾华.投资银行理论和实践［M］.上海：立信会计出版社，2006.

人和保荐人（主承销商）根据询价对象的报价情况，并综合考虑发行人基本面情况、可比公司估值水平、募集资金投资项目需求资金情况及发行人生产经营状况等，协商确定本次发行价格为 10.01 元/股，此价格对应的市盈率水平为：（1）12.36 倍（每股收益按照 2007 年经会计师事务所审计的扣除非经常性损益前后孰低的净利润除以本次发行后总股本计算）；（2）9.27 倍（每股收益按照 2007 年经会计师事务所审计的扣除非经常性损益前后孰低的净利润除以本次发行前总股本计算）。"[①]

当企业已经上市，并且根据相关法律规定符合再次发行证券的条件时，就可以增发股票。该次发行股票的定价一般采用以该股票某一个交易日或者一定交易时段的价格作为基础，给予一定折扣的方式确定。比如某股票在选定的时间段内平均价格为 20 元，给予 10% 的折扣，那么该股票的增发价格就为 18 元。

股票的发行定价报告需要由发行人和承销商共同签署。该报告必须说明定价依据、计算方法和口径。定价依据必须真实可靠。

4.专业投资者市场询价。在新股发行定价方面，科创板采用专业投资者市场询价方式，这一定价方式更强调"合理定价约束"：通过向券商、基金、信托、财务公司、保险、合格境外机构投资者、私募等 7 类专业机构投资者询价来确定新股发行价格；设置了同一网下投资者报价区间、剔除最高报价等规定；要求"若发行价格不在主承销商出具的投资价值研究报告的估值区间范围内，需要说明情况及理由"。相比之下，主板及创业板 IPO 的限制较多，要求新股定价市盈率不超过同行业平均市盈率，一旦超过同行业平均市盈率，发行人和主承销商应在网上申购前三周内连续发布投资风险特别公告。

（三）股票发行方式

完成上述程序后，公司股票即将在证券交易所发行上市。我国目前的发行方式包括首次发行中向二级市场投资者配售、上网定价发行和对一般投资者上网定价与对机构投资者配售相结合发行等发行方式。

首次公开发行中向二级市场投资者配售，是指在首次公开发行时，将一定比例的新股向二级市场投资者配售，而投资者根据其持有上市流通证券的市值和折算的申购限量，自愿申购新股。具体而言，投资者每持有上市流通证券市值 10 000 元，限申购新股 1 000 股，流通市值不足 10 000 元的部分，不赋予申购权。投资者申购的数量必须是 1 000 的整数倍。申购一经确认，无法撤销。表 7-3 显示了向二级市场投资者配售新股的时间安排。

① 佚名.江苏华昌化工股份有限公司首次公开发行股票网下向询价对象配售和网上向社会公众投资者定价发行公告 [N]. 上海证券报，2008-09-12.

表7-3　　　　　　　　　　**向二级市场投资者配售的一般时间安排**

时间	向二级市场投资者配售
T-3日	向证券交易所报送发行材料
T-2日	通过中国证监会指定媒体发布招股说明书概要等
T-1日	刊登发行公告
T日	向二级市场投资者配售当日，从证券交易所取得配售中签率，联系指定媒体，准备发布中签公告
T+1日	刊登配售中签率公告，进行配售摇号
T+2日	刊登配售摇号公告；投资者缴款
T+3日	收缴配售股款
T+4日	清算、登记、划款
T+4日后	主承销商将募集资金划入发行公司账户

　　投资者申购的数量如果小于拟配售的新股数量，按照承销协议，余额由承销商包销。如果投资者申购的数量大于拟配售新股数量，则由证券交易所按照每1 000股发放一个号码的原则，对有效申购量连续配号，然后主承销商组织摇号抽签，投资者每抽中一个号码，就能配售1 000股新股，具体流程可参照表7-3[①]。

　　上网定价发行，是指利用证券交易所的交易系统，主承销商作为唯一的"卖方"，投资者在一定的时间内，按照现行委托买入股票的方式进行申购的发行方式。像首次公开发行中向二级市场投资者配售一样，投资者每次申购的新股也必须是1 000股或者1 000股的倍数，其具体流程可以参照表7-4[②]。

表7-4　　　　　　　　　　**上网定价发行的一般时间安排**

时间	上网定价发行
T-3日	向证券交易所报送发行材料
T-2日	通过中国证监会指定媒体发布招股说明书概要，刊登发行公告
T日	上网定价发行日
T+1日	冻结申购资金
T+2日	验证、确认有效申购、配号
T+3日	刊登中签率公告
T+4日	清算、登记、划款；刊登摇号结果公告
T+4日后	主承销商将募集资金划入发行公司账户

---

① 戴天柱.投资银行运作理论与实务［M］.2版.北京：经济管理出版社，2010.
② 戴天柱.投资银行运作理论与实务［M］.北京：经济管理出版社，2004.

　　对一般投资者上网发行与对机构投资者配售相结合的发行方式，中国证监会一般建议只有当发行量达到 8 000 万股以上的才采用这种发行方式。在配售过程中，对机构投资者的配售和对一般投资者的配售必须为同一次发行，按统一价格进行。当申购量超出配售额时，可以采取摇号的方式。

　　股票发行后，为稳定投资者信心和证券二级市场，投资银行还应该履行稳定价格的义务。稳定价格的方法一般有联合做空、绿鞋期权等。

　　联合做空是指主承销商分配给辛迪加集团承销商的股票少于协议规定的股票数量，人为地形成卖空。比如，协议规定发行 500 万股某股票，但是主承销商只分配给辛迪加成员 490 万股股票，这样，辛迪加成员为了弥补 10 万股的差额，就必须从二级市场已发行的股票中购回 10 万股股票，从而导致股票价格的稳定上涨。从投资者角度而言，联合做空使得他们获利，但是对于发行人来说，会觉得股票发行价格定低了。

　　绿鞋期权（名称来源于最初采用这种期权的公司，因 1963 年佩恩·韦伯公司为美国佛蒙特州绿鞋股份有限公司发行股票时第一次采用这种技巧而得名）本质上是一种稳定价格的机制，只是绿鞋期权是指承销商和发行人签订的承销协议中，发行人给予承销商不超过包销数额 15% 额度的超额发行权[1]。当承销商选择使用这一权利时，向市场实际发行的股票数量没有达到包括超额发行在内的发行额，所以承销商形成了事实上的联合做空。这时，承销商就要从二级市场或者发行人处买入相应数量的股票，从而确保股票价格的稳定。举例来说，如果某发行人和承销商签订协议发行 200 万股新股，同时赋予承销商 10% 额度内的超额发行权，承销商的发行数量就达到了 220 万股。为了弥补 20 万股的差额，承销商就要从二级市场投资者手中或者发行人手中买入 20 万股，从而保证了股票市场价格在一定时段内的稳定。

　　中国证监会 2001 年 9 月出台的《超额配售选择权试点意见》指出，超额股份最高比例（国际惯例一般为 5%~10%）和期权行使有效期（国际惯例通常为 30 天）由中国证监会规定。意见指出，获此授权的主承销商按同一发行价格超额发售不超过包销数额 15% 的股份，即主承销商按不超过包销数额 115% 的股份向投资者发售。在本次增发包销部分的股票上市之日起 30 日内，主承销商有权根据市场情况选择从集中竞价交易市场购买发行人股票，或者要求发行人增发股票，分配给对此超额发售部分提出认购申请的投资者。投资银行在股票发行中能够赚取中介费。股票发行的规模越大，赚取的费用也就越多。此外，如前所述，由于包销的风险较

---

[1]　栾华.投资银行学 [M]. 北京：高等教育出版社，2011.

大，投资银行收取的费用也相应比较高，包销商收取的包销佣金为包销股票总金额的1.5%~3%，而代销的时候只是按照实际销售股票总金额的0.5%~1.5%收取代理佣金。[①]

在包销方式下，承销商应当在包销期结束15日内，将承销报告交至中国证监会。在代销方式下，承销商和发行人应当在代销期满后15日内，共同将证券代销报告交至中国证监会。

第四节 债券的发行和承销

债券在经济生活中扮演了重要的角色。美国的"次级债"危机不但影响了美国自身，还波及世界主要的金融市场。前面已经介绍了投资银行在股票发行和承销中的作用，接下来，读者将看到在同样被作为本源业务之一的债券发行和承销中，投资银行如何发挥作用。

一、商业债券的发行和承销

商业债券，主要是由商业企业发行的用来筹集发展所需资金的一种有价证券。它具有债券的一般特点，即债券的发行人和持有人之间是一种债权债务关系；当债券到期时，债券发行人需要偿还本息；同时，债券可以在相应的市场上进行交易，投资者可以获得相应的收益。相比政府公债，商业债券具有更大的风险性，但同时也具有更高的收益。本节主要通过公司债券的发行和承销来讲述投资银行在商业债券发行和承销中的作用。

债券发行必须在具备法律要求的发行条件之后，采用一定的发行方式发行。法律规定的债券发行条件主要包括发行金额、债券面值、债券期限、偿还方式、票面利息、付息方式、发行价格、发行方式、收益率、税收效应、是否记名、债券选择权、发行费用以及有无担保等。

债券可以采取公募发行或者私募发行两种方式中的任意一种方式进行。公募发行是指由承销商面向广泛的不特定的投资者群体发行债券；私募发行是指面向特定的投资者进行债券的发行。私募发行因为发行之前已经确定了一定范围的投资者作为发行对象，因而发行时间比较短、效率较高，债券发行人能以较快的时间获得所需的资金。但是，因为私募方式发行债券的流动性比较差，所以投资者相应地要求较高的回报。公募方式发行的债券流动性较好、发行面广、投资者数量众多，但是发行所需时间比较长，费用也比私募发行更高。

---

① 栾华.投资银行学［M］.北京：高等教育出版社，2011.

债券发行的程序一般都包括发行人发行债券资格的获得、发行审核、待发申请被批准后进行的债券的发行以及相关的后续程序——如购买债券款项的划拨等。

（一）公司债券的发行和承销

公司债券的发行主体是在中华人民共和国境内具有法人资格的企业。

《企业债券管理条例》是公司债券发行的依据。该条例要求发行债券的企业经济效益良好，具有偿债能力，同时有健全的财务会计制度，所筹集资金的运用符合国家相关规定。

在很长一段时间内，我国公司债券的发行都需要申请由财政部、原国务院证券委和中国人民银行规定的指标才能进行，计划经济色彩比较浓厚。在经历了公司债券发行改革后，我国债券发行也逐渐正规化、专业化和市场化。根据2021年2月23日公布施行的修订后的《公司债券发行与交易管理办法》，公司发行债券必须对以下事项做出决议：

1.发行债券的数量。

2.发行方式。

3.债券期限。

4.募集资金的用途。

5.决议的有效期。

6.其他按照法律法规及公司章程规定需要明确的事项。

发行公司债券，如果对增信机制、偿债保障措施做出安排，也应当在决议事项中载明。

（二）公司债券承销商资格的获得和维持

投资银行承销公司债券，根据中国证监会的相关规定，应具备以下资格：

1.净资产不低于1亿元。

2.流动资产占净资产的比例不低于50%。

3.净资产与负债总额之比不低于10%。

4.高级管理人员具备必要的证券、金融、法律知识，近2年内没有严重违法违规行为，其中2/3以上具有3年以上证券业务或5年以上金融业务工作经历。

5.具有熟悉有关业务规则及操作程序的专业人员。

6.具有完善的内部风险管理和财务管理制度。

7.公司在近1年内无严重的违法违规行为。

8.中国人民银行要求的其他条件。

牵头组织承销商团的证券经营机构或独家承销债券的证券经营机构为主承销人。担任主承销人的，除应当具备上述规定的条件外，还应具备下列条件：

1.净资产不低于5亿元。

2.专职从事债券业务的人员不少于5名，并且拥有具备会计、法律知识的专业人员。

3.参加过3只债券承销或具有3年以上债券承销业绩。

4.在最近1年内没有出现作为债券主承销人在承销期内售出的债券不足发行总数30%的记录。

（三）公司债券发行程序

公司债券的发行，需向中国人民银行申请。拟发行公司债券的公司应向中国人民银行递交债券发行章程、法律意见书等相关申请文件。债券发行章程应当注明以下内容：[①]

1.企业的名称、住所、经营范围、法定代表人；

2.企业近3年的生产经营状况和有关业务发展的基本情况；

3.财务报告；

4.企业自有资产净值；

5.筹集资金的用途；

6.效益预测；

7.发行对象、时间、期限、方式；

8.债券的种类及期限；

9.债券的利率；

10.债券总面额；

11.还本付息方式；

12.审批机关要求载明的其他事项。

中国人民银行批准债券发行后，发行人应自批准之日起3个月内开始发行债券，否则原批准文件自动失效；企业如仍需发行债券，应另行报发。凡有下列情形之一的，发行人不得再次发行债券：（1）有一次发行的债券尚未募足的；（2）对已发行的债券或者其他债务有违约或者延迟支付本息的事实，且仍处于继续状态的。

承销人代理企业发行债券，可以采取代销、余额包销或全额包销方式。

以代销方式发行债券的，承销人不承担发行风险，在发行期内将所收债券款按约定日期划付给发行人，在发行期结束后承销人将未售出债券全部退还给发行人。

以余额包销方式发行债券的，承销人承担债券发行的部分风险，在规定的发售期结束后，承销人将未出售的债券全部买入。

---

① 《企业债券管理条例》2011。

以全额包销方式发行债券的，承销人承担债券发行的全部风险，无论债券销售情况如何，承销人都应在债券公开发行后的约定时间内将债券全部买入，并同时将债券款全额划付发行人。

二、公司债券评级

商业债券在发行前还应该聘请专门的信用评级机构对企业进行信用评级，这也是债券发行和股票发行最大的区别。信用评级主要从风险管理、主体承担债务能力、获得社会信誉能力等方面考量被评估者，并且用一定的形式来表示考量的结果。

国际知名的资信评估机构有美国的穆迪公司和标准普尔公司，我国则由中国人民银行指定了包括上海远东资信评估有限公司和北京大公资信评估有限公司在内的9家机构从事企业信用评估。

用来考量企业信用程度的指标，国际范围内比较有影响力的是穆迪和标准普尔分别制定的两套指标体系。穆迪将企业信用等级由最高到最低分为 Aaa，Aa，A，Baa，Ba，B，Caa，Ca，C9个等级；标准普尔则将企业信用等级从最高到最低分为AAA，AA，A，BBB，BB，B，CCC，CC，C，D10个等级。国内比较权威的信用评级机构为中诚信国际与大公国际，二者均将企业信用等级由最高到最低分为AAA，AA，A，BBB，BB，B，CCC，CC，C9个等级，其中大公国际规定，除AAA级与CCC级外，其他等级均可用"+"或"-"号进行微调。

资信评估机构在评价公司债券信用等级时，主要看重的是企业本金支付债务的可靠程度。为此，评估机构通常从企业的现时经营状况和可能的将来收益来衡量一个公司发行债券的信用等级。当然，影响企业经营状况和未来成长性的因素有很多，粗略地可以分为以下几个方面：

1.企业规模。企业规模越大，该企业所具有的优势也就可能越多。比如，更加丰富的产品线，更加广阔的营销渠道，由规模效应带来的更加低廉的单位成本，更加强大的研发能力，以及更加雄厚的资金实力。当然，这些因素也不是绝对的，如小企业也会有诸如在某一领域具有特色和突出优势等强项。

2.产品生命周期。如果一个企业的主营产品处于该产品生命周期的末期，那么这个企业未来的发展前景是无法让投资者保持乐观心态的。相反，如果一个企业的产品处在产品生命周期的开始，那么也只能吸引一小部分偏爱风险的投资者。只有当企业的主营产品迈入了稳定的增长期，才有可能获得市场上绝大多数投资者的认同。

3.企业的财务指标。虽然企业会计造假的现象依旧不能完全避免，但是会计指标在一定程度上反映了企业的现时经营状况和未来盈利能力。

4.从资产流动性方面来考虑，资信评估机构会计算流动比率来衡量企业以流动资产抵偿流动负债的能力；通过计算速动比率来衡量企业将部分资产变现来偿还流动负债的能力；通过计算存货周转率来衡量企业当年存货周转的次数。

5.从负债比率来分析，企业的资产负债情况将受到关注。因为资产代表着企业未来可能的收益，而负债意味着企业未来可能的经济资源的流出。此外，资信评估机构还会考量流动负债和长期负债分别占全部债务的比例。

6.从资本效益来分析，资信评估机构会计算销售毛利率、销售成本率、总资产税后收益率等指标。

在计算了这些指标之后，资信评估机构会根据一定的权重计算得出该公司财务部分的得分。结合其他宏观环境因素和企业发展前景预测，评估机构就能够给出相应的等级。例如，某资信评级机构在考量了某企业后，给出了其相关指标得分："公司在本次资信等级评估中总评得分83.15分，其中定性得分27分，定量得分56.15分，相应资信等级为BBB级。定量得分较上年有所上升，主要是20××年公司经营性现金流量和年末现金存量充足，使公司偿债能力大幅提高。"[1]

第五节 境外融资和国际证券发行

在经济全球化当下，资本的国际流动是经济全球化的重要表现。企业在经济全球化的背景下要积极地"走出去"，寻求境外融资和在国外证券交易所挂牌上市。吸引国际投资者的投资，是壮大和发展自己很好的方式。相比一国内部单一的投资者群体，在国际市场融资，具有投资主体多元、资金量丰裕等特点，企业能以更低的成本获得资金，同时提升企业的国际知名度。但对于我国企业来说，同时也面临着更为严格的公司治理标准和更高的盈利能力要求。表7-5就展示了世界主要证券交易所对在该所上市的企业盈利能力的要求。

表7-5　　　　　　　纽约、东京、香港三地证券交易所上市要求

证券交易所	过去几年盈利要求	最近一年盈利要求
纽约证券交易所	过去3年税前利润累计不少于650万美元（前2年每年不少于200万美元）	税前利润450万美元（最近1年不少于250万美元）
东京证券交易所	过去3年税前利润累计达6亿日元以上，其中前2年每年税前利润不低于1亿日元	税前利润4亿日元以上
香港联合交易所	前2年累计的股东应占盈利4 500万港元	股东应占盈利不低于3 500万港元

---

① 此处对企业名称、评级机构名称做了处理，但是指标得分和最后等级是真实的。

同样，面对经济全球化，投资银行除了在一国内部证券市场上从事证券的发行和承销业务外，也要在国际资本市场上有所作为。

一、企业海外上市方式

企业海外上市，可以分为首次公开发行、买壳与造壳上市以及通过存款凭证上市。

（一）首次公开发行

首次公开发行，也称海外IPO，是指企业直接以自己的名义在海外证券市场上市。这一方法需要公司自身资产质量优秀，最好在国际上有一定知名度，同时需要选择一支优秀的投资银行队伍作为承销商。采用这种方法上市需要考虑以下几方面的问题：

1.会计准则的要求。如果上市地点的会计准则对企业要求较高，那么从一个会计准则要求不是很高或者会计监督不甚完善的国家向上市地会计准则要求靠拢将使得拟上市企业付出较多的转变代价。

2.法律因素。众所周知，世界上存在两大主要法系：以美国和英国为代表的海洋法系和以德国为代表的大陆法系。我国属于大陆法系。一般而言，海洋法系对投资者的保护比较多，对上市公司的监管更加严格。例如，美国SEC在查处涉嫌内部交易案件时，举证责任在被告方而不在原告方。我国证券市场法规体系的建设尚不够完善，如果要在境外市场上市融资，必然要求企业实行更加严格的制度，遵守更加严格的当地法律。

3.文化因素。在海外上市的公司更加倾向于选择与自己国家文化背景相同或者相近的国家或地区上市，这样可以有效地减少沟通成本。从这个角度来讲，内地企业在香港特别行政区上市不失为一种比较好的选择。

4.主板市场或者二板市场的选择。如果要在主板市场上市，一般对上市企业的要求比较高，需要该公司具有较大的资产规模、较好的发展前景和盈利能力。相对而言，二板市场比较适合中小企业上市。

5.股票市场规模。股票市场规模可以通过在该交易所上市的公司数和流通市值来考察。很显然，股票市场规模越大，吸引大盘股的能力就越强。我国的一些大盘股不得不到境外上市的一个主要原因就在于境内股票市场规模太小，"浅水养不活大鱼"。

6.分析师的关注。到境外上市必须关注当地分析师队伍的素质。这可以通过证券行业分析师的人数、学历、薪酬、发表的研究报告的数量来考察。例如，全世界的网络公司都愿意到美国NASDAQ上市，原因就在于华尔街有成熟、经验老到、分析准确的网络行业分析师，他们能够比较准确地给公司的发行价定位。

7.同行的选择。如果某个证券交易所吸引了很多同行业的企业前往，通常表明到该交易所上市有利可图，原理非常简单，如果不是有利可图，则不会有如此多的本行业的公司前往上市。

8.财务成本。到交易所上市并非"免费的午餐"。财务成本主要包括上市前的筹资成本和上市后的维护成本。筹资成本包括聘请投资银行、律师、注册会计师等中介机构而支付的费用；维护成本则包括支付的交易所年费、编制会计报表、聘请注册会计师审计等费用。

9.投资银行还应该考虑海外上市的等待时间。海外上市从申请到正式上市需要相对较长的时间。通常主板市场比较慎重，时间较长；二板市场所花时间较少。

（二）买壳与造壳上市

买壳上市，是指通过资产注入或者收购已经在境外证券交易所上市的某公司的方法实现企业在境外上市。这一方法的优点是花费时间比较短，融资成本比较低。但是，也要警惕某些国家的政治势力不恰当地把商业交易政治化的倾向。比如中海油收购优尼科就因为美国某些政治势力的介入而使正常的商业交易政治化，最终以失败告终。

造壳上市，是指拟在海外上市的企业，先在海外注册一个公司，然后通过该海外注册公司达到在海外交易所上市的目的。这一方式的优点是在海外注册公司相对比较容易，成本不高，而且一开始该公司就是依当地的会计准则和经营方式运营的，所以能够相对地容易符合当地证券交易所提出的上市要求。其缺点是，该企业在海外可能知名度不高从而影响股票在证券市场的表现。

买壳和造壳上市共有的缺陷是企业面临双重赋税的问题。上市公司要向上市地政府缴纳相关税收，而在境内的公司还要向政府缴纳相应的税收，这无形中增加了企业的运营成本。

（三）通过存款凭证上市

存款凭证（depository receipts，DR），是指在一国证券市场上流通的代表外国公司有价证券的可转让凭证。根据凭证发行对象的不同分为针对美国投资者的ADR和针对多国投资者的GDR两种。[①]DR持有人实际上是寄存证券的所有者，拥有和原股票持有人相同的权利。

存款凭证一般包含外国公司、托管银行、保管行、承销商和投资者五个主体。举例来说，中国某公司拟在海外融资，便委托中国境内某一托管银行保管其相应数量的有价证券，该托管银行在接受保管要求后就通知在外国的信托公司，信托公司便发行代表该托管银行托管的有价证券的可转让凭证，之后该可转让凭证就可以在

① 陈文君.投资银行实务［M］.上海：上海财经大学出版社，2005.

外国交易所或者柜台市场上进行交易，从而实现该中国公司海外融资的目的。

通过存款凭证方式在海外融资是最便捷的方式之一，可以避免诸如不同的会计制度、货币汇兑等一系列问题，对于海外投资者来说，可以降低系统风险，从而获得单纯在其国内证券市场无法获得的获利机会。事实上，中石油等大型国企在海外都采用了 ADR 的方式融资，用低廉的成本获得了巨额的资金，同时在海外提高了本企业的知名度。[①]

二、投资银行和企业为海外上市所做的准备

投资银行为了能够协助企业在海外融资和在境外上市，需要对自身进行一定程度的素质提升。比如，投资银行需要一支更加具有国际化眼光的员工队伍；员工需要更加专业的投行专业技能。同时，员工应该具有跨文化的背景，对主要证券市场所在国家的法律、会计制度等有比较深入的了解。另外，投资银行应该加强和国外同行的交流，积极开拓海外市场，为日后在海外市场开展业务创造条件。

相对于投资银行，拟在境外上市的企业自身应该进行一定的改组以便更好地符合海外市场的游戏规则。

其一，完善公司治理结构，尤其要注意加强公司内部控制体系的建立健全。比如充分发挥独立董事的作用，使其对经营者或指派经营者的大股东产生制约，从而实现保护中小股东利益的目的。

其二，完善财务制度。加强执行财务制度的力度，增加财务数据的可靠性、真实性、完整性和透明度。改善和加强企业内部控制，防止会计资料舞弊和造假现象的发生。保证外部投资者能够获得真实的财务数据，从而能够以此为依据做出理性的选择。

其三，完善公共关系。企业应该从错误的公共关系概念中走出来，认识到公共关系是处理组织和外部关系的一个重要部分。在遇到危机时，进行积极的危机公关，甚至按照一些企业家的观点，任何时候都应该保持危机公关的状态，在平时积极地开展公关活动，向投资者推荐本公司。对于中国企业而言，尤其要向国外投资者展示自身诚信、安全和拥有广阔发展前景的公司形象。

三、中国企业境外上市的程序

中国企业在境外上市，需要通过下列程序[②]：

1.拟境外上市企业确定中介机构和重组方案。

---

① 栾华. 投资银行理论和实践 [M]. 上海：立信会计出版社，2006.
② 栾华. 投资银行理论和实践 [M]. 上海：立信会计出版社，2006.

2.拟境外上市企业向中国证监会报送有关文件。

3.中介机构开展土地资产评估、资产评估、财务审计及法律方面的尽职调查。

4.拟境外上市企业向国家商务部报送有关文件，申请设立股份有限公司，召开创立大会，进行公司登记注册。发起人应通过省级以上人民政府向商务部提出设立股份有限公司的申请，并报送相关文件。

5.拟境外上市企业向交易所提出上市的初步申请（递交申请）。

6.召开临时股东大会，按照中国证监会发布的《到境外上市公司章程必备条款》修订公司章程。

7.向商务部报送有关文件，申请转为社会募股股份有限公司。

8.向中国证监会提交有关文件，申请在境外公开发行股票并上市。

9.向交易所提出上市的正式申请（进行聆讯）。

10.公司进行路演及股票公开发行，并在交易所挂牌上市。

以纽约证券交易所为例，企业海外上市的流程如表7-6所示。

表7-6　　　　　　　　　　　纽约证券交易所上市流程一般安排

阶段	日期	流程内容
注册期（4月20日至6月24日）	4月20日	董事会会议批准发行计划
		准备发行文件
		与承销人谈判
	4月25日	工作组会议
	4月26日	开始起草发行注册报告
	4月30日	制定时间表
	5月10日	承销合同初稿
	5月20日	注册报告部分文字初稿
	5月25日	财务报告初稿
	5月27日	注册登记申报前复查
	6月1日	注册登记文件交付印刷
	6月10日	财务报表通过审计
	6月12—22日	校对和修改,再次送交印刷
	6月23日	董事会议批准文件并签署
	6月24日	向交易所登记报告
		向交易所呈交上市申请发送预备招股书

续表

阶段	日期	流程内容
待期 （6月25日至 8月1日）	7月15日	收到证交委的审阅评语
	7月16日	讨论评语的会议
	7月19日	注册登记文件修改稿交付印刷
	7月20—21日	注册登记文件的校对和第二次印刷
	7月22日	证交委注册登记文件最后修改与整理
		收到交易所上市批准的通知
	7月29日	听证会
	8月1日	确定发行价格
确定生效日期 （8月2日至 8月7日）	8月2日	给承销商的第一封宽慰信
		签订承销合同
		修改发行招股说明书（确定最后发行价格）
		收到证交委关于发行登记生效的通知
		通知交易所发行注册已经生效
	8月7日	第二封宽慰信发送给承销人
		与承销人进行交割计算

"这是一个最好的时代，也是一个最坏的时代；这是明智的年代，这是愚昧的年代；这是信任的纪元，这是怀疑的纪元；这是光明的季节，这是黑暗的季节；这是希望的春日，这是失望的冬日；我们面前应有尽有，我们面前一无所有；我们都将直上天堂，我们都将直下地狱……"（引自狄更斯《双城记》）21世纪的中国，面对的就是这样一个风云突变的时代。全球化带来了机遇，也充满了挑战；海外资本市场既是天使，也是撒旦。但我们应该相信：优秀的企业在投资银行的协助下，必将能够在国际资本市场上开创出一片属于中国企业的天空。全球化时代，勇敢地走出去，吸引国外投资者来发展壮大自己，是企业家的必然选择。

———————————————— 本章小结 ————————————————

1.股份有限公司是指全部资本划分为等额股份，股东以其所持股份为限对公司承担责任，公司以其全部资产对公司债务承担责任的公司形式。股份有限公司的治理结构一般包括股东大会、董事会、监事会、其他高级管理人员以及下属各业务部门。

2.投资银行和股份有限公司有密切关系。前者在后者的重组、兼并、上市、收购、项目融资、资产证券化等方面发挥积极的作用。

3.进行股份制重组是企业上市的必要前提。通过股份制重组，企业应该达到主营业务突出、有良好的治理结构和监督机制、提高公司的运营效率以增强公司竞争力、形成适当的企业文化以提供更优质的产品和服务的目的。

4.企业的股份制改组主要包括资产的界定，在我国尤其表现为国有资产的界定、资产的评估以及股份制改组中的法律审查。

5.股票发行过程中，投资银行起着重要作用，主要表现为：尽职调查、上市辅导、准备募股文件、推销和路演、协助和设计股票定价方案以及确定股票发行方式。同时，投资银行还在股票上市后负有稳定后市的责任。

6.债券可分为商业债券和政府债券两类。债券发行可采用公募和私募两种方式。私募的发行方式发行时间较短，债务人可以在较短时间内获得所需资金，但缺点是流动性较弱。公开募集的发行方法虽然流动性好、发行面大，但是所需发行时间较长，所耗费资金也多。

7.企业海外上市的过程中，投资银行应该从企业的角度出发，协助企业制订适宜的资产重组方案；做好尽职调查；准备招股说明；确定发行方式；协助企业进行合理定位，以锁定目标投资群体和选择合适的上市地点以及发行价格；实施推销和路演；做好后市的价格稳定工作。

8.中国企业在海外上市，需要抓住良好的外部宏观经济环境；组建高素质的管理团队，争取优秀的业绩；同时注意选择了解中国企业、拥有雄厚实力的投资银行作为企业海外上市的承销商。

思考与应用

1.名词解释

股份有限公司　企业股份制改组　证券发行　证券承销　包销　代销　联合做空　绿鞋期权　墓碑广告　ADS

2.简述投资银行和股份有限公司的关系。

3.简述企业股份制改组的目的和意义。

4.简述企业股份制改组中如何界定国有资产。

5.简述股票发行和承销的程序。

6.简述影响股票定价的主要因素。

7.什么是市盈率定价法?举例说明该方法的实际应用。

8.简述投资银行稳定后市价格的主要方法，并举例说明。

9.简述选择境外上市地点主要考虑的因素。

【参考案例】注册制改革新探索——锋尚文化成创业板注册制第一股

一、案例背景：

注册制改革是新一轮资本市场改革的龙头，创业板改革并试点注册制则是关键一步。2020年8月24日9时30分，伴随着深圳证券交易所开市，市场参与各方共同见证了创业板注册制18家首发企业上市交易。其中，股票代码为"300860"的锋尚文化被认为是创业板注册制的第一股。

北京锋尚世纪文化传媒股份有限公司（以下简称"锋尚文化"）成立于2002年7月，是以创意设计为核心的专业文化创意企业，主营业务涵盖大型文化演艺活动、文化旅游演艺、景观艺术照明及演绎三大领域，实现从项目投资、规划、设计、制作到运营的全链经营模式。自成立至今，锋尚文化坚持以"文化+科技"为创意核心，以"演艺科技开拓者"为发展准绳，将传统文化与现代科技相结合，将中国文化与世界语言相融汇，成功打造了一系列具有广泛影响力的项目，包括：北京第29届奥运会开闭幕式灯光设计及制作、韩国平昌第23届冬奥会闭幕式交接仪式、"北京8分钟"文艺表演总制作、2010年上海世博会开幕式灯光设计及制作、G20杭州峰会大型水上情景表演交响音乐会——《最忆是杭州》总制作、"一带一路"国际合作高峰论坛文艺演出——《千年之约》灯光设计及制作、2019年中国北京世界园艺博览会开幕式灯光设计及制作等。

继续阅读请扫码

【补充阅读】　　　　　　　　　新三板

全国中小企业股份转让系统（又称"新三板"）是经国务院批准设立的全国性证券交易场所。随着新三板的不断发展，全国中小企业拥有了更广阔的融资发展渠道和平台，我国也逐渐形成了包括主板、创业板和新三板在内的多层次资本市场体系。在前文中我们已经详细了解了证券的发行与承销，而在不同的市场中，其业务特点也各不相同。下面我们将走近新三板，了解一下它的不同之处。

一、新三板概况

三板市场始于2001年，前身为股权代办转让系统，称为"旧三板"。旧三板主要承接两网公司和退市公司。2006年，中关村科技园区非上市股份公司进入代办转让系统报价转让，新三板雏形显现。2012年，经国务院批准，非上市股份公司股份转让试点由中关村科技园区扩展到上海张江高新技术产业开发区、武汉东湖新技术产业开发区和天津滨海高新区。2013年12月31日，新三板面向全国接受企业挂牌申请，正式在全国运营。

新三板挂牌公司主要是创新型中小企业，新三板上市已经成为许多中小企业融资和宣传的重要途径。在新三板成立的短短几年内，到2016年12月21日，新三板挂牌企业总数已达10 073家，规模发展迅速。

2016年5月，新三板分层制度颁布，将新三板上市企业划分为基础层和创新层，对投资人节约信息收集成本、提高新三板市场风险控制能力、进一步完善市场功能发挥了良好的推动作用。新三板分层主要依据两大原则：一是依据市场化的原则。为了更好地服务"成长型、创新型、创业型"中小企业，基于这类企业商业模式新颖、高速成长、创新性强的特点，设置了三套并行的创新层准入标准，来更好地适应多样化的公司需求。二是坚持公正客观的原则。保护市场参与主体和挂牌公司的合法利益，以确保分层标准依据客观可量化或者公开披露的信息。其中，创新层的准入分别从盈利能力、公司的成长性以及市场认可度三个方面制定相关标准。全国股转公司的

"分层支持平台"可以自动完成挂牌公司相关分层数据的采集，并通过分析计算自动判断该公司是否符合进入创新层或维持创新层的标准。对于创新层的企业，我们有更高的公开信息披露和规范性的要求。截至2016年12月21日，在新三板挂牌的企业中，创新层企业共952家，基础层企业共9 121家。[①]

要了解新三板市场，需要对其市场特征有很好的把握。新三板市场主要有如下特点：

1. 挂牌门槛低、时间短、成本低

相对于主板、中小板和创业板，新三板市场挂牌门槛较低，因而受到众多中小企业的欢迎。各板块的上市门槛对比情况如表1所示。

表1　　　　　　　　　新三板与创业板、主板和中小板准入条件对比

项目	新三板	创业板	主板、中小板
主体资格	非上市股份公司	依法设立且合法存续的股份有限公司	
经营年限	存续满2年	持续经营时间在3年以上	
盈利要求	具有持续经营能力	最近2年连续盈利、最近2年净利润增长不少于1 000万元且持续增长或最近1年营业收入不少于5 000万元，最近2年营业收入增长率均不低于30%	最近3个会计年度净利润均为正数且累计超过3 000万元
资产要求	无限制	最近1年净资产不少于2 000万元且不存在未弥补亏损	最近一期期末无形资产(扣除土地使用权、水面养殖权和采矿权等后)占净资产的比例不高于20%且不存在未弥补亏损
股本要求	无限制	发行后股本总额不少于人民币3 000万元	发行前股本总额不少于人民币3 000万元
实际控制人	无限制	最近2年内未发生变更	最近3年内未发生变更
主营业务	主营业务突出	最近2年内未发生重大变化	最近3年内未发生重大变化
董事及高管	无限制	最近2年内未发生重大变化	最近3年内未发生重大变化
成长性及创新能力	全国性高新技术企业	重点推荐9大行业	无限制
审核制度	备案制	审核制	注册制推进中

除了挂牌门槛低外，新三板上市还具有挂牌时间短和挂牌成本低的特点。

新三板挂牌实行备案制，由主办推荐券商负责尽职调查及内核，经推荐后由证券业协会备案即可挂牌。挂牌企业结构简单，改制相对容易，最快4~6个月即可完成全部的挂牌工作。而股票进入主板市场和创业板市场流通一般需要2~3年的时间。

试验园区企业在新三板挂牌，当地政府及管委会将提供财政补贴，拟挂牌企业将获得至少70万元的支持资金用于补助企业的改制和挂牌成本，基本可以实现企业"零成本"改制

---

① 根据全国中小企业股份转让系统 http://www.neeq.com.cn/相关资料整理。

和挂牌。

2.挂牌企业特征相近

自2012年至今，挂牌企业数量呈指数型上升态势。2012年年底，新三板挂牌数量不足200家，而到2016年10月，新三板挂牌企业已超过9 000家，实现飞跃式发展。同时，挂牌企业股本规模偏小，平均股本约为3 000万元。新三板挂牌企业多集中于高新行业，如新能源、新材料、信息技术、生物医药等。新三板上市公司成长性好、融资快、估值空间较高。新三板允许挂牌公司通过定向增发的方式募集资金，这是一种备案审核速度较快的融资渠道。

3.投资者门槛高

新三板市场对于中小企业而言是飞跃发展的平台，且门槛较低，然而对于投资者却有较高的门槛。

新三板中主要投资者为机构投资者。其开户条件为：（1）注册资本500万元人民币以上的法人机构；（2）实缴出资总额500万元人民币以上的合伙企业。

对于新三板中的自然人投资者，开户条件更为严苛，包括：（1）投资者本人名下前一交易日日终证券类资产市值500万元人民币以上。证券类资产包括客户交易结算资金、股票、基金、债券、券商集合理财产品等，信用证券账户资产除外。（2）具有2年以上证券投资经验，或具有会计、金融、投资、财经等相关专业背景学历。其中，投资经验的起算时点为投资者本人名下账户在全国股份转让系统、上海证券交易所或深圳证券交易所发生首笔股票交易之日。[①]

新三板以机构投资者为主体的投资者门槛制度，限定了大量的自然人投资者。交易制度采用撮合成交的方式，要求上市公司股东不超过200人，最小交易单位为3万股。众多的限制条件虽降低了交易风险，却也降低了市场的活力。证券机构在新三板交易中仅仅扮演代理商的角色，帮助企业进行交易的委托、报价申请、成交确认以及交割清算，并没有进一步发挥主导作用。[②]

二、新三板股票发行

企业在新三板挂牌上市需要满足一定的基本条件，同时要经过必要的流程，而投资银行在企业的整个上市及后续发展中均起到了重要作用。

1.企业新三板挂牌的基本条件

在新三板发行上市的企业需要满足以下条件：

（1）存续满2年。有限责任公司按原账面净资产值折股整体变更为股份有限公司的，存续期间可以从有限责任公司成立之日起计算。

（2）主营业务突出，有持续经营的记录。

（3）公司治理结构合理，运作规范。有限责任公司须改制后才可挂牌。挂牌公司区域不再局限在四大园区，已经扩展到全国。

新三板的主板券商，必须是同时具备承销与保荐业务及经纪业务资质的证券公司。

2.企业新三板挂牌的参与方

企业在新三板的挂牌离不开各方的参与：

---

① 中国证监会.全国中小企业股份转让系统投资者适当性管理细则（试行）.（2015-08-03）［2017-05-23］. http://www.csrc.gov.cn/pub/tianjin/tjfzyd/tjjflfg/tjzlgz/201508/t20150803_282315.htm.
② 徐林.新三板市场特点及其分析［EB/OL］.［2017-05-23］. http://www.doc88.com/p-3042946935641.html.

（1）公司协调小组：董秘牵头，主要负责与中介机构的协调、外部事项的沟通、资料的收集与整理、协助调查和制作材料、信息的传达等工作。

（2）主办券商：主办券商是总负责人，负责整个挂牌方案的策划实施、材料组织、中介协调及与协会的沟通。

（3）审计机构：负责对最近两个会计年度及一期财务报表的审计、验资；协助公司规范会计核算和完善财务内控。

（4）律师：保证改制和挂牌过程的合法性；负责法律文件的审核和起草；协助公司完善法人治理结构。

（5）评估机构：负责有关改制、增资以及资产买卖时的评估事宜，以保证相关作价的公允性。

3.新三板挂牌的一般业务流程

企业在新三板挂牌一般业务流程主要包括四个阶段（参见图1）：

（1）改制阶段。企业要确定主办券商，签订推荐挂牌报价转让协议；主办券商对企业进行尽职调查和资产、财务评估，并确认改制方案；公司通过改制设立股份有限公司。

（2）规范及材料制作阶段。投资银行通过尽职调查，发现公司可能存在的问题并协助其解决；会计师事务所完成财务调查并出具审计报告；投资银行制作报价说明书等备案材料；律师完成法律调查并出具法律文件。

（3）券商内核阶段。券商内核小组对拟挂牌企业进行审核并根据审核意见修改补充文件。

（4）备案阶段。主办券商向证券业协会申请备案；证券业协会做出备案确认。①

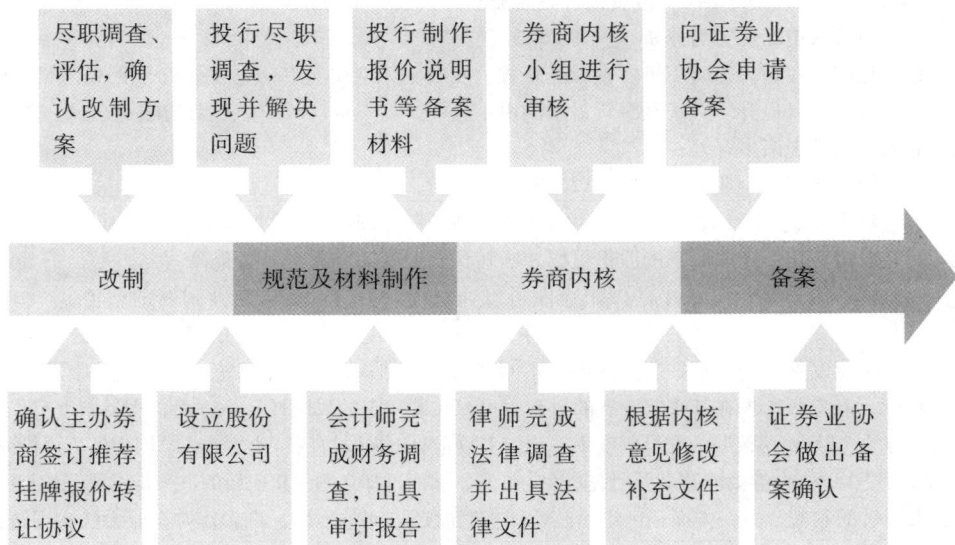

图1　企业在新三板挂牌的一般业务流程

---

① 佚名.新三板挂牌上市流程及进度表［EB/OL］.［2017-05-23］. https://wenku.baidu.com/view/ad21aabc5fbfc77da369b14e.html.

4.投资银行在企业新三板挂牌中的重要作用

投资银行为企业提供了新三板挂牌及其后续的全流程服务，以推荐挂牌的主办业务为核心积极推动各项业务的联动，为客户提供综合资本市场服务，同时实现相对较高的综合收益。对于具有发展潜力的中小企业，投资银行为其提供私募融资及财务顾问服务，同时对拟挂牌企业提供上述流程的推荐挂牌主办业务。在企业成功挂牌新三板后，企业通过多轮融资、兼并收购发展壮大，投资银行在这一过程中为企业提供做市商业务。在企业实力强大之后，投资银行为企业提供保荐及承销业务，帮助企业IPO或转板上市。参见图2。

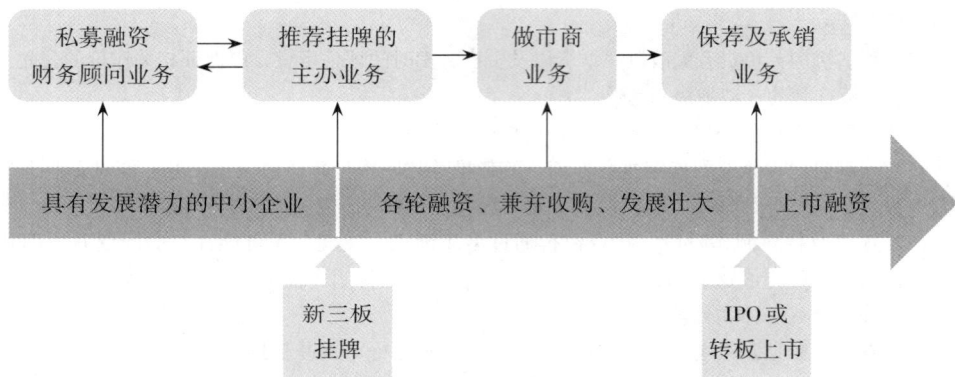

图2 投资银行在企业新三板挂牌中的重要作用

三、新三板市场优劣势分析

新三板市场在短短的时间里实现了飞跃式的发展，无论在上市企业数量和质量还是在市场地位方面，都有显著提升。对于有融资需求的中小企业，新三板已经成为重要的融资途径。新三板上市能为企业带来诸多好处：

（1）便利融资：企业在挂牌后可以定向增发股份，更快捷方便地融资。

（2）政策优惠：新三板上市企业可享受各区域或地方政府的优惠政策和园区补贴。

（3）股份转让：企业股东的股份可以合法转让，股权流动性进一步提高。

（4）资产增值：新三板中的做市企业可以通过提升股价来实现企业财富的增值。

（5）企业宣传：通过新三板，企业获得了公众宣传渠道，可以提高知名度。

（6）企业发展：企业在挂牌过程中会不断完善资本结构，有利于规范企业使其健康发展。

然而，新三板市场在其快速发展的过程中也存在着一定的局限性。一方面，交易制度有局限。目前推行的"做市+协议"的交易制度中，绝大多数企业仍采取协议转让的方式。因为做市规模尚小且做市商过少，主办券商能够享受到垄断性的红利，然而这却会制约新三板的进一步发展，甚至可能损害投资者的利益。另一方面，由于新三板转板制度还未完整推出，许多优质企业无法实现转板。2016年10月10日，国务院印发了《关于积极稳妥降低企业杠杆率的意见》，强调"要加快完善全国中小企业股份转让系统，健全小额、快速、灵活、多元的投融资体制。研究全国中小企业股份转让系统挂牌公司转板创业板相关制度"，这一利好有望进一步推动新三板转板制度的发展。

附件一 股票发行上市辅导报告[①]

股票发行上市辅导报告

拟发行公司：	××××股份有限公司
辅导机构：	

项目	时间	上期	本期
			年 月 日
拟发行公司经营及财务状况	营业收入		
	主营业务收入		
	利润总额		
	主营业务利润		
	存货周转天数		
	税率		
	拖欠税金		
	净资产		
	资产负债率		
	流动比率		
	流动资产占总资产比例（%）		
	应收账款占流动资产比例（%）		
	账龄三年以上应收账款占应收账款比例（%）		
	短期借款均如期付款付息		

[①] 陈文君.投资银行实务［M］.上海：上海财经大学出版社，2005.

续表

项目	时间	上期	本期
拟发行公司经营及财务状况	长期贷款均如期付款付息		
	每股收益		
	净资产收益率		
重要变动说明			
拟发行公司规范运作情况	人事是否独立		
	董事长其他任职		
	总经理其他任职		
	财务经理其他任职		
	董事会秘书其他任职		
	财务是否独立		
	是否独立建账		
	是否有独立银行账号		
	是否独立纳税		
	资产是否独立完整		
	是否有独立固定的生产场所		
	前五名供货商中有无控股股东		
	股东大会是否依法召开并按程序运作（辅导期间辅导人员要旁听考察股东大会）		
	股东大会是否存在被控股股东操纵情况		

重要变动说明			
拟发行公司规范运作情况	董事会是否依法召开并按程序运作（辅导期间辅导人员要旁听考察董事会）		
	董事会是否被董事长或其他人员操控		
	股东大会决议执行情况评估		
	董事会决议执行情况评估		
	董事会秘书是否勤勉尽职		
	监事会是否依法召开并按程序运作（辅导期间辅导人员要旁听考察监事会）重大决策变更是否符合法定程序		
	关联交易数量		
	主要关联交易方		
	公司内部控制执行有效性评价		
	内部审计制度是否健全		
	内部审计人员人数		
	是否存在虚增收入和利润情况		
	有无重大诉讼		
	持有5%以上股份股东变动情况		
重要说明	重大财务变动说明		
	股权变动说明		
	关联交易合理性说明		
	内部控制制度性情况说明		
	其他		

附件二 公司股票上市申请书①

公司股票上市申请书

××××交易所：

经中国证监会证监字（××××）×××号文和证监字（××××）×××号文批准，我公司_____社会公众股于_____年_____月_____日在_____市采用与储蓄存款挂钩的发行方式（即全额预缴、比例配售、余额转存）顺利发行成功；发行后，我公司于_____月_____日下午在_____召开了创立大会，并已在国家市场监督管理总局办理了注册登记。我公司公众股的股权登记工作也已完成。

一、概况

我公司是经国家批准，_____家单位共同发起，以募集方式设立的股份有限公司。

二、股权结构

本次社会公众股发行后，我公司的股权结构如下：

股本类型	股本（万股）	占总股本比例（%）
发起法人股	×××××	××
社会公众股	×××××	××
总股本	×××××	××

三、股票上市条件

按照《中华人民共和国公司法》和《股票发行与交易管理暂行条例》等国家有关法律、法规的规定，我公司股票已经具备公开上市的条件。

1.我公司股票是已经中国证监会批准，向社会公众公开发行的；

2.我公司的总股本为人民币××××万元；

3.开业时间已在3年以上，且3年连续盈利；

4.持有股票面值在人民币1 000元以上的股东超过1 000人，向社会公开发行股份占总股本25%的比重；

5.最近3年内无重大违法行为，财务会计报告无虚假记载。

因此，我公司特申请股票在贵所上市交易，请予批准。

××××股份有限公司

年　月　日

---

① 陈文君.投资银行实务［M］.上海：上海财经大学出版社，2005.

附件三 承销协议①

一、协议双方
股票发行人：
名称：（以下简称甲方）
注册地址：
法定代表人：
股票承销商：
名称：（以下简称乙方）
注册地址：
法定代表人：
二、协议签署的时间和地点
协议签署时间：_____年_____月_____日
协议签署地点：
三、承销方式
双方同意，本次股票发行采用_____方式。
四、股票发行的种类、数量、发行价格及发行总市值
本次发行的股票为人民币普通股，股票发行量为_____股，每股面值为人民币_____元，每股发行价格_____，发行总市值_____万元人民币。
五、承销期及起止日期
本次股票发行从_____年_____月_____日至_____年_____月_____日，承销期为_____天。
六、股款收缴与支付
在承销期结束后_____个营业日内，乙方应将本次认购的全部股款扣除应收的承销及经办手续费后，一次划向甲方指定的银行账户。如乙方迟划本次认购的款项，逾期一天须向甲方交纳_____%滞纳金。
七、承销手续费
乙方按照本次股票发行总市值的_____%收取发行费用。发行费用由乙方从甲方所发行股票的股款中扣除。
八、双方须承担的义务
（略）
九、违约责任和争议解决
（略）
十、不可抗力
（略）

---

① 陈文君.投资银行实务［M］.上海：上海财经大学出版社，2005.

证券投资与交易业务

投资银行在证券一级市场上主要从事证券的承销业务；在证券二级市场上，投资银行还大量参与其他业务，主要包括经纪业务、做市商业务与自营交易业务。二级市场中交易活跃，使得证券有充分的流动性，可以促进一级市场中的证券发行工作。本章主要从投资银行在二级市场的三大业务入手进行阐述，使读者能够对投资银行的二级市场传统业务及其新发展有一个全面的认识。

第一节　证券投资和交易业务概述

一、证券交易市场

证券交易市场，也称证券二级市场、次级市场，是指对已经发行的证券进行买卖、转让和流通的市场。证券一级、二级市场之间是一种相辅相成的关系：一级市场中发行的证券为二级市场提供了交易的主体；二级市场的活跃为一级市场上证券的发行提供了良好的基础。根据证券交易场所的不同，证券交易市场可分为场内交易市场和场外交易市场两种。

（一）场内交易市场

场内交易市场（也称证券交易所市场），是在证券交易所内有组织地买卖证券所形成的专门经营证券的固定市场，是证券交易市场的核心。证券交易所接收和办理符合有关法律规定的证券上市买卖，投资者则通过券商在证券交易所进行证券买卖。

一般而言，证券交易所的基本职责包括：提供证券交易的场所和设施；制定证券交易所的业务规则；接受上市申请并安排证券上市；组织并监督证券交易；管理和公布市场信息。

从组织形式上看，证券交易所可分为会员制和公司制两种类型。

会员制的证券交易所由具有会员资格的券商组成，会员自治自律、互相约束、不以营利为目的，共同出资建设和维护交易所的交易体系。会员制证券交易所的最高权力机构是会员大会，执行机构是理事会，其组织机构还包括专门委员会。现在世界上大多数国家的证券交易所都采取这种形式，包括我国的上海证券交易所和深圳证券交易所。

公司制的证券交易所是以股份有限公司的形式设立的，以营利为目的，由各类出资人共同出资建立起来的公司法人。这类交易所的资金来源主要是靠发行交易所公司的股票，这类股票可以在其他证券交易所挂牌上市交易。公司制的证券交易所按股份有限公司的机制运作，一般效率是比较高的，但是因为有营利动机，所以也不能排除交易所为了增加收入而制造利好消息以刺激交易量上升的情况。因此，公司制证券交易所的证券商以及股东不得担任证券交易所的董事、监事或经理，以保证交易所与交易参与者的分离。美国的纽约证券交易所就是公司制交易所。

（二）场外交易市场

场外交易市场（over the counter markets，OTC），是指不在证券交易所内挂牌的证券的买卖、转让和流通场所，实际上是一种通过电信系统直接在交易所外面进行证券买卖的交易网络。证券发行后不在交易所挂牌的原因主要有：（1）达不到在交易所挂牌上市的条件；（2）不愿意受到交易所严格的信息披露等的限制；（3）场外交易一般手续费低廉而且可以协商，交易的灵活性比较大。

按照具体交易情况，场外证券交易市场一般可以分为以下三种类型：

1.第二市场（柜台市场）。在柜台市场交易的证券，主要是按照法律规定公开发行而未能在证券交易所上市的证券，有固定的交易场所，交易中采取议价的方式，一般只进行即期交易。目前，柜台市场最为典型、最为发达的是美国的纳斯达克（NASDAQ）。

2.第三市场。它是场内交易市场与场外交易市场的一种融合。第三市场的主要顾客是机构（团体）投资者，如银行信托部、养老基金组织及其他大型投资机构。此外，那些非交易所会员的经纪人和证券商也是活跃的客户。他们可在这一市场上买下已上市的证券，再出售给其他人，从中获取一定的佣金。私人投资者有时也在第三市场做些证券交易，但交易量不大。由于第三市场的交易者主要是机构（团体）投资者和证券经纪商，因而很少或不需要交易所提供有关证券研究、保管、信息和市场分析等服务，这样，不但可使佣金降低，而且使交易的总成本也比较低。

3.第四市场。它是指投资者和证券资产持有者绕开通常的证券经纪人，相互之间利用电子计算机网络进行大宗股票交易的场外交易市场。这种交易方式节省了佣金开支，降低了交易成本，并且有助于保持交易的秘密性，但有监管不便的缺点。

二、证券交易方式

早期的证券交易主要采用现货交易方式，但随着证券市场的逐步发展和交易品种、数量、规模的日趋扩大，证券交易方式也在不断发生变化，由低级向高级发展，由单一交易方式向复合交易方式发展。

归纳起来，按照几种不同的划分方法，证券交易方式有如下类型：

（一）现金交易和保证金交易

按证券交易付款资金的来源的不同，可将证券交易分为现金交易和保证金交易。

现金交易即交割双方以现金进行交割。这种交易方式手续简便，在市场过热时可以有力地遏制买空卖空的投机行为，但是流动性较差。

保证金交易指交易人凭借自己的信誉，通过交纳一定数额的保证金取得经纪人的信用，在委托买进证券时，由经纪人垫款，或者在卖出证券时，通过经纪人借入证券来买卖证券。在保证金交易中，客户运用该方式能否从经纪人处获得融资，以及融券数量的多少，主要取决于交易所或政府主管部门规定的保证金比率。

（二）现货交易、远期交易、期货交易和期权交易

按证券交易完成的交割期限的不同，证券交易方式可分为现货交易、远期交易、期货交易和期权交易。

现货交易又叫现金现货交易，是证券交易中最早期的交易方式。现货交易是指买卖双方对证券买卖价格均表示满意，在成交后立刻办理交割，或在很短的时限内办理交割的一种交易方式。

远期交易是指证券交易双方许诺在将来某一特定时间以协定价格进行证券的交易。

期货交易与远期交易类似，指在交易双方成交以后，交割和清算按照期货合约中规定的价格在未来某一特定时间进行的交易。所不同的是，在期货合约中，交易的品种、规格、数量、期限、交割地点等都以标准化形式存在并实行押金制度，交易安全可靠。

期权交易指投资者在付出一定的费用（期权费）后，可以在一定期限内按约定价格向对方买进或卖出一定数量标的证券的交易方式。证券期权是一种套期保值工具，期权购买者买进期权合约后获得了在期权有效期内以已知的协定价格买进或卖出一定数量的证券商品的权利，从而将自己所面临的价格风险转移出去。与此同

时，期权出售者则因卖出期权而承担了市场价格变动的风险，但以期权费作为补偿交换条件。

（三）场内交易和场外交易

根据证券交易场所的不同，证券交易可划分为场内交易和场外交易。作为典型的场外交易市场，NASDAQ 近年来发展迅速。投资者在 NASDAQ 系统进行交易的程序大体上与证券交易所的场内交易程序相仿，只是因 NASDAQ 是由多家做市商主持的市场，经纪商在接到投资者的委托后，不是参与竞价而是在许多做市商的不同报价中择优成交。[①]目前在世界各国，场内交易一般指在证券交易所中的证券交易。

三、投资银行在证券交易（二级市场）中的作用

根据在证券交易市场开展的业务性质和功能的不同，投资银行证券交易业务包括自营和委托两个部分：自营业务是指其以普通投资者的身份在证券市场上为自己买卖证券，投资目的是在买卖中获取价差，实现投资利润；委托业务是指其为客户（其他投资者）买卖有价证券并获取佣金（手续费）。投资银行在证券交易中有三种角色：证券经纪商、证券自营商和证券做市商。现代国际性的投资银行所涉足的证券交易业务通常都很全面，同一家公司往往担任多重角色。

证券经纪业务是投资银行在证券交易市场业务中最重要的业务之一。它是指投资银行作为证券买卖双方的经纪人，按照客户的委托指令在证券交易场所买入或卖出证券的业务。经纪商是证券市场上充当交易双方中介并收取佣金的中间商。经纪商和委托人之间是委托代理的关系。

投资银行担任经纪商的最大特点是无须动用自有资金且不承担任何投资风险，只需按投资者的指令进行交易，并按交易金额收取一定数量的手续费。开展经纪业务，除可获取一定收益外，投资银行还可以与众多客户投资者建立起广泛的联系，从而为其他业务的开展提供条件。

证券自营交易业务是指投资银行通过自己的账户，用自有或自筹资金在证券交易市场上进行证券交易，并期望通过价格水平的变动来获取利益。自营交易中的投资银行被称为交易商，它是通过对某种证券头寸的持仓行为寻求低买高卖的获利机会。

投资银行担任证券自营商角色有以下特点：第一，投资银行必须有一定量的资金，以满足其资金周转需要；第二，投资银行买卖证券主要不是为了获取股利、利

---

① 任映国，徐洪才.投资银行学 ［M］. 4版.北京：经济科学出版社，2005.

息和红利，而是为了赚取买卖差价；第三，投资银行自己承担自营交易的风险。

证券做市商（market maker），顾名思义就是市场制造者，其功能在于通过不断地报出买进价格、卖出价格和数量，使投资者可以按照做市商的报价随时买进或卖出证券，不会因为买卖双方的供求不平衡而导致交易中断，从而为市场提供流动性。做市商买卖价差就是做市商的收入来源。

同经纪业务相比，做市商业务不依靠佣金收入，而是靠买卖差价赚取收入，与自营商在交易动机与承担风险大小等方面也有明显差别。

第二节　投资银行的证券经纪业务

证券在一级市场上发行完毕后，就会被安排到二级市场上进行交易。通过证券经纪业务，投资银行不仅可以赚取手续费作为一笔重要的日常收入，还可以与众多的投资者建立广泛的联系。因此，证券经纪业务有助于投资银行顺利开展承销业务。

一、经纪业务概述

（一）证券经纪商

证券经纪商（broker），是指接受客户委托、代客户买卖证券并以此收取佣金的中间人。目前，我国的证券经纪商是指具有法人资格的在证券交易中代理买卖证券、从事证券业务的证券公司。由于证券交易所通常都规定一般的投资者不得进入交易所参加交易，必须由经纪商代理交易，因此，经纪商在交易中的地位极为重要。作为经纪商，投资银行代表买方或卖方，按照客户提出的价格代理交易。

经纪商根据不同的标准可划分为不同的种类。例如，在美国，根据佣金收费的不同，可将证券经纪商划分为全职服务经纪商（full service broker）和折扣经纪商（discount house broker）。全职服务经纪商一般是一些大型证券经营机构，为投资者提供全方位的交易服务，包括投资研究、投资建议、代理交易和清算以及资产管理。再如，经纪商还可以根据服务对象进行区分，有的投资银行致力于批发业务，为机构投资者充当经纪商，比如高盛；另外一批投资银行着眼于零售业务，为个人投资者服务，以原美林公司为代表。摩根士丹利和添惠公司合并后形成的摩根士丹利·添惠公司则集两者之长，既开展批发业务，也从事零售业务。

（二）证券经纪业务

证券经纪业务是指证券经营机构接受客户委托为其提供代理进行证券买卖服务，并收取佣金的法律行为。经纪业务是大多数投资银行重要的基础性业务之一。证券经纪业务的对象具有广泛性以及多变性，经纪商与客户之间是一种委托代理关系，除了应严格按照委托人的要求办理委托事务外，还有义务为客户保守秘密。经纪商不以自己的资金进行证券买卖，也不承担交易中的风险。经纪商向客户提供服务以收取佣金作为报酬，对投资银行而言，这是其日常收入的一项重要来源。

二、投资银行作为经纪商

（一）经纪商的主要作用

经纪商的作用可以概括为：证券交易的中介人，为证券买卖双方"牵线搭桥"，促成证券交易；买卖双方的得力参谋，为买卖双方提供信息和建议，以合理的价格进行交易；买卖双方的保证人，经纪商对买卖双方都有所了解，交易成交后，能够保证双方按时付款、按时交货；组成金融市场信息网，每个经纪商通过在证券市场上的接触，自然地组成一个信息网络，使得证券市场信息灵通、成交迅速。

证券经纪业务涉及的经济主体：一是委托人（客户），他们是投资银行经纪业务的服务对象，包括个人投资者和机构投资者；二是受托人（投资银行）。客户根据个人兴趣、对市场的了解以及对投资银行资力和信誉的判断，采取不同的方式委托投资银行开展这项业务。

（二）证券交易的前期操作

1.帮助客户正确进行证券委托，包括开户、接受委托、实施委托、证券交割、清算、过户、结账几大环节。从整体上看，投资银行代理客户买卖有价证券，需要经历一系列相互衔接和相互联系的环节，但是并非每一笔委托都是如此。

2.帮助客户确立投资目标。凡是有价证券交易一般都有两种情况：一是进行真正投资，在投资中获得稳定的收入；二是进行投机，期望从投机中取得投机利润。投资和投机所用的策略迥然不同。投资者一般以中长期投资为主，其目的是获得股息和红利；而投机者则注重转手买卖，其目的是赚取价差。投资银行根据客户的资金状况和心理承受能力等具体情况，帮助客户确立正确的投资目标。

（三）代理债券、股票交易

投资银行在为受托客户进行债券或者股票交易时，一般首先要帮助客户研究分析投资策略，然后让客户进行委托与实际操作。下面以投资银行代理债券交易为例加以说明：

1.帮助客户进行债券投资券种选择。在选择券种时，应该考虑安全性、收益性和流动性，这些可以通过债券评级制度来测定。现在两大世界级评估机构为标准普尔公司和穆迪公司。我国债券评级制度相比国外还有很大的发展空间。

2.帮助客户进行债券投资价格选择。所应用的最基本的债券收益率计算公式为：

债券收益率=（到期本息和-发行价格）/（发行价格×偿还期限）×100%

由于持有人可能在债券偿还期内转让债券，因此，债券的收益率还可以分为债券出售者的收益率、债券购买者的收益率和债券持有期间的收益率。投资银行在确定转让债券的买入价格时，可依照同期存款利率加一定上升幅度来确定；投资银行在同期债券转让买入价格的基础上，做一定量的上浮后作为债券转让卖出价格。

3.帮助客户进行债券投资风险分析。套期保值、风险分散等都是投资银行在帮助顾客分析债券投资策略时必须考虑的内容。

4.引导投资者分析债券价格走势。市场利率水平、债券利息收入、经济周期、汇率变化等因素都会对债券价格产生影响，有的可以从本国的宏观经济中得到反映，有的可以从西方国家之间的货币金融关系中得到印证。

在上述分析基础上，投资银行还应协助客户选择不同的委托方式，按照委托程序代理债券买卖。

三、投资咨询

投资咨询、资产管理、投资计划设计与创新等广义经纪业务是从传统（狭义）经纪业务发展而来的，其目的在于推动代理业务量的增长，因而具有一定的附属性质。由于市场竞争，这些业务已不可或缺。鉴于广义的经纪业务与投资银行的其他业务有较多的交叉，这里仅介绍投资咨询业务。

（一）股票投资咨询业务

1.帮助客户分析股票市场行情。股票市场变化不定，投资者常常不知所措。因此，投资银行通常下设专门的部门对股票市场行情进行动态跟踪和分析评论，然后通过新闻媒介、交易网络和传真等方式提供给其机构客户和大众投资者。分析的内容主要包括：（1）基本面分析。包括对政治因素、经济因素、产业因素、区域因素及公司因素的分析。政治因素是指重大的政治事件和政府的法规、政策；经济因素是指宏观经济的周期性变动和利率、汇率等国家重大经济政策的调整；产业因素是指产业生命周期的阶段性质及产业的发展前景；区域因素是指区域经济的特征及发展态势；公司因素则指公司的盈利能力、财务状况及其管理、人才、科技等方面的实力。（2）技术分析。主要是运用各种技术分析理论对股市走势进行分析，在分析和预测的基础上提出相应的操作建议。

2.帮助客户树立正确的投资理念，指导客户形成正确的投资方法。股市的波动所涌现出来的无限商机容易使投资者产生一些不良心态。投资银行经纪业务的收入来源于佣金收入。正常情况下，客户的交易越多，投资银行的佣金收入就越多。所以，帮助客户树立正确的投资理念与投资银行扩大利润在短期内存在一定的矛盾。但是，真诚的服务会给投资银行带来良好的市场形象及其他无形资产，从而稳定和扩大客户群以及由此产生长远的经济效益。

（二）债券投资咨询业务

债券投资咨询业务主要包括：帮助客户选择债券投资券种；帮助客户进行价格选择；帮助客户分析债券投资风险。

但是，经纪商给投资者提供风险分析服务本身也是有风险的。如果风险分析严重失误，就会给投资者造成很大损失。因此，投资银行应提高从业人员素质，保证其风险分析服务的高质量。

四、经纪业务的营销策略

从国际经验来看，随着技术的进步，经纪业务的门槛逐步降低，利润率也趋于平均化，直接导致了占券商总收入半壁江山的经纪业务收入和利润大幅减少。为摆脱这种困境，各大投资银行纷纷拓展业务范围，引入先进的营销理念，逐步转变经纪业务的经营模式。

经典的营销理论将营销战略划分为低成本、差异化和市场细分三种。投资银行的营销竞争手段已由价格竞争向产品、服务竞争转变。随着客户需求趋于个性化和复杂化，特别是美国1975年实施佣金自由化政策以来，国外证券经纪业务客户服务体系经历了从价格竞争到产品竞争再到服务竞争的变迁。在服务竞争阶段，券商经纪业务的基本职能发生了重大转变，各主要券商在前期积累的客户服务经验的基础上，纷纷建立起健全的客户服务体系和客户管理机制，从而为主要客户提供完善的服务。

证券经纪人负责市场开发和客户维护，是证券经纪业务与客户接触的第一线人员。市场竞争的日趋激烈要求券商在经纪业务中必须注重客户资源开发和维护，这就使得证券经纪人的地位日趋重要。西方券商借鉴了保险代理人制度的成功之处，普遍建立了相当完善的经纪人制度，通过经纪人为客户提供财务计划书、为客户投资交易各种金融工具提供便利、提供及时的金融信息资讯、根据客户的风险偏好提供投资组合等高质量的经纪服务。

虽然近年来我国券商的证券交易技术更新换代日益频繁，但竞争还停留在单纯的价格竞争阶段，产品创新能力比较薄弱，服务内涵、服务广度和深度未能提高，品牌优势无法显现。如何真正按照以客户为中心的原则来梳理、调整经纪业务流程，打造完善的客户服务体系，还是我国券商亟待解决的首要问题。

第三节　证券自营业务

自营业务是投资银行二级市场业务中的又一项重要内容。自营业务是指投资银行运用自有或依法筹集的资金，直接参与证券交易活动并承担证券交易风险的一项业务。证券自营业务以营利为目的，赚取的利润为价差和股利。除能盈利以外，自营业务也可以带动投资银行其他业务的发展。

一、自营业务的特征

与经纪业务相比，自营业务具有以下特征：

一是资金的自有性。无论是做市还是自营交易，投资银行都必须投入一定量的资金以满足资金周转需要，并持有一定的资金头寸，头寸的大小取决于自营业务的规模。

二是交易的自主性。自营的实质是自主经营，投资银行开展自营业务的自主特征表现为对交易行为、交易对象、交易方式及交易价格等方面的自主决策。这与经纪业务按照投资者委托指令代理证券交易完全不同。

三是自营的风险性。受系统性风险与非系统性风险的影响，证券投资收益存在很大的不确定性，证券投资收益的不确定性决定了自营业务的风险性。这与经纪业务仅收取佣金而收益与风险由投资者承担完全不同。

四是收益的不确定性。投资银行进行证券自营买卖，收益主要来源于买卖的价差，这种收益由于既具有较高的风险，又不像经纪业务所获取的佣金那样有固定比例，存在不稳定性。

二、自营业务的原则

投资银行在开展自营业务中应遵循以下原则：

1.客户委托优先原则。投资银行往往同时经营经纪业务与自营业务，但应将经纪业务放在优先地位，即对于同一证券，客户与自营部门申报委托同时发生，且交易价格相同时，应优先执行客户的委托指令。

2.公开、公平交易原则。在自营业务开展过程中，相对其客户而言，投资银行通常拥有资金、信息、技术等方面的优势，但不得利用这些优势从事操纵市场、证券欺诈等不正当交易。投资银行从事自营业务强调公平交易原则，这一方面是为了保证证券市场的公开、公平与公正，保证交易的公平合理；另一方面也是投资银行加强自身风险控制的需要。

3.维护市场秩序原则。投资银行是依托证券市场而生存发展的，维护证券市场正常运行是投资银行固有的职责。同时，投资银行拥有资金、信息等多方面优势，也有能力来维护证券市场的秩序。因此，投资银行应严格遵守有关的法律法规，倡导理性投资，保证证券市场的连续性与稳定性。

4.理性投资原则。在证券投资活动中，收益和风险如影随形。为保证投资者的利益和证券市场的稳定，投资银行用于自营业务的资金比例有一定限制。应坚持分散投资原则，达到收益和风险的最佳组合。

5.加强内部管理原则。自营业务是投资银行从事各项业务中风险最大的一项业务。自营业务的成败直接关系到投资银行的生存与发展。因此，投资银行应明确自营部门机构与人员的各自职责，建立运行高效、控制严格的内部控制机制，制定科学合理、切实有效的内部管理制度，以预警与防范经营风险。

三、投资银行的做市商业务

投资银行的自营业务可分为做市商业务与自营交易业务。做市商业务是指投资银行为证券交易营造市场，通过证券交易报价为证券市场创造流动性的一项业务。证券做市商是指运用自己的账户从事证券买卖，并通过不断的买卖报价，从报价的差额中获取利润并维持证券价格的稳定性和市场的流动性的金融服务机构。[①]

（一）投资银行充当做市商

投资银行的做市商业务是指作为做市商的投资银行为证券交易创造市场，通过证券交易报价为证券市场创造流动性的一项业务。在做市商业务中，投资银行被称为做市商。现实的证券市场必然与经济学理论上的完全竞争市场偏离，投资者在任何时间买入或卖出证券都有可能出现暂时性的不均衡，这种不均衡使证券交易和价格形式的连续性遭到破坏。为了弥补证券市场的这一缺陷，投资银行的做市商业务应运而生，它们在市场出现短暂的不平衡时充当客户的买主或卖主，以维护证券交易的连续性。

（二）做市商的分类及组织形式

从广义的角度看，做市商包括场外交易市场的自营商与证券交易所市场的专营商，它们的基本功能相同，都是维持市场的流动性。从狭义的角度看，做市商仅指场外交易市场的自营商。投资银行只要遵守证券法律法规与行业自律规范，达到规定的条件与要求，均可提出申请被指定为某种证券的做市商。做市商必须在其做市的证券上拥有一定的仓位，并在此基础上买入或卖出该证券，从而调整自己的持仓数量。

---

① 任淮秀.投资银行业务与经营 ［M］. 4版.北京：中国人民大学出版社，2014.

以美国股票市场为例，美国股市分为有形的交易所市场和无形的柜台交易市场，前者的代表是纽约股票交易所，后者的代表是美国全国证券交易商协会（NASD）管理下的柜台交易市场。

投资银行在二级市场开展做市商业务有两个主要目的：

一是通过买卖价差获取利润。做市商对其所做市的股票一般报出一个买入价和一个卖出价，卖出价总是要高于买入价。如果报价定位准确，做市商不断买入和卖出手中股票，在保持流动性的同时，手中的头寸也保持相对稳定，从而赚取价差收入。价差的高低取决于其所做市的股票的竞争程度，如果该种股票交易活跃、成交量大，就会有多家做市商参与竞争。为使自己的报价更具竞争力，做市商只能减少买卖价差，尽量低报卖出价高报买入价，这使大部分热门股的买卖价差极小。而一些冷门股的买卖价差通常只有一两个做市商参与，竞争性差，价差有时可达股价的几成。

二是帮助投资银行开展一级市场业务。一家投资银行通常同时兼任发行公司的承销商和做市商。因为大部分的发行公司都希望自己的股票在二级市场上市后具有较好的流通性和走势，所以希望与愿意做市的金融机构合作。投资银行为了拓展一级市场的承销业务，吸引客户，维系与发行公司的良好关系，往往愿意为其所承销的股票做市。做市能积累定价经验，锻炼定价技巧。无论是一级市场的承销发行，还是二级市场的做市，都要求投资银行具有娴熟的定价技巧，而长期涉足二级市场有助于提高这方面的业务能力，所以，美国各大投资银行都对做市商业务相当重视，并通过它来推动一级市场业务的拓展。

（三）做市商的利润

做市商买入报价和卖出报价之间的差额构成了做市商利润，一般被认为是做市商提供做市服务的报偿，它是由多方面的因素决定的。首先是做市商从事做市商业务所花费的成本，包括营业必需的设备成本、管理人员和操作人员的报酬等，自20世纪60年代以来，随着计算成本和训练有素职员费用的降低，这些成本已呈逐步下降之势。其次是做市商所承担的风险，主要包括未来证券价格变动的不确定性，做市商解开头寸预计需要的时间长短的不确定性，信息优势的不确定性以及做市商之间的竞争状况。

四、自营交易业务

自营交易业务是指在证券二级市场中，投资银行通过自己的账户，用自有或自筹资金进行证券交易，并期望从价格水平变动中获利的业务。自营交易中的投资银行被称为交易商（trader），它不同于经纪商和做市商。交易商是通过对某种证券头寸的持仓行为来获利的；经纪商是通过代理客户买卖证券来获取佣金收入的；做市商则是通过提供做市服务来获取价差收入的。就投资银行的自营交易行为来说，它与一般投资者的投资行为并没有显著的区别，如果投资银行的持仓证券价格上涨，那么投资银行的收益就增加；如果持仓证券价格下跌，则收益减少。由于资源具有共享性，自营交易业务做得好，分析研究证券市场的能力提高，也可带动投资银行其他业务（如经纪业务）的发展。

自营交易业务对投资银行在证券二级市场中的操作水平提出了更高的要求，投资银行需要根据市场情况和相关证券的特点采取不同的交易策略，主要包括无风险套利（arbitrage）、风险套利（risk arbitrage）和投机（speculation）。

（一）无风险套利

无风险套利是指交易商在两个或两个以上的市场中，以不同价格同时进行同一种或同一组证券的交易，利用市场价格差异获利。就证券市场而言，不同的市场包括国内不同的交易市场和国外不同的交易市场。严格地讲，无风险套利是一种无风险的金融活动，交易商观察到不同市场上同一种证券的价格差异，在高价市场抛售标的物的同时在低价市场进行回补。由于买卖行为同时进行，其利润是可以确定的，没有时滞所带来的风险。无风险套利的不断进行，使不同市场上同一标的物的价格趋于一致。

无风险套利要求交易者有敏锐的市场嗅觉和机会捕捉能力，因为不同市场间价格的失衡非常短暂，转瞬即逝，交易商必须对市场十分熟悉并随时掌握市场变化，才可能通过无风险套利获取利润。

投资银行在采取这种交易策略时，还须考虑以下两个因素，即由于某些原因导致市场价格差异继续扩大而丧失的机会成本和国际市场套利时汇率变动造成的交易风险。

（二）风险套利

风险套利以股票市场上的收购与兼并活动或公司债务重组为契机，买卖证券获利。风险套利与无风险套利的不同在于前者为套利而进行的买卖交易之间存在着时差，有时时差可能长达几个月甚至一年，而风险是随着时差的增加而增大的，所以，风险套利是相当复杂的一种交易策略。风险套利包括两种基本类型：

1.对债务重组公司的风险套利。这种风险套利的对象是处于破产诉讼时期的公司，这些公司通常要进行债务重组，以避免破产。假设A公司由于债务重组而在市场上出售短期债券，价格为100美元，而投资银行经过对该公司财务情况的深入分析，认为该公司在债务重组后，会以它所持有的价值150美元的其他证券来兑换现有债券。因此，投资银行决定购买该种债券，兑换行为发生后，可以获取50美元的收益。但这其中也存在风险，在债务重组持续一段时间之后，可能会因为兑换行为没有实现或者用来兑换的证券价值低于150美元而给投资银行带来风险。

2.对收购兼并公司的风险套利。最初的收购兼并一般是通过现金交易的方式进行的，即收购公司用现金来购买被收购公司的股权。例如，X公司宣布以每股100美元收购Y公司的普通股，Y公司股票的市价为60美元，因此Y公司的普通股的市价可能会飞涨至90美元。如果交易商在价格为90美元时购入大量Y公司的股票，而X公司的收购计划兑现，那么交易商每股可以赚取10美元。相反，如果X公司取消收购计划，股票价格可能会迅速跌回原价位，交易商每股则会损失30美元。这类交易的一个典型案例是1989年联合航空公司的母公司（UAL）收购案，当时收购公司出价每股300美元，UAL公司董事会批准出售，其股票一度每股升至296美元，后来收购计划失败导致股价迅速下跌近50%。1990年1月，再次以201美元收购该公司的计划又未兑现，结果股价又一次下跌。最后估计，参与这次风险套利的交易商实际损失达10亿美元以上。

风险套利中的高风险使交易商在采用这种交易策略时十分谨慎，每笔交易之前都对相关公司和交易事项进行深入的调查研究，制订出周密的套利交易方案。尽管存在高风险，仍然有许多投资银行热衷于此项业务，而且还通过高利率的短期拆借为套利融资。这是因为投资银行在这方面拥有丰富的经验和大量专业人员，可以使风险套利计划有较高的安全系数。另外，由于投资银行与证券交易所和客户的长期紧密合作，可以及时完整地了解到一些内幕消息，这使其能够在市场变化之前迅速做出反应。

（三）投机

投机是指交易商期望能够准确预测证券价格的变动方向而获取价差收益。如果预测股价将上升，一般就会买入该股票并持有至价格上升后抛出；反之，如果预测股价下跌，一般就会抛出或卖空该股票，待价格回落后回补，从中谋取价差收益。

任何证券市场都不排斥适度的投机活动。投机首先对证券市场发挥价格发现的作用。投资银行通过周密深入的市场调研，发现价格与内在价值不符的证券，利用价格向价值回归的运动规律进行买卖交易而获利。这种价格发现的功能使股价按照股票的内在价值有序地排列。投机还具有活跃证券市场、引导市场资源有效配置的功能。另外，值得注意的一点是，单个交易商的投机活动可能会影响某只股票的价格，但不足以影响整个市场，而一旦投机力量积聚起来，则足以推动整个市场发生变化。股市的巨幅波动不能归咎于投机行为，它常常是由客观的市场情势所促成的，投机只是在寻找新的市场均衡下的出清价格时，加速了市场的运动速度，使市场价格对变化了的市场条件做出敏捷的反应。

投机完全不同于赌博。投资银行在采取投机策略之前，会进行周密的基本面分析和技术分析，尽量降低风险，因此投机是建立在理性的分析决策基础上的交易行为。投机也不同于操纵市场，投机本身是依靠正确的判断和预测获利，并不具有操纵市场的能力，而市场操纵行为是通过雄厚的资金实力和技术来控制股价变化，以损害他人利益的途径来谋取利润，而投资银行从事投机活动获得的收益主要是风险和分析补偿收益。

第四节　证券投资与交易业务的网络化

一、机遇与挑战

进入电子信息时代，随着国际互联网的出现和广泛应用，已有的证券发行模式、交易模式、清算模式都发生了变化，最终导致投资银行证券投资与交易业务发生了革命性的变化。投资银行的主战场是证券市场，而现有证券市场由于广泛利用网络通信技术，旧的市场组织形式受到严重冲击，一个无国界的电子证券市场已经形成。20世纪90年代初期，现代信息技术革命的迅速发展，互联网的日益普及和电脑的大量应用，使得具有高效、经济优势的证券电子化交易方式，日益为世界各主要证券市场接纳并认同，成为当今世界证券市场发展的潮流。如 NASDAQ 已经将自己的网络与 Internet 连接在一起；芝加哥期货交易所也关闭了其交易大厅，全部采用网络交易方式；巴黎 MATIF 期货交易所在引入网络交易方式的 8 个星期以后，关闭了交易厅；伦敦期货交易所不敌德国电子交易所的激烈竞争，失去了最大的一个客户，不得不改变以往不接受联机订单的规定。联机证券交易服务的蓬勃发展是促使交易所本身建立虚拟交易大厅的原动力。[1] 目前，互联网证券交易商几乎都能够提供全方位的证券服务。未来，大部分公司都将能够在互联网上面向全世界发行它们的股票，进行全天候交易。电子化证券交易方式对投资者来说简化了投资过程，因此降低了投资成本；对公司来说，则能够在最大范围内筹集到尽可能多的资金。这一体系在超过 120 个国家装置了 20 多万个终端，经营着几百种著名的世界级证券和美国及欧洲各国的公司股票。国际著名的证券信息系统有：英国的路透社系统、美国的彭博系统、美联社和道琼斯新闻服务系统，还有日本的快讯系统等。

美国网上证券交易推出以后，业务增长速度极快，而且网上券商的股票也成了

---

① 赵文岩.证券市场网络化与网络化的证券［EB/OL］.［2017-05-23］. www.govyi.com/lunwen/2007/200711/124162.shtml.

市场的热点之一。比如 Charles Schwab1996 年开始推出网上交易，当时的市场目标是一年 2.5 万个客户，但令人惊奇的是，到 1998 年年底，其客户总量就已达到 550 万个，总资产高达 1 443 亿美元，网上交易的年交易额超 2 000 亿美元，年总收入达 23 亿美元，超过当时的美林证券，跻身于全美十大券商之列，股票市盈率高达 82 倍。网上证券交易在英国、法国、瑞典等国家也方兴未艾，证券交易网络化已成为世界潮流。投资基金、投资顾问、证券经纪公司和证券发行人对网络的使用也已经很普遍。目前，美国网络证券交易模式随着各证券经纪公司差异化服务的不断发展，逐渐形成以 E-trade、TD Ameritrade 为代表的纯粹网络证券经纪公司，以嘉信理财、Fidelity 为代表的综合型证券经纪公司，以及以美林证券、A.G.Edwards 为代表的传统证券经纪公司的格局。

网络证券市场带来了一场新的革命：证券市场效率大大提高；证券市场范围大大扩展；投资银行成本大大降低；证券发行与交易方式大大改进；证券交易的安全性大大提升；证券市场全球化大大加快。

新的网络性市场正在形成，并且开始向家庭延伸，这对投资银行来讲既是一次新的发展机遇，也是一个巨大挑战。其主要表现在：第一，网络证券市场使交易所、证券商、普通投资者三者之间的关系受到挑战，券商的委托代理地位受到威胁。由于互联网的发展、技术的提高，在网上交易模式下的交易席位已经具备了无形席位的全部特征，加之技术设备费用的降低，使得普通交易者直接入市所需条件不再成为巨大的瓶颈。在这种条件下，投资者有可能直接越过券商进行交易，因此券商地位就会受到威胁，致使其在传统的三点一线中的代理作用逐渐弱化。在这种趋势面前，交易者对券商的依赖则可能更多的是技术支持、信息咨询等服务而不是代理。网上交易的发展，将深刻地改变现有的市场格局。第二，网上交易体系的出现导致各个券商的差别缩小，其差异更多地体现在技术及提供的服务上。

二、网上证券交易业务的发展趋势

网上经纪与全方位服务融合。券商间价格竞争的直接结果是网上交易佣金费率的降低，当竞争达到一定程度，仅靠减少佣金的模式已不能维持下去时，全方位服务模式就会出现。

在网络金融时代，传统的投资银行证券交易机构仍然有存在的必要。之前曾有预测说网络证券交易业务的发展大致要经过三个阶段：第一阶段是以传统的分支机构网络为主，网上服务渠道为辅；第二阶段是传统网络与网上服务渠道并重；第三阶段以网上服务为主，传统分支机构服务为辅。而目前实际上已进入了第三阶段。

在刚刚进入网络金融时代的很长一段过渡时间内，投资银行证券交易新旧经营模式是各有优势的，关键在于投资银行能否充分有效地组织和利用传统分支机构和现代信息网络这两种资源，有效开发这两个市场，在证券投资与交易业务进程中把握住时机和重点，最大限度地分享网络化带来的好处。而如今，中国网上证券交易的大突破可以说已经实现，特别是自2020年以来新冠肺炎疫情严重影响了传统交易方式的开展，使得网络交易几乎成为必选。作为最大的发展中国家，中国资本市场和投资银行业的发展总是备受关注，中国证券网络化进程则直接关系到全球证券业的网络化步伐。中国证券业的逐步国际化与网络化，必将方便国际上的一些大投资银行进入中国市场，它们的策略是在网上高效率地开展客户交易，这又反过来更加促进了中国网上证券业的发展。

三、网上证券交易的制约因素

在国际范围内，证券交易佣金的下调是主基调，因此券商纷纷调整自己的经营战略，在提高服务竞争力的同时还要降低经营成本，此时网上证券交易方式也就突显了其重要地位和广阔前景。但就现实情况而言，网上证券交易还存在着诸多制约因素：

1.网络安全性问题：在发达国家，网上电子交易在金融领域的发展已经积累了丰富的经验，而且已经建立了一整套从理论到实践的完全解决方案。特别是近些年来，新技术与新方法使得网络信息必需的保密安全都得到了较好实现。但尽管如此，安全性问题仍是网上证券交易的最大威胁，必须不断地对网络通信加大投入，并不断更新技术。

2.法律法规滞后：网上交易在一些发展中国家还处于起步期，随着交易量的提高，引发的各种纠纷和问题必将逐渐增多，比如数字签名、电子票据的法律地位、网上交易的国际纠纷处理、管辖权和法律选择、网上信息披露的相关法规、市场监管等。这就要求从技术和法律两个方面为网上交易的正常运行提供基础。我国已经就相关问题出台了部分法律法规，但相对于完善还言之过早，而网络化证券作为网络化时代的产物，不仅要求传统的民法、商法的观念应有所改变，更应该结合电子信息等技术手段来解决相关的法律问题。

3.规范和监管问题：如果网上交易的资格审查、网上交易的技术标准和技术体系、网上交易的信息资源管理、网上交易的市场监管都还缺乏明确、公开、统一且可操作性强的具体标准，那么网上证券交易的发展将受到很大制约。

本章小结

1.证券交易市场是指对已经发行的证券进行买卖、转让和流通的市场，它与一级市场存在着相辅相成的关系。其主要分为场内交易市场和场外交易市场两种形式。

2.证券交易方式由低级向高级发展，由单一交易方式向复合交易方式发展。依据不同的划分标准，可以划分为不同的种类。

3.根据在证券交易市场开展的业务性质和功能的不同划分，投资银行在二级市场上主要担任三种角色：经纪商、交易商（自营商）和做市商。

4.证券经纪业务是指证券经营机构接受客户委托为其提供代理证券买卖服务，并收取佣金的法律行为。经纪业务是大多数投资银行重要的基础性业务之一。

5.自营业务分为做市商业务和自营交易业务两种类型。一方面，做市商通过提供做市服务来获取价差收入，它们的基本功能相同，都是维持市场的流动性；另一方面，投资银行作为自营商（交易商）通过自己的账户，用自有或自筹资金进行证券交易，并期望从价格水平的变动中获利。

6.证券投资与交易业务的网络化是一把双刃剑。一方面它使得证券市场效率大大提高，证券市场范围大大扩展，投资银行成本大大降低；另一方面，网上证券交易还存在着网络安全性、规范和监管问题等诸多制约因素。

思考与应用

1.简述投资银行在二级市场中的作用。

2.试比较投资银行的经纪业务、做市商业务和自营交易业务。

3.如何理解风险套利这一交易策略？

4.怎样理解"证券投资与交易业务的网络化是一把双刃剑"这句话的含义？

5.美国次贷危机使得昔日风光无限的华尔街投资银行霎时黯然失色。对此你有何思索？

【参考案例】 二级市场业务——高盛霸业之基

投资银行素有资本市场的"心脏"之称，以高盛为代表的国际大投行的业务范围已从传统的承销、经纪、并购等业务扩展到信贷、直接投资、衍生产品、风险管理等领域，它们通过承销、并购与融资、风险管理业务的结合，全方位满足客户需求并提高投行的综合收益。那么高盛是如何一步一步奠定它在投行中的王者地位的呢？这座庞大的帝国大厦发展的基础又是什么？我国券商开拓投资银行业务又会引发哪些更深入的思考？这些问题对于国内的一些券商以及商业银行开展投资银行业务具有重大意义。在分业监管和风险隔离的前提下，借鉴国际投行的先进思路，发挥融资优势，最大限度地实现贷款业务与投行业务的交叉销售和互动发展或许是我国券商以及商业银行开展投资银行业务的必由之路。

（一）案例背景

在国际大投行中，美国高盛集团（Goldman Sachs）凭借凌厉的发展策略成为华尔街的宠儿。

高盛1869年创立于纽约,在以合伙人制度经营了130年之后,于1999年5月在纽约证券交易所挂牌上市。其公司总部设在纽约,在全球20多个国家和地区设有分部,并以香港、伦敦、法兰克福及东京等地作为地区总部所在地。截至2015年年底,高盛有3.68万名员工,总资产为8 614亿美元,负债7 746.72亿美元,股东权益为867.28亿美元,总资本(包括股东权益和长期债务)为2 621.5亿美元。[1]当这家拥有153年历史的公司横扫千军时,它几乎势不可当。

继续阅读请扫码

【补充阅读】 传统投资市场的搅局者:量化投资

一、量化投资简述

量化投资是一种以程序化操作为方法,借助数学工具、统计学公式等建立起来的理性的投资模型,依赖历史数据以及客观存在的财务状况、发展走向等做出综合的客观分析,以"大概率"的策略获得低风险高回报的投资策略。

(一)量化投资理论基础

1.市场非有效或弱有效性[2]

市场有效性假说认为在有效的金融市场中超额回报必然与超额风险相对应。而市场非有效或弱有效性则认为管理者可以通过筛选组合规避风险,获得超额收益。通俗地讲,我们常将量化投资与传统投资之间的区别类比成中西医的区别,量化投资注重客观事实,它做出任何的判断都需要以客观事实为依据,就如同西医注重从机器上获得确定的病情数据。而传统的投资则包含了个人的主观因素,包括对事物的看法、个人的经验等,就如同中医通过望闻问切等方式,依据经验来做出判断。那么所谓的市场非有效或弱有效性,就好比市场病情的严重程度,而量化投资的意义在于通过数理模型等量化分析寻找出病症——价格的洼地,然后系统进行买入卖出获得收益。

2.无套利机会原则

无套利机会原则认为市场上无风险的套利机会是不存在的,金融市场的不可预测性导致了风险的不可预测性。但量化投资理论认为回报与风险的关系并非固定的,基于市场的非有效性,市场上存在进行套利获取超额收益的可能性。

(二)量化投资的投资策略

量化投资策略就是利用量化的方法,进行金融市场的分析、判断、交易的策略和算法的总称。目前主流的量化投资策略主要分为趋势判断型与波动率判断型两种[3]。

1.趋势判断型量化投资策略

趋势判断型投资策略的核心思想是判断大盘或个股的走势。如果看好走势则进一步做多,进行低买高卖。这种投资策略的特点是高风险、高收益,适合风险承受度高的投资者。

---

① 资料来源于高盛集团2015年年报。
② 王彦.量化投资理论基础概述[J].经济视野,2015(19).
③ 丁鹏.量化投资——策略与技术[M].北京:电子工业出版社,2012.

典型的趋势判断型量化投资策略包括量化选股和量化择时：量化选股是指通过判断股票价值走势，利用数量化方法建立动态股票池进行跟踪投资；量化择时是指通过数据指标分析，建立对未来市场走势的预测。

2.波动率判断型量化投资策略

波动率判断型量化投资策略的核心思想是稳中求胜，意图消除系统性风险。对冲交易是这种策略的主要投资方式，即对多种商品进行操作来对冲掉相互之间的风险。因为它的稳健性，这种策略在熊市之中尤受青睐。典型的波动率判断型量化投资策略包括四大套利交易模式：股指期货套利、商品期货套利、统计套利以及期权套利。

（三）量化投资的四大特点

1.系统性

量化投资的布局观念是系统化的，它从多个角度出发，不仅仅局限于单一的某个角度，而是从市场情绪、企业估值、财务状况、历史数据、市场周期等多个角度综合考量。同时它布局观念的系统化也体现在同时涉及大宗资产、个股分析和行业研究等多个方面，并且以海量的数据作为分析的基础。

2.推崇概率

量化投资并不是孤注一掷地选择某一股票，它往往是多种甚至几百种产品的组合，然后根据历史的规律、周期等做出数理逻辑的理性分析，以"大概率"的思想做出决策。它注重组合风险的管理，它的核心是以概率取胜而不是凭借经验。

3.严守纪律

量化投资中所做的一切决策都来源于模型的判断而非某些决策者的决定。所有工作人员都需要相信模型，根据运行所得到的结果进行判断，从而弥补人性的缺陷。

4.追求套利

量化投资是为了发现市场的非有效性，也就是寻找价格洼地，进而找出盈利空间，然后通过组合投资规避风险的方式，凭借低买高卖的套利思想赚取收益。

二、国外量化投资情况

（一）国外量化投资的发展历史

量化投资在海外已经走过了一段不短的历史，从1946年琼斯推出第一只多空组合的对冲基金开始，量化投资就开始慢慢地进入人们的视线。欧美国家以机构投资者为主导的金融市场以及急速增长的投资服务需求为量化投资的发展提供了有利的条件。1952年马科维茨（Harry Markowitz）出版的《资产选择：投资的有效分散化》一书奠定了金融量化的基础，夏普（William Sharpe）和林特纳（John Lintner）在此基础上推导出了资本资产定价模型，为量化模型拉开了序幕。[①]

1973年芝加哥大学教授布莱克（Fischer Black）和斯坦福大学教授斯科尔斯（Myron Scholes）提出了著名的布莱克-斯科尔斯期权定价模型（Black Scholes Option Pricing Model），为衍生品定价提供了有利的基础。与此同时，20世纪70年代美国经历熊市，证券市场遭受重挫，传统的基

---

① 帕特森.宽客：华尔街顶级数量金融大师的另类人生 [M]．卢开济，译．沈阳：万卷出版公司，2011.

金经理人开始反思以往的投资方法，寻求变革。随着90年代各类衍生品的蓬勃发展，以及计算机行业的日益革新，量化投资进入了"黄金十年"。而后，2000年左右国外监管制度逐渐放宽，股票交易的技术又有了巨大的飞跃，使得量化投资进入了新一轮的发展高潮。

（二）国外量化投资的技术特点

纵观量化投资在海外的发展历程不难发现，量化投资与科学技术的发展相比其他投资策略与方式更为紧密相关。技术的发展为量化投资打开了一扇扇新的大门，带来交易策略、交易方式的变更；同时量化投资的发展也推动了相关技术的不断革新。经过几十年的发展，当前国外量化投资逐渐形成了其显著的特点：

1. 交易速度快。交易速度的猛进是海外信息技术革命带来的最新成果之一。出于量化投资对交易技术的依赖，各类投资者对交易速度的要求越来越苛刻，时至今日国外的量化投资交易技术已经进入了微秒时代。

2. 融合大数据。大数据是量化投资的利刃。信息革命的另一项成果是推动了海量数据的来临，随着互联网的迅速发展，对于庞杂的大数据的处理技术也取得了飞速的进步。

3. 高频交易方式多样化。随着海外量化投资的迅猛发展，众多高频交易的方式涌现在了市场当中。许多知名的投资公司如LTCM基金、文艺复兴科技公司等对高频交易方式的使用使得高频交易产品在全球范围内热销。

（三）国外量化投资现状

伴随着量化投资的蓬勃发展，随之而来的是量化投资市场规模的不断扩大。据统计，1970年定量投资的市场份额为零，而到2001年其资产管理规模已经超过880亿美元[①]。到2008年，在全球期货期权市场交易中程序化交易已经占到了70%的比例，而在套利交易中它的占比更是高达80%。

对冲基金作为国外量化投资的代言人，它的发展亦投射出了量化投资在市场中的分量。从20世纪80年代后期开始，国外对冲基金整体的资产规模进入了快速增长阶段，并且于2005年资产规模总额首次突破1万亿美元，随后仍旧一路高歌，到2007年国外对冲基金数量突破1万家，资产规模高达2万亿美元。虽然在2008年受到金融危机的影响，对冲基金的市场份额有所回落，但这也为它新一轮的发展提供了机会。从2011年开始，国外对冲基金资产规模再度回暖，到2016年第三季度，全球对冲基金的资产管理规模升至2.972万亿美元，较第二季度增长了735亿美元，超过2015年同期2.969万亿美元的规模。1990—2011年全球量化基金数量及基金规模见图1、图2。过去几年来，对冲基金规模一直在3万亿美元左右徘徊。2020年第四季度随着全球市场快速反弹，对冲基金资产激增2 900亿美元，创下有史以来最大季度增幅，这使得全球对冲基金资产管理规模达到创记录的3.6万亿美元。

投资市场的核心是收益，对冲基金的收益情况也一定程度地反映了量化投资的业绩状况。不同的对冲基金采用了不同的量化投资策略，不同的投资策略所带来的收益率也不尽相同。国外对冲基金投资策略大体上可以分为三大类：方向性策略、相对价值策略以及事件驱动策略。方向性策略包括股票多空仓、宏观策略、管理期货和固定收益方向性策略；相对价值策略包括可转债套

---

① 刘毅.因子选股模型在中国市场的实证研究［D］. 上海：复旦大学，2012.

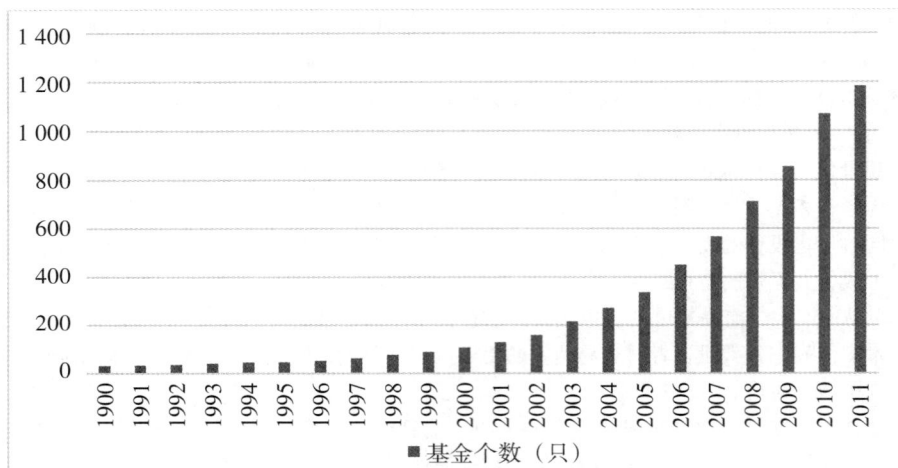

图1 1990—2011年全球量化基金数量

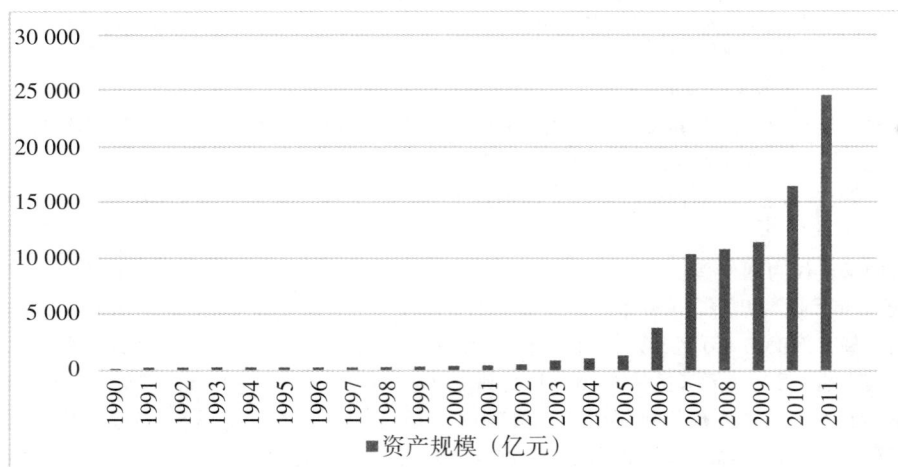

图2 1990—2011年全球量化基金规模

利、固定收益套利、期货套利、指数套利等；事件驱动策略包括兼并重组、困境证券、定向增发和大宗交易。在量化投资主流策略之中，股票多空仓策略所占基金规模高达30.86%，复合型策略占比15.32%。

除了在2011年受到欧债危机的影响而导致整体经济大环境低迷以外，其余策略大多提供了一个可观的收益率，其中占据主流地位的股票多空仓策略的回报率高于其余策略。不过，在看到国外量化投资高收益的同时，我们也应注意到不同投资策略下对冲基金不同的收益率背后所蕴藏的本质内容，那就是量化投资取决于投资者对金融市场的认知与思想。表1列举了不同策略下的收益情况。

表1   国外对冲基金收益表[①]

对冲指数	2012年12月收益率	2011年收益率	2009年收益率	2007年收益率
事件驱动基金指数	3.87%	−5.23%	9.72%	0.96%
全球宏观基金指数	2.55%	−2.46%	11.39%	2.63%
相对价值基金指数	1.07%	−2.31%	3.06%	4.88%
FOF指数	1.79%	0.81%	11.88%	4.72%
新兴市场基金指数	1.96%	−3.96%	4.01%	−0.61%
股票多空仓基金指数	4.39%	−9.87%	12.73%	1.68%

三、国内量化投资现状

与已有数十年量化投资历史的海外市场相比，国内市场的量化投资还处于新兴阶段。随着近年来人民币国际化进程的加快，国民投资需求的上涨以及国内金融市场监管机制的放松，国内的量化投资市场迎来了快速发展期，但与此同时，不完善的市场机制也同样使国内的量化投资存在许多不足之处。

（一）国内市场量化投资发展的有利条件

1.国外市场发展的时间长，市场的制度更加成熟，与之相较，国内市场则显得年轻了许多。年轻意味着不成熟，同时也意味着更多的机遇。在这样一个发展历史短、投资机构水平不一致、市场非有效性更有待发掘的市场中，量化投资就有了一展身手的广大天地。

2.随着互联网信息爆炸时代的到来，信息传播的速度与广度使得信息已经很难依靠人为操作来进行区分和筛选。换言之，在大数据横行的当下，用机器来进行数据的筛选和分析显然有着更大的优势。那么在制度日趋完善、金融市场日益多样化的今天，利用量化投资建立有效的投资模型，将会成为国内投资者的一大助力。

3.真正的量化投资在我国还不常见，这意味着越早开展量化业务就越能抢占到先机。在相对竞争者较少的情况下，量化投资的性价比就大大地突显了出来。

（二）国内量化投资市场发展现状及不足

2016年11月25日，第十届（2016秋季）中国量化投资国际峰会在深圳举办，这是量化投资在中国金融市场发展的首个"十年"、以及量化投资经过这十年发展在国内市场成为投资界不可或缺的重要组成部分的见证。

---

① 刘振彬. 量化投资在券商资管业务中的实现研究 [D]. 昆明：云南大学，2014.

1.量化产品发行量增多

在量化理念真正开始进入我国市场之后，我国市场中许多金融投资机构都先后推出了量化投资产品。优异的回报率与极低的管理费用使得量化投资的性价比非常高，进而引起了越来越多国内市场机构投资者的注意。

截至2014年4月，市场上共有量化券商产品207只（包括市场中性策略量化基金105只），量化基金产品82只，私募量化产品212只，资产超过1000亿元人民币，市场规模较2011年年底增长超过10倍。同样，资产规模也随之迅速增加。截至2019年，我国量化基金净资产已达1400多亿元。

2.量化投资比例较低

在浩瀚的投资市场之中，虽然量化投资以黑马之势崛起，但是我们也必须认识到，由于它进入中国市场的时间较短，在投资市场的总量上占据的份额仍然较少。到2012年，券商量化产品实际发行规模为124.47亿元，在全部券商产品中占比为4.2%；量化基金产品实际发行规模为281.7亿元，在基金产品中占比仅为1.06%。相比之下，国外成熟的量化市场在2007年时量化产品发行规模的占比就已高达15%。[①]从中我们可以看到，由于国内量化市场基数太小，虽然发展势头迅猛，但在总量上依然处于起步阶段。

3.量化投资业绩不稳定

由于量化投资进入国内市场时间尚短，多数机构量化产品投资策略仍处于试验阶段，衍生产品工具的限制加之量化模型的不完善，导致国内量化产品的收益率极不稳定。

首先，表现为不同量化产品间业绩差异巨大。截至2021年3月19日，215只（份额合并计算）主动量化基金平均收益率为3.39%，首尾业绩相差32个百分点。

其次，通过纵向跟踪量化产品收益情况我们可以发现，国内量化产品收益不稳定。截至2021年3月19日，斩获正收益的45只主动量化基金，上年平均收益率为30.79%，低于该类基金平均水平11.7个百分点；而上年业绩超50%的绩优主动量化基金，2021年平均收益率为-7.03%，低于行业平均水平3.64个百分点。

4.国内量化投资受限较多

当前我国多数量化投资产品缺乏多元化量化策略支持，量化投资渠道受限较多，这主要是由三方面原因造成的：其一是国内金融市场衍生品投资工具仍然十分缺乏，导致了高度依赖投资工具的量化策略成本大幅上升，对对冲基金的运作形成了一定程度的阻碍；其二是国内金融市场激励机制不完善以及人才储备量不足，导致量化投资方面的人才缺口较大；其三是国内金融市场监管制度相较国外而言限制较多，制约了量化投资的发展。

四、量化投资的未来展望

中国量化投资研究院院长、国泰安集团董事长陈工孟曾在致辞中说道："量化投资为投资者提供了另一种投资工具，目前在国内还处于发展的萌芽阶段，但其中有着几十倍的市场发展空间。"与此同时，国信证券监事会主席何诚颖也曾表示，量化投资是金融中的"核武器"，在美国等地呈现蓬勃发展的态势，未来在中国也将形成巨大规模并带来巨大收益。

---

① 徐莉莉.量化投资在中国的发展现状［R］.上海：渤海证券研究所，2012.

中国现有市场的非有效性或弱有效性为量化投资提供了有利的基础，随着国内衍生品市场的大力发展，量化投资的工具以及量化投资策略将会不断得到完善，促使量化投资进入多元化的新时代。

同时，我国投资机构中量化团队的数量正在不断增加，这种迅猛的势头将会持续一段不短的时间，而对于量化人才急速增长的需求以及高薪的激励，将会促进量化投资相关人才培养速度的加快和储备量的增加，可以预见，在未来将会有大批的量化人才为市场注入新的活力。

另外，资本市场制度的不断完善也将大力推动量化投资发展的进程。近年来金融市场监管层不断出台新政，陆续摒除制度上的弊病，这一切都将为量化投资的成长提供更加优良的环境，在投资渠道更加畅通的情况下，量化产品的运作将会更加有效。

综上看来，随着量化投资策略的完善、衍生品工具的多样化、监管制度的规范以及人才储备的充盈，我们相信量化投资必将迎来光明的未来。

补充阅读参考文献

［1］王彦.量化投资理论基础概述［J］.经济视野，2015（19）.

［2］丁鹏.量化投资——策略与技术［M］.北京：电子工业出版社，2012.

［3］帕特森.宽客：华尔街顶级数量金融大师的另类人生［M］.卢开济，译.沈阳：万卷出版公司，2011.

［4］刘毅.因子选股模型在中国市场的实证研究［D］.上海：复旦大学，2012.

［5］刘振彬.量化投资在券商资管业务中的实现研究［D］.昆明：云南大学，2014.

［6］徐莉莉.量化投资在中国的发展现状［R］.上海：渤海证券研究所，2012.

第九章 兼并与收购业务

兼并与收购是企业在资本市场谋求外部扩充成长的主要方式之一，也是企业资本运营的重要战略和核心手段。企业并购是一项复杂、综合且具有挑战性的工作。任何并购行为，隐藏在轰轰烈烈表象之下的都是那些由专业机构运作的幕后工作。投资银行作为金融市场的核心机构，由于其掌握了各种企业的广泛信息，并且拥有专业知识和丰富的运作经验，成为幕后操作并购业务的不二选择。本章将详细阐述企业并购的概念与类型、并购的动因与效应、企业并购的具体操作流程以及反收购操作的几大重要策略，并进一步阐释投资银行在企业并购中的特殊作用。

第一节　并购概述

一、兼并与收购的概念

（一）兼并

兼并（merger）含有吞并、吸收、合并之意。根据《不列颠百科全书》的解释，企业兼并是指两家或更多的独立的企业、公司合并组成一家企业，通常由一家占优势的公司吸收另一家或几家公司。实质上，兼并是一种在市场机制作用下，具有独立法人财产权的企业的经济行为，是企业对市场竞争的一种反应。此外，兼并也是一种产权交易行为，它是一种有偿的交换，而不是无偿的调拨。交易可以通过购买资产，也可以通过购买股权进行。支付手段既可以是现金，也可以是股票、债券或其他证券形式。

（二）收购

收购（acquisition）是指一家企业（即收购企业）与另一家企业（即目标企业）

进行产权交易，由收购企业通过某种方式主动购买目标企业的大部分或全部股权或资产的商业行为。收购的结果可能是吞并目标企业，拥有目标企业几乎全部的股份或资产，也可能是获得企业较大部分股份或资产，从而控制该企业，还有可能是仅拥有较少部分股份或资产，而作为该企业的股东之一。收购不同于兼并，并不会必然地导致被收购方独立法人地位的丧失。企业实际控制权的转移是收购行为关注的焦点。

一般而言，我们把主兼并或主收购的公司称为兼并公司、收购公司、进攻公司、出价公司、标购公司或接管公司等，而把被兼并或被收购的公司称为被兼并公司、被收购公司、目标公司、标的公司、被标购公司、被出价公司或被接管公司等。在一起并购中，被兼并或被收购的公司可能不止一家。[1]

（三）兼并与收购的区别

1.兼并是两家或多家企业结合为一家企业，即兼并是兼并企业获得被兼并企业的全部资产和业务，并承担全部债务和责任。而收购则是一家企业通过收购资产或股权以实现对其他企业的控制，收购后通常只进行业务整合而非企业重组，对被收购企业的原有债务不负无限连带责任，只以控股出资的股金为限承担风险。

2.兼并必然以交易一方或多方独立法人地位的丧失为结果。而收购后两家企业仍为两个法人，只发生控制权转移，即被收购企业的经济实体依然存在。

3.兼并是以现金购买、债务转移为主要交易条件的。而收购则是以所占有企业股份额达到控股或控制为依据，进而实现其对被收购企业的产权占有。

4.兼并多发生在被兼并企业处于财务状况不佳、市场经营停滞或半停滞状态时，兼并后一般需要调整其经营结构，重组其资产。而收购一般发生在目标企业经营状态正常时，产权转移比较平和。

二、企业并购的类型

（一）根据并购企业的关系，并购分为横向并购、纵向并购和混合并购

1.横向并购。横向并购是指两个生产相同或相似产品、提供相同或相似服务的企业之间的合并。企业在从小到大的发展过程中不断地通过各种途径扩大企业的规模，以达到规模最优。这种并购的目的在于：扩大企业生产规模，降低生产成本，实现规模经济；减少竞争对手，提高行业的集中程度，增强产品在同行业中的竞争能力，控制或影响同类产品市场；消除重复设施，提供系列产品，有效地实现节约。

---

[1] 陈文君.投资银行实务 [M]. 上海：上海财经大学出版社，2005.

2.纵向并购。纵向并购是指主体企业合并了与其生产的前后工序相关的公司，被并购的公司可以是它的原料供应商，也可以是它的分销商。纵向并购的目的在于控制某行业、某部门生产与销售的全过程，加速生产流程，缩短生产周期，减少交易费用，获得一体化的综合效益，如加工制造企业并购与其有原材料、运输、贸易联系的企业。与横向并购不同的是，纵向并购较少受到各国有关反垄断法律或政策的限制。

3.混合并购。混合并购是指两个业务领域不相关的企业之间的合并。混合并购也称复合并购，即横向并购与纵向并购相结合的企业并购。混合并购的主要目的是规避经济变化的风险，进入更具潜力和利润较高的领域，实现投资多元化和经营多元化。如果一部分企业经营不良，而另一些企业则可能呈现相反情况，这样可以使收益保持平稳。同时，这种并购方式不被认为是限制竞争或构成垄断，往往不受各国反托拉斯法的控制与约束。

（二）根据并购的具体手段，并购分为购买式并购、承担债务式并购、吸收股份式并购和控股式并购

1.购买式并购。购买式并购是指收购企业出资购买目标企业的资产净值，即目标公司清理并偿还债务后的资产作价卖给收购企业，同时目标企业的法人地位消失，通常收购公司支付现金。这种并购要求目标企业必须有净资产，即其资产大于负债。

2.承担债务式并购。承担债务式并购是指收购公司以承担债务为代价取得目标公司的产权。这种方式不需要估价，所以操作较为容易。并购完成后，目标企业法人主体消失，目标企业全部的债务由并购公司来承担，原目标企业所有的人员也需要合理安置。

3.吸收股份式并购。吸收股份式并购是指目标公司的净资产作为股金投入收购公司，目标公司的法人地位消失，其股东仍为合并后的收购公司的股东。

4.控股式并购。控股式并购是指收购公司通过购买目标公司的一定比率的股票达到控股的目的，此时，目标公司的法人地位依然存在，只是由收购公司控股。收购公司不承担目标公司原有的债务，其风险责任也仅以出资额为限，并且其股份在二级市场上可以转让。所以，这种并购方式操作相对灵活，在企业并购中被广泛采用。

（三）根据企业并购动机，并购分为善意并购和敌意并购

1.善意并购。善意并购是指目标公司的经营管理层同意此项收购，双方可以共同磋商购买的条件和收购后的企业重组形式。在善意并购中，并购者一般不会在提出并购建议前一段时期购买目标企业的股票。此外，在并购完成后并购者也会妥善

地安排原目标企业的管理人员的职位。

善意并购有利于降低并购行为的风险与成本，使并购双方能够充分交流和沟通信息，目标公司主动向并购公司提供必要的资料。同时，善意并购还可避免因目标公司的抗拒而带来额外的支出。此外，善意并购后的企业管理层能建立和谐融洽的工作关系，更有利于企业资源整合和提高经营管理效率。但是，善意并购也有其缺点，为了换取目标公司的合作可能会使并购公司不得不牺牲自身的部分利益，而且漫长的协商和谈判过程也可能使并购丧失其部分价值。

2.敌意并购。敌意并购是违反了目标公司管理层的利益，在目标公司管理层的反对、抗拒下进行的收购活动。在敌意并购中，目标企业往往是在不知情或反收购失败的情况下不得不接受被兼并收购的现实。但有时，并购方案也可能会因为目标企业采取了有效的反并购措施而夭折。

敌意并购能够让并购公司完全处于主动地位，不用被动权衡各方利益，而且并购行动节奏快、时间短，可有效控制并购成本和进度。敌意并购的明显缺点在于可能会激起目标公司高级管理人员和其他雇员的强烈反感甚至愤怒，并拼死抵抗。目标企业可能会采取任何可能的措施来避免被兼并收购，这给并购的完成制造了障碍，增加了并购成本。此外，在敌意并购中，并购方往往无法从目标企业那里获得其内部运营、财务状况等第一手资料，因而难以对目标企业准确估价，增加了并购中的不确定性风险。

三、企业并购的风险

（一）市场风险

目标企业的市场潜力是收购企业对目标企业进行评估的重要指标之一。这种评估主要是建立在对未来市场前景的预测上。如果市场的变化使目标企业在合并后并没有如预期那样发展，它不但不能带来效益，甚至还会拖垮收购企业。

（二）管理风险

企业并购、资产重组本身并不创造价值，重组后通过有效管理才能显现其价值。扩张企业与被并购企业在管理文化上存在着很大的差别，扩张企业必须考虑到成功并购后的管理风险，否则，就很难达到并购成功的目的。

企业管理一般主要有四个方面的内容：人、财、物、信息。后三者又都要由人去管理和操作，所以，企业管理的核心是人的管理。企业在扩张过程中，最怕出现人事管理风险。1998年9月，合肥荣事达集团正式兼并重庆洗衣机总厂。由于对人事管理风险的预见性，荣事达集团在并购重庆洗衣机总厂之初就制定了有效的人事管理策略。兼并之初，集团不减员、不动班子，接收全部员工，保留原厂级领导职位，集团只派3人出任公司副总经理、总工程师和财务总监助理，并决定当年利润用于增加员工工资和奖励管理者。一段时期以后，集团才组建了新班子，并由新班子对公司进行管理和机构改革，新机构将原来的16个处室、3个车间调整为6处1室、4个车间，精简中层和机关管理人员63人。正是得益于这一有效的人事管理策略，兼并之后，经过不到2年的经营，在重庆地区，两家的"荣事达"与"三峡"品牌市场占有率由40%上升至70%。[①]

（三）政府干预的风险

在并购中政府出于自身目的，会对其进行干预，但有时干预不当反而会造成负面影响。20世纪90年代初，我国就开始了一场以政府为主导的并购浪潮，它随着我国证券市场的建立和国有企业改革的不断深入而延续至今。政府部门出于消除亏损、减少社会动荡的目的，往往采取行政手段迫使优势企业来并购亏损企业。由于政府目标与企业目标的不一致，这种违背企业意愿的"拉郎配"式的并购成功率极低。[②]

因此，在企业并购的过程中，政府应充当裁判的角色，而不是充当球员，更不能用"家长制"的方式强迫企业进行收购，否则这种并购的结局就是名存实亡，无论是收购企业还是目标企业都只能受到损害。

（四）反收购的风险

当收购企业采用敌意收购或收购并不符合目标公司管理层的利益时，目标企业管理层可能会全力反对并采取一系列反收购的策略。并购的成败取决于双方的战略战术、资金实力、心理因素等的优劣。目标企业实施的抵御和反抗策略极有可能导致最终并购交易的失败。

四、投资银行在企业并购中的作用

企业并购是一项十分复杂而且专业性很强的工作，投资银行的介入能够给企业提供专业的咨询和服务，同时还能节省企业在并购过程中产生的交易费用。

（一）投资银行为并购双方提供相关业务

1.为并购企业提供的业务

企业并购是一项非常复杂的交易过程，其中会碰到并购方案的制订、并购价格和条件的谈判以及融资安排等诸多问题。因此，并购企业需要投资银行来为其完成这些高度专业化的服务工作。

---

① 佚名.企业并购后人力资源的整合与管理 [EB/OL].［2017-05-23］. http://www.docin.com/p-1578447117.html.
② 闵亮.我国企业并购绩效的实证研究 [J]. 重庆：重庆工商大学学报：西部论坛，2005，15（5）.

投资银行首先要做的就是为并购企业寻找合适的目标公司，并且帮助并购企业进行尽职调查，选择符合并购公司战略规划要求且利用价值较高的目标企业。其次，作为企业咨询顾问的投资银行将全面参与并购活动的策划，根据所收集的有关资料，对目标公司愿意出售的最低价格进行估算，再根据并购企业愿意给出的最高价格，分析并购成功的可能性。此外，投资银行要协助并购企业与目标企业进行沟通和谈判，最终确定并购价格，并由投资银行的专家以及企业法律顾问共同设计、编制并购合同文本，说明并购原因、并购条件、交易合作的方式、新公司的法人治理结构、职工安置、公司并购后的发展目标等。在并购成功之后，投资银行应帮助企业进行人力资源、发展战略、企业文化等多方面的整合，使并购后的企业能更好地运转。

融资安排在企业并购的过程中是十分关键的一步。当企业选择现金方式的并购时，对并购的最大约束便是资金问题，特别是在大规模现金收购中，要想让企业在短期内自己拿出足够的资金是十分困难的。投资银行作为并购企业的重要顾问，可以凭借自身的丰富经验、专业技巧以及多样的融资渠道帮助客户策划并完成筹资计划，支持并购企业顺利完成并购。由于投资银行熟悉资本市场的运作规律，可以通过发行证券及贷款安排等为并购企业寻求外部资金支持。此外，投资银行还能利用其自有资金通过参股或控股等方式，参与并购企业的投资。因此，投资银行在企业并购的资金融通上扮演了举足轻重的角色。

2.为目标企业提供的业务

在并购的过程中，目标企业需要有敏锐的嗅觉去洞察这次并购交易中是否存在"猫腻"或不利因素。当目标企业遭遇敌意收购时，可以请求投资银行帮助其设计出反兼并与反收购的策略来防御和抵抗收购方。投资银行要设法与敌意收购企业接触，筹措反收购资金，策划和实施反收购，与目标企业共同阻止敌意收购。

在善意收购中，投资银行为目标企业确定并购的条件，为并购方式、并购价格以及并购后的重组等提供建议，有针对性地策划售出方案，并拟定最低可售价格，以便在谈判中达到一个较高的要约价格，提出对要约价格所体现公司价值的建议。

（二）投资银行为企业并购降低交易成本

1.降低信息成本

在企业并购过程中，投资银行能够降低交易费用，其主要原因在于投资银行能够解决并购过程中的信息不对称问题，使信息生产专业化，减少企业采集整理信息的费用，使企业并购能够顺利进行。这是因为：（1）在并购市场上存在着买卖双方信息不对称的问题。通常，卖方有较完全的信息，买方的信息则不完全。这时，投资银行作为双方的经纪人，在并购市场上可以搜寻最新、最佳、最全面的信息，提供真实的信息给并购企业或目标企业，以解决信息不对称问题。（2）如果并购参与双方均为企业，没有投资银行的参与，各企业要获得全面、真实的信息和第一手的资料是十分困难的；而投资银行汇集了一流的专业人才，积累了丰富的经验，善于收集、整理各种信息，使信息的生成专业化，令单个信息的收集成本降低而质量提高。

2.降低交易谈判成本

并购成功的关键在于并购价格的确定，但由于在市场上重要的信息是没法公开、没法比较的，所以对于并购企业而言，要制定一个合理的并购价格不是一件易事。因此，在并购交易谈判的过程中，投资银行对目标企业评估值的客观性、公正性和准确性就十分重要。投资银行根据目标企业的资产负债情况、盈利能力等最终确定一个相对合理的收购价格，并借此与双方谈判，让双方都能够接受，这样可以大大降低企业间来回数次的交易谈判费用。

第二节　并购动因与效应

一、企业并购的主要动因（正效应）

20世纪的五六十年代，梅森和贝恩提出了较为系统的产业组织理论，其中就包含了企业并购的理论。他们认为，如果一个行业处于成长阶段或成熟阶段的初期，那么在这个行业中的企业受到利润最大化的驱使和迫于竞争的压力，要进行横向并购来提升行业集中度，实现规模经济，以为自己争取到更大的利润和市场份额。由此可见，在当今世界，企业并购和集团重组已经成为企业在组织上优势集结的一种先进经营方式和管理方法。

企业并购的目的在于通过取得目标企业的经营控制权而最终获取利润。在大多数情况下，企业并购是由多种因素综合共同驱动的。具体来说，企业并购的主要动因或者说其产生的正面效应包括以下几个方面：

（一）获取协同效应

1.经营协同效应

著名的战略管理专家H.伊戈尔·安索夫（H.Igor Ansoff）在他的《公司战略》一书中这样定义"协同效应"："一种使公司的整体效益大于各独立组成部分总和的效应"，是"通过相互的合作而导致的2+2=5的效应"。经营协同效应主要指的就是并购给企业生产经营活动在效率方面带来的变化及效率的提高所产生的效益。由于经济的互补性及规模经济，两个或两个以上的企业合并后可以提高整个企业的经济效益，并购后企业的价值将大于并购前单个企业价值之和。

现代化大生产达到一定经济规模后经济收益会呈下降趋势，为了降低生产经营成本，获得更大的经济效益，企业会采取向外扩张的策略，吞并有发展潜力的小企业，以实现更大规模的生产，从而有利于企业经营管理和成本的降低，最终在企业形成规模经济效益。由于规模经济效益带来的诸多好处，越来越多的企业通过并购来调整其资源配置，从而有效解决由专业化引起的生产流程的分离问题。将不同的生产流程纳入同一工厂中，可以减少生产过程中的环节间隔，降低操作成本、运输成本，充分利用生产能力。此外，通过并购将多个工厂置于同一企业领导之下，也可以带来规模经济，从而节省管理费用、节约营销费用、集中研究费用、扩大企业规模以及增强企业抵抗风险的能力。

经营协同效应的另一个表现方式是通过企业并购帮助企业实现经营优势互补。大企业和小企业各有自身的优势和劣势，因而它们之间存在着互补的发展动力。实施并购对大企业来说可以获得以低风险、低成本进入某一新领域的机会；对于小企业来说可以获得足够的资源支持从而发展壮大。通过并购，大企业和小企业各取所需，各自的优势融合在一起，提高效率并获得更大的收益。

杉杉集团收购中科英华有限公司就是通过并购实现优势互补的一个典型案例。杉杉集团收购中科英华就是为了将双方的优势互补，消除自身劣势。杉杉集团要发展高科技，走出传统的服装产业，需要新的发展技术和基地；而中科英华需要依靠杉杉集团的雄厚实力来摆脱管理不善、业绩不佳的困境。因此，本着强强联合、优势互补的原则，双方进行了资产重组。

2.财务协同效应

（1）合理避税。由于股息收入、利息收入、营业收益与资本收益间的税率差别较大，在并购过程中采取恰当的财务处理方法可以达到合理避税的效果。比如，企业A并购企业B时，如果企业A不是用现金购买企业B的股票，而是把企业B的股票按一定比率换为企业A的股票，由于在整个过程中，企业B的股东既未收到现金，也未实现资本收益，这一过程是免税的。通过这种并购方式，在不纳税情况下，企业实现了资产的流动和转移，资产所有者实现了追加投资和资产多样化的目的。实现合理避税的另一途径即利用税法中的亏损递延条款来减少纳税义务。所谓亏损递延条款指的是，如果某企业在一年中出现了亏损，该企业不但可以免去当年的所得税，它的亏损还可以向后递延若干年，以抵消以后几年的盈余，企业根据抵消后的盈余缴纳所得税。因此，拥有较大盈利的企业往往考虑把那些拥有相当数量的积累亏损但前景较好的企业作为并购对象，纳税收益作为企业现金流入的增加可以增加企业的价值。

（2）预期效应。预期效应指因并购使股票市场对企业股票评价发生改变而对股票价格产生的影响。事实上，预期效应的巨大刺激作用对股价产生的影响成为股票投机的基础，而股票投机又促使并购的发生。当出现企业并购时，市场对公司评价提高就会引发双方股价上涨。企业可以通过并购具有较低市盈率但有较高每股收益的企业，来提高企业每股收益，让股价保持上升的势头。因此，预期效应的作用使企业并购往往伴随着投机和剧烈的股价波动。

（二）谋求企业长远发展

1.获取先进技术，加强竞争优势

企业可以通过并购得到最先进、最尖端的技术或优秀的研发人员、专业人才，以此来增强企业整体技术上的竞争力。例如，有实力的跨国IT公司将注意力瞄准发达国家的高科技IT企业，主要是为了获取高科技技术成果和科研开发能力。技术多样化使得研究与开发（research and development，R&D）费用增加，相应地使对外部技术的需求和供给增加，因为R&D投入大产出不确定，易出现企业内部研发滞后于本领域技术进步的现象。但是，如果采用技术并购方式将目标企业及其拥有的技术、市场、人员等要素接收过来就可以突破高进入壁垒，进入技术型产业，然后通过资源的注入和转移实现企业转型，因此对外并购技术型中小企业的方式被大企业所广泛采用。华立通信集团就是通过收购飞利浦在温哥华和达拉斯的CDMA手机设计相关业务，获得了国内手机制造业渴望已久的技术，把握了通向CDMA通信尖端技术的捷径和良机。①

2.调整企业战略，实现多元化经营

由于被收购方可能符合收购企业的长远战略发展需要，或者对收购企业的可持续发展起至关重要的作用，因此并购成为促进企业战略调整以及开展多元化经营的有效途径。具体来说，并购使企业低成本地迅速进入被并购企业所在的增长相对较快的行业，并在很大程度上保持被并购企业的市场份额以及现有的各种资源，从而保证企业持续不断的盈利能力。以生产"万宝路"香烟而著名的菲利普·莫里斯（Philip Morris）公司就是利用并购来实现关键产业的战略转移，并且为企业寻找了新的发展契机的。当"万宝路"品牌红遍世界各地时，菲利普·莫里斯公司并没有仅仅满足于眼前所获得的成功，而是开始为企业更长远稳定的发展谋略规划。1969年，公司并购了米勒·布鲁因酿酒公司（Miller Brewing）；1987年，又并购了生产"麦氏咖啡"的通用食品公司（General Foods Corporation）。通过并购一系列食品行业的企业，菲利普·莫里斯公司逐步从烟草行业转入到食品行业，实现了企业战略的转移。公司并没有打算要完全放弃之前成功经营的烟草品牌，而是采用并购的方

① 谢茜华，等.我国企业并购动因探讨［J］.中国乡镇企业会计，2007（12）.

式来完成公司的长远战略目标，即在20世纪末将公司转变为一个拥有大量利润的有香烟分部的食品公司。1988年，公司以130亿美元兼并了卡夫（Kraft）食品公司，利用卡夫公司的包装专长结合自己在营销方面的丰富经验，成功地在食品行业打开了新的局面。

3.增强筹资能力，解决资金不足

用并购的办法可以为企业未来发展筹集充足的资金。收购企业可以通过换股的办法来实现，而且由于能保留被收购企业股东的股东地位，容易受到后者欢迎。并购一家掌握有大量资金盈余但股票市价偏低的企业，可以同时获得其资金以弥补收购企业自身资金的不足。筹资是迅速成长企业共同面临的一个难题，设法与一个资金充足的企业联合是一种有效的解决办法。由于资产的重置成本通常高于其市价，在并购中企业热衷于并购其他企业而不是重置资产。

（三）降低代理成本

企业法人治理结构一般由以下组织组成：股东会、董事会、监事会、经理。在现代企业中，形成了一系列的委托代理关系，主要包括：股东和经营者之间的委托代理关系，经营者和管理者（分公司经理、职能部门经理）之间的委托代理关系，管理者和员工之间的委托代理关系。委托代理关系的费用支出体现为代理成本。根据代理理论，通过企业并购可以形成对管理层的激励，由于资本市场上存在并购行为，一旦企业经营业绩不佳，就会招致被其他企业并购的命运，而并购会导致高层管理人员的重新任命，这使高层管理人员的领导地位受到威胁，迫使其努力工作并提高管理效率。从某种程度上看，收购事实上就是提供一种控制代理问题的外部机制，收购或代理权的竞争可以有效地降低代理成本。

二、企业并购的负效应

1.企业内部信息交换的不完全、不对称会引起管理成本的提高。在企业管理组织中，通过自下而上的信息传递，能够使上级管理层了解企业的生产经营状况，通过自上而下的信息传递，使企业决策目标被员工所理解而得以实现。并购后企业的管理幅度和管理层次势必要增加，信息传递的质量就会降低，这就需要利用监督职能来保证信息传递的质量，因而增大管理成本。

2.通过并购使企业多元化经营的确可以降低公司的风险，实现公司的战略转移等，但这些好处的收益方大多是企业的员工、供应商和顾客，对于股东及债权人而言这未必是件完全获利的事。首先，分散或降低企业风险的途径有很多，多元化经营只是其中的一种。其次，若企业过多地选择了不相关多元化经营战略，如在行业存在高额利润时，即通过收购此行业中的企业以介入此领域来谋求高投资收益，这样做很可能因新领域的信息不完全以及缺乏相应专长使企业进入的风险大大增加。尤其是主营业务不佳时，企业不仅会缺乏足够的资源在新领域建立优势，甚至会使原有的经营领域受到牵连而直接威胁到企业的生存。

3.若收购企业采取敌意并购的方式，则会对目标企业造成不少负面影响。尽管目标企业一般会利用一系列的反收购策略来全力反对，但这类防御或抵抗的行为往往对管理当局有利，而企业的股东权益会受到损害。

上述三种为企业并购过程中可能产生的主要负面效应。除此之外，整合难度大、组织文化冲突、收购成本过高以及难以准确对目标企业进行估价和预测等都有可能带来企业并购的负效应。

第三节　投资银行在并购操作中的作用

企业并购是一个纷繁复杂的过程。由于企业情况各异，并购的具体操作流程也会随之有所变化，因此具有专业经验的投资银行可以为企业提供更为全面周到的服务，并在并购操作中起到至关重要的作用。总体而言，投资银行操作企业并购主要有以下几大步骤：

一、对收购项目进行可行性分析

当投资银行收到收购企业的委托意向书后，首先会对客户即收购企业的具体项目或合作意向进行可行性分析和相关的论证。只有经过仔细的分析判断，确定客户提供的收购项目是切实可行的，投资银行才会接受委托，成立项目小组，开始正式与客户企业合作开展并购的各项操作。可行性分析主要涉及以下几个方面：

1.现有法律和市场准入的法规。投资银行将根据有关规定，查看此收购项目是否违背法律和市场准入法规，如并购是否受到《反垄断法》的制约，是否符合《公司法》《证券法》的相关规定等。

2.并购项目的产业前景。这包括行业的市场潜力、技术革新速度、行业的进入障碍、企业转产或转行的柔性等。如果并购项目所涉及的这个产业将很快被另一新兴产业所淘汰，而并购企业本身柔性又差，在设备和人员技术方面很难向相关行业转行，则并购项目的可操作性就会很小。

3.收购企业的发展战略。在物色合适的并购目标之前，投资银行首先要帮助收购企业明确自己未来的发展战略和发展规划，这其中需要考虑诸多方面的问题。例如，企业的竞争地位及今后的变化趋势如何；企业的发展战略重心是否要转移到新的经营领域中去；并购是否有利于企业日后的稳定持续发展，是否与企业的总体发展战略相吻合。事实上，收购是收购者为最终达到某种企业战略目标而采取的一种手段。换言之，投资银行为企业设计的并购方案是根据收购者不同的战略目标而进行相应调整的。所以，明确发展战略是企业在并购前的首要任务，同时也是为以后并购的顺利进行做好充足的准备。

4.并购双方企业是否优势互补。并购是建立在双赢的基础上的，而不是收购企业一厢情愿就可以成功的。投资银行必须考虑这个项目是否对目标企业也有利，能否引起对方的兴趣，以促成最后并购的成功。因此，投资银行应该弄清楚通过这个项目目标企业可以得到什么，力求并购双方企业能优势互补，或尽可能发掘协力优势，这样就为日后的并购谈判做好了充分的准备。

2005年9月，海信集团成功地收购了科龙电器，这是一个通过优势互补来实现企业扩张战略的典型案例。海信集团经过几十年不懈的努力，已经发展成为在国内外拥有20多个分公司并且净资产达48亿元的大型企业。海信集团在并购之初设立的战略目标是扩张性的，即不断丰富产业结构、扩大生产的规模。为了更快、更有效地实现企业的发展目标，海信集团经过仔细考量最终决定收购可以在产品结构上形成互补的科龙电器。科龙电器是白色家电业的龙头企业，在冰箱和空调方面优势尤为明显，并且科龙电器还拥有一条健全的白色家电产业链，而这些恰恰是海信集团所缺少的，海信集团在白色家电领域的起步较晚，且市场占有率不大。因此，收购科龙电器可以弥补海信集团自身发展的不足，突破企业发展的瓶颈，逐步扩大生产规模以及提高市场占有份额，形成黑白家电并驾齐驱的产品结构。

二、物色合适的并购对象

物色合适的并购对象在企业并购过程中具有举足轻重的地位。盲目地选择并购对象很有可能导致收购的失败抑或收购后企业的生产经营每况愈下。因此，投资银行会根据客户选择目标企业的条件，为其在全球范围内寻找合适的目标企业。由于投资银行有专门的并购部门注意随时收集有关并购意向的信息，并且在海外有诸多战略联盟伙伴，所以一个项目都会有许多相关信息可供查询和甄选。

（一）并购对象的规模

投资银行必须考虑的一个因素是被收购方的规模，因为并不是目标企业的规模越大就越好，关键是要根据收购企业实际发展需要的不同而灵活地做出选择。假设被收购的企业规模太大，大到超过了收购企业的控制和管理能力，则可能给并购的结果带有很大的不确定性。而且，即使成功地收购了该目标企业，也可能因难以整合、消化而造成一种"蛇吞象"的不良后果，由此给收购企业带来损失。若换成另一种假设，即目标对象的规模非常小，小到对收购企业的经营业绩几乎没有什么作用，这样的并购从经济效益上来看也是不合算的，难以满足并购企业迅速扩大生产规模的需要。由此可知，在选择目标对象时，投资银行会考虑目标企业的规模与收购企业的现有能力以及发展战略是否相适应，否则就有可能导致劳而无功。

（二）并购对象的核心技术

如果目标企业拥有先进的技术资源，包括研究开发能力、高素质的员工等，而这些资源又是收购方所缺少的，则必将增加并购成功的可能性并且也为并购以后企业的发展打下良好的基础。

众所周知，阿里巴巴是全球国际贸易领域最大、最活跃的网上交易市场和商人社区。阿里巴巴的目标是形成由电子商务、门户、搜索和即时通信组成的囊括互联网领域所有当红业务的完整的核心业务链。雅虎中国有丰富且先进的搜索技术，这正是阿里巴巴在组建核心业务链时所需要的核心技术之一，于是，2005年，阿里巴巴基于自身技术强化和业务延伸的考虑而收购了雅虎中国。并购后，阿里巴巴运用雅虎的搜索技术丰富和扩大了电子商务的内涵，实现了最初的构想。①

（三）并购对象的财务状况

被收购企业的财务经济状况也是投资银行在为客户挑选企业时不容忽视的方面，其中包括销售额、利润、成本、现金流量、资本结构等各种财务指标以及资产负债情况。目标企业的财务状况是否符合收购企业的要求关系到并购后企业能否良好地运营。所以，并购对象的财务状况是投资银行要充分考虑的因素。例如，投资银行一般会为拥有充足现金但又缺乏投资机会的客户选择那些现金匮乏但资本边际收益率较高的企业作为并购目标；而若客户属于存贷比例高、资产组合中高风险资产比重大、偏好财务杠杆的激进型金融企业，则投资银行通常会挑选高资本比率、低负债、低盈利的保守型金融企业。

三、并购对象的价值评估

物色好合适的并购对象以后，投资银行就要展开对该并购对象的价值评估工作。通过对目标企业的价值估计，投资银行可以为收购方定出一个合理的、既能满足目标企业的股东又比较容易取胜的收购价格。一般而言，对企业价值进行评估主要使用以下三种方法：

（一）市盈率法

市盈率是指股票市场上某种股票的每股价格与每股收益的比值，表示企业股票收益与股票市场市值之间的关系。用市盈率法来评估企业的价值优点在于比较简洁，但也有主观性较强的缺陷。

---

① 谢茜华，等.我国企业并购动因探讨［J］.中国乡镇企业会计，2007（12）.

市盈率法的基本计算公式为：

V=E×L×N

式中：V——目标企业价值；

E——市盈率；

L——每股盈余；

N——企业发行在外股份总数。

运用市盈率法可以在以下几方面对目标企业价值进行认定：

（1）企业股票收益的未来水平。

（2）投资者希望从投资企业股票中得到收益的风险高低。

（3）企业做出投资后的预期回报。

（4）企业在其投资上获得的收益超过投资者要求收益的时间长短。

（二）市场比较法

市场比较法是指在证券市场上以与目标企业可比的上市公司作为参照公司，对目标企业进行价值评估的方法。市场比较法在理解和应用上比较简单，但其缺点表现在目标企业的价值是通过与类似企业的比较取得的，而这些企业的特殊情况与目标企业可能会有很大的差异。

市场比较法的基本计算公式为：

V=E×R

式中：V——目标企业价值；

E——目标企业的市盈率；

R——目标企业的收益总额。

（三）资产基准法

资产基准法是指由公认的资产评估机构对目标企业的各类资产进行评估并加总，得出目标企业的总资产，再减去企业负债总额，最终得到目标企业的净资产价值。

资产基准法的基本计算公式为：

V=A-L

式中：V——目标企业价值；

A——目标企业资产总值；

L——目标企业负债总值。

运用资产基准法的关键在于资产评估中价格标准的选择。资产评估中的价格标准通常有账面价格法、重置价格法、清算价格法等。如果目标企业长期亏损，或存在财务危机面临清算，就可选择清算价格法进行评估；如果目标企业的账面价值与重置价值相差甚远，则可选择重置价格法进行评估。[①]

四、设计并购推荐文件

企业并购如同定做奇装异服，千差万别。并购推荐文件的设计也需要根据企业的不同情况进行量身定做。企业参与并购的目的各不相同，目标企业的状况各异，不同地区、不同行业的企业所处的环境亦存在很大差异，因此，在并购推荐文件的设计中，具有专业技术和智慧的投资银行所起的作用就显得尤为重要。

推荐文件最终是要展示给目标企业看的，如果编写得通俗易懂，至少能让目标企业的管理者理解、明白并引起他们的合作兴趣。这就好比收购项目是一个"商品"，作为营销员的投资银行需要将这个产品经过精心的包装，用目标企业乐于接受的方式介绍、推销出去，最终获得对方对该商品的认同。而并购推荐文件就是整个推销过程中一个积极引起对方兴趣的方法和手段。因此，投资银行在设计推荐文件时往往会分析目标企业的心态，用对方能理解的语言来阐述这个并购项目。

通常，并购推荐文件有三种类型，在推荐的不同阶段分别有不同的用途。

（一）项目简介

项目简介主要是用高度精练、准确、直观的语言对行业发展、企业规模、合作方式、合作前景进行一个大致的介绍。有一点值得注意的是，项目简介中一般不透露客户企业的名称，这是为了在没有确认目标企业的合作诚意之前，保护客户企业的商业利益。因为在目标企业中很可能有客户企业的竞争对手，它们有可能利用这些资料做出对客户企业不利的事情，损害客户利益，所以这份文件中不能出现客户的名称。当目标企业表示出对项目感兴趣并希望了解更详细的资料时，为保护双方利益不受损害，投资银行将和目标企业签署保密协议，以便今后能够畅通地交流信息和交换文件。

（二）项目展示

当投资银行收到目标企业对该项目的积极反应之后，就要与目标企业有进一步的接触。项目展示以多媒体演示的方式向目标企业进行完整、简明的介绍，将并购项目最明显的优势、对目标企业最有利的地方用更直观的方式展示给对方。项目展示的过程中，对目标企业提出的疑问，投资银行的代表会尽可能地给予有说服力的答复。当然与此同时，投资银行的代表也会对目标企业的合作诚意和实力做出调查和判断。

---

① 贝政新.投资银行学 ［M］. 上海：复旦大学出版社，2006.

（三）投资备忘录

在投资银行对目标企业进行项目展示之后，如果目标企业对进一步的合作和交易做出了肯定的回答，投资银行将安排客户企业与目标企业进行实质性的谈判。不过在此之前，投资银行还会向目标企业递交一份投资备忘录。

投资备忘录有别于一般的营销推荐文件，除了有生动的商业描述、简单的数字运算和企业发展概况介绍之外，还必须真实、具有说服力地展示客户企业过去的业绩、盈利特点、核心技术对未来的影响、行业利润率比较、运营比率分析、企业未来的发展潜力和最大价值等。通过投资备忘录，投资银行可以提供给目标企业更全面、更深层次的关于客户企业的信息，使它们感觉客户企业是有诚意的且非常重视这个收购项目。换言之，投资备忘录既可以帮助客户企业充分展示它们的企业实力，又能让目标企业增加对这个项目的信任度。由此可见，投资备忘录的作用是相当重要的，决不可简单、粗糙地制作，需要全面、详细、深入地阐述客户企业的综合情况，既要有企业发展历史的回顾和当前经营状况的描述，又要有对企业将来发展潜力的评估和发展远景的展望。

五、与目标企业的交易谈判

完成上述任务之后，并购双方可以进入实际的交易谈判过程。投资银行将组织安排双方的高层针对项目进行面谈。企业的并购价格是双方交易、谈判的重点。并购交易价格的形成和确立是双方不断洽谈的结果。在商议并购价格时，不仅要考虑之前评估的结果，还要考虑影响价格的其他因素，如企业并购后增加的现金流、企业并购后对自身原有股权回报率的影响、企业并购的支付工具、企业并购所能产生的效益等。如果收购方把并购价格定得过低，势必增加与目标企业的谈判难度，目标企业可能会因低报价认为收购方缺少诚意而拒绝谈判，结果事与愿违。如果收购方把并购价格定得过高，尽管能提高收购成功的可能性，但这毕竟会大大增加收购的总成本，使收购企业通过并购获得的收益明显减少。所以，如何制定合理的价格并且如何与目标企业谈判都是博弈的过程，收购最终成功与否就取决于博弈之后能否达到一个令双方都满意的均衡状态。

交易谈判不只是来回磋商价格的过程，还需要智慧、技巧和战术。在这些方面，投资银行具有丰富的经验和优势。收购企业可以请投资银行来帮助完成与目标公司协商谈判的任务。比如，投资银行可以安排客户企业与3~5家目标企业同时进行谈判，目的是创造一个竞价环境。商界有句俗语说，"只有一个客户的时候就相当于没有客户"，因为你根本没有讨价还价的余地。同多家感兴趣的目标企业同时谈判，使它们看中同一项并购交易，这种类似"拍卖程序"的并购谈判会使收购企业在整个交易过程中占据明显优势和主动地位。

经过反复磋商和交换意见，在达成共识并敲定最终并购方案之后，并购双方需要签订并购协议书，协议书应包括交易价格、支付方式、并购后企业结构的安排以及职工安置、违约责任的追究和处理等内容。

六、企业并购后的整合

企业并购后的整合不是简单的"1+1=2"的过程，它既有企业人力资源的安排问题，又有企业文化融合以及战略目标一致性等诸多复杂的问题需要解决。作为企业并购顾问的投资银行可以及时为企业制订出一套系统、全面、清晰的整合计划。

（一）人力资源整合

人力资源是企业核心竞争力的关键要素，是产品创新、改革的智慧来源，也是企业管理有效运作的根本保障。在企业整合重组的进程中，人力资源的整合显得格外重要。若并购后，企业在人力资源上整合不当，会给企业员工的个性、工作动力和能力发挥带来负面的影响。一旦员工之间因并购整合而发生冲突，势必挫伤他们工作的积极性，直接影响正常的工作效率，从而加大将来协同合作的难度。对企业的管理层而言，并购给企业的权力分配增加了许多不确定的因素。并购之后，企业很有可能更换掌权人物，这种不确定性和掌权人的经常更换往往会转移企业员工的注意力，使他们不再关心自己的本职工作，而是关心谁将是企业的下一任领导，这样，企业的经营业绩肯定会受到影响。若长时间如此，员工和经理们会逐渐失去对企业未来发展的信心，开始变得不思进取。

因此，人力资源整合是企业并购后整合的一个相当重要的环节。投资银行会根据并购后企业的实际情况帮助企业在人力资源上进行优化配置，建议企业管理层积极启用优秀的人才，增进管理层与员工、员工与员工之间的信息交流和相互理解，增强企业内部的团队合作，设立有效的激励和监督机制等。

例如，荣事达兼并合肥威达电机电器总厂后，除了大量使用威达配件、注入技改资金外，更注重强化管理，推进企业间的组织整合。在整合过程中首先将威达厂的16名厂级干部压缩为5人，对部分年龄偏大、素质较低的职工实施"内退"政策，然后以新的领导班子为"接口"推行荣事达的"零缺陷"管理模式，层层订立目标管理合同，将荣事达的科学管理方式"植入"威达，以市场与效率为基准，对威达进行全面人力资源整合。[1]

---

① 金德环.投资银行学［M］. 2版.上海：格致出版社，上海人民出版社，2015.

（二）企业文化整合

1998年，戴姆勒-奔驰与克莱斯勒进行了举世瞩目的并购，这次并购曾经被誉为"完美的婚姻"，但后来被证明是"一大败笔"。这场被大家一致看好的并购为何最后以失败告终呢？究其原因，最主要的一点是两个企业由于所处地域、国家不同而拥有截然不同的企业文化。企业并购后没有采取有效的措施使两个企业的文化进行融合，不同的文化风格和管理理念最终产生了冲突和矛盾，导致这次收购的失败，并使企业蒙受损失。

投资银行拥有丰富的并购经验，无论是同行业还是跨领域的并购操作，投资银行对企业并购后的文化整合都颇有心得。为了避免因文化不合而造成的效益损失，企业可以请投资银行为其出谋划策、指点迷津。所谓企业文化，包括企业的价值观、企业管理风格、企业经营理念以及企业行为准则等。企业文化其实是一个很难界定的东西，它贯穿于企业运作管理的方方面面，它可以是一种对"企业精神"的不成文的理解和规定，也可以是企业领导的风格和领导与员工之间的沟通方式。不同的企业自然会有不同的企业文化，这就意味着企业间在经营理念、处理事情的方式上可能存在很大的差异，这样的差异或冲突将影响并购后企业整体的团队凝聚力以及员工的工作效率。比如，一家大型企业收购了一家成功的中等创业型企业，双方都期望能够互惠互利。由于小公司属于创业型组织，反应快且灵活性强，对目标市场能迅速响应，因此专注于把高质量的新产品迅速推入市场。小公司产品领先的优势正是吸引大公司当初收购它的一大原因。大公司由于规模庞大且机构设置复杂，所以行动缓慢，表现出严重的官僚主义。显而易见，两家公司的文化风格截然不同。小公司的员工希望以快速的行动来抢占市场先机，所以他们习惯于直接沟通，常常会越级直接找大公司的决策人。然而，这种方式却严重冒犯了大公司里人人遵守的不成文规定，也导致了企业中层管理人员的权力丧失以及他们与下属员工间信任度的降低。

由此可见，企业文化整合是不同企业的文化与理念的碰撞、渗透、理解、不断磨合和相互包容的过程。"企业兼并，文化先行"，这是海尔集团推出的企业文化整合模式，也是企业并购整合中值得借鉴和参考的经营理念与企业精神。

（三）战略目标整合

企业的战略目标是企业未来发展的方向，明确战略目标可以使企业保持稳步向前的发展态势。不同企业有不一样的发展策略，并购后企业很有可能因为战略上产生分歧而造成企业发展目标的不明确，导致企业最终无法找准自己的合理定位。

由于在并购项目操作之初投资银行就做过可行性分析，其中就包括了客户企业发展战略的制定，同时在项目运作过程中，投资银行又多次和目标企业接触洽谈，所以投资银行对并购双方的发展战略是最清楚、最熟悉的。投资银行在协助企业整合时，首先会仔细分析和研究企业战略分歧产生的原因。一般而言，企业战略分歧可能表现为对目标市场、消费者需求、企业定价策略、竞争对手的行动等的不同看法。由于意见的不统一，往往会使并购双方的管理层将战略分歧演变为一场权力和地位的争夺。如果在一些问题或决策上双方各执己见，很容易造成企业内部的混乱，战略目标的不确定也会为企业未来发展蒙上一层阴影。所以，企业并购后投资银行会根据新的形势及时帮助企业调整战略目标，为企业今后的发展指明方向。

第四节　投资银行在反并购操作中的作用

有些人认为并购就像商品交易，但事实上并购不能完全等同于商品买卖。在很多情况下，并购不是像商品交易那样在你情我愿的基础上实现，而是时时存在着双方的攻守较量。

作为企业并购的专家顾问，投资银行不仅可以为收购企业提供服务，也可以帮助目标企业抵制恶意收购。投资银行凭借其信息资源的优势以及丰富的业务经验，能协助企业的董事会对收购条款进行详尽的分析，判断并购企业是善意并购还是恶意并购。如果存在恶意并购的风险，投资银行可以帮助企业制定几种反收购策略，通过提高并购企业的并购成本或降低并购企业的并购收益来有效地抵制恶意收购。

一、并购前的预防

（一）建立合理的股权结构

企业掌控的股权越多，对企业的控制力就越大，就越不容易被其他企业收购。于是，控制权的争夺就成为公司收购与反收购的焦点，谁获得了最多的表决权，谁就是公司真正的控制者。因此，投资银行会建议企业在公司章程中预先设定有关反收购的条款，建立合理的股权结构，这样就可以成功地避免企业被恶意并购的命运。百度公司著名的"牛卡计划"正是利用了股权结构这一招使控制权牢牢掌握在企业自己手中，有效地防止了被敌意收购。

所谓"牛卡计划"，又称"双重股权结构计划"。这种反收购策略是将公司股票按投票权划分为高级和低级两个等级，高级股票可以转换为低级股票，低级股票每股拥有一票的投票权，高级股票每股拥有n（一般为2~105）票的投票权。如果实行了"牛卡计划"，只要公司管理层掌握了足够的高级股票，即使敌意收购者获得了大量的低级股票，也难以取得公司的控制权。

（二）降落伞计划

企业收购往往导致目标企业的管理人员被解职，普通员工也可能被解雇，因而，为了保护收购发生时企业管理层及员工的利益，投资银行会协助目标企业制订出各种保障计划，降落伞计划就是其中被最广泛应用的方法。

降落伞计划分为金色降落伞计划、灰色降落伞计划和锡降落伞计划。所谓金色降落伞计划，是指由目标企业股东大会和董事会做出决议，当目标企业被收购接管，其董事及高层管理者被解职时可一次性领到一笔巨额的退休金。由于该项收益就像一把降落伞让高层管理者从高高的职位上安全下来，故名金色降落伞计划。灰色降落伞计划是指目标企业承诺，若企业被收购，企业必须向被解雇的中层管理者支付略低于高层管理者的同类保证金。而锡降落伞计划则是针对一般的企业员工的，当因企业并购而被解雇时，普通员工可根据工龄长短领取相应的遣散费用。

降落伞计划的实质是通过提高收购成本或增加目标企业现金支出从而阻止并购的发生。在众多的反收购案例中，降落伞计划被广泛应用，就连投资银行自身也曾利用过这一反收购策略来预防自己被其他金融投资机构恶意吞并。2006年4月，摩根士丹利向监管机构提交的注册声明中称，这家投资银行的几个股东支持该公司敦促其他股东通过所谓的"金色降落伞计划"的建议，即同意为即将离职的高层管理人员提供解职福利。

（三）毒丸战术

毒丸战术是指目标企业在并购威胁下进行自我破坏，从而使自身失去对并购方的吸引力。毒丸战术通常有以下几大策略和方法：

1. 大量增加自身负债，或让债权人提前赎回债券、清偿借贷，以此降低企业被并购的吸引力。

2. 企业的绝大部分高级管理人员共同签署协议，当企业被以不公平价格并购，并且管理人员中有一人在并购后被降职或革职时，则全部管理人员集体辞职。

3. 企业赋予其股东某种权利，如当某一方收购了超过预定比例（如25%）的企业股票后，权证持有人可以以优待价（一般是市场价的50%）购买企业股票。

当年在举世瞩目的盛大并购新浪案中，新浪正是采用了毒丸战术有效阻止了盛大的敌意收购。毒丸战术的思路由时任新浪CFO的曹国伟提出，著名的投资银行摩根士丹利拿出了具体的实施方案。新浪毒丸战术的实质是让除盛大以外的每位股东都获得与手中持股数相同的购股权。当盛大增持新浪股票比例超过20%时，除盛大以外的股东们就可以凭着手中的购股权以半价购买新浪增发的股票，这样一来，盛大所持有的新浪股权将被大大稀释，使其收购代价明显提高。

二、并购要约后的反抗

（一）白衣骑士策略

白衣骑士是指在敌意并购发生时，目标企业的友好人士或第三方企业出面来解救目标企业，驱逐敌意并购者。但有时，往往不一定会有白衣骑士主动上门给予帮助。因此，目标企业需要聘请投资银行的专业人士在短期内为其寻求适合的白衣骑士。通过主动寻找第三方即所谓的白衣骑士来与袭击者争购，可以形成第三方与袭击者竞价并购目标企业的局面。在这种情况下，袭击者要么提高并购价格，要么放弃并购。为了吸引白衣骑士，投资银行常常会让目标企业通过"资产锁定"等方式给予一些优惠条件来鼓励白衣骑士购买目标企业的资产或股份。

在实际反收购战略中，寻找白衣骑士并非易事。由于按规定收购企业一旦公开标购，就只有30~60天的期限，目标企业需要立即找到白衣骑士，白衣骑士也需要有一定的实力并且能迅速做出反应，这势必加大寻找白衣骑士的难度。此外，如果收购方的初始出价偏高，那么白衣骑士抬价竞买的空间就小，白衣骑士所要承担的收购成本就会相应升高，目标企业被拯救的可能性也就相对降低。

当然，现实中也不乏利用白衣骑士战略反收购成功的案例。ST美雅在强大的民营收购对手面前，利用"盟军"的力量抵御住了强敌。ST美雅独立董事经认真研究，认为ST美雅需要引入对美雅目前从事的纺织业有充分了解、能迅速改变美雅的经营状况并且符合全体股东根本利益的战略合作伙伴。ST美雅公开发出寻找"盟军"的信号还不到两天，收购方万和集团就主动撤退，放弃了收购计划。这次反收购的成功之处在于美雅公开发出信号，这给美雅国有股出让方——鹤山市国资办施加了巨大的压力，在公众面前，鹤山市国资办不得不考虑"更有利于本企业的发展而决定转让其所持股权"。而最后，由于鹤山市国资办"阵前反悔"——停止将ST美雅国有股转让给万和集团，万和集团收购ST美雅的计划以失败告终。

（二）帕克曼防御术

"帕克曼"一词来源于20世纪80年代初美国一部流行的电子游戏，在该游戏中，每一个没有吞下其对手的一方反遭受自我毁灭。帕克曼防御术是指企业在遭到并购袭击时，不是被动地防守，而是以攻为守、以进为退，或者反过来提出还盘而并购收购方，或者以出让本企业的部分利益（包括出让部分股权）为条件，策动与企业关系密切的友邦企业出面并购收购方股份，以达到"围魏救赵"的效果。帕克曼防御术的实质是目标企业与收购企业的角色互换与角色对称。

运用帕克曼防御术的好处在于原目标企业可进退自如，进可以反攻为守吃掉原收购企业，退则可迫使原收购企业自保而丧失收购能力与机会。但是，若原目标企业没有较强的资金实力和外部融资能力，则运用帕克曼防御术风险会很大。例如，20世纪80年代联合碳化物公司（即联碳公司）在印度博帕尔的一家工厂发生了严重的毒气泄漏事件，这场导致2 000人丧命的悲剧使公司付出了巨额赔偿，也使联碳公司一时负债大增、财务困难，公司股票价格下跌且一蹶不振。此时，GAF材料公司趁火打劫，从1985年夏天开始陆续购进大量联碳公司股票。1985年9月，GAF突然宣布它已拥有联碳公司10%的股份，并向纽约证交所公开收购意向。此时的联碳公司正焦头烂额，遭此"突袭"，董事会、经理班子一时六神无主，只好向摩根士丹利求救，共商对策。在对GAF的反收购行动中投行曾考虑使用帕克曼防御术，但终因联碳公司资金实力不足而不得不放弃。当然，在实际并购中，也不乏成功运用帕克曼防御术的典型案例，如1982年美国贝蒂克斯公司、马丁公司、联合技术公司和艾伦德公司之间发生的收购与反收购的四角并购大战便是一例。

（三）法律诉讼

法律诉讼也是投资银行协助目标公司反抗敌意收购中经常使用的策略。所谓法律诉讼是指目标企业以收购方违反某种法律法规为由向司法部门、征管部门及反垄断委员会等政府机构提出诉讼。诉讼的目的通常包括：逼迫收购方提高收购价格以免被起诉；避免收购方先发制人，延缓收购时间，以便寻找白衣骑士；在心理上重振目标公司管理层的士气。利用诉讼阻止并购的法律依据主要是反垄断和证券方面相关的法律。例如，我国《证券法》对公司收购的法律程序作了严格规定，对收购方在收购中的持股披露义务、发生强制收购时的要约义务等均作了具体规定。通常情况下，诉讼的理由主要有三条，一是披露不充分，二是反垄断，三是收购操作过程存在欺诈等犯罪行为。

运用法律诉讼，至少延缓了收购时间，便于目标公司管理层采取进一步的反收购措施。当收购方存在违规行为时，目标公司就可借助相关法律起诉收购方，使得收购方的收购行为被迫中止乃至最后失败。在1993年的"宝延风波"中，延中公司在收到收购要约之后就曾起诉宝安公司存在违规行为，由于各方面原因，宝安公司虽然最终收购成功，但却受到了证监会的处罚。

本章小结

1.所谓"并购"包括了兼并和收购，其实质是企业间经济资源重新配置的过程。兼并是由两个或两个以上的企业合并形成一个新的经济单位；而收购是由收购企业通过某种方式主动购买目标企业的大部分或全部股权或资产的商业行为。

2.并购按不同的标准可以划分为不同的类型。按并购企业的关系分为横向并购、纵向并购、混合并购；按并购的具体手段分为购买式并购、承担债务式并购和吸收股份式并购；根据企业并购动机分为善意并购和敌意并购。

3.企业的并购动因各不相同，但最主要的目的是通过并购获得经营和财务的协同效应，增强企业的筹资能力，解决资金不足的问题，调整企业战略，实现多元化经营。

4.投资银行作为金融体系的核心，在企业并购的过程中扮演着十分重要的角色。投资银行的兼并和收购业务促使经营状况良好的企业迅速发展壮大，实现规模经济，也使经营不善的企业得以借此契机走出困境。

5.并购操作是一项复杂、富有挑战性的工作，对没有经验的企业而言更是难上加难。投资银行作为资本市场上重要的金融中介机构，凭借其丰富经验，可以为并购企业提供全方位的服务，主要包括：对收购项目做可行性分析、物色合适的并购对象、对并购对象进行价值评估、编写并购推荐文件、与目标企业进行交易谈判以及协助企业并购后的整合。

6.当企业遇到敌意收购时，投资银行可以帮助目标企业实施反并购操作。反并购操作可以分为并购前的预防和并购要约后的抵抗，具体包括：建立合理的股权结构，实施降落伞计划、毒丸战术、白衣骑士策略、帕克曼防御术和法律诉讼等。

思考与应用

1.试述企业并购的定义，兼并与收购的各自定义以及不同点。

2.企业并购的主要动因有哪些？

3.简述并购操作的基本流程以及投资银行在其中起到的重要作用。

4.具体有哪些反并购的策略？投资银行是如何帮助企业进行反并购操作的？

5.思考中国企业并购的特点、规模以及未来发展的趋势。

【参考案例】 中信建投助力北汽新能源收购前锋股份

一、案例导读:

中国的IPO审批制度一向以严格著称，证监会对每年上市企业的数量及名单进行严格审核，从审核时间的角度看，一家企业从提交IPO申请到核准发股上市至少需要3~5年，不仅要经历漫长的等待期，还可能面临IPO暂停的风险，而从上市条件的角度看，企业IPO的必要条件之一便是持续盈利3年，对于当年面临补贴退坡而将产生巨额亏损的新能源汽车行业来说，这一条件的存在意味着想通过IPO上市几无可能；同时，行业竞争日趋白热化这一行业背景又使得上市融资变得日益紧迫，因此，与上市公司进行资产重组，借助上市公司地位进入资本市场成为更优的选项，不仅交易成本大大降低，政策风险也相对更小。在这一背景下，前锋股份通过资产置换及发行股份购买资产的交易方式收购北汽新能源100%股份，帮助北汽新能源成为登陆A股的首家纯电动车制造企业。本次交易细节如何？投资银行又在本次交易中发挥哪些关键作用呢？

二、交易方案

北汽新能源并购重组方案主要包括三个部分，分别是：重大资产置换、发行股份购买以及募集配套资金。首先是重大资产置换，本次交易的评估基准日为2017年10月31日，前锋股份将以此基准日所拥有的全部资产及负债作为置出资产，与北汽新能源股份中的等值资产进行置换，并由四川新泰克作为承接方，对置出资产进行承接。其中，资产置换的差额部分由上市公司以非公开发行股票的方式向北汽新能源全体股东购买剩余资产以进行补齐。发股价格高于定价基准日前 120 个交易日股票均价的 90%，最终定为 37.66 元/股。

继续阅读请扫码

第十章

项目融资

随着金融市场和投资银行业的不断发展，投资银行的创新业务也不断壮大。本章将介绍投资银行一项成长迅速并且具有广阔前景的创新业务——项目融资，从项目融资的一般概况、投资银行在项目融资中的操作以及投资银行在项目融资中所起的作用这三个方面论述投资银行的这项创新业务。

第一节　项目融资概述

一、项目融资的定义

项目融资（project financing）起源于20世纪50年代，在70年代的能源开发热潮中逐渐发展起来。跨入20世纪90年代之后，随着资产证券化的诞生，项目融资越来越依靠资本市场和投资银行，并且逐渐成为投资银行的一项重要业务。在实践中，项目融资主要运用于交通（路桥、机场等）、能源、矿产资源开发和公共设施等大型项目。[1]

结合内维特（Nevitt）[2]和国际项目融资协会[3]对项目融资所做的定义，我们将项目融资定义如下：

项目融资是一种以项目本身作为融资主体，以项目未来现金流和收益作为偿还资金来源，具有无追索权或有限追索权形式的融资模式。

---

[1]　黄亚均，谢联胜. 投资银行理论与实务 [M]. 2版. 北京：高等教育出版社，2007.
[2]　A financing of a particular economic unit in which a lender is satisfied to look initially to the cash flow and earnings of that economic unit as the source of funds from which a loan will be repaid and to the assets of the economic unit as collateral for the loan.
[3]　The financing of long-term infrastructure, industrial projects and public services based upon a non-recourse or limited recourse financial structure where project debt and equity used to finance the project are paid back from the cash flow generated by the project.

以项目本身作为融资主体，有别于普通融资模式中以发起人作为融资主体，即项目融资的融资基础是项目本身的经济强度（项目的资产和现金流），而不包括项目发起人的信用。所谓无追索权，是指贷款人的还款要求只能追索到项目本身，而不得追索到项目发起人与项目无关的其他资产。

二、项目融资的基本特点

与传统融资方式相比，项目融资的基本特点可以归纳为以下五个主要方面：项目导向性、有限追偿权、风险分担、表外融资、结构复杂。[①]

（一）项目导向性

项目导向性即以项目本身作为主体安排融资，融资以项目为基础，而较少依赖于项目发起人的信用。因此，项目融资结构的设计、融资额度的确定以及融资成本的高低都与项目的预期收益、价值直接联系在一起。

基于项目导向性，项目融资的贷款期限可以根据项目的具体情况合理安排。项目融资期限可以达到十几年或几十年，比一般商业贷款期限更长。同时项目融资还可以获得更高的贷款比例，通常可为项目提供60%~75%的资本需求量。例如，我国广东大亚湾核电站项目，融资期限为15年，整个工程造价40.7亿美元，除合资方中国香港核电投资有限公司1亿美元的资本金外，其余资金均由向中国内地银行融资而得，融资比例高达98%。[②]

（二）有限追索权

从某种意义上说，贷款人对项目借款人的追偿形式和程度，是区分融资属于项目融资还是传统形式项目信贷的重要标志。追索是指借款人未能按期偿还债务时，贷款人要求以抵押资产以外的其他资产偿还债务的权利。有限追索的项目融资中，债权人可以在贷款的某个特定阶段（如工程的建设期和生产期）或某个规定的范围内（包括金额和形式的限制）对借款人实行追索。除此之外，无论项目出现什么问题，贷款人均不能要求借款人以除该项目资产、现金流以及所承担义务之外的任何形式的资产偿还债务。有限追索权的特例是无追索权，但在实际操作中很难实现。

（三）风险分担

风险分担是项目融资的重要特征。在传统的融资方式中，一般由借款人或贷款人单独承担项目失败的风险，缺乏灵活的风险转移和分配机制。在项目融资中，为了实现有限追索，项目发起人（即实际借款人）、贷款人以及其他项目参与者（如施工方）一般通过达成协议、做出保证等形式分担项目的风险。一个成功的项目融

---

① 张极井. 项目融资［M］. 2版. 北京：中信出版社，2003.
② 资料来源于中国策划师网 www.sunsky.org.cn。

资结构应该是没有任何一方单独承担项目的全部风险。

（四）表外融资

表外融资，是指项目融资的债务不表现在项目发起人的资产负债表中的一种融资形式，是一种非公司负债的融资形式。该种融资模式之所以可以不列入项目发起人的资产负债表，是因为项目发起人所承担的责任是有限的。通过表外融资的安排，项目发起人可以避免资产负债比率失衡的结果。

（五）结构复杂

项目融资的涉及面很广，结构复杂，需要做好关于风险分担、税务结构、资产抵押等一系列技术性工作，融资的文件比一般融资要多出好几倍。项目融资的成本不仅包括利息，还包括各种调查费用和法律费用。由于融资结构复杂，组织一个项目融资时间长（甚至长达几年），对组织者要求高，一般需要邀请投资银行参与其中。

三、项目融资的模式

项目融资按融资基础的不同可以分为：以"设施使用协议"为基础的融资模式、以"生产支付"为基础的融资模式、BOT融资模式、TOT融资模式、PPP融资模式、ABS融资模式、以"杠杆租赁"为基础的融资模式、有限追索权贷款模式等等。

受篇幅限制，本章仅选取几个有代表性的项目融资模式，并结合我国的实际案例作简要的介绍。

（一）以"生产支付"为基础的融资模式

所谓以"生产支付"为基础的融资模式，是指贷款人事先约定购买一定份额的项目产品，这部分产品的收益就是偿还债务资金的来源。[1]这种融资模式主要运用于电力、石油、有色金属等资源类项目中。因为这种贷款是以项目公司未来的产品作为抵押的，所以贷款者往往只是参与那些预期产量比较稳定，并且质量上有很好保障的项目。

河北省唐山赛德2×5万千瓦燃煤热电项目就是一个很好的例子。唐山赛德项目包括建造一个2×5万千瓦燃煤热电厂，为唐山市提供电力及热水。华北电力集团与项目公司签下为期20年的购电合约，最低购电量大约为电厂生产量的64%，定下的电价已经包含发电成本和指定的回报。[2]

（二）BOT融资模式

所谓BOT融资模式，即build-operate-transfer，是指一种由政府参与，以"特

---

① 奚君羊. 投资银行学 [M]. 北京：首都经济贸易大学出版社，2003.
② 资料来源于贺小虎律师法律工作室网站http://medialawyer.blog.163.com/。

许经营协议"为基础的融资模式。这是近十几年来被发展中国家广泛采用的一种项目融资模式。

该模式的一般过程为：由投资者（项目发起人）自行筹集资金进行项目的建设（build）；建设完成后，政府特许投资者经营（operate）一段时间（一般为10~20年），所得收益作为投资回报；期限结束后，项目全部资产转让（transfer）给所在地政府。

我国广东省深圳沙角B电厂项目就是一个成功的BOT项目融资案例。该项目于1985年签署合资协议，1986年完成融资安排并动工兴建，1987年投入使用。项目总装机容量为70万千瓦，总投资额为42亿港元。

该项目采用粤港合作经营方式兴建。合资粤方为深圳经济特区电力开发公司（甲方），合资港方是一家在中国香港注册的专门为该项目成立的公司——合和电力（中国）有限公司（乙方），合作期10年。合作期间，乙方负责安排提供项目的全部建设资金，组织项目建设，并且负责经营电厂10年（合作期）。作为回报，乙方获得在扣除项目经营成本、煤炭成本和支付给甲方的管理费后百分之百的项目收益。合作期满时，乙方将深圳沙角B电厂的资产所有权和控制权无偿转让给甲方，并退出该项目。①

（三）ABS融资模式

这是一种新型融资模式，起源于20世纪70年代，已在美国等金融业发达的国家取得了相当大的成功，成为项目融资的一种发展趋势。

所谓ABS，即asset-backed securitization，中文意思就是"资产证券化"。ABS模式，具体说就是以目标项目的资产作为基础，以未来的收益为保障，通过向证券市场发行债券的方式筹集资金。②例如，截至2015年底，三峡集团资产规模为5 633.7亿元，存量债券总额超过1 000亿元。

资产证券化业务也是投资银行一项重要的创新业务，关于它的详细介绍，读者可以参阅本书第十二章。

（四）PPP融资模式

PPP（public-private partnerships）融资业务也是投资银行一项重要的创新业务。PPP，直译为"公私合作"，具体表述为，政府公共部门与私营机构为了提供某项公共产品或服务而达成长期合作，通过发挥自身优势使双方达成目的，既实现了风险的合理分摊，又实现了公共服务与基础设施的更高效提供，是一种多赢的融

---

① 佚名.沙角B电厂的建厂模式［EB/OL］.［2021-11-20］. http://www1.szzx.gov.cn/content/2013-04/23/content_8987013.htm.
② 奚君羊. 投资银行学［M］. 北京：首都经济贸易大学出版社，2003.

资模式。PPP最常见的模式是由社会资本承担设计、建设、运营、维护基础设施等大部分工作，并通过"使用者付费"及必要的"政府付费"获得合理投资回报，政府部门负责基础设施及公共服务的价格和质量监管。[1]据世界银行对PPP的分类，PPP总体上分为外包、特许经营以及私有化三大类。外包类项目仅外包一部分工程且项目通常由政府出资，特许经营类项目由私营机构部分或全部投资并获得项目资产的特许经营权，私有化类项目因私营机构全权投资负责而获得项目永久所有权，因而这三个分类中私人部门所承担的风险是依次增加的。

与传统融资模式相比，PPP项目融资常用于大型基础设施建设及公共服务等项目，涉及的资金数额巨大且时间跨度长，并且公私双方的合作有明确的权责共享与分担，极大提高了社会资本利用率和合作效率。对于私营机构而言，该合作充分发挥了其管理优势，提升了公共基础设施的运作效率；对于政府而言，则大大缓解了政府在基建投资中的债务压力。在PPP模式下，公私双方的共同参与既实现了利益共享——政府、企业、公众多方共赢，又将与项目相关的财务、建设、运营风险进行了多方分摊，极大地带动了私营机构参与的积极性，促进了投资主体的多元化。

随着投融资模式的不断发展，PPP模式因其融资优势及效率提升而受到青睐。早在20世纪80年代，我国就开始引入PPP模式，并在实践中不断探索、总结经验。尽管在探索过程中，我国PPP项目先后遭受了1997年亚洲金融危机以及2008年国际金融危机的两次冲击，但仍凭借其特有的风险收益分担机制以及融资吸引力再度复兴。特别是近年来，我国处于地方政府债务膨胀、经济增速放缓、城市化进程加快推进、基础设施建设扩大的新形势下，政府既要控制债务，又要维持经济增长、改善民生。在这种情况下，有限的财政收入已难以弥补建设发展所需要的巨额资金缺口，甚至地方政府长期以来严重依赖土地使用权出让的土地财政模式都难以为继。因此，PPP模式在促进经济的可持续发展、缓解政府的财政压力、减轻政府的债务负担等方面展现出了超强功用。

为了规范和促进PPP模式在我国的健康持续发展，国家发改委、财政部、中国人民银行三方通力合作，就推广运用公私合作模式相继制定并发布了《关于在公共服务领域推广政府和社会资本合作模式的指导意见》等一系列指导意见或通知。在PPP项目增势迅猛、拟投资额突破10万亿元后，为了更好地推进PPP项目发展、妥善管理和使用庞大的资金，我国PPP项目的主推部门财政部和国家发改委相互明晰了其职责分工，由财政部负责统筹公共服务领域的PPP项目，国家发改委则负责推进基础设施领域的PPP项目。2019年6月，中共中央办公厅、国务院办公厅联合印

---

① 财政部. 关于推广运用政府和社会资本合作模式有关问题的通知［EB/OL］.（2014-09-24）.
［2017-05-23］. http://www.mof.gov.cn/pub/jinrongsi/zhengwuxinxi/zhengcefabu/201409/t20140924_1143760.html.

发《关于做好地方政府专项债券发行及项目配套融资工作的通知》，重点支持铁路、国家高速公路、地方高速公路、供电、供气项目等基建项目使用专项债券进行融资；2020年2月，财政部政府和社会资本合作中心发布《关于加快加强政府和社会资本合作（PPP）项目入库和储备管理工作的通知》，提出加快项目入库进度，缩短项目落地开工建设周期，有效发挥积极财政政策在逆周期调节中的作用。近年来我国PPP项目规模整体呈逐年下降态势，但全国PPP综合信息平台管理库在库项目规模逐年增长。截至2021年11月末，全国PPP综合信息平台管理库累计入库项目已达10 209个，项目总投资额为16.1万亿元。各部委间的分工合作，更好地鼓励了民营资本参与并深化推广PPP模式，这对政府职能从提供者向监管者的角色转变和公共服务、基础设施效率与质量的提高均有极大的促进作用。

江西峡江水利枢纽工程项目是使用PPP融资模式的典型案例。该项目总投资额高达99.2亿元，其中，江西省级财政承担11.37亿元，中央预算内投资定额补助28.8亿元，但仍存在约59亿元的资金缺口。为了弥补工程建设资金的不足，江西省水利厅（C方）将经营性较强的水电站从枢纽工程中单独分划出来，通过投资洽谈、竞争性报价等方式选择社会资本方，最终与中国电力投资集团公司江西分公司、江西省水利投资集团公司签署合作合同。项目公司——江西中电投峡江发电有限公司（S方）由两个社会资本方各按80%、20%的股权占比依法成立，以中国电力投资集团公司江西分公司出资为主。合作期内，S方在工程建设期内支付39.16亿元并获得50年的水电站经营权，C方与S方按照机组投产时间逐台签署发电机组交接书、购售电合同书等多项合同，明确了权责利关系。合作期满后，由政府收回水电站的经营权。在本例中，该项目以水电站本身所具有的经营性功能以及政府的雄厚资金为投资收益保障，调动了社会资本参与的积极性，不仅极大地减轻了政府的资金压力，还通过政府与社会资本的协调合作、风险分担，实现了利益的共享，高效地促成了项目的实施和运营。

第二节　投资银行在项目融资中的操作

虽然项目融资有很多不同的模式，每个模式都有自己独特的过程，但无论是何种模式，项目融资的整个过程大致上都可以概括为五个阶段：项目提出阶段、项目可行性分析阶段、项目融资方案设计阶段、项目谈判和合同签署阶段以及项目实施阶段。

由于整个过程运作复杂并且牵涉面广，一般情况下，无论是项目的发起人、项目贷款人还是项目公司本身，都很难进行独立的全程操作，需要专业的投资银行从中协助。本节就以项目融资的一般过程为线索，具体阐述投资银行在项目融资各个阶段中的操作。

一、项目提出阶段

这是项目融资的最初阶段，主要由发起人以现实中的需求为导向，对项目未来的目标、功能形成大致的设想。

实施项目的目的是解决现实中的问题，满足社会的需求，因此需求是项目融资最原始的出发点。例如，由于长江中下游在汛期面临洪涝灾害的威胁，我们有防洪的需求，同时，由于长三角地区电力紧缺，我们有对电力资源的需求，正是这两个社会需求最终导致了三峡工程项目的提出。

项目的提出，当然并非灵光一现地提出一个空洞的设想，而应该出于一些最基本的考虑：项目是否能满足社会需求，或者是否存在更好的方案；项目需要多少时间、人力、物力、财力；项目在现有技术条件下是不是可行的；项目在现有法律和政治条件下是不是可行的；项目在经济上能否给投资人带来合理的利润。当然，在项目的最初提出阶段，并不需要一个完整详细的可行性分析，而只需要有一个轮廓性的构想。由于此时的项目还只是投资人的一个简单构想，因此这个阶段一般由投资者自己完成。除非投资银行本身就是项目的发起人，一般情况下投资银行并不参与项目最初的提出。

但是，需要提醒的是，一些老牌投资银行长期担任一些大型企业的咨询顾问（投资银行的一项创新业务），双方保持着长达十多年甚至几十年的密切联系，因此，投资银行往往以提供咨询服务的形式参与到项目融资的最初阶段来。

二、项目可行性分析阶段

这是项目融资实际开始的阶段，也是投资银行真正参与的阶段。简单来说，这个阶段就是要制订一个详细的项目方案，并论证其可行性。

所谓可行性分析（feasibility study），是对项目的主要内容和配套条件（如市场需求、资源供应、建设规模、工艺路线、设备选型、环境影响、资金筹措、盈利能力等），从技术、经济、工程等方面进行调查研究和分析比较，并对项目建成以后可能取得的经济效益及社会环境影响进行预测，从而提出该项目是否值得投资和如何进行建设的咨询意见，为项目决策提供依据（见表10-1[①]）。可见，可行性分析是一种综合性的系统分析。[②]

① 戴大双. 项目融资 [M]. 2版. 北京：机械工业出版社，2009.
② 佚名. 可行性分析 [EB/OL]. [2021-12-13]. https://wenku.baidu.com/view/07fc5e6cb84ae45c3b358cea.html.

表10-1   **项目可行性分析的主要内容**

项目领域	可行性分析内容
外部投资环境	
政策环境	国家法律制度、税收政策
	项目对环境影响和环境保护立法
	项目的生产经营许可或其他政府许可的限制，以及获取这些许可的可能性
	项目获得政治风险保险的可能性
金融环境	通货膨胀因素
	汇率、利率
	国家外汇管制制度、货币风险及货币兑换权
工业环境	项目基础设施：能源、水电供应、交通运输、通信
项目生产要素	
技术要素	生产技术的可靠性及成熟度
原材料供应	原材料来源及可靠性、进口关税和外汇限制
项目市场	项目产品或服务的市场需求、价格、竞争性
	国内和国际市场分析
项目管理	生产、技术、设备管理
	劳动力分析
投资收益分析	
项目投资成本	项目建设费用
	征购土地、购买设备费用
	不可预见费用
经营性收益分析	项目产品或服务的市场价格分析与预测
	生产成本分析与预测
	经营性资本支持与预测
	项目现金流量分析
资本性收益分析	项目资产增值分析与预测

因为一个项目所涉及的领域众多、程序复杂，发起人由于种种原因（如对资本市场运作不熟悉）很难对项目做出一个全面准确的可行性分析，所以一般都会邀请投资银行参与其中。

由于项目的可行性分析主要涉及行业内的相关信息，因此在这个阶段需要项目的发起人与投资银行密切配合、共同运作。在这一阶段，投资银行的主要工作有：充分了解当前的政策环境，并在此基础上给出建议；对宏观经济以及国家政策趋势做出准确的预测；在发起人的支持下对项目产业的发展趋势和竞争情况做出合理分析；在现有数据的基础上，对项目的财务状况进行预测。

除此之外，对项目的风险评估也是可行性分析的重要组成部分。对于可行性分析中提及的所有内容，无论是国家政策风险、金融风险等企业无法控制的系统性风险，还是原材料风险、产品市场风险等企业可以影响的非系统风险都要进行评估，并且在准确评估的基础上给出建议。

三、项目融资方案设计阶段

项目融资方案的设计是项目融资最重要、最核心的阶段，是项目融资成败的关键所在，同时也是投资银行作用最明显的阶段。正是由于这一阶段的复杂性和专业性，发起人才不得不邀请投资银行参与其中。投资银行设计融资方案主要包含以下三个方面：融资模式设计、资金来源设计以及担保设计。

（一）融资模式设计

正如本章第一节所介绍的，项目融资有很多模式：项目融资按融资主体的不同可以分为投资者直接安排的融资模式和投资者通过项目公司安排的融资模式；按融资基础的不同可以分为以"设施使用协议"为基础的融资模式、以"生产支付"为基础的融资模式、BOT融资模式、TOT融资模式、PPP融资模式、ABS融资模式、以"杠杆租赁"为基础的融资模式、有限追索权贷款模式等。

每种模式都有各自的优缺点，适用于不同的情况和领域。投资银行要做的就是根据项目的具体情况、现实中的客观环境、投资者的要求等对以上的几种标准模式进行修正、组合，设计出一种最适合本项目的融资模式。

（二）资金来源设计

在确定融资模式之后，投资银行的工作重点就是解决资金来源的问题。这里的资金来源不是简单地筹集资金，而是合理地设计资金结构，保证项目的顺利进行，同时尽可能地降低融资成本和融资风险。

任何一个项目的资金来源都可以粗略地划分为两部分：权益资本（股本资金）和债务资金（负债）。

股本资金简单来说就是认购的项目公司的优先股或普通股,一部分来自发起人最原始的资金投入,另一部分来自项目公司公开上市或私募发行后筹集的资金。

债务资金简单来说就是项目公司对外的举债,主要来自两个方面:一部分是银行贷款,包括一般国内商业银行的贷款、国际辛迪加银团贷款(大型跨国银行联合贷款,多见于特大型项目)、国际金融机构贷款(世界银行等,多见于援助项目);另一部分是债券融资,包括国内债券和在其他国家发行的国际债券。

投资银行不仅需要解决股本资金与债务资金的比例问题,还需要解决各个时期的资金需求总量、使用期限、资金使用成本等问题。投资银行所要做的就是:一方面确定股本资金在总投资额中的比重、发起人认购股本的比重、对外发行股票的比重;另一方面在不同利率、不同期限、不同币种的各类贷款中进行合理组合。概括而言,就是在保证项目正常运作的前提下,合理安排各类资金,降低融资成本和风险,提高项目的收益。[①]

(三)担保设计

理论上最完美的项目融资,完全以项目的未来收益作为偿债资金来源、以项目本身的资产作为担保,但这也意味着贷款人承担了很大的风险。同时,由于贷款人(一般是银行)并不参与项目的实际实施,而由发起人完全掌握项目的管理权,因而存在经济学上所说的"道德风险"问题。因此,现实中的项目融资一般都是有限追索权形式的,即除了项目本身要有未来收益外,发起人一般还需要提供额外的担保。

担保主要有两种:一是物权担保,一般以项目资产作为担保;二是信用担保,可以由发起人提供,也可以由第三方提供。第三方担保一般为银行等商业金融机构或政府(在大型基础设施建设中,基本上都有政府的第三方担保)。

作为投资银行,主要工作就是设计担保协议,其中主要设计诸如政府特许经营权协议、外汇进出口协议、原材料能源供应协议、贷款协议、土地等不动产抵押协议等法律文件。尤其在涉及第三方担保时,投资银行不仅需要起草担保协议等一系列法律文件,还需要和提供担保的一方(金融机构或政府)沟通,以建立彼此的信任,降低担保成本。

四、项目谈判和合同签署阶段

项目融资不是一个简单的买卖关系,投资者之间要在投资份额、风险分担、利

---

① 田美玉,鲍静海. 投资银行学 [M]. 南京:东南大学出版社,2005.

益分配等方面讨价还价，同时也需要与银行等贷款者就贷款问题进行磋商。作为投资银行，其主要的工作有三个：

一是选择融资对象。由于投资银行是资本市场上直接融资的媒介，长期从事证券承销和企业并购等业务，积累了大量的融资经验和专门的融资渠道，与众多的企业和金融机构保持着良好的业务往来，因此能够高效地沟通资金的供应者和资金的需求者，减少不必要的环节，节省成本、提高效率。

二是参与项目谈判。长期的资本市场运作经验以及对国家政策的良好把握，使得投资银行具有优于项目发起人的谈判筹码。尤其是在融资谈判中，对本行业的了解可以最大限度地降低融资成本。同时，由于与融资对手有长期的业务往来，彼此了解信任，增加了谈判成功的可能性。

三是起草文件。大型项目融资涉及的利益方众多，需要准备的文件极其复杂，投资银行借助于长期从事该业务的经验优势和对法律法规的熟悉，能够尽量减少花费在文件起草方面的成本。

五、项目实施阶段

项目的实施包括项目的施工以及项目的实际运作。项目进入实施阶段可以说项目的筹划阶段已经结束，剩下的就是执行既定的协议。

虽然此时投资银行的主要工作已经完成，但并不意味着投资银行已经可以退出这个项目，因为未来有很多不确定性，很多既定协议需要根据实际环境的变化做出相应的调整。因此，在这一阶段，投资银行的主要职能是维护合同的执行。

这种维护主要有两个方面的工作：一是监督各个协议的执行，包括按照既定协议获得贷款、支付相关费用、偿还到期债务、分阶段收回投资等。二是根据环境变化（包括诸如对方毁约等突发事件），调整融资安排，采取补救措施，对项目的局部进行调整。通过监督和调整，达到项目的既定目标。

必须指出的是，项目融资的各个阶段并不是独立的、相互分开的，而是交织在一起的。例如，在项目的可行性分析阶段就应该考虑到担保设计。把项目融资划分为五个阶段只是为了能够更加清楚地了解整个项目融资的过程，以及投资银行在其中的职能，而不代表项目融资是由五个独立过程连接在一起的。整个项目融资的过程是一个相互联系的整体。

第三节　投资银行在项目融资中的作用

在上一节中，我们主要介绍了投资银行在项目融资各个阶段的主要操作，了解了投资银行在项目融资中扮演的主要角色。在这一节里，我们通过对投资银行各个阶段操作的抽象概括，来阐述投资银行在项目融资中所起到的作用：信息中介、流动性设计和风险控制。

一、信息中介

投资银行作为金融市场的核心机构之一，是各种金融信息交汇的场所，因此，它有能力提供信息中介服务，从而减少信息加工的成本。[①]

无论是投资银行参与的项目融资业务，还是投资银行的证券承销、企业并购等其他业务，都为投资银行积累了大量的信息。这些信息包括国家宏观经济运行情况的信息、法律法规和国家政策的信息、政府相关部门运作的信息、各个金融机构的信息、产品市场信息及行业状况信息等等。

投资银行的信息中介作用体现在项目融资的整个过程中，包括最初的项目可行性分析阶段和最后的项目实施阶段。凭借这些长期积累的信息，投资银行可以做出准确的可行性分析，设计出因地制宜的融资方案，寻找到成本最低的融资渠道，在谈判中获得最大的利益，在协议执行中灵活应对。

这些都是一般投资者所不可能具备的，或者对投资者而言在成本-效益上是不合算的，因此利用投资银行掌握的信息，投资者可以节约收集信息、加工信息、寻找资金、签订合约等所花的时间和金钱，这就是投资银行的信息中介作用。

二、流动性设计

一个大型项目往往工期漫长，动用巨额资金，如果等所有资金都到位后再施工，就会造成前期大量资金的冗余，增加项目的融资成本；如果过度依赖短期资金，则会造成流动性紧缺，资金链断裂，项目流产。

投资银行的流动性设计作用，是投资银行参与项目融资所起到的最主要的作用，主要体现在融资方案设计阶段。

投资银行通过合理的设计，形成一个证券（项目公司发行的股票或债券）和现金的互换机制。通过对不同期限的资金进行期限转化，实现长期资金和短期资金的有效配合。一方面，保证项目资金链完好通畅，项目获得足够的流动性；另一方面，化解资金被闲置或者冗余的情况，降低项目的融资成本。

投资银行要完成以上目标，必须选择适当的金融工具，选择合适的发行市场，决定合理的发行数量和各种金融工具之间的比例。

---

① 陈琦伟，阮青松. 投资银行学［M］. 大连：东北财经大学出版社，2007.

三、风险控制

投资银行不仅要为投资者和融资者提供资金融通的渠道，而且要为投资者和融资者降低投资和融资的风险。

任何项目都面临两类风险：系统风险和非系统风险。前者指受项目所在经济环境的影响，超出项目本身的风险；后者指的是项目本身可以控制和管理的风险。

投资银行的风险控制作用贯穿在项目的整个过程中，在项目融资方案设计阶段体现得尤为明显。投资银行对于项目风险的控制主要通过以下三个措施进行：

一是可靠的资金来源。无论是股本资金还是债务资金都必须有可靠的来源，投资银行通过其掌握的信息，向发起人建议哪些资金可以作为股本资金、应该向哪些特定的目标进行债务融资或者是否应该上市融资等等。

二是合理的财务比例。首先是股本与负债的比例，其次还包括各个投资者资金的比例、长期资金和短期资金的比例、各个投资人所承担的风险和担保义务的大小等。

三是灵活的金融工具。这一点是与项目的流动性设计相关的，合理的流动性设计是降低项目风险的保障。关于金融工具的选择和运用，将在后续章节做详细介绍。

总的来说，风险控制就是通过合理的财务安排，将项目的风险分散到项目的各个利益相关方（包括项目的发起人和贷款人等），从而严格控制项目的风险，增加项目的成功概率。

--- 本章小结 ---

1.项目融资是以项目公司本身作为融资主体，以项目未来现金流和收益作为偿还资金来源，具有无追索权或有限追索权形式的融资模式。

2.项目融资的基本特点可以归纳为以下五个主要方面：项目导向性、有限追索权、风险分担、表外融资、结构复杂。

3.项目融资按融资基础可以分为：以"设施使用协议"为基础的融资模式、以"生产支付"为基础的融资模式、BOT融资模式、TOT融资模式、PPP融资模式、ABS融资模式、以"杠杆租赁"为基础的融资模式、有限追索权贷款模式等等。

4.项目融资大致上可以概括为五个阶段：项目提出阶段、项目可行性分析阶段、项目融资方案设计阶段、项目谈判和合同签署阶段，以及项目实施阶段。

5.投资银行在项目融资中的作用有三个：信息中介、流动性设计和风险控制。

─────── 思考与应用 ───────

1.什么是项目融资？它的内涵是什么？

2.项目融资的五个基本特点是什么？

3.项目融资有哪些代表性的模式？

4.投资银行设计融资方案主要包含哪些方面？

5.投资银行在项目融资中的作用可以概括为哪些？

【参考案例】 **PPP：杭绍台铁路建设项目**[①]

一、案例导读

为了保障我国经济可持续发展、稳步推进城市化进程、完善基础设施建设以及有效缓解政府的财政压力，浙江省自2017年开始修建杭绍台铁路，并预计2021年年底全线建成通车，着力于将其打造为浙江"共同富裕"示范区的助推器。该项目由浙江省政府、绍兴和台州市政府、中国铁路总公司以及由复星集团牵头的8家民营企业组成的社会资本方共同承建完成。2021年，杭绍台铁路实现了全线铺轨贯通，年底正式运营后，将成为我国首条民营控股的高铁线路。在本例中，该项目以铁路本身所具有的经营性功能以及政府的雄厚资金为投资收益保障，调动了社会资本参与的积极性，不仅极大地减轻了政府的资金压力，还通过政府与社会资本方的协调合作、风险分担，实现了利益的共享，高效地促成了项目的实施和运营。

二、融资结构

以PPP作为融资模式的杭绍台铁路总投资额约为409亿元。项目资本金占总投资额的30%，约122.7亿元。资本金以外的资金缺口由项目公司通过融资解决。项目引入了优质的社会资本方——以复星集团为首的社会资本联合体，由复星商业、上海星景资本、宏润建设、万丰奥特、浙江基投、众合科技、平安信托、平安财富这8家公司组成的民营资本联合体，占股51%。社会资本方在杭绍台铁路PPP项目中控股，既缓解了浙江省政府、绍兴市政府、台州市政府的财政压力，又能提高杭绍台铁路运行效率。另中国铁路总公司占股15%，省、市政府按4∶6比例持股，浙江省交通投资集团代表省政府出资，占股13.6%，绍兴市和台州市均占股10.2%。项目采用建设-拥有-运营-移交（BOOT）的方式，由项目公司负责项目的融资、建设、运营和维护，并拥有相关资产所有权。项目合作期限34年，其中建设期4年，运营期30年。

继续阅读请扫码

───────

① 李治国. 民营联合体签约杭绍台铁路PPP项目 ［EB/OL］，［2021-11-11］. http://cx.xinhuanet.com/2017-09/14/c_136609303.htm.经整理改编。

第十一章 资产管理业务

市场环境的变化、客户要求的提升和竞争的加剧使投资银行面临前所未有的挑战，传统的业务模式客观上已经无法满足投资银行的生存与发展需求。如何拓宽业务渠道、增强盈利能力成为目前投资银行亟待解决的问题。为此，近年来，投资银行不断探索，以期找出行之有效的办法。资产管理业务正是投资银行依靠其强大的智力资源和信息储备开发的一项兼具社会功能和经济功能的新型业务。在众多发达国家中，资产管理业务已经成为投资银行的一项核心业务，越来越受到重视。本章简单地概述了资产管理业务的定义、发展历史、决策流程等几方面内容，最后还对基金管理业务做了具体介绍。

第一节 资产管理业务概述

一、资产管理业务的含义

（一）定义

经纪业务、证券承销、交易和自营业务一度是投资银行的主要收入来源，然而，随着市场环境的改变，传统业务已无法满足投资银行盈利和发展的要求，因此，若依然谨守传统业务停滞不前，只能被市场淘汰。为了在激烈的竞争中得以生存和发展，投资银行除了不断创新别无他法。另外，经济的发展极大地促进了社会财富的积累，人们对于闲置财富的保值和增值要求不断增强，但是对普通投资者而言，由于缺乏专业知识，通过投资成功实现保值与增值的可能性不大，因而需要委托专业机构来管理。拥有专业理财团队、完备信息系统和丰富市场运作经验的投资银行正是这种专业机构的适当"人选"，需求与供给的有效结合促进了投资银行资产管理业务的发展。

资产管理业务是指投资者（包括机构投资者和个人投资者）将其合法持有的现金或者证券委托给专业的证券经营机构（主要指投资银行），通过金融市场的运作，有效降低市场风险，赢得较高投资回报率的一种新兴的金融业务。①由于资产管理业务的技术性较强，且投资银行不需投入大量资金就可赚取丰厚的利润回报，故其已成为各投资银行竞相追逐的对象。

（二）资产管理业务与其他业务的关系

在国际市场上，资产管理业务已成为各大投资银行的核心业务，来源于此的收入已远远超过了发行、代理、自营等传统业务，很多国家甚至将受托管理资产的规模用作衡量投资银行实力和信誉的重要指标。越来越多的投资银行通过资产管理业务培育自己的竞争优势和核心客户，不断提升企业形象。事实上，投资银行资产管理业务在迅速增长的同时也带动了其他业务的发展，资产管理业务与其他业务在一定程度上是相互关联、相互影响的。具体来说有以下几方面：

1.反映市场走势。作为资产管理的代理方和委托方，投资银行与投资者之间必须保持频繁的交流与联系。各类投资者对收益的预期、风险的偏好程度以及投资兴趣等方面的信息为投资银行研究市场走势、发现当前热点提供了有利参照。美国有关研究机构的统计数据表明，资产管理业务净流量的显著变化与市场的整体走势具有较强的关联性。②

2.提高证券承销能力。证券承销作为投资银行的传统业务，在整个业务体系中居于十分重要的地位，证券承销能力的高低代表着投资银行业务发展的整体水平。投资银行的资产管理业务积累了广泛的客户群体，这些客户自然成为证券承销中战略投资人和专业投资人的潜在目标。因此，在资产管理业务中，投资银行与市场投资者密切联系，为证券发行询价、路演推介交流、寻找战略投资人、向专业投资群体促销等证券承销环节提供了广泛而坚实的客户基础，有效提高了投资银行的承销能力。同时，证券的顺利承销与发行也使资产管理委托人获得了可观的利润。

3.自营业务弱化。自营业务与资产管理业务同属于投资银行的资产增值业务，但两者又有着本质的区别。概括来说，自营业务是投资银行利用自有资产实现增值，而资产管理业务是代他人管理资产并实现自身增值的。因此，自营业务是一种自担风险、自负盈亏的业务，风险较大；而资产管理业务只是一种委托代理关系，风险相对较小。在证券市场发展的初期，自营业务一直是投资银行获取超额利润的主要来源，但是随着市场规模的扩大以及市场规范程度的提高，很多投资银行为了降低经营风险不断收缩自营业务，逐步向中介业务发展，将委托代理业务视为新的

---

① 郭红，孟昊. 投资银行学教程［M］. 北京：人民邮电出版社，2011.
② 戴天柱. 投资银行运作理论与实务［M］. 2版. 北京：经济管理出版社，2010.

利润来源。

4.促进信用交易与融资融券。信用交易和融资融券是证券市场发展的必然趋势，也为投资银行提供了利润增长的新来源，而资产管理业务大大促进了两者的发展。一方面，资产管理业务可以为投资银行的资金营运业务提供客户信息和服务对象，从而成为信用交易的突破口和中间桥梁；另一方面，资产管理业务和融资融券业务可以为投资银行和客户组成资金"蓄水池"，有效支持投资银行的业务发展需求，降低资金成本，提高资金的时间价值。

5.多项业务互相促进。资产管理业务市场的参与者既包括政府部门、企事业单位，也包括众多个人投资者。投资银行在与政府部门、企事业单位开展资产管理业务的同时可拓展财务顾问、兼并收购、项目托管等业务，对于个人投资者而言，投资银行也可与委托管理资产的客户进行投资基金、经纪业务等方面的互动合作，最终形成多项业务互相促进的共赢局面。

二、资产管理业务的发展

伦敦、纽约与东京等城市之所以能成为国际性金融中心，原因不外乎以下几个方面：（1）一国经济实力强大，客观上具备造就大规模资本市场的能力；（2）所在国货币为国际货币，可以在世界市场上实现自由流通，提高了交易的便利性和快捷程度；（3）所在国拥有完善的基础设施和公共设施；（4）所在国市场能够提供多元化的金融产品和相关服务；（5）所在国拥有良好的投资环境、健全的法律结构，吸引世界各地的投融资者来此开展业务；（6）制订了完善的人才培养计划，储备了大量专业人才。当投资人难凭一己之力进行投资时，那些金融中心自然成为人们财富的聚集地。下面分别介绍几个主要国家资产管理业务的发展概况，同时对我国的资产管理业务做简要介绍。

（一）英国

在欧洲国家中，英国资产管理业务的发展最引人注目。英国的资产管理机构之所以取得巨大的发展，究其原因有以下三方面：

1.健全的法律体系。在推动资本市场自由化和国际化的同时，为了维护投资者的利益，英国政府制定了一系列法律法规，构成了比较健全的法律体系。这些法律主要包括：1958年颁布的《防范诈欺（投资）法》、1986年修正的《金融服务法》、1993年颁布的《犯罪公平法》，其中在《犯罪公平法》中特别针对内幕交易及洗钱行为订立了处罚条款。这一系列法律法规的颁布实施，为英国资产管理业务的开展营造了良好的法律环境。

2.放松的金融管制。自20世纪70年代起，英国政府就着手金融体系改革，逐步放宽或解除各种不必要的金融管制，这一举措不仅强化了金融机构的本质、提升了金融机构的经营效率，而且吸引了众多国外投资银行以及资产管理机构到此投资。国外金融机构的加入为英国资产管理业务的蓬勃发展注入了强大动力。

3.规模庞大的退休基金。众所周知，英国拥有优越的福利制度，但是如此巨额的福利支出也给英国政府造成了巨大的财政负担。为了缓解这一矛盾，英国政府制定了各种税收优惠政策以鼓励民间机构为其员工设立退休基金。日积月累，退休基金的规模不断扩大，截至2018年，退休基金资产规模占英国GDP的比重已达104.5%，资产总额达到了2.8万亿美元，这笔巨额的财富亦成为英国资产管理机构最主要的资金来源。

（二）日本

1951年起日本就颁布实施了《证券信托法》，从此奠定了日本投资信托业务的法律基础。与欧美国家不同，日本的投资信托采取"契约型证券投资信托"模式。所谓"契约型证券投资信托"，是指由委托人、受托人以及受益人订立证券信托契约，根据信托契约履行各自的义务以及享受权利。20世纪60年代，日本经济一度陷入低迷，股市大幅下跌，银根紧缩，一派萧条之势。为了刺激经济的发展，日本政府采取了包括改革信托制度和资金运用规定等在内的一系列政策措施，日本的资产管理业务正是在那一时期发展起来的。截至2015年5月，日本普通投资者可以购买的公募基金净资产总额达到102.4574万亿日元，首次突破100万亿日元大关，而到了2020年，总额攀升至2.39万亿美元。但相比之下，日本的资产管理业务在投资银行业务中的重要性并不突出（见表11-1）[①]。

表11-1	2005年全球银行收入对比		单位：10亿欧元
业务类型	美国	欧洲五国	日本
投资银行	83	55	2
资产管理	67	25	3
公司银行	122	81	65
理财	68	37	9
零售	371	221	21

（三）美国

从美国投资银行的业务收入变动情况来看，证券承销、经纪、自营等传统业务

[①] 作者根据BCG（波士顿管理咨询公司）网站（http://www.bcg.com.cn/cn/default.html）相关资料整理而得。

的绝对收入额一直在上升，但在总收入中的比重却不断降低，相反，资产管理、理财顾问等新兴业务的收入比重却在不断上升。截至2007年底，共同基金、资产管理和其他与证券相关的业务增长迅猛，由此产生的收入占到总业务收入的80%左右，远远超过了传统业务所占的比重。以美国著名的投资银行摩根士丹利为例，自2008年金融危机以来，投资银行业务、投资、手续费和佣金以及其他收入占其总收入的比重呈下降趋势，而资产管理业务的收入占总收入的比重提高了将近10个百分点（见表11-2）[①]。

表11-2　　　摩根士丹利2008年、2013年和2018年业务收入构成　金额单位：百万美元

收入来源	2008年		2013年		2018年	
	收入	占比（%）	收入	占比（%）	收入	占比（%）
投资银行业务	6 268	25.27	5 246	16.58	6 482	17.86
交易	3 206	12.72	9 359	29.58	11 551	31.82
投资	3 262	12.95	1 777	5.62	437	1.2
手续费和佣金	4 682	18.58	4 629	14.63	4 190	11.54
资产管理	6 519	25.87	9 638	30.46	12 898	35.53
其他	1 161	4.61	990	3.13	743	2.05

资产管理业务在美国的兴起源自一项制度的废除。1975年5月1日，美国证券交易委员会废除了股票交易佣金制度，经纪佣金在激烈的价格竞争下一降再降。佣金收入曾一度占到投资银行总收入的60%，对于投资银行的生存和发展起过至关重要的作用，这一制度的废除无疑给了投资银行当头一棒，佣金竞争直接威胁到投资银行的生存大计。正是在这样的背景下，以收费为基础的资产管理业务使投资银行得以摆脱传统业务的束缚而起死回生。作为新的收益渠道，资产管理业务已成为投资银行业务创新的典范和收入的重要来源。

分析美国投资银行的组织机构我们可以发现，它们的内部资产管理部门的设置符合一般原则，即一些大型的投资银行大都设立事业部，资产管理部门内部分工也比较细。例如，摩根士丹利设有专门的资产管理部，在资产管理部下又分设机构投资管理和私人资产投资管理两个分部门，分部门下涵盖了咨询、信托、基金管理、保险年金和理财业务，因此，资产管理部门基本是按照客户与业务相结合的原则来设置的。

---

① 作者根据摩根士丹利网站（https：//www.morganstanley.com/）相关资料整理而得。

　　资产管理业务以收费、获取利润为目标，投资银行根据资产管理职责、管理资产类型和规模、资产管理部门声誉和绩效来获取相应报酬。

　　首先，资产管理部门履行的主要职责是根据指导模型来执行交易，代表有限合伙人参与风险投资、房地产管理以及租赁等。其次，管理资产的类型可分为权益类、固定收益类及其他类型。权益类包括优先股、普通股、股票期权、股指期货以及股指期权等；固定收益类包括债券、不动产抵押贷款、可转换债券、金融期货、国债、存单、商业票据、银行承兑汇票以及担保抵押证券等；其他类型是指房地产、风险资本和国际权益及固定收益工具等。相对来说，固定收益类的风险最低，其次是优先股，风险资本的风险最大，管理费用也最高。

　　资产规模的大小也是收费的重要依据。一般来说，随着资产规模的递增，费用率呈递减趋势，但其中也不乏按照固定比率收费的。此外，资产管理部门的声誉也对收费的高低产生直接影响，管理费用一般随着资产管理部门声誉的提高而上升，同时，管理账户金额的下限也会随之升高。

　　美国投资银行的资产管理发展至今已经达到很高水平，在发展过程中涌现了大量的创新型资产管理产品，下面对几种产品做简要介绍。

　　1.交易所交易基金

　　交易所交易基金（exchange traded funds，ETFs）是一种以一篮子指数资产为投资对象、可以在交易所上市交易的证券投资基金。1993 年，美国发行了第一只上市交易的证券投资基金——Standard & Poor's Depository Receipt（简称 SPDR），随后交易所交易基金迅速发展，截至 2015 年第二季度，其数量达到 5 823 只，资产总额达到 2.9 万亿美元，美国该产品的资产规模占比超过 72%。[①]交易所交易基金是一种特殊类型的基金，它既可以在二级市场上买卖，又可以向基金管理公司申购或赎回，不过申购或赎回时必须以一篮子股票（或少量现金）换取基金份额或者以基金份额换回一篮子股票（或现金）。交易所交易基金分为本土交易所交易基金和国际交易所交易基金。本土交易所交易基金是以本地法律环境、交割系统为基础，追踪本地指数的基金，而国际交易所交易基金则是以美国法律环境为基础，在美国的交易平台上运作，追踪国际指数的产品。

　　2.管理账户

　　管理账户（managed accounts）在美国资产管理市场上发展迅猛，多年来其资产规模以较高比率上涨。此类账户为客户管理金融资产提供了极大的便利，成功解决了资金流动性与盈利性的矛盾。以现金管理账户（CMA）为例，客户可以通过

---

　　① 根据上海证券基金评价研究中心相关资料改写。

CMA办理证券投资、支票、贷款、存款和信用卡等各类业务。CMA可以为客户提供综合性金融服务，同时投资银行又可以通过CMA将客户在账户上的盈余资金投资到证券市场，为客户进行资产的保值、增值操作。

管理账户与共同基金在许多方面有相似之处，但两者明显的区别在于投资者投资于共同基金只是间接持有股票，而投资于管理账户则直接拥有股票。一般来说，共同基金的客户来源非常广泛，投资银行在吸收了各种渠道的资金后自行决定投资决策，帮助客户实现保值、增值目标，而管理账户的目标客户是那些拥有巨额财产的富豪，投资银行可以根据他们的不同风险偏好组合选择，为其量身打造特色计划，并依据管理账户的资金规模制定佣金比例。因此，管理账户相对来说灵活性更大、收入更多，但是对于投资银行的业务要求也更高。

3.组合投资计划

组合投资计划（portfolio investment programs，PIPs）是指投资者用以购买事先打包好的一组股票的一种经纪人账户。PIPs于2003年在美国兴起，具体是指专业人员利用管理技术对股票种类、仓位以及权重进行组合设计，并根据组合投资目标的不同适时做出调整。[①]在组合投资计划下，每个投资者也是在独立账户下购买股票组合的，投资者可以选择一个特定的投资组合，并且根据自身需要定期替换股票、调整权重。

（四）中国

我国的资产管理业务始于1993年，当时股票市场十分低迷但投资者依然热情高涨，投资银行为了保证经纪业务的顺利进行开始涉足资产管理业务。最初资产管理业务的客户主要集中于个人投资者，业务规模很小。1996年起，央行连续下调利率刺激了股市的发展，长达两年的牛市使投资者的热情空前高涨，大量机构投资者纷纷加入到资产管理业务的客户群之中。2000年以来，投资银行的资产管理业务不断扩张，截至2015年底，中国证监会共批准了100多家券商开展资产管理业务，券商受托投资资金总额突破10万亿元。

目前国内的资产管理业务主要是投资银行等机构接受客户的资产委托，通过在证券二级市场的专业化投资，为客户达到资产保值与增值的目的，受托机构从中分享资产增值的收益。由于我国的资产管理业务发展还不成熟，现阶段资产管理业务投资的类型主要是股票和债券，债券以国债为主。

总的来说，资产管理业务在我国还是一项新业务，参与各方对于资产管理业务的认识以及实践经验尚处于较低层面，故在业务开展过程中还存在诸多问题，如契

① 李波.投资银行战略重构与整合：基于核心竞争力的研究［M］.北京：中国财政经济出版社，2007.

约管理不完善、账户管理混乱、缺少投资途径、准入管理不到位等。针对存在的上述问题，2012年10月18日，中国证监会公布施行了《证券公司客户资产管理业务管理办法》，对投资银行资产管理业务做出了明确而严格的规定。该办法的第四条、第十七条和第二十三条对于投资银行从事资产管理业务的条件做出了如下规定：

1. 证券公司从事客户资产管理业务，应当依照本办法的规定向中国证监会申请客户资产管理业务资格。未取得客户资产管理业务资格的证券公司，不得从事客户资产管理业务。

2. 证券公司开展资产管理业务，投资主办人不得少于5人。投资主办人须具有3年以上证券投资、研究、投资顾问或类似从业经历，具备良好的诚信记录和职业操守，通过中国证券业协会的注册登记。

3. 证券公司办理定向资产管理业务，接受单个客户的资产净值不得低于人民币100万元。

三、资产管理的投资决策流程

投资银行为委托人管理资产时必须按照一定的方法和步骤进行，若无章可循，其结果必然不尽如人意。概括起来，资产管理的投资决策流程如图11-1所示。

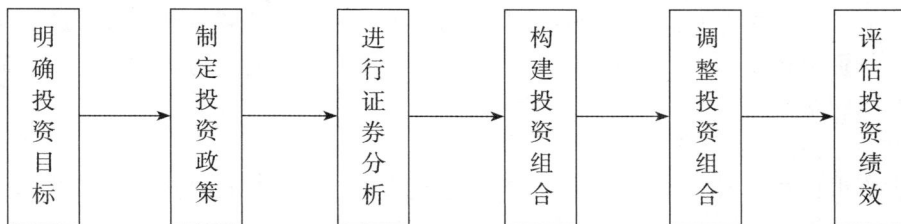

明确投资目标	制定投资政策	进行证券分析	构建投资组合	调整投资组合	评估投资绩效

图11-1 资产管理的投资决策流程图

（一）明确投资目标

投资银行在开展资产管理业务的时候通常会选择投资者心目中最佳的投资目标以达到效益最大化。一般来说，资产管理业务的投资目标分为四种类型。

1. 高风险-高收益型目标。高风险-高收益型目标是指为客户提供最大可能的获利机会，而不在乎较小的收益。持这种目标的投资银行通常会选择成长潜力大的股票，当股价大幅上涨时，投资者就可以通过买卖股票的价差获取回报，但是若股票价格大跌，投资者也将面临巨大的损失。

2. 低风险-高收益型目标。低风险-高收益型目标追求的是资产安全性与成长潜力的平衡。持该类目标的投资银行通常会选择一些财务记录优良且股息增长稳定的股票作为投资对象，这样既可以获取股息和红利的稳定性收入，又可以在股价波动时通过二级市场的买卖赚取价差。投资者不但可以获得较高的平均收益率，而且所承担的风险相对较小。

3.低风险-低收益型目标。这类目标人群更加注重资产的安全性，他们以获取稳定的经常性收入为主要目标，所以在投资管理运作时，投资银行通常会考虑将固定利率债券和优先股以及股息持续增长、红利水平较高的普通股作为投资对象。这类投资标的波动性较小，投资收益比较稳定。

4.流动性目标。有些投资者主要关注的是资产的流动性，以资产保值为目标。这种情况下，投资银行应将资金运用于货币市场的短期固定收入证券，如国库券、大额银行存单、银行承兑汇票等，这类证券的利率相对稳定、资产流动性高，因此安全性也较高。

（二）制定投资政策

制定投资政策是资产管理的重要环节，投资政策恰当与否将直接关系到投资目标能否顺利实现，故投资银行在接受委托管理资产后应该尽快制定适当的投资政策。投资银行在制定政策时必须注意以下几个方面：第一，必须对投资者的投资目标有清晰的认识，在此基础上为投资者选择适当的投资工具以及投资渠道；第二，应该根据投资者的投资期限和资金规模，结合各种投资工具，制定最佳投资策略；第三，应当根据制定的投资策略估算各种可能的收益情况供投资者选择。政策制定之后，投资银行应尽快以文字形式予以落实，明确资产管理各方的权责归属，避免日后产生纠纷。

（三）进行证券分析

投资银行在开展资产管理业务的过程中经常采用证券投资分析方法来选择投资对象。证券投资分析方法主要包括基本分析和技术分析：

1.基本分析

基本分析按照范围由大到小可以分为宏观经济分析、行业和区域分析以及上市公司分析，投资银行通过不断缩小研究范围最终锁定目标证券。

第一，宏观经济分析。资产管理在很大程度上受到宏观经济的影响，因此进行投资分析时必须进行详尽的宏观经济分析。宏观经济分析可以从以下两方面着手：（1）宏观经济政策，主要包括财政政策、货币政策和产业政策等；（2）反映宏观经济运行状况的各项指标，如国内生产总值、通货膨胀率、失业率、利率、货币供应量、消费价格指数、外汇储备量等，同时还应该对这些指标的面板数据和时间序列数据加以综合分析，预测国民经济的运行趋势。

第二，行业和区域分析。行业和区域分析介于宏观与微观分析层面之间，具有其特殊性。简而言之，行业分析是从行业的经济结构入手，分析产品的供求情况，从而最终确定投资方向；区域分析是对某个区域的经济发展现状、未来走势以及国家相关的区域政策进行分析，找出这些因素对于投资选择的影响。

第三，上市公司分析。公司是构成整个证券市场的微小细胞，投资银行所做的投资选择最终会聚焦到某一家或某几家公司，故对上市公司的分析显然是至关重要的。上市公司分析主要包括竞争优势分析、盈利能力分析、管理水平分析以及财务状况分析等。

证券市场变化万千、纷繁复杂，除了对上述因素进行分析之外，还需要考虑一些非经济因素，如政治因素、心理因素以及自然灾害因素等。

2.技术分析

技术分析是指应用数理逻辑方法对证券市场的具体操作行为所做的分析，这种分析通常是基于一定的假设前提。技术分析的理论和方法通常是从不同的角度和层面去考察整个市场，故需要综合考虑，切忌以点概面。技术分析理论主要有循环周期理论、道氏理论、随机漫步理论以及波浪理论等；技术分析方法主要包括指标分析法、切线分析法、K线组合分析法等。

在进行证券投资分析的时候，应该将基本分析与技术分析有机地结合起来，从不同的角度对证券市场进行研究，做出明智的选择。

（四）构建投资组合

投资银行对于资产的管理最终会落实到证券市场，因此投资策略的确定归根到底是构建投资组合，构建投资组合也存在策略选择的问题。

对管理的资产进行配置时，应该慎重考虑以下几个方面的因素：（1）一国有关资产管理的法律、法规；（2）资产管理的双方事先达成的约束条件；（3）证券市场的现状。资产管理业务的基本思路是将受托资产分散于不同的投资对象，满足资产保值和增值的需求，因此，在操作实践中"投资分散化"策略经常被采用。在综合考虑上述因素的前提下，投资银行按照一定的比例将资产投资于不同类别的股票、债券，或者根据资产管理的投资范围投资于不同国家的市场，以求在确保资产安全的同时获取最大的收益。

（五）调整投资组合

投资组合确定一段时间后，投资者目标改变可能会破坏原有组合的优越性，故投资银行须重新调整投资组合；此外，若投资银行对市场分析不到位，导致原有的投资组合表现不佳也须及时地进行调整，以防损失扩大。

（六）评估投资绩效

投资策略的制定与实施归根到底是要实现资产的保值、增值，这就关乎投资决策的最后一步——评估投资绩效。对于资产管理水平的评估主要是指对受托管理的资产的收益、风险、目标完成情况等方面的综合评判与衡量。为了保证投资政策的有效实施，投资银行须定期对投资组合的绩效进行评估。

第二节 基金管理

投资银行开展资产管理业务主要采取三种模式：第一，设立下属部门经营资产管理业务；第二，单独或者与其他专业机构联合设立独立的资产管理公司经营资产管理业务；第三，设立基金从事资产管理业务。

投资银行通过设立下属资产管理部门经营资产管理业务有一定的优势，但也存在一些弊端。优势在于投资银行在长期发展过程中已经积累了一定的人力、物力和财力，现有的品牌优势、智力资源和交易系统都可以为资产管理部门所用，这一方面可以节省资产管理的成本，另一方面也可以使投资银行资源发挥最大的效用。弊端在于资产管理部门只是投资银行下属的一个分支机构，并不是独立的法人机构，故资产管理部门与投资银行的其他部门之间极有可能产生一些不规范的行为。例如，投资银行的自营业务部门可能为了追求更大的利益挪用资产管理部门的资金从事内部交易，这可能会给投资者造成巨大损失。因此，采用此种模式的投资银行必须严格规范资产管理业务与其他业务之间的关系，这就对投资银行的规范化程度提出了很高的要求，往往只有那些管理规范、实力强大的投资银行才能满足要求。

第二种模式将资产管理业务与投资银行的其他业务分离开来，从制度上消除混合操作和内部交易的行为，有效弥补了第一种模式的不足。资产管理部门作为独立的机构在操作上更加自由、可拓展的空间更加宽广，这种模式为中小投资银行从事资产管理业务开辟了一条新的道路。但是与第一种模式相比，独立的资产管理公司也存在着明显的先天不足，因此独立的资产管理公司必须扬长避短，一方面致力于建立完备的组织机构，另一方面还要不断加强与外界的合作与交流，增强自身的实力。

第三种模式是目前运用得最为广泛的方式，它在一定程度上弥补了前两种模式的不足，兼顾了资产管理操作的规范性与独立性，将资产管理的委托者与受托者紧密结合，有效地实现了利益共享、风险共担的目标。

一、基金的定义

（一）定义

基金有广义和狭义之分，广义基金分为专项基金和投资基金。

专项基金是指用于指定用途的资金，这种传统意义上的基金是通过国民收入的分配和再分配形成的具有指定用途的基金，如各类福利基金、发展基金、保险基金、养老基金、救济基金等。①这些基金大致分为三类：一是社会福利基金，它主要来源于企业、职工和国家财政拨款，用于保障职工的生活福利；二是保险基金，这类基金主要来源于投保人的保费，用于补偿自然灾害或意外事故造成的损失；三是慈善基金，其资金主要来源于社会捐助，用于科教文化和社会救济等方面。

投资基金是一种利益共享、风险共担的集合投资制度。它通过向社会公开发行基金份额（或基金单位）筹集资金，由基金托管人托管，基金管理人管理，从事股票、债券等金融工具投资。基金份额（或基金单位）的持有者按其份额对基金享有资产所有权、收益分配权、剩余财产处置权和其他相关权利，并承担相应的风险和义务。由于各国和地区发展历史和习惯的差异，投资基金的称谓也存在很大差别。在美国，投资基金通常被称为"共同基金"、"互惠基金"或投资公司；在英国和中国香港通常称"单位信托基金"；在日本通常称"证券投资信托基金"；我国内地一般将其称为"投资基金"。

本节所讲的基金是指狭义的投资基金。

（二）基金的特征

简单说来，基金通常具有以下特征：

1.集合投资。对于中小投资者来说，由于资金规模有限、投资经验缺乏，在进行投资策略选择时常常受到很多制约。基金作为在金融信托关系基础上的集合投资制度，将众多投资者的小额资金汇集起来化零为整，为中小投资者提供了有效的投资方式。通过基金的大规模投资，降低单位资金量的成本，获得规模效益。

2.专家理财。基金通常委托具有丰富的证券投资知识和经验的专家经营管理，这些专业人员在证券、投资领域积累了相当丰富的经验。他们善于运用先进的技术手段来分析各种信息资料，通过收集数据、资料，进行科学的分析和判断，制定正确的投资方针和策略，从而最大限度地避免投资决策失误、提高投资成功概率，获取较好的收益。

3.面向资本市场。基金的投资对象仅限于资本市场上的金融产品，不包括实物资产。基金的投资领域主要是债券、股票等有价证券，通过构建有价证券组合获取投资收益，既包括证券买卖的价差收益，也包括分红派息及利息收益。

4.分散投资风险。为了降低风险，基金经理按不同的比例将资金投资于不同时期、不同种类和行业的有价证券，其投资资产可达几十种、几百种，甚至上千种。基金通过科学的组合实现资产的多样化，从而有效排除单个证券的非系统性风险。要实现投资的多样化需要具备一定的资金实力，这是单个投资者很难做到的。

---

① 栾华. 投资银行学 [M]. 北京：高等教育出版社，2011.

二、基金的分类

根据不同的标准可以将基金进行不同的分类，这里按照四个层次对基金做了划分：

（一）按组织形态划分

按组织形态的不同，基金可以划分为契约型基金（contractual type fund）和公司型基金（corporate type fund）。

1.契约型基金。契约型基金是指由基金投资者（包括发起人）、管理人和托管人依据一定的信托契约组织起来，并交由管理人根据信托契约进行投资的基金，所以又称单位信托基金。英国、日本、新加坡以及中国台湾和中国香港等的基金多是契约型基金。

契约型基金是基于契约原理组织起来的代理投资形式，基金参与各方的行为受到基金契约的约束。基金发起人通过发行受益凭证将资金筹集起来组成信托财产，并认购一定的基金单位份额；基金管理人作为基金的代管者根据基金契约以及相关法律法规对基金资产进行管理；基金托管人主要负责保管基金资产，办理基金名下的资金往来以及监督基金管理人；基金投资者通过购买基金单位参加基金投资，承担投资风险并分享投资收益。契约型基金根据信托契约建立和运作，随着契约期满，基金运营也宣告终止。

2.公司型基金。公司型基金是依据公司法成立的、以营利为目的的股份有限公司形式的基金。这种基金通过发行股份的方式筹集资金，具有独立的法人资格，投资者通过购买基金公司的股票成为公司股东，按照公司章程规定享受权利、履行义务。基金公司成立以后一般由专业的基金管理公司进行管理，管理公司通过与基金投资公司签订管理契约，向其提供专业资料、技术和咨询服务，收取佣金。基金资产的托管则委托另一家金融机构，一般由银行或者信托公司担任，通过与投资公司签订托管契约，托管公司主要从事投资证券的保管、核算当日每股资产净值、配发股息以及办理过户手续等业务。基金资产独立于基金管理人和托管人的资产之外，即使受托的金融机构破产，受托保管的基金资产也不在清算之列。

（二）按交易方式划分

按交易方式的不同，基金可以划分为开放式基金（open-end fund）和封闭式基金（close-end fund）。

1.开放式基金。开放式基金是指根据市场供求情况可以随时无限地向投资者发行新份额或应投资者的要求赎回份额的基金。投资者只需要支付一定的手续费即可以售出或赎回基金单位。为了满足投资者中途抽回资金的需求，开放式基金会保持一定比例的现金资产，这虽然会影响基金的盈利水平，但同时增强了基金的变现能力。

2.封闭式基金。封闭式基金是指基金资本总额和发行份数在发行之前已经固定下来，在发行完成和规定的时间内，基金资本总额及发行的份数都保持不变。由于封闭式基金不能被追加或赎回，因而投资者只能通过证券经纪商在证券交易市场进行买卖。基金收益包括红利和可实现资本利得。封闭式基金价格虽然以基金净资产价值为基础，但更多反映了基金交易市场的供求关系，有时价格高于基金净资产价值（溢价），有时则低于基金净资产价值（折价）。封闭式基金资产变动不大，具有稳定经营的优势，但同时也限制了基金规模的扩大，尤其是前景良好时可能因此丧失获利机会。

将上述两种分类进行组合可得到四种基本的基金形式，即封闭契约型基金、封闭式投资公司、单位信托基金以及共同基金。其组合方式见表11-3。

表11-3 　　　　　　　　　　**四种组合形态的投资基金**

	封闭式	开放式
契约型	封闭契约型基金	单位信托基金
公司型	封闭式投资公司	共同基金

在现实经济中，我们所见的大部分是组合形态的投资基金，从国际基金市场的发展动向来看，虽然共同基金和单位信托基金并存，但由于共同基金更有利于保护投资者利益，因此共同基金的地位越来越重要。

（三）按投资对象划分

按投资对象的不同，基金可以划分为股票基金（equity fund）、债券基金（bond fund）、货币市场基金（money market fund）、期货基金（future fund）、期权基金（option fund）、指数基金（index fund）和认股权证基金（warrant fund）等。股票基金是以股票为投资对象的基金，按股票分类可划分为优先股基金和普通股基金；债券基金是以债券为投资对象的基金，资产规模仅次于股票基金；货币市场基金是指投资于货币市场（一年以内）的基金，主要投资于短期货币工具，如国库券、银行大额可转让存单、商业票据、公司债券等；期货基金是以各种期货产品为投资对象的基金；期权基金是以各种期权为投资对象的基金；指数基金是以某种证券市场的价格指数为投资对象的基金；认股权证基金是以认股权证为投资对象的基金。

（四）按其他标准划分

除上述划分方法以外，基金还有以下几种分类：

1.根据投资目标不同，基金可以分为收入型基金、成长型基金和平衡型基金。收入型基金是以获取最大的当期收入为目标的基金，其特点是风险小、成长潜力低；成长型基金是以追求资本的长期增值为目标的基金，风险较大；平衡型基金是以获取当期收入和追求资金长期增长为目标的基金，其风险和成长潜力均位于收入型和成长型基金之间。

2.根据资金来源和运用地域的不同，投资基金可以分为国际基金、离岸基金、国内基金和国家基金。国际基金是指资金来源于国内，投资于国外市场的基金；离岸基金也称海外基金，是指资金来源于国外，并投资于国外市场的基金；国内基金是指资金来源于国内，并投资于国内市场的基金；国家基金是指资金来源于国外，并投资于国内市场的基金。

3.雨伞基金和基金中基金。雨伞基金通常是在一个母基金下再设立若干个子基金，母基金的各个子基金进行独立决策，其最大特点是在基金内部可以自由转换，为投资者提供了极大的便利。雨伞基金为投资者转换基金节省了时间和费用，对投资者有极大的吸引力。基金中基金是一种以其他基金为投资对象的基金，该基金保护功能更强，同时投资成本也相应增加。

4.对冲基金。对冲基金又称套期保值基金，它在金融市场上进行套期保值交易，利用现货市场和衍生市场对冲操作，最大限度地降低风险。然而，经过一段时间的演化，对冲基金已失去了初始风险对冲的内涵，转而成为一种新的投资模式。

5.套利基金。套利基金是在不同的金融市场上利用其价格差低买高卖进行套利的基金，套利基金的运作基于各个金融中心的某种证券或汇率存在价差这一前提。现代社会通信技术非常发达，各地金融市场沟通密切，各地证券或汇率之间的价差甚微。不过由于套利交易周期很短，只需几分钟即可完成，因此可通过增加交易次数增加套利收入。

三、基金当事人

在基金的运作过程中，涉及多方当事人，具体包括：基金投资者、基金管理人、基金托管人，以及基金销售机构、代理商、会计师、律师等其他当事人，其中前三者是基金的主要当事人。

（一）基金投资者

基金投资者（又称基金持有人）是指持有基金份额或基金单位的自然人或法人，基金投资者也是基金资产的最终持有人。基金投资者包括中小投资者和各种投资机构。基金投资者不直接保管和持有基金，也不直接参与基金的运营与管理，但是作为基金资产的所有者，基金投资者应具有一定的权利并承担相应的义务。一般来说，基金投资者享有的权利包括：分享基金财产收益，参与分配清算后的剩余基金财产，依法转让或者申请赎回其持有的基金份额，出席基金投资者大会并对大会审议事项行使表决权，查阅或者复制公开披露的基金信息资料以及基金合同规定的其他权利。基金投资者应承担的义务包括：遵守基金契约，足额缴纳基金认购申请款项以及承担基金合同规定的费用，承担基金亏损或者终止的部分损失，不从事任何有损基金或者其他基金当事人利益的活动。

（二）基金管理人

基金管理人是指负责基金具体投资事宜以及日常管理的机构，一般由基金管理公司或者法律规定可以从事基金管理业务的其他基金机构担任。各国法律对于基金管理人有不同的规定，但一般说来，基金管理人必须符合以下基本条件：通过政府规定的主管当局的资格审核、资本规模不得低于规定数额、拥有合格的基金管理人才、具有完善的内部控制制度以及固定场所和必备设施。

基金管理人的主要职责包括：依照委托管理契约或者公司章程规定拟订可行的投资计划，自行或委托其他机构进行基金宣传和推销，编制基金财务会计报告，办理与基金有关的信息披露事项，指示基金托管人按照投资计划处置基金资产并监督托管人行为（不能直接经手基金），代表基金投资者行使基金所投资公司股东大会的表决权。

（三）基金托管人

基金托管人是遵循"管理与保管分开"原则设立的对基金管理人进行监督和保管基金资产的机构，是基金资产的名义持有人。基金托管人通常由具备一定资产和信用的投资银行、商业银行或信托投资公司担任。我国证券投资基金法明确规定基金托管人必须是商业银行，并须经国务院证券监督管理机构和国务院银行保险监督管理机构核准。基金托管人的主要职责包括：保管基金财产，执行基金管理人的划款或清算指令，监督基金管理人的投资运作以及复核、审查基金资产净值。

（四）其他当事人

在基金的运作过程中还有一些其他当事人，主要包括基金销售机构、代理商、会计师和律师等。随着基金市场规模的不断扩大，基金销售业务从基金管理公司扩大到承销商和代理中介，这些独立的机构通过销售基金赚取一定比例的销售佣金和服务费。基金代理商主要负责办理基金投资者的过户手续、基金单位登记以及红利发放等事项。会计师和律师主要负责提供专业、独立的会计和法律服务，并为基金管理人出具内部控制审计报告。

四、基金评估

要了解基金运作的成效必须进行基金评估，这是基金管理中至关重要的环节，从一定程度上来说，基金评估是对投资决策者尤其是基金管理公司管理水平的考量。基金评估可以通过一定的评估指标加以反映，这些指标主要分为三类，即基金风险水平、成本和收益水平。

（一）基金风险水平

基金的特征之一就是分散风险，通过多样化的组合，基金可以有效降低非系统性风险。但是，对于不同的基金来说，它们的风险水平各不相同，为了比较不同基金风险水平的高低就必须对基金的风险水平进行评估。计算基金风险水平的公式如下：

$$\beta_p = \frac{\text{Cov}(r_p, r_m)}{\sigma^2}$$

式中：β_p——基金资产组合的 β 值；

$\quad\quad r_p$——基金资产收益率；

$\quad\quad r_m$——市场收益率。

这个公式可以从两个层面来把握：一是基金资产组合相对于市场波动的稳定程度，通常用 β 值来表示，β 值的大小反映基金资产收益率对市场收益率变化的灵敏程度；二是基金整体风险水平，通常用收益率标准差 σ 表示。

（二）基金成本

基金成本是基金运作过程中发生的一切费用总和。基金成本的高低直接关系到基金收益的大小，在收入相等的前提下，基金成本越低收益越高。因此，为了获得较高的收益，基金管理公司不但要注重不增加还要尽量减少成本开支。对基金成本的评估分为外部评估与内部评估，两者的具体内容不同。所谓外部评估，是指外部相关机构对基金的收益率、风险水平、成本等的评价，内部评估是指基金管理公司的内部审核与评价。

基金成本的外部评估通常用资产费用率指标来衡量，该指标的计算方法如下：

$$\text{基金资产费用率（\%）} = \frac{\text{基金经营费用}}{\text{基金资产净值}} \times 100\%$$

由公式可以看出，基金资产费用率的大小取决于基金经营费用和基金资产净值两个因素，故基金管理公司可以通过节约成本或扩大资产规模来降低基金资产费用率。

具体说来，基金成本包括多种类型，如佣金、税收、利息等，为了得出准确结果，基金管理公司内部做成本估计时常常需将这些因素加以通盘考虑。众多名目的成本若不加以分类和汇总难免会有遗漏，客观上也不利于外部机构审核，故可将基金成本按照不同类别加以区分。基金成本的构成如图11-2所示。

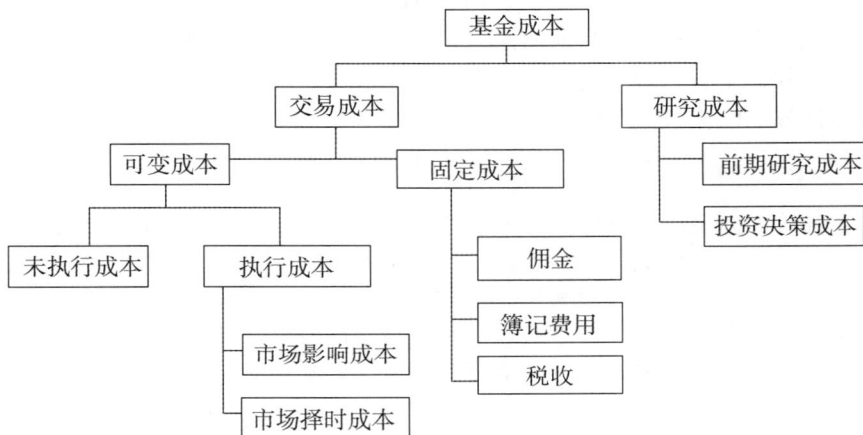

图 11-2 基金成本的构成

由图11-2可见，基金成本分为研究成本和交易成本两个部分，其中交易成本是在交易过程中发生的经营费用，交易成本又包括可变成本和固定成本两类。固定成本是在交易过程中的固定支出，在会计核算中一般划归到费用项目中，包括佣金、簿记费用和税收。可变成本是由预定的交易与实际交易的偏差导致的，无须反映在会计账户上，又称为隐性成本。可变成本包含执行成本和未执行成本两个子项目，其中执行成本是指交易行为造成的实际价格与预定价格之间的偏差。因基金管理人本身的市场操作导致实际价格与预定价格产生偏差时所发生的成本，我们称之为市场影响成本；若由其他投资者导致这样的偏差，为此产生的成本称为市场择时成本。除了执行成本之外，未执行成本也属于可变成本的范畴，它是指基金未能按照决策者所设定的价格成交所造成的利润损失。研究成本是开展研究工作所付出的各项花费，按照研究成本发生的时期划分，研究成本包括前期研究成本和投资决策成本。

（三）基金收益水平

基金的收益水平是衡量基金运作情况的重要指标，收益水平的高低直接关系到投资者的利益以及基金管理公司的佣金和声誉，所以对基金收益水平的衡量指标有很高的要求。基金收益水平的衡量指标主要有基金收益率和α值。

1.基金收益率

在介绍基金收益率之前先介绍基金资产净值这一概念。

基金资产净值是指在某一时刻单位基金的市场价值，它反映了单位基金在某一时点上的绝对价值额。其计算公式如下：

$$基金资产净值=\frac{基金全部资产市场价值总额-基金负债}{尚未赎回的基金单位总数}$$

基金收益率是指在某一时期内基金资产净值的变化率，根据计算期内有无收益分配，基金收益率有两种不同的计算方法。

若在计算期内无收益分配，其计算公式如下：

$$基金收益率（\%）=\frac{期末基金资产净值-期初基金资产净值}{期初基金资产净值}×100\%$$

若在计算期内采用现金形式分配收益，则基金收益率的计算公式如下：

$$基金收益率（\%）=\frac{基金各项分配+基金资产净值变动值}{期初基金资产净值}×100\%$$

在实际操作中，基金收益率的大小还受到其他因素的影响。为了使计算结果更加准确，我们也要对这些因素予以重视，其中资金流动情况、基金资产结构和资本增值这三方面因素尤为重要。

基金收益率指标反映了一定时期内收益的大小，且基金收益率计算简单、易于理解，因此它是衡量基金使用效率的一个重要指标。一般来讲，收益率越大，基金业绩越好；反之则越差。

2. α值

衡量基金收益水平的另一个重要指标是α值，它指的是在事先给定参数β和市场收益条件的情况下，基金的实际收益率与预定收益率的差额。其计算公式如下：

α值=（基金收益率−无风险投资收益率）-β×（基准收益率−无风险投资收益率）[1]

式中：基金收益率——过去36个月的基金平均收益率；

无风险投资收益率——国债投资收益率或有担保的投资收益率；

基准收益率——特定的基准市场指数的收益率。

若计算出来的α值为正，表示基金收益水平比按β值调整的预定的基准市场的收益水平要高；若为负，则相反。

上述三种评估指标为基金评估提供了一套指标体系，在基金评估中被广泛运用，但是这些评估指标自身也存在一些缺点，因此我们需要对基金评估的指标体系不断加以完善。

本章小结

1.资产管理业务是指资产管理机构接受客户委托，在严格遵循客户委托意愿的前提下，对客户资产进行有效的管理与运营，在保全客户委托资产的基础上，实现其资产增值的新型证券

① 田美玉，鲍静海. 投资银行学 ［M］. 南京：东南大学出版社，2005.

业务。

2.资产管理业务与其他业务在一定程度上是相互关联、相互影响的，具体表现在反映市场走势、提高证券承销能力、自营业务弱化、促进信用交易与融资融券、多项业务互相促进等方面。

3.资产管理的决策流程包括明确投资目标、制定投资政策、进行证券分析、构建投资组合、调整投资组合和评估投资绩效。

4.资产管理业务的投资目标分为四种类型，即高风险–高收益型目标、低风险–高收益型目标、低风险–低收益型目标、流动性目标。

5.证券投资的基本分析包括宏观经济分析、行业和区域分析、上市公司分析。

6.对管理的资产进行配置时，应该对以下几方面因素做慎重考虑：（1）一国资产管理的法律法规；（2）资产管理的双方事先达成的约束条件；（3）证券市场的现状。

7.投资银行开展资产管理业务主要采取三种方式：一是设立下属部门经营资产管理业务；二是单独或者与其他专业机构联合设立独立的资产管理公司经营资产管理业务；三是设立基金从事资产管理业务。

8.投资基金是一种利益共享、风险共担的集合投资制度，它通过向社会公开发行基金份额（或基金单位）筹集资金，由基金托管人托管，基金管理人管理，从事股票、债券等金融工具投资。

9.在基金的运作过程中，涉及多方当事人，具体包括：基金投资者、基金管理人、基金托管人，以及基金销售机构、代理商、会计师、律师等其他当事人，其中前三者是基金的主要当事人。

10.基金评估是对投资决策者尤其是基金管理公司管理水平的考量。基金评估可以通过一定的评估指标加以反映，这些指标主要分为三类，即基金风险水平、基金成本和基金收益水平。

思考与应用

1.资产管理业务与投资银行的其他业务有什么联系？
2.简要概述资产管理业务的决策流程。
3.基金主要有哪些特征？
4.如何评估基金的收益水平？

【参考案例】　贝尔斯登危机起源——对冲基金

2007年10月16日，摩根大通在美联储的协助下，以每股2美元的价格收购了贝尔斯登，自此，享誉华尔街多年的美国第五大投资银行正式走向衰亡。作为次贷危机最早的牺牲者，贝尔斯登的遭遇带给我们深刻的教训与启示，危机的缘起——对冲基金也引起人们的广泛关注。

对冲基金是一种私募投资基金，其设立的初衷是通过对冲交易进行套期保值。但是，经过几十年的发展，对冲基金已逐渐远离这一初衷，进而成为投资者利用杠杆效应追逐高收益的投资模式。对冲基金具有高风险、高收益的特点，若操作得当，将为投资者和管理者带来巨额的利润。根据机构投资者专业杂志《阿尔法》公布的2007年全球收入最高的50名对冲基金经理排名，保尔森公司创始人约翰·保尔森以37亿美元的收入一举夺冠，量子基金创始人乔治·索罗斯和对冲基金巨鳄詹姆斯·西蒙斯分别以24亿美元和13亿美元位居第二和第三位。毫无疑问，在本轮金融危机中他们都是赢家，但是这只是少数，大量对冲基金在这场危机中应声倒地，贝尔斯登就是其中之一。

2003年，贝尔斯登成立了高等级结构化信用基金，主要投资于债务抵押债券（CDO）。要了解CDO必须先从次级抵押贷款说起。所谓次级抵押贷款是一种高风险的房屋贷款，由于收入和资产状况较差，借款人在购房时支付的首期金额往往较小且有可能无法按时支付所有贷款，故此种贷款风险高于一般住房贷款。若银行必须为此承担拖欠风险，它们自然不愿意提供大量的次级贷款，但是美国的资本市场却允许银行将次级贷款与质量较好的贷款打包出售，银行通过将这些打包好的贷款卖给投资银行、对冲基金、保险公司等金融机构获取现金，进而去做更多的贷款。

继续阅读请扫码

第十二章　资产证券化业务

从世界范围来看，目前国际金融市场的三大潮流是自由化、国际化和证券化。其中，证券化指的是"在融资方面，更为有效的公开资本市场取代效率低、成本高的金融中介"，也就是所谓的"直接融资"逐渐取代传统的"间接融资"。同时，证券化中的资产证券化又是一种与传统债券筹资截然不同的新型融资方式。我们将在这一章主要介绍资产证券化的基本概念、流程，以及投资银行在这个过程中发挥的重要作用。章后，提供了中国房地产证券化的案例，使读者对资产证券化有一个更深的了解。

第一节　资产证券化概述

一、资产证券化的基本概念

"如果你有稳定的现金流，就将它证券化。"这句流行于美国华尔街的名言已经被全世界的金融家奉为真理。这项最早起源于美国的金融创新产品，正在逐渐被国人所了解和运用。

关于资产证券化（asset securitization），每个人有不同的理解。James A. Rosenthal 和 Juan M. Ocampo（1988）认为，资产证券化"是一个精心构造的过程，经过这一过程，贷款和应收账款被包装并以证券的形式出售"。

Robert Kuhu（1990）的定义为："资产证券化是使从前不能直接兑现的资产转换为大宗的、可以公开买卖的证券的过程。"

目前比较常用的是 Gardener 于 1991 年提出的一个一般性的定义：资产证券化是使储蓄者与借款者通过金融市场得以部分或全部匹配的一个过程或工具。

而美国证券交易委员会的定义则是：创立主要由一组不连续的应收款或其他资产组合产生的现金流支撑的证券，它可以是固定的或循环的，并可根据条款在一定的时期内变现，同时附加其他一些权利或资产来保证上述支撑或按时向持券人分配收益。

一般来说，资产证券化指的是把缺乏流动性但具有未来现金流的资产收集起来，通过结构性重组，将其转变成可以在金融市场上出售和流通的证券，并据以融通资金的过程。

其中，进行资产转化的公司称为资产证券化发起人。发起人将持有的各种流动性较差的金融资产，如住房抵押贷款、信用卡应收款等，分类整理为一批资产组合，出售给特定的交易组织——金融资产的买方。再由特定的交易组织以买下的金融资产为担保发行资产支持证券，用于收回购买资金。

资产证券化中的"证券"为各类债务性债券，主要有商业票据、中期债券、信托凭证等形式。

资产证券的购买者在证券到期时可获得本金、利息的偿付。证券偿付资金来源于担保资产所创造的现金流量，即资产债务人偿还的到期本金与利息。

如果担保资产违约拒付，资产证券的清偿也仅限于被证券化资产的数额。金融资产的发起人或购买人没有超过该资产限额的清偿义务。

在把原本不易流动的资产转换为证券的时候可以实施许多现金流的分割与重组技术，原始资产的风险和收益亦相应地得以分割和重组。由于这些风险会分散给那些最适于吸收这些风险的市场参与者，而收益则会分配给出价最高的市场参与者，因此金融市场的融资效率将会得到极大提高。

二、资产证券化的分类

（一）广义的资产证券化分类

广义的资产证券化是指某一资产或资产组合采取证券资产这一价值形态的资产运营方式。它包括以下四类：

1.实体资产证券化，即实体资产向证券资产的转换，是以实物资产和无形资产为基础发行证券并上市的过程。

2.信贷资产证券化，是指把欠流动性但有未来现金流的信贷资产（如银行的贷款、企业的应收账款等）经过重组形成资产池，并以此为基础发行证券。

3.证券资产证券化，即证券资产的再证券化过程，就是将证券或证券组合作为基础资产，再以其产生的现金流或与现金流相关的变量为基础发行证券。

4.现金资产证券化，是指现金的持有者通过投资将现金转化成证券的过程。

（二）狭义的资产证券化分类

狭义的资产证券化是指信贷资产证券化。按照被证券化资产种类的不同，信贷资产证券化可分为：抵押贷款支持证券化（mortgage-backed securitization，MBS，即住房抵押贷款证券化）和资产支持证券化（asset-backed securitization，ABS）。两者的区别在于前者的基础资产是住房抵押贷款，而后者的基础资产则是除住房抵押贷款以外的其他资产。

1.抵押贷款支持证券化。MBS是指金融机构（主要是商业银行）把自己所持有的流动性较差，但具有未来现金流的住房抵押贷款汇集重组为抵押贷款群组，由证券化机构以现金方式购入，经过担保或信用增级后，以证券的形式出售给投资者的融资过程。这一过程将原先不易被出售的缺乏流动性但能够产生可预见性现金流的资产，转换成可以在市场上流通的证券。

MBS最初是为了应对银行长期资产与短期负债的不匹配而产生的。一般商业银行的住房抵押贷款以长期为主（5年或5年以上）。其资金来源主要是储户的存款，存款的期限较短且不稳定，当住房贷款的规模越来越大时，商业银行就会产生长期资产与短期负债的资金缺口，住房抵押贷款证券化便是为了弥补这一缺口而产生和发展起来的（如图12-1所示）。

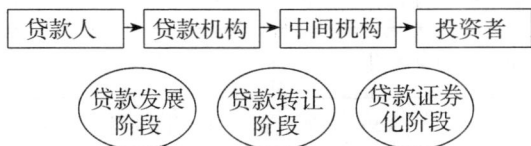

```
贷款人 → 贷款机构 → 中间机构 → 投资者

贷款发展    贷款转让    贷款证券
阶段        阶段        化阶段
```

图12-1　MBS一般过程

2.资产支持证券化。与MBS相比，ABS的种类更加繁多，具体还可以细分为：汽车消费贷款证券化、学生贷款证券化、信用卡应收款证券化、贸易应收款证券化、设备租赁费证券化等等（见表12-1[①]）。

三、资产证券化的优点

作为一项重要的金融创新，资产证券化给现代金融体系带来了强烈的冲击。相比传统的融资方式，资产证券化融资具有以下特征：

（一）对发起人而言

1.降低融资成本。在资产证券化中，通过真实出售和破产隔离的证券化结构设计，使得支撑证券的资产的信用状况与发起人的综合信用水平实现了分离。也就是说，一个信用评级较低的公司，只要实施足够的信用增级措施并恰当构建交易结

[①] 黄嵩，魏恩道，刘勇.资产证券化理论与案例［M］.北京：中国发展出版社，2007.

表 12-1   资产支持证券化类型

资产类型	细分类型
应收款类资产	信用卡应收款证券化
	贸易应收款证券化
	设备租赁费证券化
贷款类资产	汽车消费贷款证券化
	商用房地产抵押贷款证券化
	学生贷款证券化
	住房权益贷款证券化
收费类资产	基础设施收费证券化
	门票收入证券化
	俱乐部会费收入证券化
	保费收入证券化
其他资产	知识产权证券化

构，就可以用其优质资产来支撑较高级别信用证券的发行。而提高信用必然带来筹资成本的降低，这一点对于难以直接进入资本市场发行债券筹资而又拥有优质资产的中小企业来说，具有更为重要的意义。

2.改善资本结构。多数证券化采用了表外融资的处理方法，将证券化资产和负债转移到资产负债表外，从而达到改善资产负债表结构的目的。这一特点对于银行等金融机构具有特殊意义。

3.较低的信息披露要求。证券化融资的审慎性分析主要集中在基础资产的特点和服务商、受托人的能力及稳定性上，一般不需要向投资者、评级机构和监管部门完全披露公司的财务状况。这对于那些不希望公开公司经营状况的私营企业来说具有特殊的意义。

（二）对中间商而言

中间商可获取服务费收入。为发起人和投资者提供连接桥梁的中间商一般在资产管理方面具有人才、技术、信息以及经验等诸多方面的优势，因而可以在资产证券化交易中凭借自身优势，在不投入实际资本的情况下获得丰厚收益。

（三）对投资者而言

1.合理投资。由于证券化的资产一般是优质资产，且有完善的信用增级，因此这种证券的风险通常较小而收益较高，并且具有很高的流动性，所以资产支持证券正受到越来越多的投资者的欢迎。

2.扩大投资规模。一般而言，证券化产品的风险权重比基础资产的风险权重低得多。这是什么意思呢？举例来说，假如美国一家保险公司购入一笔不动产，按照美国有关法律的规定，它必须保持相当于投资额3%的资本金来支撑这笔投资。但如果保险公司购入的是一笔信用等级不低于BBB级的抵押贷款支持证券，则对其资本金的要求仅为0.3%，显然，这是一个10倍的差距。因此，资本金要求所造成的压力已成为各种金融机构对证券化资产进行投资的主要驱动力。

3.多样化的投资品种。现代证券化交易中的证券一般不是单一品种的，而是通过对现金流的分割和组合设计出一系列具有不同等级的证券，如仅付利息证券、仅付本金证券、计划摊还证券、目标摊还证券等，从而可以更好地满足不同投资者对期限、风险和利率的不同偏好。

四、适合证券化的资产

资产证券化虽然有诸多好处，但并不是所有资产都可以证券化的。总结多年的实践经验可知，证券化资产一般具有以下特征：

1.资产可以产生稳定的、可预测的现金流收入。

2.原始权益人持有资产已有一段时间，且信用表现良好。

3.资产应具有标准化的合约文件，即资产具有很高的同质性。

4.资产抵押物易于变现，且变现价值较高。

5.债务人的地域和人口统计分布广泛。

6.资产的历史记录良好，即违约率和损失率较低。

7.资产的相关数据容易获得。

一般来说，那些现金流不稳定、同质性低、信用质量较差，且很难获得相关统计数据的资产不宜被直接证券化。

五、资产证券化的发展历程

资产证券化既是高度发达的市场经济条件下追求利益最大化的必然产物，也是日益完善的法治环境下体现制度组合优势的金融创新。资产证券化起源于20世纪七八十年代的美国，当时主要用于住房按揭。

第一次世界大战以后，美国经济得到了迅速发展，建筑业日益繁荣，住房抵押贷款的主要提供者——储蓄贷款协会应运而生并快速发展起来。

但是，1929—1933年的经济大萧条使得全美近1/3的人失去了工作，这一时期不但没有产生新的抵押贷款，大量现存的住房抵押贷款也被迫清偿。

为了促进房地产业的发展，减少抵押贷款发放者的贷款本息损失，大萧条之后，美国政府开始着手解决住房抵押贷款的信用风险和流动风险。1970年，政府国民抵押协会以住房抵押贷款为担保，向社会公众发行抵押担保证券，借此筹措抵押贷款资金，这标志着资产证券化时代的开始。

随后，联邦住房抵押贷款公司和联邦国民抵押贷款协会先后在1971年和1981年开始发行住房抵押债券。这种债券模式随后又被推广到其他一切能产生较为稳定的预期现金流的金融资产，如汽车抵押贷款、应收账款、信用卡贷款等，它们被统称为资产支持证券。

1989年，美国国会通过了《金融机构改革、复兴和实施法案》，成立了重组信托公司。重组信托公司将储蓄贷款协会账面上的抵押贷款资产出售，构造成抵押贷款组合，以资产组合的现金流为支持，发行资产支持证券。此后，资产证券化市场呈指数化扩张，证券化资产已遍及租金、版税、专利权、信用卡应收款、汽车贷款等广泛的领域。

此后，随着金融管制在欧美的放松和《巴塞尔协议》在各国的实施，银行对资本充足率和不良资产的重视大大刺激了资产证券化在世界各国的发展。1995年，世界银行属下的国际金融公司以其在南美等发展中国家的长期资产为抵押发行了4亿美元不可追索的证券。

资产证券化在亚洲也得到了迅速的发展。1994年，中国香港发行了3.5亿港元的抵押贷款债券。1996年，资产证券化进一步延伸到印度尼西亚、泰国、马来西亚和日本等亚洲国家。韩国资产管理公司从1999年到2001年在国内发行了15种资产支持证券，利用证券化处理的不良资产已占不良资产总额的20%。据穆迪公司当时的预测，1998年东南亚国家发行的资产支持证券达到20亿美元。亚洲金融创新和资产证券化的发展是其金融体系与资本市场深化和发展的重要表现。

中国的资产证券化实践可以追溯到20世纪90年代在地产销售收入、高速公路收费等方面的探索。但由于资本市场不发达、外部法律环境不完善等种种原因，彼时并未形成规模化的发展。进入21世纪，我国的资产证券化在实践的探索上取得了长足的进步，已经形成了两条发展脉络：一是在银监会（现银保监会）、中国人民银行系统下，采用信托结构的信贷资产证券化，主要代表是以国家开发银行和中国建设银行作为试点单位开展的信贷资产证券化和个人住房抵押贷款证券化；二是以证监会为主导，由证券公司采用客户资产管理计划结构的企业资产证券化，主要是对企业既有的合同债权或未来业务的收益通过发行资产支持受益凭证进行资产证券化。

2003年中国华融资产管理公司和中国信托投资公司进行的不良资产信托项目更被中国业界视为国内"准资产证券化"第一案。国家开发银行以及中国建设银行、中国工商银行等商业银行则积极探索信贷资产和个人住房抵押贷款证券化。华融、信达、东方、长城四大金融资产管理公司均已将资产证券化列入了其解决银行不良资产的手段的范围。

2005年3月，国家开发银行和中国建设银行分别发行了41.77亿元信贷资产支持证券和29.26亿元个人住房抵押贷款支持证券，资产证券化试点正式启动。此后，国家开发银行于2006年4月又发行了一期信贷资产支持证券，总额为57.3亿元，资产证券化业务进入实质运作阶段。仅2015年第一季度，我国信贷资产支持证券产品发行规模就达518亿元。

随着我国住房商品化制度改革的推进，住房抵押贷款占商业银行的资产比重迅速上升。长期的住房抵押贷款隐含着巨大的流动性风险，而资产证券化为化解这一风险提供了有效手段。

表12-2显示了2015年中国资产证券化的各个项目。

表12-2　　　　　　　　　　2015年中国资产证券化项目一览表

项目名称	项目特点
和信2015年第二期汽车分期贷款资产支持证券	首单信用卡循环结构资产支持证券，次级档证券首次采用溢价发行
融腾2015年第一期个人汽车抵押贷款资产支持证券	中国人民银行2015年4月宣布推行资产证券化注册制以来，国内首单通过人民银行注册发行的资产支持证券
浦发2015年工程机械贷款资产证券化信托资产支持证券	该项目在市场上是首单以工程机械贷款为基础资产的交易；交易采用保证金账户设置和厂商承诺回购担保的外部信用增级措施
新锐2015年第一期信贷资产证券化信托资产支持证券	基础资产均为中国华融通过收购所获得的不良资产而经中国华融重组后转为正常类的资产，受重整资产特性的影响，该产品入池资产具有加权平均利率高（加权平均利率为11.30%）、入池资产信用等级较低（BBB+级以下资产占比37.98%）等特点。新锐的成功发行为下一步不良贷款证券化的试点提供了借鉴和市场认识
交元2015年第一期信用卡分期资产证券化	个人消费类信用卡分期，涉及持卡人27万
建元2015年第二期个人住房抵押贷款资产支持证券	同期项目的投资者中成功引入了保险机构，首次将长期房贷资产与保险资金相衔接

续表

项目名称	项目特点
渣打银行臻骋 2015 年第一期信贷资产证券化项目	1. 首批外资银行证券化项目之一，且发行价格最优 2. 入池资产包含银团贷款，在国内市场首次尝试此类资产证券化
苏元 2015 年第一期信贷资产支持证券	新增定制工商企业贷款，同时为匹配本期证券化产品的结构设计，事先制定发放新增贷款的标准
兴银 2015 年第三期信贷资产证券化信托资产支持证券	该期产品被设计为市场首单超短期、按月兑付的 CLO 产品，不但丰富了证券化市场产品结构和类型，向市场证明了该行证券化设计管理水平，同时也成为中国证券化试点 10 年以来首次 QFII 投资中国 CLO 产品的成功案例
招金 2015 年第一期租赁资产支持证券	本产品为金融租赁行业首单全出表型资产证券化项目
沪公积金 2015 年第一期个人住房贷款资产支持证券	首单银行间公积金贷款资产证券化产品
工元 2015 年第一期信贷资产证券化信托资产支持证券	该项目通过加强信托存续期间对资产池资金的回收和投资管理（采用加快回收款转付频率、拓宽合格投资范围等措施），使资产池收益率有了一定改善

第二节　资产证券化流程

在现实生活中，资产证券化其实是一个非常复杂的过程，其中牵扯到方方面面的机构、组织和个人，同时还要进行许多复杂的金融运作。但简单而言，资产证券化的一般流程如下：

一、组建资产池

资产池，简单说来就是一个规模相当大的、具有一定特征的资产组合。发起人在分析自身融资需求的基础上确定用于证券化的资产并将其组合成资产池。

二、设立特殊目的载体（special purpose vehicle，SPV）

SPV 是专门为完成资产证券化交易而设立的一种特殊实体，它是资产证券化运作的关键性主体。

SPV 可以是由交易发起人设立的一个附属机构，也可以是长期存在的专门从事资产证券化交易的机构（比如美国的三大政府信用型证券化机构和一些私人信用型证券化机构）。

SPV 的业务活动一般要受到法律的严格限制，这些限制主要包括：

1.目标和权利限制。除了完成资产证券化交易所必须从事的活动外，不得从事其他任何活动。

2.债务限制。除为完成交易所承担的债务和担保义务外，一般不得发生其他债务或承担不相关的担保责任。

3.高度独立性。这包括：SPV 只能以自己的名义从事业务活动，资产不得与其他机构相混合，保持独立的财务报表等。

4.设立独立董事。董事会中至少设立一名独立董事，重大决策应事先征得独立董事的同意。

5.一般情况下，不得分红或进行其他任何分配活动。

6.不得破产。这是 SPV 非常重要的一个法律特征。

三、真实出售

SPV 设立之后，交易发起人把基础资产出售给 SPV。这种出售必须是"真实出售"，即资产在出售以后即使原始权益人遭到破产清算，已出售资产也不会被列入清算财产的范围。通过这种安排，基础资产与原始权益人之间就实现了所谓的"破产隔离"，从而达到保护投资者的目的。

四、信用增级

为了吸引投资者并降低发行成本，SPV 要聘请评级机构对证券化交易进行考核，以确定需要增级的信用水平。然后，根据需要对整个资产证券化交易进行信用增级，以提高所发行证券的信用级别。

尽管信用增级可以采取很多形式，但从来源上可以将它归为两种类型——卖方提供的信用支持（增级）和第三方提供的信用支持（增级），或分别称为内部信用增级和外部信用增级。

1.卖方提供的信用增级。在卖方提供的信用增级中，卖方使用自身的信用、资产或流动性来源。一般情况下，卖方或者担保偿还一部分所转让的资产，或者赋予买方一种权利，使其能从规模超过买方投资的现金或金融资产中获得帮助以确保对投资者的偿还。具体说来，最常见的卖方提供的信用增级方式包括优先/次级结构（senior/subordinate structure）、备付金和利差账户等。

这其中最容易实现也是最常用的一种信用增级方式是优先/次级结构。在这种结构下，对优先档证券本息的偿付一般要先于对次级档证券的偿付，在付清优先档证券的本息之前对次级档证券仅付利息。在优先档证券的本息偿付完毕后才开始支付次级档证券的本金。通过这种结构安排，优先档证券的风险在很大程度上被次级档证券所吸收，从而达到信用增级的目的。

2.第三方提供的信用增级。第三方提供的信用增级是通过让卖方购买第三方提供的信用支持以获得较高评级来受益的。

由于转让金融资产的债务人有可能违约，且由卖方自己提供信用支持的话，则发行评级以债务人和卖方为依据，在这种情形下，发行人不得不以较高的收益率来吸引投资者。但是，如果可以从信用评级高于卖方的银行或保险公司获得信用证或担保债券等工具，从而保证基本债务的履行或支持卖方所发行的证券，那么证券可以获得较好的信用品质，所获信用评级也会高于基础资产池或提供信用支持的卖方的信用评级。这是因为，有了第三方的信用增级，对该证券投资的风险变小，所以投资者也愿意接受较低的利息率。金融担保就是其中典型的一类。

金融担保是指由本身具有较高信用级别的专业金融公司向投资者担保发行人履行按期支付本息的义务，一旦发生违约情形，则由金融公司承担偿付本息的责任。通过办理金融担保，信用级别相对较低的SPV实际上是"租用"了金融公司的高信用级别，证券的信用级别由此而得到大幅提升。

此外，还可以通过开立信用证、设立备付金账户、进行超额抵押等方式实现信用增级。

五、信用评级

进行信用增级后，SPV将再次聘请信用评级机构对将要发行的证券进行正式的发行评级，并向投资者公布最终评级结果。由于实施了信用增级，这时的评级结果就往往比较理想了。标准普尔（S&P）的长期债务信用评级体系见表12-3。

六、发售证券

信用评级完成之后，将由证券承销商负责向投资者正式发行证券。

七、向发起人支付资产购买价款

SPV从证券承销商那里获得发行现金收入，然后按事先约定的价格向发起人支付购买证券化资产的价款，同时还要向其所聘用的各专业机构支付相关费用。

八、资产管理与回收收益

服务商将对资产池进行管理。管理的主要内容是收取、记录资产池产生的现金流，并把全部收入存入事先指定的受托银行。受托银行按约定建立积累金账户，以便按时向投资者偿付本金和利息。

表12-3　　　　　　　　**标准普尔（S&P）长期债务信用评级体系**

AAA	偿还债务的能力极强，基本不受不利经济环境的影响，违约风险极低
AA	偿还债务的能力很强，受不利经济环境的影响不大，违约风险很低
A	偿还债务能力较强，较易受不利经济环境的影响，违约风险较低
BBB	偿还债务能力一般，受不利经济环境影响较大，违约风险一般
BB	偿还债务能力较弱，受不利经济环境影响很大，有较高违约风险
B	偿还债务的能力较大地依赖于良好的经济环境，违约风险很高
CCC	偿还债务的能力极度依赖于良好的经济环境，违约风险极高
CC	在破产或重组时可获得保护较小，基本不能保证偿还债务
C	不能偿还债务

注：除AAA级，CCC级以下等级外，每一个信用等级可能用"+""-"符号进行微调，表示略高或略低于本等级。

九、还本付息

在规定的证券偿付日，SPV将委托受托银行按时足额地向投资者偿付本息。待证券全部被偿付后，如果资产池产生的收入还有剩余，那么这些剩余收入将被返还给交易发起人。

至此，资产证券化交易的全部过程宣告结束，这一过程可用图12-2加以描述。

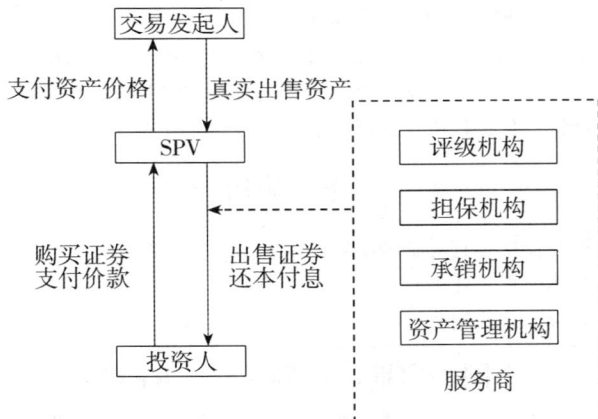

图12-2　资产证券化一般流程

第三节　投资银行在资产证券化中的作用

投资银行自始至终参与资产证券化交易的全过程，并在资产证券化交易中发挥着关键的作用。

1.推销交易。通常而言，很多企业其实都有资产证券化的需求。但是由于它们缺乏相关的专业知识和市场信息，很少能够想到使用资产证券化这种方法。这个时候，富有经验的投资银行就可向有需要的企业推销这种交易，使它们识别自身需求，并认识到自己将能从该过程中获得哪些利益。

2.分析数据。在企业接受了资产证券化的建议之后，投资银行需要汇集和分析大量的信息以确定证券化的可行性。

3.构造交易活动。在一切条件准备好之后，投资银行要根据发起人、市场环境、投资者等各方面的要求来协调关系，构造出一个能够最大限度地满足各方利益的交易活动。

4.证券发行。最后，投资银行还要安排证券的发行，并在正式发行后监控和支持这些证券在二级市场的交易。

———————————— **本章小结** ————————————

1.资产证券化指的是把缺乏流动性但具有未来现金收入流的资产收集起来，通过结构性重组，将其转变成可以在金融市场上出售和流通的证券，据以融通资金的过程。

2.狭义的资产证券化是指信贷资产证券化。按照被证券化资产种类的不同，信贷资产证券化可分为抵押贷款支持证券化和资产支持证券化。

3.资产证券化起源于20世纪七八十年代的美国，当时主要用于住宅按揭，后来逐渐在全世界快速发展起来，并成为一种非常重要的金融手段。

4.资产证券化的流程包括：组建资产池，设立特殊目的载体，真实出售，信用增级，信用评级，发售证券，向发起人支付资产购买价格，资产管理与回收收益，还本付息。

5.投资银行在资产证券化过程中发挥巨大的作用。

———————————— **思考与应用** ————————————

1.资产证券化有哪些作用？它对金融市场会产生怎样的影响？

2.资产证券化的具体流程是什么？

3.什么是MBS？它有哪些作用？

【参考案例】　　**中国的房地产证券化——REITs**

从美国爆发并逐渐席卷全球金融市场的次贷危机已经离我们远去，但是其带来的深远影响仍使得我们心有余悸。当年美国的抵押贷款公司向信用评级较低的次级受贷者发放相应的贷款用以购买房屋，再将这些能够获得现金流的资产出售给商业银行或投资银行做成债券进行出售，也就是我们常说的次级债券。次级债券刚开始时随着房地产市场的蒸蒸日上对利益链上的各方均有好处，但是自美联储基准利率从2004年开始连续17次提高，基准利率从1%提升到5.25%起，这种贷款立刻成为高危资产。当借款人出现还款困难时，一方面现有房子的销售越来越难，另一方面卖房款也未必能够还清借款人的贷款。其结果就是，还不起债的人多了，坏账率越来越高，最终这一链条的断裂所产生的问题以迅雷不及掩耳之势传遍整个系统，造成了"一损俱损"的灾难性后果，最终引发了波及全球的金融危机。

虽然美国次贷危机的发生给我们带来了很多负面影响，但不可否认的是，其对房地产行业进行证券化的金融创新对于我们来说也有很多值得学习的地方。我国的房地产证券化目前规模尚小，还有非常大的发展空间，未来在借鉴美国经验的同时，也要注意汲取其教训。

后金融危机时期，房地产信托投资基金（REITs）业务开始由发达国家逐渐拓展至发展中国家，中国也逐渐开始摸索发展REITs。得益于监管部门与各市场主体在房地产证券化的执着探索，中国的REITs已经开始试点，虽然目前市场仍很不成熟，但它拥有万亿元的潜在市场，具有广阔的发展空间。在探索中国房地产证券化道路之前，我们先通过下面的故事来加深对资产证券化的理解。

继续阅读请扫码

第十三章

风险投资业务

风险投资业务是始于20世纪初，在近几十年中蓬勃发展起来的一项新兴的资金运作方式。本章将分别从风险投资概述、风险投资流程，以及投资银行在风险投资中的作用三个方面由浅入深地介绍与投资银行密切相关的风险投资知识。

第一节　风险投资概述

一、风险投资的定义

风险投资（venture capital，即VC），又被称为创业投资。由于风险投资发展和演化形式多种多样、机制复杂，因而目前学术界对风险投资还没有一个被大家广泛接受的、具有权威性的定义。根据美国风险投资协会的定义，风险投资是指投资人将风险资本投资于新兴的、具有高速成长潜力的、蕴藏着巨大收益的、未上市的高科技高风险企业，并通过退出机制获得收益的一种投资行为。

风险投资的分类方式多种多样，根据其组织化的程度，可以分为三种形式：一是"天使投资"（angels），指具有一定财富的个人对具有巨大发展潜力的初创企业进行早期的直接投资，这是一种自发而又分散的民间投资方式；二是非专业管理的机构性风险投资，一些控股公司或保险公司等非专业从事风险投资的机构以自己的部分自有资本直接投资于风险企业；三是投资基金，这是专业化和机构化的风险投资。投资基金与前两种有着本质的区别，它通过专业化的风险投资经营机构——投资银行实现了风险投资经营主体的专业化和机构化，是风险投资的高级形态。

风险投资作为一种新型的资金运作方式，与传统的投资方式有很大的不同。它以其自身高风险高收益的运行机制、对科技创新的巨大推动作用，以及对经济发展的卓越贡献，吸引了越来越多人的注意，也在当今社会的经济运行中占据了举足轻重的地位。

截至2018年底，中国创业风险投资机构共计2 800家，累计投资22 396项，累计投资金额4 769亿元，累计管理资本总额达到9 197亿元。受新冠肺炎疫情影响，2020年全球经济深度衰退，而全球风险投资却逆流而上。2020年风险投资总额达3 130亿美元，同比增长约7%，这是过去十年来投资额第二高的年份，募资额也达到1 112亿美元，同样是史上第二的募资规模。

二、风险投资起源

风险投资的起源可以追溯到19世纪末期，当时美国一些私人银行对钢铁、石油和铁路等新兴行业进行投资，从而获得了高回报。1946年，在美国哈佛大学教授乔治·多威特的支持下，当时的美国国会议员、波士顿联邦储备银行行长拉佛·佛朗德斯和一批新英格兰地区的企业家成立了第一家具有现代意义的风险投资公司——美国研究发展公司（American Research & Developer，AR&D），开创了现代风险投资业的先河。1958年，美国政府通过了一个扶植中小企业的《投资公司法》，使小企业投资公司能够享受税收减免和政府的软贷款。在这一法案的带动下，专门资助新建小企业的公司如雨后春笋般涌现，成为当时产业资本的主要来源。

风险投资的真正兴起是从20世纪70年代后半期开始的。这一时期，计算机、生命科学等高科技领域有了快速发展，同时美国政府对风险投资采取了增加资金供给、减税等激励措施，从而营造了一个有利于风险投资发展的经济环境。1973年，随着大量小型合伙制风险投资公司的出现，全美风险投资协会（NVCA，National Venture Capital Association）宣告成立，标志着风险投资在美国的国民经济中正式成为一个新兴的行业。

风险投资在美国兴起之后，很快在世界范围内产生了巨大影响。其实，早在1945年英国就诞生了全欧洲第一家风险投资公司——工商金融公司（ICFC），但英国风险投资业起步虽早，发展却很缓慢，直至20世纪80年代英国政府采取了一系列鼓励风险投资业发展的政策和措施后，风险投资业才在英国得以迅速发展。

其他一些国家（如加拿大、法国、德国）的风险投资业随着新技术的发展和政府管制的放松，也在20世纪80年代有了相当程度的发展。日本作为亚洲经济的领头羊，其风险投资业也开展得如火如荼。到2007年3月，日本的风险投资机构就有100多家，投资额达2 790亿日元以上。但与美国不同的是，日本的风险投资机构中有相当一部分是由政府成立的，这些投资机构也大多不是从事股权投资，而是向高新技术产业或中小企业提供无息贷款或贷款担保。

三、风险投资在中国的发展

中国的风险投资业是在20世纪80年代才姗姗起步的，虽然有政策的大力支持，但由于快速发展的发展中国家的特殊市场经济情况，中国的风险投资发展还是很缓慢。

首先，国内意义上的投资银行，基本上就是指各种证券公司，然而根据我国的法律规定，这些证券公司是不可以从事风险投资业务的。因此，我国的风险投资业务主要只能依靠政府投资。另外还有一些所谓做"天使投资"的个人和私人风险投资公司，由于受到资本、管理、法规等各方面因素的制约，无法做大。根据国际经验，R&D经费、R&D成果转化基金、工业化大生产的资金比例大致应该达到1：10：100，才能使R&D成果较好地转化并形成产业。而我国科技成果转化的三个阶段比例严重失调，尤其是第二阶段，R&D经费、R&D成果转化基金比例只有1：2左右，大量科技成果无法转化，形成产业就更无从谈起了，而这个阶段恰恰是在国外的企业发展中风险投资会大量介入的阶段。因此，在起步阶段，国内产生的空白就只能由外国一些大型的风险投资公司来填补（见表13-1），而随着国内资本市场的日趋成熟，本土投资机构已开始取代国外投资机构（见表13-2）[①]。

表13-1　　　　2007年中国创投市场中外资投资机构投资比较

资本类型	案例数量	所占比例	投资金额（十万美元）	所占比例
外资	153	64.83%	5 234.21	84.43%
中资	73	30.93%	560.96	9.05%
中外合资	10	4.24%	403.99	6.52%

表13-2　　　　2010年中国创投市场中外资投资机构投资比较

资本类型	案例数量	所占比例	投资金额（十万美元）	所占比例
外资	275	34.20%	3 266.55	57.63%
中资	507	63.06%	2 137.07	37.70%
中外合资	22	2.74%	264.41	4.67%

另外，在我国投资环境的软硬件建设方面还有一些亟待改进的地方。调研结果显示，2011年中国风险投资行业面临的最大两个挑战是"项目估值过高带来较大

①　表13-1、表13-2均根据百度文库——2010年中国VC/PE市场统计分析报告［EB/OL］.（2011-10-11）［2017-05-23］. https://wenku.baidu.com/view/f805dd34f111f18583d05ac5.html 中的相关数据整理.

的退出风险"和"优质项目源缺乏"（如图13-1[①]所示）。

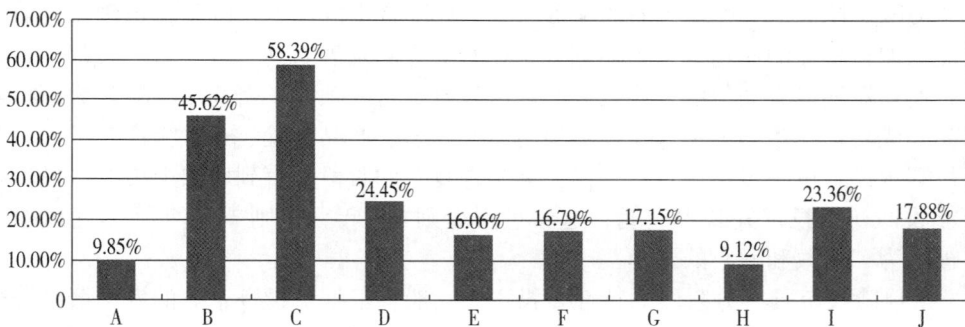

A：资金募集渠道不顺畅   B：优质项目源缺乏
C：项目估值过高带来较大的退出风险   D：风险投资专业人才匮乏
E：项目退出渠道不畅通   F：税收优惠措施难以落实
G：机构的诚信体系尚未建立   H：缺乏高质量的中国风险投资行业研究机构
I：宏观经济不确定因素较多   J：缺乏统一的行业规范，面临政策风险

图13-1　2011年中国风险投资行业面临的挑战

但是，需要指出的是，2011年的调研结果与往年相比，选择各项挑战的投资者所占比例均有所下降，这种现象除了表明在中国的投资者经验更加丰富，越来越适应中国的投资环境以外，也说明了我国的投资大环境向好。

四、风险投资的特点

风险投资作为一种特殊的投资形式，与传统的投资方式有很大的区别，主要体现在：

1.风险投资是一种高风险、无担保的活动。由于风险投资主要用于投资新兴的高科技企业，市场上没有现成的经验，技术上也没有必胜的把握，因此风险颇高。2010年，中国风险投资项目的失败率高达63.2%[②]，尽管有如此高的风险，但是由于风险企业非常年轻，未来又充满各种不确定性，风险投资家几乎在没有任何担保的情况下，完全依靠对风险企业较高的未来预期来支持投资。

2.单项风险投资成功率低，但是一旦成功，就会有极高的回报。在美国硅谷，有一个广为流传的"大拇指定律"，即每10个由风险资本支持的创业企业中，有3个会倒闭，3个可以勉强维持，3个能够上市并获得不错的业绩，只有1个能够脱颖而出，最后取得高额回报。而在中国，2010年只有17.9%的风险投资项目的收益率

---

① 成思危. 2011中国风险投资年鉴［M］. 北京：民主与建设出版社，2011.
② 王元，张晓原，赵明鹏. 中国创业风险投资发展报告2011［M］. 北京：经济管理出版社，2011.

超过100%①。

3.风险投资是一项中长期的投资活动。风险资本的根本目的是扶植创业企业的企业家取得事业的成功，为了使创业企业有更强的发展后劲，投资者一般都不会要求企业在短期内有任何的偿还或分红。风险资本将一项科学研究成果转化为新技术产品并成功地在市场上销售，需要经历研究开发、产品试验、正式生产、扩大生产到盈利规模、进一步扩大生产、销售等各种复杂的阶段，直到股票上市后，投资者才能收回初始投资并获得利润，这一过程少则3~5年，多则7~10年，因此风险资本被喻为"勇敢和耐心的资本"。

4.风险投资具有分阶段的特性。投资人一般会根据被投资企业的发展情况分阶段注入资金，而不会一次性投入所有资金，这一方面是因为风险投资的金额很大，常常高达上千万甚至上亿元，不可能一次投入；另一方面，这也是投资人控制风险的一种方法。

一般而言，企业创业初期风险大，所需资金量较少，投资金额比较少。当公司进入发展期和成熟期，就需要大量资金来扩大规模，这时风险也较小，资金投入量会相对较大。但是，随着近些年的发展，在中国的风险投资市场上逐渐出现了投资"阶段前移"的趋势，起步期的投资项目比例从2012年的28.7%增加到2019年的39.5%，这一比例在2018年的时候甚至高达40.3%（见表13-3②）。

表13-3③　　　　　　　中国创业风险投资项目所处阶段的总体分布　　　　　　单位：%

成长阶段＼年份	2012	2013	2014	2015	2016	2017	2018	2019
种子期	12.3	18.3	20.8	18.2	19.6	17.8	24.1	22.2
起步期	28.7	32.5	36.5	35.6	38.9	39.5	40.3	39.5
成长期	45.0	38.2	36.0	40.1	35.0	36.2	29.4	32.0
成熟期	13.2	10.0	6.5	5.4	5.7	5.9	5.4	6.0
重组期	0.8	1.0	0.2	0.7	0.8	0.6	0.8	0.3

五、风险投资与银行贷款的区别

1.银行贷款讲安全性，回避风险；而风险投资却偏好高风险项目，追逐高风险背后隐藏的高收益，意在管理风险、驾驭风险。

① 王元，张晓原，赵明鹏. 中国创业风险投资发展报告2011［M］. 北京：经济管理出版社，2011.
② 成思危. 2013中国风险投资年鉴［M］. 北京：民主与建设出版社，2013.
③ 胡志坚，张晓原，贾敬敦. 中国创业风险投资发展报告2019［M］. 北京：经济管理出版社，2019.

2.银行贷款以流动性为本；而风险投资却以不流动性为特点，在相对不流动中寻求增长。

3.银行贷款关注企业的现状、企业目前的资金周转和偿还能力；而风险投资放眼企业未来的收益和高成长性。

4.银行贷款考核的是实物指标；而风险投资考核的是被投资企业的管理队伍是否具有管理水平和创业精神，考核的是高科技的未来市场。

5.银行贷款需要抵押、担保，它一般投向成长和成熟阶段的企业；而风险投资不要抵押、不要担保，它投资于新兴的、有高速成长性的企业和项目。

六、风险投资的功能

（一）推动技术创新与进步，是推动高新技术产业化的发动机

说起风险投资对高新技术产业化的巨大推动作用，硅谷应该是最典型的一个例子。当今世界上许多著名的高新技术公司，如全球IT领导厂商惠普（HP）、世界上最大的互联网设备制造公司思科（CISCO）、微电子领域的霸主英特尔（INTEL）等，总部都坐落在硅谷。今天，硅谷聚集了超过10 000多家高科技公司。在其发展最快的时期，每星期诞生11家新公司，每天有1家公司的股票上市，每天能产生62个百万富翁。硅谷共有40多个诺贝尔奖获得者，有上千个科学家和工程院院士。

硅谷的成功，因为有以斯坦福大学为首的科研院所和硅谷聚积的大量技术精英，有自由创新和创业的制度环境，有NASDAQ提供的良好的定价机制与风险资本的退出机制，但是，还有一点尤为重要，那就是风险投资机制，这一机制在硅谷的发展过程中做出了巨大贡献。风险投资是硅谷科技创新和产业化的前提，正因为硅谷有了世界上最完备的风险投资机制，有上千家风险投资公司和2 000多家中介服务机构，才造就了今天硅谷发展的辉煌。

（二）促进国家经济发展，增强国家竞争力

美国咨询公司Globle Insight公布的数据显示，风险投资（VC）背景企业对美国经济贡献巨大。其中工作岗位和营业收入总额充分显示了VC背景企业对于美国经济的重要性。2006年，VC背景企业提供了1 040万个高质量的工作岗位，占美国私营企业工作岗位数量的9.1%；VC背景企业营业收入总额达到2.3万亿美元，占美国国内生产总值（GDP）的17.6%。而同年，美国风险投资市场投资总额为260亿美元，仅占当年美国GDP的0.2%，投资回报相当可观（见表13-4①）。

---

① 表13-4、图13-2和表13-6参见中投网https://www.chinaventure.com.cn/相关资料。

表13-4　　　　2000年、2003年及2006年美国VC背景企业经济效益比较

	2000年	2003年	2006年
工作岗位（百万个）	8.7	9.4	10.4
总营业收入（亿万美元）	1.5	1.7	2.3

　　在提供工作岗位和企业总营业收入增长率方面，VC背景企业远远超过非VC背景企业。2003—2006年，美国VC背景企业工作岗位年均复合增长率为3.6%，而美国所有企业平均仅为1.4%；VC背景企业营业收入总额年均复合增长率为11.8%，美国所有企业平均仅为6.5%（如图13-2所示）。

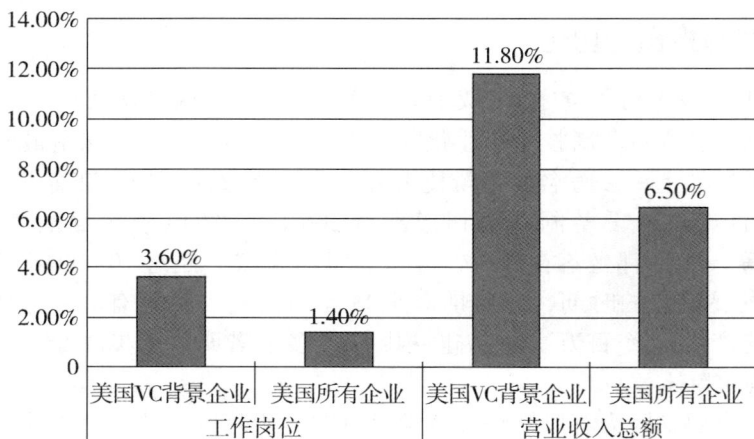

图13-2　　美国2003—2006年VC背景企业工作岗位及营业收入总额年均复合增长率

　　表13-5是2019年发布的美国创业投资总体情况一览表，可以发现美国现存VC管理机构数量在逐年增加，其管理的基金数量也在大幅上涨。从2006年到2018年间，美国创业投资的各项关键性指标量总体呈现上升趋势，这表明风险投资产业在美国经济中扮演着极其重要的角色，使得各种新兴概念和商业模式蓬勃发展。

　　同样，对于中国经济而言，风险投资所发挥的巨大作用也是毋庸置疑的。北京市社会科学院中国总部经济研究中心发布的2019年对全国35个主要城市总经济发展能力综合评价的排名显示，北京、上海、广州和深圳分列前四名，而这四个城市在2018年也都位居中国创业投资市场投资资本排名的前十名。北京、上海、广州和深圳在中国风险投资的大潮中处于领导地位，充分发挥了其利用区域优势和国际化平台招商引资的作用，并通过出台相关风控政策来保护投资者权益，为风险投资的发展创造了良好的环境，并以此推动经济的发展。参见表13-6①和表13-7②。

_____

① 参见北京市社会科学院中国总部经济研究中心相关资料。
② 数据源于中国经济社会大数据研究平台 https://data.cnki.net/。

表13-5 美国创业投资总体情况一览表

指标 \ 年份	2006	2012	2018
现存VC管理机构数量（家）	876	765	1 047
现存VC基金数量（家）	1 233	1 187	1 884
首次募集的VC基金数量（家）	47	31	52
当年募集资金的VC基金数量（家）	191	203	257
当年募集的资本额（十亿美元）	33.4	24.4	53.8
VC管理资本额（十亿美元）	204.5	253.7	403.5
平均VC管理资本额（百万美元）	200.9	201.3	242.4
平均VC基金规模（百万美元）	139.3	242.6	234.7
当年新增VC基金平均规模（百万美元）	200.0	130.0	218.8
VC管理机构管理资金规模中位值（百万美元）	57.7	38.5	38.6
截至目前VC基金规模中位值（百万美元）	50.0	50.0	45.4
当年VC基金规模中位值（百万美元）	68.9	22.0	75.0
截至目前最大VC基金募集额（百万美元）	2 560.0	3 000.0	8 000.0

表13-6 2019年全国35个主要城市总部经济发展能力综合评价排名

城市	综合排名	城市	综合排名	城市	综合排名	城市	综合排名
北京	1	武汉	10	长沙	19	海口	28
上海	2	宁波	11	郑州	20	合肥	29
广州	3	重庆	12	福州	21	乌鲁木齐	30
深圳	4	沈阳	13	石家庄	22	呼和浩特	31
南京	5	大连	14	哈尔滨	23	南宁	32
杭州	6	厦门	15	太原	24	贵阳	33
天津	7	济南	16	长春	25	银川	34
成都	8	西安	17	昆明	26	西宁	35
青岛	9	兰州	18	南昌	27		

表13-7　　　　　　2018年中国创业投资市场创投基金数量与管理资本额

地区	创投基金数量（家）	数量所占比例（%）	管理资本额（亿元）	资本所占比例(%)
江苏	420	24.90	1 946.75	24.43
广东	88	5.22	1 616.15	20.28
浙江	421	24.96	575.92	7.23
安徽	74	4.39	549.35	6.90
上海	115	6.82	276.26	3.47
北京	393	23.30	2 134.40	26.79
新疆	14	0.83	140.60	1.76
湖南	49	2.90	400.43	5.03
福建	37	2.19	177.35	2.23
山东	76	4.51	150.02	1.88

（三）深化金融制度的变革

风险投资提供了一种风险和收益转移的新方式。对于传统的银行投资而言，资金的投入与需求的整体效果是不对称的，最需要资金且资金的生产效率最高的企业却因为风险较高而得不到贷款，而发展成熟并且收入趋于稳定的大中型企业却常常因为风险较小而受到银行业的追捧，这使得很多具有发展潜力的高科技企业举步维艰。而风险投资则具有全新的理念。就资金的投入与需求的关系而言，风险资本只回避预期收益不高的项目，并不回避对资金的需求，从而优化了资源配置，弥补了传统金融体系的缺陷。除此之外，风险投资在自身发展的同时，也对金融、资本市场提出了新的要求，这反过来又促进了金融体制改革的深化。

第二节　风险投资流程

整个风险投资的运作过程包括风险资本提供者（投资者）、风险投资机构（风险投资家）和风险企业（创业家）三个主体的融资与投资两个过程。简单而言，首先，风险投资家从风险资本提供者那里募得资金，成立风险投资基金，设立风险投资机构，这就是"融资"过程。其次，风险投资家通过层层筛选，决定将风险资金投资于那些具有成长潜力但缺乏发展资金的企业。再次，风险投资家积极参与风险企业的经营与控制，以利于企业的良好发展。最后，风险投资家通过协助风险企业上市、并购、出售等退出机制收回资金，并将获得的收益回馈给投资者，从而完成投资全过程，并开始新一轮的风险投资（如图13-3所示）。

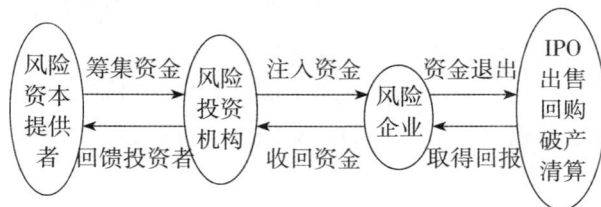

图13-3 风险投资一般流程

一般而言，风险投资基金的运作流程包括以下几个基本阶段：募集资金、项目筛选、尽职调查、交易构造、创业投资后管理、退出。

一、募集资金

风险投资基金运作的第一步是创立风险投资基金，即风险投资家凭借自身的声誉和能力从资金盈余者那里募集资金。其中，银行、保险公司、养老基金、富有的个人等都是风险投资家的融资对象。在欧美国家，风险投资的主要来源是养老基金和保险公司。而在中国，政府出资和国有独资投资机构出资则占了很大部分。

在我国，一般将风险投资资本分为两个部分：内资和外资。外资包括境内和境外两部分：境内外资是指通过外商独资（含港澳台）和合资合作而取得的创业风险投资资本；境外外资是指境外机构直接投资于中国内地的风险资本。而内资风险投资资本还可以划分为：（1）政府资金，包括各级政府对创业资本的直接资金支持，这是创业投资发展初期的主要力量；（2）国有独资公司资金，指国有独资公司直接提供的资金；（3）非国有独资公司资金，包括上市公司、非上市股份有限公司和有限责任公司投资的资金；（4）金融机构资金，包括银行、保险公司、证券公司和信托公司等非银行金融机构的各类资金投入；（5）事业单位、自然人及其他出资。

《中国创业投资发展报告2019》的研究显示，2018年中国创业投资的构成如表13-8所示。

表13-8   **2018年中国创业投资的构成**

资金来源	百分比	资金来源	百分比
国有独资投资机构	12.66%	境外投资机构	1.05%
政府引导基金	9.05%	境内外资机构	0.70%
其他财政资金	8.47%	社保基金	0.33%
民营投资机构	24.61%	其他	31.82%
混合所有制投资机构	2.19%		

二、项目筛选

项目筛选即通过种种方法选出高质量的投资对象，这是风险投资成功的重要保障。项目筛选有很多科学的方法和严格的标准，但是，值得注意的是，项目筛选往往不仅仅是一门科学，更是一门艺术。很多成功的风险投资家正是凭借自己对某一项目的直觉，才获取了超出一般水平的高额回报。下面，我们主要介绍一般项目筛选的科学方法。

（一）投资规模

由于风险资本的高成本，风险投资家一般不会愿意浪费时间和精力把资金投入到大量分散的小额交易上去。但是，风险投资的高风险性又决定了风险投资家们也很少敢于将所有的资金孤注一掷地投入到少数几个甚至单个的项目中去。所以，大部分的风险投资基金都规定了对风险项目的最高和最低投资限额，以使资金得到最有效的使用。

（二）投资产业

首先，风险投资一般都会侧重于投资高新技术产业，如果不是，很可能会直接剔除。其次，风险投资机构也要进一步选择自己公司比较擅长的行业，才能得心应手。

（三）所处发展阶段

由于创业企业所处的发展阶段不同，其特性、目标、风险等均不相同，在资金需求、管理手段、监管方式等方面也有极大差别，这将会大大影响到风险投资的成功与否。

种子期：在这一阶段，风险投资者多根据创业者所拥有的技术上的新发明、新设想以及对未来企业所勾画的"蓝图"来提供种子资金。由于仅有产品构想，未见产品原型，所以难以确定产品在技术上、商业上的可行性，企业的前景始终笼罩在巨大的风险之中。传统上这一阶段比较少有风险投资进入，但是随着经济形势的变化，它已经越来越受到风险投资者的重视。

发展期：也就是起步期。这时企业已掌握了新产品的生产工艺，但还需要在多方面进行改进。这一阶段的投资主要用于形成生产能力和开拓市场。由于需要的资金量较大，而且风险企业没有以往的经营记录，投资风险仍然比较大，因此，风险企业从稳健经营的银行那里取得贷款的可能性很小，更不可能从资本市场上直接融资，这时正是国外风险投资大量涌入的阶段。

扩张期：也就是成长期。经受了发展期的考验后，风险企业在生产、销售、服务方面基本上有了成功的把握。企业在扩张期需要扩大生产能力，组建销售队伍，大力开拓市场，牢固树立起企业的品牌形象，确立企业在业界的主导地位。另外，由于高新技术产品更新换代的速度快，企业应在提高产品质量、降低成本的同时，着手研究开发第二代产品，以保证持续发展。扩张期的主要工作是市场开拓，包括资金市场和商品市场的开拓。与种子期、发展期相比，此时影响企业发展的各种不确定因素大为减少，风险也随之降低。

成熟期：是指技术成熟和产品进入大规模生产的阶段。该阶段资金需要量很大，但风险投资已很少再增加投资了。一方面是因为企业产品的销售本身已能产生相当的现金流入，另一方面是因为这一阶段的技术成熟、市场稳定，企业已有足够的资信能力去吸引银行借款、发行债券或发行股票。更重要的是，随着各种风险的大幅降低，利润率也已不再诱人，对风险投资不再具有足够的吸引力。成熟阶段一般是风险投资的收获季节，也是风险投资的退出阶段。

重建期：当旧有的秩序被打破或原有组织与投资模式被淘汰之后，就会进入重建期了（如图13-4所示）。

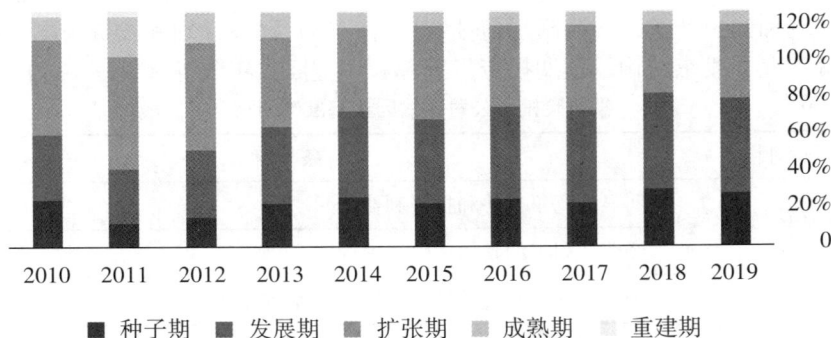

图13-4　2010—2019年中国不同阶段投资项目个数比例

（四）公司人员和管理水平

"二流的项目加上一流的管理远远优于一流的项目加上二流的管理"，这是风险投资行业公认的准则。很多资深风险投资家也都认为，风险投资说到底是对人的投资。因此，在项目筛选阶段，风险投资家会花费大量时间与公司员工尤其是管理层深入交流，在了解企业的同时更能了解创业者的综合素质，这对于一个项目的成功是至关重要的。

另外，产品市场前景、技术创新的可行性等，也是进行项目筛选需要考虑的重要因素。

三、尽职调查

尽职调查即对筛选出来的项目的所有特点和细节进行详细考察和分析,以便决定最终是否要投资于该项目。如果答案是肯定的,还要决定以何种方式投资和投资多少等诸多问题。

尽职调查是一项非常繁杂而且费时费力的工作,但是这关乎风险投资的成功与否,因此必须详尽而细致。一般情况下,风险投资家会与会计师、律师等专业人士组成专门的调查小组,通过与风险企业家、风险企业高管人员、风险企业员工、外部监管人员等反复交流沟通以及其他途径来获得所需要的信息。

调查融资与法律事务风险投资基金的注意力一般会集中在以下几个方面:(1)经营计划书,包括竞争优势、整体逻辑合理程度等;(2)经营机构,包括创业者、经营者的经历背景、性格特点,经营团体管理能力、对商业计划的掌握程度等;(3)市场营销,包括市场规模、潜力、竞争力等;(4)产品和技术,包括技术资源、专利和知识产权,产品附加值独特性等;(5)财务计划和投资报酬,包括公司的投资状况、股东结构、预期投资报酬率和资金回收年限等(见表13-9[①])。

表13-9 　　　　　　　　　　某风险投资公司评估因素基准判断表

项　目	条　目
1.经营计划书	明显的竞争优势和投资利益
	经营计划书的整体逻辑合理程度
2.经营机构	创业者和经营者的经历、背景及性格特点
	经营团体的专长、管理能力和经营理念,对商业计划的掌握程度
3.市场营销	市场规模、潜力及竞争力
	有效策略规划
4.产品和技术	技术来源、专利与知识产权,技术人才与开发能力
	产品的附加值和独特性
	生产制造计划可行性与周边产业配套情况
5.财务计划和投资报酬	创业公司的投资状况、股东结构和财务计划的合理性
	预期投资报酬率
	资金回收年限、方式与风险

投资者的调查活动一般包括：

1.考察商业计划书。一是考察商业计划书是否一致明确、切实可行；二是考察商业计划书是否显示了企业的竞争优势，是否具备了成功的条件和获得高额收益的可能。

2.与创业者进行交流。投资者可以由此来考察创业者的品格、能力和管理团队的素质。调查显示，绝大多数的投资者都认为这一点非常重要，其重要程度有时甚至超过项目本身。

3.咨询有关人士。有关人士既包括创业者的雇员、伙伴、债权人、供货商、顾客等，同时也包括有经验的会计师、律师、咨询顾问等，以此来了解企业的背景、经营情况、管理水平、财务状况和法律事务等。

4.参观创业企业。参观创业企业可以更加真实和完整地了解企业的各种情况，以便对企业和创业者的能力进行进一步的评估。

5.进行技术、市场和竞争力等的分析。对处于早期的创业企业，投资者一般比较注重对其技术的可行性和先行性的分析，以此来了解产品的潜在顾客、潜在竞争者、替代品出现的速度等相关问题。

6.调查融资和法律事务。这是为了考察企业的资金需求情况和可能出现的各种法律问题。

这里需要指出的是，尽职调查有与项目筛选类似之处，但是其深度和广度是完全不同的，尽职调查的详细程度远远高于项目筛选。

四、交易构造

交易构造是指风险投资家与风险企业之间经过协商达成的一系列协议，其目的是协调投融资双方在特定的风险交易中的不同需求。在协商过程中，风险投资家一般会把握以下原则：

1.根据项目的风险水平获得适当的风险收益。

2.确保对风险企业有足够的控制能力。

3.确保风险投资基金在任何情况下都能够有效撤出。

4.未来现金流的纳税最小化。

五、创业投资后管理

创业投资后管理是投资者对于某一项目进行投资活动的一个必不可少的环节。1984年，美国经济学家Tyebjee和Bruno从理论上首次明确提出了这个概念。随着有关研究和实践活动的逐步发展，现在一般认为，创业投资后管理就是在投资者与创业者签订合约后，投资者积极参与创业企业的管理，为其提供增值服务，并对其实施监控等各种活动的统称。

　　绝大多数风险企业的创业者都是技术方面的专家，而缺乏经营管理知识。在企业创业初期，由于人员较少、业务简单，企业尚可以围绕着创业者以小团队的方式运作。但随着企业的持续发展，管理常常成为发展的瓶颈。而专业的风险投资机构在这方面拥有绝对的优势，它们对企业的管理和监控，有助于提高企业的发展速度和创业成功率。

　　投资者一般会通过以下几种方式进行创业投资后管理：（1）参加创业企业董事会；（2）审查创业企业的财务报告；（3）与创业企业高层管理人员会晤交流。

　　而创业投资后管理的主要内容则包括：（1）协助制定企业发展战略；（2）招聘管理团队的核心成员；（3）帮助企业筹集后续资金；（4）帮助企业寻找重要客户和供货商；（5）帮助聘请外部专家；（6）监控企业财务业绩；（7）设计退出计划（见表13-10[①]）。

表13-10　　**风险投资家参与投资企业的管理活动及程度统计表**

参与活动	参与程度平均值	方差
组建董事会	3.77	1.99
追加股权融资	3.63	1.23
与金融界的联系	3.62	1.14
监控财务业绩	3.18	0.88
监控企业运作情况	2.82	0.98
追加债券融资	2.70	1.58
制订销售计划	1.64	1.13
寻找和更换管理层	1.38	1.21
寻求客户和分销商	0.94	0.94
参与产品开发	0.72	0.83
寻求供应商和设备	0.60	0.95
员工管理	0.58	0.62

　　注："参与程度平均值"越接近5表示参与程度越高，0表示不参与。

---

　　① 陈琦伟，冯文伟. 创业资本概论［M］. 大连：东北财经大学出版社，2002.

六、退出

创业资本的退出，就是将已经运作成功，具有明显成长性的创业企业的资产变现，收回初始投资，并获得回报。创业资本的退出机制是整个创业资本运作中的重要环节，只有创业资本顺利退出，才能收回最初的投资、获得利润，并将资金运用于新的创业企业，开始新一轮的风险投资过程和投资循环。

风险投资的退出方式主要有四种形式：公开上市、出售、股权回购、破产清算。表13-11[①]显示了2003—2019年中国创业风险投资的退出方式分布情况。

表13-11　　　　中国创业风险投资的退出方式分布（2003—2019年）　　　单位：%

年份	公开上市	出售	股权回购	破产清算	其他
2003	5.4	40.4	36.6	14.9	2.7
2004	12.4	55.3	27.6	4.7	0
2005	11.9	44.4	33.3	10.4	0
2006	12.7	28.4	30.4	7.8	20.7
2007	24.2	29.0	27.4	5.6	13.8
2008	22.7	23.2	34.8	9.2	10.1
2009	25.3	33.0	35.3	6.4	0
2010	29.8	28.6	32.8	6.9	1.9
2011	29.4	30.0	32.3	3.2	5.1
2012	29.41	18.93	45.01	6.65	0
2013	24.3	26.3	44.8	4.6	0
2014	20.8	36.0	36.0	4.8	2.4
2015	15.5	31.0	37.5	6.5	9.5
2016	15.5	31.0	37.5	6.5	9.5
2017	13.7	32.7	34.8	8.9	9.9
2018	16.2	33.0	39.2	9.9	1.7
2019	16.8	27.4	42.3	11.0	2.5

---

① 胡志坚，张晓原，贾敬敦. 中国创业风险投资发展报告2019 [M]. 北京：经济管理出版社，2019.

（一）公开上市

在国外，风险投资退出的最常用的方式就是"首次公开上市"（IPO），指创业企业第一次向社会公众发行股票，风险投资者借此机会出售股票，获得资金的流动性。

IPO是一种对投资者和创业者都非常有利的退出方式。第一，为创业企业的发展筹集了大量的资金，满足了企业在发展中后期大规模的资金需求；第二，提高了企业的知名度，有利于企业树立良好的形象，广纳贤才，为公司取得突破性的发展创造了条件；第三，为投资人和创业企业分担了风险。

在IPO过程中定价是一个非常重要的方面，一般而言，IPO定价包括如图13-5所示的四个过程。

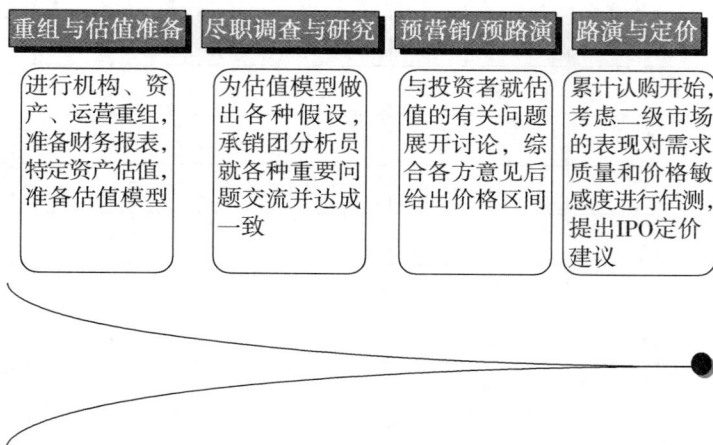

重组与估值准备	尽职调查与研究	预营销/预路演	路演与定价
进行机构、资产、运营重组，准备财务报表，特定资产估值，准备估值模型	为估值模型做出各种假设，承销团分析员就各种重要问题交流并达成一致	与投资者就估值的有关问题展开讨论，综合各方意见后给出价格区间	累计认购开始，考虑二级市场的表现对需求质量和价格敏感度进行估测，提出IPO定价建议

图13-5 IPO定价过程

在这四个步骤中，价格区间逐渐缩小并最终确定为一个具体价格。应该指出的是，其中的估值模型有各种不同的选择。

1.基本估价模型：未来收益贴现法

$$P=\frac{CF_1}{1+i}+\frac{CF_2}{(1+i)^2}+\frac{CF_3}{(1+i)^3}+\cdots+\frac{CF_n}{(1+i)^n}$$

式中：CF——未来现金流；

i——贴现率；

n——计息期数；

P——现值。

这个公式看起来虽然简单，实际应用起来却是仁者见仁、智者见智。

首先，未来现金流究竟是什么？传统理论认为用公司未来利润E表示，但应该认识到的是，公司并不是把所有的未来收益都用于股利分配的，还会有一部分留存收益。也就是说，只有收益的一部分才会对股价产生影响。因此，又产生了股利贴现模型，即用 D 来表示。最近又发展出股权资本自由现金流（FCFE）和公司自由现金流（FCFF）等各种模型。然而，在实际运用中我们会发现，无论是未来收益还是未来股利，都是很难预测的。于是，在这些模型的基础上，又各自衍生出了固定增长率模型、多重增长率模型等。

其次，i 用什么表示？用无风险利率表示显然不合适，现在一般用投资者的必要报酬率来表示。但是，所谓"投资者的必要报酬率"计算起来也是各有千秋。

2.类比法

类比法主要包括市盈率（P/E）估价模型、市净率（P/B）估价模型、价格/销售收入（P/S）估价模型等。

在实际应用中，IPO 定价方式基本上以类比法为主，一个主要原因在于：如果使用理论上更为合理的现金流量贴现法，那么在估价前，必须对公司的业绩增长率、股利支付率、内涵报酬率、各种风险影响等因素做出一系列假设，这些假设常常带有非常大的不确定性。类比法则相对简单得多，在实际运用过程中，常常以相似企业的市盈率、市净率等指标做参考，加以修正后使用。

但是，需要指出的是，IPO 发行需要大量烦琐的准备工作，需要有关部门的审批，其间还涉及会计、法律、中介等相关费用，成本较高。尤其是在中国，证券市场上的中小企业板和创业板都还不成熟，因此 IPO 对广大中小型企业而言还只是一个遥远而美丽的梦想。

（二）出售

出售也是风险资本退出相对常用的一种方式，主要有兼并和收购两种方式，在前面已有阐述。

出售的方式比起 IPO 而言简单易行、成本低、风险小，比较适合规模较小的公司，但是常常遭到管理层的反对，而且由于信息不对称，难以估价，也不容易找到合适的买家。

（三）股权回购

如果创业公司经过一段时期的发展已经逐渐成熟并获利，但仍未达到上市条件，投资者一般会选择股权回购的方式来实现退出。股权回购指创业企业或创业者采用现金或票据的形式，从投资者手中购买其所持有的公司股份的一种行为。

（四）破产清算

风险投资之所以强调风险，是因为其蕴藏着很大的失败可能性。破产清算就是在风险投资失败的情况下，投资者从创业企业中退出的一种方式。在这种方式下，投资者肯定无法获得投资回报和初始投资成本，损失已成为一种必然，损失的程度则视具体情况不同而有所不同，一般而言，通过清理公司所收回的资金占初始投资的比例为20%~60%。

第三节　投资银行在风险投资中的作用

投资银行是资本市场和产权交易市场上最重要的中介机构，在风险投资中占有核心地位，并在风险投资的各个环节发挥着重要的作用。这主要表现在：发起和管理风险基金，为风险企业提供资金，为风险企业提供各种金融服务，帮助风险投资退出等。投资银行对风险投资发展的支持具体体现在以下几个方面：

1.投资银行大都设有风险投资部，风险投资部不仅作为中介者为新兴公司融资或管理风险基金，而且也可以直接对新兴公司或风险企业进行股权投资。实践中，风险资本的供求以及投向也离不开作为风险资本供求双方桥梁的投资银行。

2.在投资过程中，风险投资除了提供风险企业发展所需的资金外，还担负提供管理咨询服务、协助企业内部管理、参与经营管理、提供技术咨询、协助风险企业重组等责任，而这些正是投资银行所擅长的业务。

3.投资银行网罗了各种高端人才，能针对各种具体事务提供更专业的服务。

4.投资银行一般都有很多资本运作的经验，其中不仅仅包括风险投资。这样，在被投资企业的日常经营中，投资银行往往能够提供更多更有效的建议，帮助企业有效控制风险，保证企业健康快速发展。

5.风险投资一般是以股权形式投入到风险企业中的资本，甚至有时占到风险企业股权的相当大的比例，但它们投资的目的不是控股，而是带着丰厚的利润退出以开始新的循环。因此，退出是风险投资的重要环节，直接关系到风险投资的持续发展。在风险投资退出的四种主要方式中，公开上市是最具吸引力、最富盈利性的，而股票承销是投资银行的基本业务，并购则是投资银行业务中最具魅力的业务，所以说风险投资的退出过程几乎都离不开投资银行的参与。

总之，投资银行是风险投资领域中最重要的中介服务机构，与其他中介机构专业化、单一化的服务方式不同，投资银行在资本市场中的作用是广泛的。投资银行以其庞大而有效的行业体系推动着风险投资的发展（如图13-6所示）。

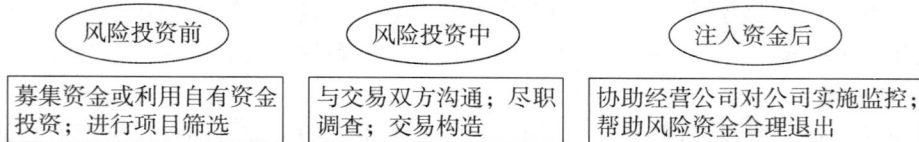

风险投资前	风险投资中	注入资金后
募集资金或利用自有资金投资；进行项目筛选	与交易双方沟通；尽职调查；交易构造	协助经营公司对公司实施监控；帮助风险资金合理退出

图13-6　投资银行在风险投资中的作用

本章小结

1.风险投资是指投资人将风险资本投资于新兴的、具有高速成长潜力的、蕴藏着巨大收益的、未上市的高科技高风险企业，并通过退出机制获得收益的一种投资行为。

2.整个风险投资的运作过程包括风险资本提供者（投资者）、风险投资机构（风险投资家）和风险企业（创业家）三个主体的融资与投资两个过程。风险投资基金的运作流程包括募集资金、项目筛选、尽职调查、交易构造、创业投资后管理、退出。

3.投资银行在风险投资过程中发挥着巨大的作用。

思考与应用

1.发展风险投资对我国的经济有什么作用？

2.风险投资有什么特点？它与传统的银行贷款有什么区别？

3.风险投资运作的具体流程是什么？

【参考案例】　　　投资银行持续助推　阿里巴巴步步为营

作为中国电子商务的领军人物，阿里巴巴集团一直备受媒体和公众的关注。颇具领导力的集团创始人——马云，也是人们津津乐道的话题。短短的几年间，阿里巴巴从一个只有18人的团队迅速发展壮大起来，除了其优秀的经营理念和运作模式外，更离不开风险投资者对其的一路扶持。马云曾说过，创业者是"爹妈"，而风险投资（VC）就像是创业这个孩子的"舅舅"，舅舅可以给建议、给钱，帮助把孩子养得更大。现在就让我们来看看VC这个"舅舅"，是怎么把"阿里巴巴"给养得更大的。

一、阿里巴巴简介

阿里巴巴网络技术有限公司（简称阿里巴巴集团），是由中国互联网先锋马云主导创立的以电子商务为主营业务的企业。1999年3月，马云与另外17位创始人在杭州创办了阿里巴巴网站，为中小型制造商提供了一个销售产品的贸易平台。2000年9月9日，阿里巴巴中国总部在杭州正式成立。

成立之初，阿里巴巴以B2B网上贸易市场平台为主要经营领域。通过集中服务全球进出口商的国际交易市场，集中国内贸易的中国交易市场，以及由一家联营公司经营、促进日本外销及内销的日本交易市场三个旗下交易市场来协助世界各地数以百万计的买家和供应商从事网上交易，最终形成了一个拥有来自240多个国家和地区超过6 100万名注册用户的网上社区。

继续阅读请扫码

【补充阅读】　　　　　　PE（私募股权投资）

Private Equity（简称PE）即私募股权投资，从投资方式角度看，是指通过私募形式对私有企业，即非上市企业进行的权益性投资，在交易实施过程中附带考虑了将来的退出机制，即通过上市、并购或管理层回购等方式，出售所持股权获利。中国风险投资研究院对私募股权投资的定义是："私募股权投资是指通过定向私募的方式从机构投资者或富裕个人投资者手中筹集资本，将其主要用于对非上市企业进行的权益投资，并在整个交易的实施过程中，充分考虑到未来资本的退出方式，即可以通过公开上市、企业间并购或管理层回购等方式，出售所持有资产或股份以获取利润的行为。"

最早的私募股权投资起源于20世纪40年代的美国，资金主要来源于富有的家庭和个人。当时一些小型私人企业对资金的需求使得私募股权投资逐渐开始起步。到了1976年，华尔街著名的投资银行贝尔斯登的三名投资银行家共同建立了大名鼎鼎的KKR公司，在市场中开始崭露头角，这就是历史上的第一家私募股权投资机构。20世纪90年代，PE开始逐渐被引入中国市场。随着中国经济的高速腾飞，以及中国金融行业的迅速发展，目前中国的私募股权投资可以说是遍地开花、欣欣向荣。

一、私募股权投资的特点

1.通常以非公开的方式筹集资金。私募股权投资需要按照不对外公开的办法从一部分机构的投资者以及个人那里获得资金，在这个过程中，不管是销售环节或者是赎回环节都是完全依靠相关基金管理者私底下的商讨来进行的。

2.多采取权益型投资方式。私募通常运用权益型投资手段，一般来说会选择普通股以及可转让优先股的方式来进行，几乎不会运用债券投资的形式。在这种情况下，对于PE投资机构来说，在进行相关决策时也能够使用表决权。

3.一般投资于非上市公司。私募股权投资，更多地偏向于非上市公司，很少考虑到已经上市的公司，同时还会考虑该企业是否具有足够的规模以及有没有强大的资金支持，正是这方面能够明显地体现出该方式和VC之间的差异。

4.投资期限较长。从投资期限上来说，由于涉及公司的整体发展，私募通常需要进行三到五年甚至是更长时间，被划入中长期的投资范围之中。

5.资金来源广泛。私募股权投资的资金来源十分广泛，比如富有的个人、风险基金、杠杆并购基金、战略投资者、养老基金、保险公司等都是常见的资金来源渠道。

6.流动性较差。由于没有现成的市场供非上市公司的股权出让方与购买方直接达成交易，因此私募股权投资存在不够灵活的特点，难以直接形成交易。

7.退出方式多样化。私募的退出渠道很多，有IPO、出售、兼并收购（M&A）、标的公司管理层回购等等。

二、私募股权投资的运作流程

关于运作流程方面，私募股权投资机构主要通过基金的管理、项目选择、投资合作和项目退出来实现。任何一个投资机构都会根据自身实际情况选择相应的运作方式，并且呈现出不同的特色，不过总的来说一般都会运用较为低调的运作手段。随着运作方式的差异，导致所获得的利益也各不相同，但是这方面必须严格遵守相关秩序，不能向外泄露。尽管很难准确了解到相关机构运作的具体步骤，但一般来说这种投资方式的相关操作大致相同。具体来看，应该遵循以下六个步骤：

1.寻找项目

在进行私募股权投资的过程中，最为基本的部分就是怎样寻求好的项目，这就要求基金管理者应该充分发挥其作用，做好相关工作，而充分的调查就是其前提，从而找到适当的项目。当然，要想获得好的项目还应该增强和各个公司之间的联系，同时还要获得广泛的社会关注，包括投资银行、会计师事务所等相关服务性质的机构，通过这些机构获得有保障的数据信息。不过，运用最为普遍的方法是通过项目方获得商业计划书。当收集到一定的信息以后，投资公司就会在此基础上选择企业进行商谈，在双方协商一致的情况下开展相应的评估环节。

2.初步评估

当项目经理了解到项目的相关信息以后，就会针对该项目进行相关的初步评估。在这个过程中，一般需要从下面几点进行考虑：公司的注册资本以及大致的股权结构情况（种子期末成立的公司可忽略）、公司之前年度财务以及经营的总体状况、公司目前所处的行业是否具有发展前景、目前面临的一些竞争对手或者公司的盈利模式特点、初步融资意向以及另外一些能够对投资具有参考价值的情况信息。只有做好相应的评估工作才能为后续的工作提供广泛的空间，确保相关工作顺畅进行。对于初步评估来说，应该和目标企业的客户、供货商以及竞争对手及时进行交流，同时还应该联系其他公司的数据加以分析，在此基础上，让私募投资公司能够选择更好的方式。

3.尽职调查

在进行了初步评估以后，就需要投资经理针对当前情况做出相关处理，这就意味着整个项目已经迈入尽职调查这个步骤之中。对于公司来说，投资活动是否能够成功决定其未来的成长，因此，投资方应该清楚地认识到公司的整体状况，从而做好相关工作。可以说，尽职调查主要是为了实现以下三个目的，即发现问题、发现价值以及核实融资企业提供的信息。

4.设计投资方案

在进行了尽职调查以后，针对其具体情况，项目经理需要对此整理出相关的数据报告，并且做出投资方案建议书，从而对当前财务管理给出适当的建议并出具审计报告。此间，投资方案需要涉及多个方面的内容，不仅包含定价、董事会等相关因素，还要囊括管理手段等其他方面。事实上，在这个过程中，由于私募股权投资与项目企业所维护的利益存在差异，因此双方往往会为了自身权益而产生争议，一旦出现矛盾就很难解决，这个时候就应该运用适当的谈判技巧并且联系会计师或者是律师寻求帮助。

5.交易构造和管理

通常来说，作为投资者，几乎不会选择一次性投入其所有资产的做法，基本上都是选择分期投资，并且在具体的投资过程中明确企业是否能够实现自己的投资目标，运用这种方式在一定程度上使企业被有效监管，从而减少风险的发生。这种方式的弊端在于使得投资所支出的成本有所增长。由于投资者自身主观因素以及其他方面的影响，所运用的监管手段也大不相同，分别为运用报告制度、监控制度、参与重大决策以及进行战略指导等。当然，投资者也能够通过网络或者其他渠道推动企业更为快速地适应市场，稳定而长远地发展。

6.项目退出

项目退出就是私募股权投资的退出，这意味着基金管理者要把其所获得的股权售出并因此获得利益。可以说，该步骤是整个投资过程中最后的环节，并且直接影响着投资是否能够有效收回和使投资价值有所增长。为了获得更多的利益，在选择退出方式时应该更为谨慎，一旦出现差错就不利于投资顺畅进行，甚至造成严重损失。所以说，对于投资者来说，应该明确相关影响因素，审慎对待。

由项目的需求开始一直到项目的退出，意味着整个投资项目顺利完成。对于实际操作来说，投资机构能够在同一阶段开展多个项目，不过一般来说所有项目都需要历经上述相应的环节。

三、私募股权投资在中国的发展

20世纪90年代，PE开始逐渐被引入中国市场。2001—2011年的10年间，中国的创业环境不断优化，在优惠政策的激励下，资本大量涌入创业市场，私募股权投资市场获得了良好的发展契机，在政策的直接影响下，募集资金的门槛逐渐降低，投资空间也不断加大，退出渠道更加通畅。伴随着证券公司、保险公司等相继获批进入私募股权投资市场，私募股权投资行业已成为中国经济体最活跃的组成部分。经过10年的长足发展，中国私募股权投资行业在政策法规层面逐步走上正轨，市场规模快速增长，不论基金的募集、投资还是退出，均表现出不断扩张的趋势，最终呈现出"全民PE"的态势。

中国私募股权投资市场发展至今，依然保持较高热度。就2016年上半年来说，私募股权投资市场共发生投资案例1 394起，其中披露金额的投资事件共计1 243起，涉及金额3 540.96亿元人民币，投资总金额同比上升85.9%。随着国有企业改革的深入和并购案例的不断涌现，以及上市企业资金高速运转与互联网的快速发展，私募股权投资机构将迎来新一轮的市场机遇。

四、私募股权投资和风险投资的区别

PE和VC是两个常常被提及的概念，两者有一些相似之处但也有很多差别：

首先，在投资时间上存在较大差别。VC主要发生在项目初具规模之时，此时的公司需要拓展市场、提升公司知名度、树立品牌等，风险投资人一般选择在此时进入。而PE则不同，在公司经过了一段时间的发展，占据了一定的市场份额之后，为了实现长期稳定的持续发展，公司引入PE投资人，以实现资源的高效利用。

其次，在投资规模上也有不同。VC投资额一般在百万至千万元人民币，而由于PE投资人通常选择一些比较成熟的企业，通过对目前市场已有的数据信息和反馈对项目进行了一系列的评判，所以投资规模一般大于VC，少则几千万，多则几亿甚至十几亿元人民币。

再次，在风险和收益方面，VC青睐于一些未知系数较大的高新技术产业，因此具有高风险、高收益的特点；但PE投资人通常会将投资的风险控制在一定的范围之内，与之相应，回报率相较于VC也较低。

最后，在退出方式方面，VC在帮助公司高速发展后，公司获得增值，投资人以上市、收购兼并和其他股权转让方式撤出资本，实现投资回报；而PE常见的退出方式有公开上市（IPO）、出售股权给第三方（trade sale）、创业企业家回购（buy back）或者清盘结算（liquidation）。

但是，从广义上来看，VC是包含在PE之内的。

补充阅读参考文献

[1] 张静，任彩银，王晔. 中国私募股权投资的特点及问题 [J]. 金融发展研究，2011（5）.

[2] 陈洁，廖菲. 私募股权投资运作流程研究 [J]. 财会通讯，2012（26）.

［3］方思超. 我国私募股权投资发展现状及建议［D］. 保定：河北金融学院，2015.

附件一　投资银行的风险投资报告

第一部分：企业概况

表一：基本情况　　　　　　　　　　　　　　　　　　　　　单位：万元

企业名称				营业执照注册号			
住所				企业法人代码			
经营范围							
企业类型		成立时间		营业期限		职工人数	
法人代表及简历	姓名		性别	年龄		民族	籍贯
	常住地区		最高学历	联系电话			
	起止年月	工作/学习单位、任职			主要业绩		
总经理及简历	姓名		性别	年龄		民族	籍贯
	常住地区		最高学历	联系电话			
	起止年月	工作/学习单位、任职			主要业绩		

第一大股东背景						
所能享受重大优惠政策情况						
有关审批情况						
公司股东结构		股东名称	法人代表	占股比例	应投金额	实投金额	投资方式
	甲方						
	乙方						
	丙方						
	其他方						
	合计						

说明：

1.企业类型填：有限责任公司、股份有限公司、中外合资有限责任公司、中外合资股份有限公司；

2.所享受重大优惠政策是指国家、省、地级市（特区）所给予企业享受的资金、税收、进出口、土地使用权等方面的优惠；

3.有关审批情况是指公司成立、改制，企业所开发、生产的项目/产品进入市场所需国家、省、地级市（特区）有关管理部门批准文件；

4.投资方式是指现金、知识产权（无形资产）、固定资产、土地使用权等。

表二：财务报表　　　　　　　　　　　　　　　　　　　　　单位：万元

资产负债表

资产	期末余额	上年年末余额	负债及所有者权益（或股东权益）	期末余额	上年年末余额
流动资产：			流动负债：		
货币资金			短期借款		
交易性金融资产			交易性金融负债		
衍生金融资产			衍生金融负债		
应收票据			应付票据		
应收账款			应付账款		
应收款项融资			预收款项		
预付款项			合同负债		
其他应收款			应付职工薪资		
存货			应交税费		
合同资产			其他应付款		
持有待售资产			持有待售负债		
一年内到期的非流动资产			一年内到期的非流动负债		
其他流动资产			其他流动负债		
流动资产合计			流动负债合计		
非流动资产：			非流动负债：		
债权投资			长期借款		
其他债权投资			应付债券		
长期应收款			其中：优先股		
长期股权投资			永续债		
其他权益工具投资			租赁负债		
其他非流动金融资产			长期应付款		
投资性房地产			预计负债		
固定资产			递延收益		
在建工程			递延所得税负债		
生产性生物资产			其他非流动负债		
油气资产			非流动负债合计		
使用权资产			负债合计		
无形资产			所有者权益（或股东权益）：		
开发支出			实收资本（或股本）		
商誉			其他权益工具		
长期待摊费用			其中：优先股		
递延所得税资产			永续债		
其他非流动资产			资本公积		
非流动资产合计			减：库存股		
			其他综合收益		
			专项储备		
			盈余公积		
			未分配利润		
			所有者权益（或股东权益）合计		
资产总计			负债和所有者权益（或股东权益）总计		

利润表

项目	本期金额	上期金额
一、营业收入		
减：营业成本		
税金及附加		
销售费用		
管理费用		
研发费用		
财务费用		
其中：利息费用		
利息收入		
加：其他收益		
投资收益（损失以"-"号填列）		
其中：对联营企业和合营企业的投资收益		
以摊余成本计量的金融资产终止确认收益		
净敞口套期收益（损失以"-"号填列）		
公允价值变动收益（损失以"-"号填列）		
信用减值损失（损失以"-"号填列）		
资产减值损失（损失以"-"号填列）		
资产处置收益（损失以"-"号填列）		
二、营业利润（亏损以"-"号填列）		
加：营业外收入		
减：营业外支出		
三、利润总额（亏损总额以"-"号填列）		
减：所得税费用		
四、净利润（净亏损以"-"号填列）		
（一）持续经营净利润（净亏损以"-"号填列）		
（二）终止经营净利润（净亏损以"-"号填列）		
五、其他综合收益的税后净额		
（一）不能重分类进损益的其他综合收益		
1.重新计量设定受益计划变动额		
2.权益法下不能转损益的其他综合收益		
3.其他权益工具投资公允价值变动		
4.企业自身信用风险公允价值变动		
5.其他		
（二）将重分类进损益的其他综合收益		
1.权益法下可转损益的其他综合收益		
2.其他债权投资公允价值变动		
3.金融资产重分类计入其他综合收益的金额		
4.其他债权投资信用减值准备		
5.现金流量套期储备		
6.外币财务报表折算差额		
7.其他		
六、综合收益总额		
七、每股收益：		
（一）基本每股收益		
（二）稀释每股收益		

表三：报表说明

主要产品/ 服务 销售明细	产品/服务名称	销售量	单位	单价	销售额	占总销售额比
	1.					
	2.					
	3.					
	产品售后 服务政策	保修期				
		维修服务收费				
		产品升级服务				
		其他				
	产品销售季节性/周期性变化					

固定资产 清单	固定资产类别	数量	原值	净值	状态（使用、闲置、报废、已抵押）		

无形资产 清单	名称	用途	价值	占总资产比	占净资产 比	保护年限	保护状况

递延资产 明细	价值	形成时间	形成原因	摊销方式	备注

短期 投资	证券品种	买入价格	投资时间	持有时间	收益情况	备注

长期 投资	投资对象	金额	投资时间	占被投资 公司股权	收益情况	备注

关联交易（与关联企业、董事、监事、高管等有关供、产、销、服务、管理、资金融通等诸方面情况）	交易方	与企业关系	交易内容	形成时间	金额	备注

其他说明事项

应收 账款 说明		对方公司名称	金额	占应收账款百分比
	一年以内			
	一年以上二年以内			
	二年以上三年以内			
	三年以上			

存货 说明	名称	购入时间	用途	购入价值	现在评估价值	占存货总值比例

资本 公积 说明	价值	形成时间	形成原因	备注

表四：公司组织与管理

管理层	公司组织结构图							
		姓名	职务		专业与学历		背景	
	管理/技术人员变动情况 （三年内或自公司创立以来）							
	管理层团队评价			知识结构				
				管理水平				
				组织构架				
				团队合作				

员工	部门、地域人员分布	部门名称	人数	主管	业务内容	所在区域	备注
	劳动力统计	年龄分布	30岁以下	30～40岁	40岁以上	平均年龄	
		教育程度	高中以下	高中—大专	大专—本科	本科以上	
		其他					
	具体关键人员依赖程度描述						

报酬结构	薪金制度	高管人员平均月薪		最高		最低	
		普通员工平均月薪		最高		最低	
		月工资支出总额		年工资支出总额		工资支出占费用支出比	
		交通、通信等补助标准					
		其他说明					
	奖励计划	高管持股情况					
		年终奖金发放标准					
		其他说明					
	保险、福利计划	年社会保险支出总额			年人均社保支出		
		年住房补贴支出总额			年人均房补支出		
		其他福利支出总额			年人均其他福利		

补充说明	

表五：技术分析

核心技术	来源及所有权	专利/专有技术名称	所有权人	来源方式	备注
	主要技术指标及技术先进性	专利/专有技术名称	主要技术指标	领先程度	其他说明
	研发能力说明	技术依托			
		研发小组组成			
		技术更新周期			
		其他说明			

主导产品/业务/拟投资项目技术水平	产品名称	所用专利/专有技术名称	产品性能水平	备注

产品生产技术所处阶段（基础研究\中试小批\大批量生产）	产品/技术名称	所处阶段	生产/试验情况

后续开发能力（技术贮备与创新安排）	贮备技术/项目名称	研发单位	投资规模	研发周期说明	其他

技术存在的纠纷情况或潜在风险说明	技术名称	纠纷情况或潜在风险说明

表六：生产过程及设施调查

主要设施	生产用地	生产车间位置							
		总建筑面积			总使用面积				
		所有权属							
		使用成本							
		其他说明							
	重要设备来源	设备/生产线名称	位置	来源	购买价/年租金	按使用年限估计总成本	附加条件	备注	
	设施维修保养资本化与折旧政策	设备名称	维修/保养记录		所耗费用		折旧政策		
生产过程	生产原料及主要辅助材料	原料名称	主要用途	单价	进货渠道	订货周期	占材料成本比例	其他说明	
	生产流程图								
	独有的生产工艺设施及技术说明								
质量认证情况	质量认证情况								
	质量检验流程								
环保问题	目前与潜在的环保问题评估								
	已完成的环保工程及效果								
	面临经费问题估计								
其他说明									

说明：

1.生产用地的使用成本指购入所付价款或租用年租金及其他附加税费等全部支出；

2.重要设备来源指购入、融资租赁、经营性租赁；

3.生产原料的进货渠道指本地购进、省外购进、进口，以主要渠道填写；

4.资产负债表可用企业原资产负债表替代。

第二部分 市场分析

表七：行业与市场

行业背景				
目标产品市场规模与增长潜力分析				
目标客户				

公司产品的主要竞争对手名称及市场份额估计	竞争对手名称	目前所占市场份额	未来三年占市场份额	依据资料

营销策略及与竞争对手比较	项　目	本公司	竞争公司
	产品品种、性能		
	产品价格		
	营销机构及销售半径		
	销售人员地域分布及人数、培训计划		
	销售程序		
	分销渠道、配套市场，直销及分销商代理商数量及分布		
	广告与促销计划		

表八：财务预测　　　　　　　　　　　　　　　　　　　　　　　　　　　　　单位：万元

损益表预测

项目	第一年	第二年	第三年	
营业总收入				
税前利润				
税后利润				
归属于母公司股东利润				
税前利润				
税后利润				
归属于母公司股东利润				
利润总额				
其他综合收益				
净利润				
营业总成本				
管理费用				
财务费用				
研发费用				
销售费用				
其他费用				
现金流量预测				
经营活动现金流				
投资活动现金流				
筹资活动现金流				
汇率变动对现金及现金等价物的影响				
现金及现金等价物净增加额				
期末现金及现金等价物余额				
资产负债表预测				
流动资产				
其中：应收账款				
存货				
其他				
非流动资产				
其中：固定资产				
无形资产				
债券投资				
其他非流动资产				
流动负债				
其中：应付账款				
应付职工薪酬				
应交税费				
其他流动负债				
非流动负债				
负债合计				
股本				
资本公积				
未分配利润				
所有者权益合计				

表九：风险与对策

	分类	风险分析	对策
	原材料供应与储运		
	融资能力局限		
	行业风险		
市场风险	销售		
	市场发展不平衡		
	价格		
	政策性风险		
	WTO 风险		
	其他		

第三部分 拟投资计划

表十：投资计划表

拟投资金额	＿＿＿＿＿＿＿币（大写）
投资分期情况	
占股比例	
溢价情况	
投资经理对项目总体评价	
投资方案	

第四部分 填表说明

一、表中内容若填写不下可附另页。

二、企业发展阶段不同（种子期、扩张期、成熟期），填写内容可不同；如有项目空白未填请注明原因。

三、投资经理应核对以下企业文件原件，留存复印件，签名负责。

1.企业法人营业执照、企业法人代码证书、税务登记证；

2.公司章程；

3.贷款证；

4.公司成立批文及所发展项目的政府有关部门的批文、合同等；

5.公司所有知识产权的证书；

6.近期财务报表（注册资金验资报告、去年经审计年报，最近一期月报）；

7.企业发展项目计划书/商业计划书；

8.被投资企业及转让方股东法人代表身份证、授权签字人身份证。

四、投资决策通过后，投资经理应准备以下资料提请公司付款。

1. 被投资企业及转让方股东法人代表证明书、授权委托书；

2. 股权转让协议（原件）/增资扩股协议；

3. 被投资企业董事会/股东会决议（原件）；

4. 被投资企业当地工商部门出具的企业基本情况证明；

5. 本公司同意投资的股东会/董事会决议；

6. 付款通知书；

7. 风险投资尽职调查报告；

8. 其他项目经理或股东会认为需要的资料。

——————— 附件二　中国风险投资政策发展 ———————

1984年，国家科委科技发展研究中心与英国SUSSX（萨塞克斯）大学SPRU研究所进行了合作，开始对中国发展高新技术进行研究。SPRU研究所的专家向中方建议，中国要发展高科技，必须发展风险投资。

1985年，在《中共中央、国务院关于科学技术体制改革的决定》中指出："对于变化迅速、风险较大的高新技术开发工作，可以设立创业投资给以支持。"这是在中央正式文件中首次提出风险（创业）投资的概念。1991年，《国务院关于批准国家高新技术产业开发区和有关政策规定的通知》中又进一步指出："有关部门可以在高新技术产业开发区建立创业投资基金，用于风险较大的高新技术产业开发。条件成熟的高新技术开发区可创办风险投资公司。"1995年，国务院在《关于加速科技进步的决定》中强调要"发展科技创业投资事业，建立科技风险投资机制"。

1996年，全国人大常委会通过并批准实施了《中华人民共和国促进科技成果转化法》，在第三章第二十四条中明确规定："国家鼓励设立科技成果转化基金或者风险基金，其资金来源由国家、地方、企业、事业单位以及其他组织或者个人提供，用于支持高投入、高风险、高产出的科技成果的转化，加速重大科技成果的产业化。"这是我国首次将风险投资这一概念纳入法律条款。

1997年初，国家科委成立了以邓楠为组长的"创业投资研究"领导小组，组织清华大学等单位的有关专家，对国外风险投资的运作情况进行了较为深入细致的研究。

1998年3月，民建中央向全国政协提交《关于尽快发展我国风险投资事业》的提案，被列为当年"两会"的"一号提案"。该提案在充分调研的基础上提出："为了加快社会主义现代化建设，并在国际竞争中处于有利位置，必须借鉴国外风险投资的成功经验，大力发展风险投资事业，推动科技进步。"

1998年4月，国家成立了由时任科技部副部长邓楠为组长，由人民银行、财政部、国家计委、中国证监会和中国银行等部门参加的"风险投资研究"部际领导小组，并委托中国银行和中国社科院的有关专家，针对我国国情，结合国际惯例，提出建立我国风险投资体系的实施方案。

1999年12月，科技部、国家计委、国家经贸委、财政部等七部委联合起草《关于建立风险投资机制的若干意见》，由国务院下发，对建立风险投资机制的意义、基本原则，培育风险投资主体，建立风险投资撤出机制，完善中介服务机构体系和建立健全、鼓励和引导风险投资的政策和法规体系等问题做出了原则规定。这是我国第一个专门的关于风险投资发展问题的国家文件。

2001 年，全国人大常委会通过了《中华人民共和国信托法》，为风险投资发展提供了法律依据。

2002 年，全国人大常委会通过了《中华人民共和国中小企业促进法》，提出通过税收政策鼓励风险投资机构增加对中小企业的投资。

2003 年，外经贸部、科技部、国家工商总局、国家税务总局、国家外汇管理局等五部委联合起草了《外商投资创业投资企业管理规定》，由国务院下发，为鼓励、规范外国公司、企业和其他经济组织或个人从事创业投资提供了管理依据。

2004 年，商务部制定了《关于外商投资举办投资性公司的规定》，对外商投资举办投资性公司的注册资本、组织形式、投资行为等提出了管理规定。

2005 年，发改委、科技部、财政部、商务部、人民银行、税务总局、工商总局、银监会、证监会、国家外汇管理局等十部委联合起草了《创业投资企业管理暂行办法》，由国务院下发，对创业投资企业实行备案管理，并对其经营范围、投资行为等进行了规定。

2007 年，财政部、国家税务总局联合下发了《关于促进创业投资企业发展有关税收政策的通知》，对投资支持中小高新技术企业的创业投资企业给予税收优惠。

2007 年，财政部和科技部制定了《科技型中小企业创业投资引导基金管理暂行办法》开展设立科技型中小企业创业投资引导基金，支持引导创业投资机构向初创期科技型中小企业投资。

2008 年，国家发改委、财政部和商务部制定了《关于创业投资引导基金规范设立与运作的指导意见》，进一步规范了创业投资引导基金的运作。

2009 年，商务部下发了《关于外商投资创业投资企业、创业投资管理企业审批有关事项的通知》，对总投资在 1 亿美元以下的外商投资创业投资企业、创业投资管理企业的审批权限等进行了下放。

2009 年，国家发改委下发了《关于加强创业投资企业备案管理严格规范创业投资企业募资行为的通知》，明确创投备案条件，严控"募集有限合伙基金"和"从事代理业务"等名义的非法集资活动。

2009 年，国家税务总局下发了《关于实施创业投资企业所得税优惠问题的通知》，对合伙企业、外商投资创业投资企业等有关问题明确了税收优惠政策。

2009 年，国家发改委、财政部联合下发了《关于实施新兴产业创投计划、开展产业技术研究与开发资金参股设立创业投资基金试点工作的通知》，扩大产业技术研发资金创业投资试点，推动利用国家产业技术研发资金，参股设立创业投资基金试点工作。

2009 年，中国证监会制定了《首次公开发行股票并在创业板上市管理办法》，创业板的推出为我国创业投资发展提供了良好的退出渠道，将进一步促进创业投资事业健康快速发展。

2010 年，财政部下发了《关于豁免国有创业投资机构和国有创业投资引导基金国有股转持义务有关问题的通知》，规避相关政策影响，提高了国有创投机构的积极性，鼓励和引导国有创投机构加大对早期项目的投资。

2011 年，财政部下发了《关于豁免国有创业投资机构和国有创业投资引导基金国有股转持义务有关审核问题的通知》，鼓励国有创投机构向科技型企业，特别是初创期科技型中小企业投资，进一步发挥国有创投机构的引导性作用，带动各类资本投入科技创新，促进科技成果向理想消费力转化。

2012年，商务部制定了《外商投资创业投资企业管理规定》以及《商务部关于外商投资创业投资企业、创业投资管理企业审批事项的通知》，帮助市场营造良好的外商投资环境，使列入备案名单的创投企业可适用国家有关政策，办理变更及开展境内投资业务。

2013年，国家税务总局发布《关于苏州工业园区有限合伙制创业投资企业法人合伙人企业所得税政策试点有关征收管理问题的公告》，公告明确创投企业合伙人的范畴，限定了法人合伙人的企业所得税征收方式为查账征收。

2014年，科技部、财政部制定了《国家科技成果转化引导基金设立创业投资子基金管理暂行办法》，规范了国家科技成果转化引导基金设立创业投资子基金的工作。

2016年，国务院发布了《国务院关于促进创业投资持续健康发展的若干意见》，明确提出创业投资是实现技术、资本、人才、管理等创新要素与创业企业有效结合的投融资方式，是推动大众创业、万众创新的重要资本力量，是促进科技创新成果转化的助推器。

2018年，财政部制定了《关于创业投资企业和天使投资个人有关税收政策的通知》，提出了允许运转资金紧张的初创型科技企业延期纳税等措施。

2019年，财政部、证监会、税务总局以及发展改革委联合发布了《关于创业投资企业个人合伙人所得税政策问题的通知》，通过对创投企业所得税制度的优化完善，支持创业投资企业的发展。

2020年，中国证监会发布了《上市公司创业投资基金股东减持股份的特别规定》，对专注于长期投资和价值投资的创业投资基金减持其持有的上市公司首次公开发行前的股份给予政策支持，更好地发挥创业投资对于支持中小企业、科创企业创业创新的作用。

2021年，科技部、财政部印发《国家科技成果转化引导基金创业投资子基金变更事项管理暂行办法》，建立健全国家科技成果转化引导基金管理制度，并进一步提高创业投资子基金规范化管理和专业化服务水平，提升运行效率。

这些政策不但表明了政府在倡导风险投资、推动高新技术产业发展问题上的积极态度，而且也都在不同程度上促进了我国风险投资机制的建立，成为我国风险投资发展的原动力。

金融衍生品

　　金融衍生品是近年来日渐火热的一个话题，我们最近常常议论的股票指数期货就是一个典型的例子。金融衍生品通常是指从标的资产（underlying assets）派生出来的金融工具。由于许多金融衍生品交易在资产负债表上没有相应科目，因而也被称为"资产负债表外交易（简称表外交易）"。本章就将由浅入深地介绍一些金融衍生品的具体内容，并在章末附上中航油的真实案例，使读者对金融衍生品有更加直观的了解。

第一节　金融衍生品概述

一、金融衍生品的内涵

　　衍生品（derivatives）是指从原生事物中派生出来的事物。可以简单地理解为：豆浆就可以称为是大豆的衍生品。金融衍生品是从标的资产派生出来的金融工具，其价值取决于标的资产。金融衍生品也叫衍生工具或衍生证券。

　　衍生工具是和现货工具相对应的一个概念。在外汇市场、债券市场、股票市场中，传统交易会出现本金的流动，这类交易工具被称为现货工具。在许多情况下，本金的流动没有必要，很多交易赚取的就是差价而已，而且要频繁或者大规模地移动本金，是一件非常麻烦的事情，常常会导致错过最佳时机。于是大家就发明了衍生工具，来避免发生本金的流动。

　　关于金融衍生品至今还没有一个统一的定义。1994 年 8 月，国际互换和衍生协会（ISDA）在一份报告中对金融衍生品做了如下描述：衍生品是有关互换现金流量和旨在为交易者转移风险的双边合约。合约到期时，交易者所欠对方的金额由基础商品、证券或指数的价格决定。常见的金融衍生品有期权、期货、互换等等。

二、金融衍生品的特征

1.金融衍生品交易的对象并不是标的资产，而是对这些标的资产在未来某种条件下进行处置的权利和义务，这些权利和义务以契约形式存在，构成所谓的产品。

2.金融衍生品交易是在现时对标的资产未来可能产生的结果进行交易。交易结果要在未来时刻才能确定盈亏。

3.保证金交易，即只要支付一定比例的保证金就可以进行全额交易，不需要实际上的本金转移，合约的执行一般也采用现金差价结算的方式进行，只有在到期日以实物交割方式履行的合约才需要买方交足货款。

4.杠杆效应。由于金融衍生品能做保证金交易，所以，可以使用较低成本获取现货市场上需较多资金才能完成的交易，保证金越少，杠杆效应越大，风险也越大。

三、金融衍生品的分类

国际上金融创新频繁，金融衍生品的种类也五花八门。从基本的分类来看，主要有以下三种：

（一）根据产品形态，分为远期、期权、期货、互换四大类

远期合约和期货合约都是交易双方约定在未来某一特定时间、以某一特定价格、买卖某一特定数量和质量资产的交易形式。期货合约是期货交易所制定的标准化合约，对合约到期日及其买卖资产的种类、数量、质量做出了统一规定。远期合约是根据买卖双方的特殊需求由买卖双方自行签订的合约。因此，期货交易流动性较高，远期交易流动性较低。

期权交易是买卖权利的交易。期权合约规定了在某一特定时间、以某一特定价格买卖某一特定种类、数量、质量标的资产的权利。期权合同有在交易所上市的标准化合同，也有在柜台交易的非标准化合同。

互换合约是一种由交易双方签订的在未来某一时期相互交换某种资产的合约，也常常被称为掉期合约。较为常见的是利率互换合约和货币互换合约。掉期合约中规定的交换货币是同种货币，则为利率掉期；是异种货币，则为货币掉期。

由于在金融衍生品中远期与期货比较类似，而期货、期权和互换这三种形式占有越来越重要的地位，这里主要围绕这三种金融衍生品展开讨论。

（二）根据标的资产分类，分为股票、利率、汇率、商品

如果再加以细分，股票类衍生品中又包括由具体的股票直接产生的衍生品（如股票期货、期权合约等）和由股票组成的股票指数产生的期货和期权合约。

利率类衍生品中又可以分为以短期存款利率为代表的短期利率类衍生品（如利率期货、利率远期等）和以长期债券利率为代表的长期利率类衍生品（如债券期货、期权合约）。

货币类衍生品中包括由不同币种之间的比值产生的衍生品。

商品类衍生品中包括由各类大宗实物商品产生的衍生品。

（三）根据交易方法，分为场内交易和场外交易

场内交易就是通常所说的交易所交易，指所有的供求方集中在交易所进行竞价的交易。

场外交易就是柜台交易，指交易双方直接成为交易对手的交易方式，其参与者仅限于信用度高的客户。

四、金融衍生品的作用

1.规避风险。1994年5月，美国通用会计署公布了一份题为《金融衍生品：为保护金融体系而必须采取的行为》的报告，这项报告承认了金融衍生品对市场参与者的重要性。报告指出，金融衍生品在全球金融市场中发挥了重要作用，为最终客户提供了更好地管理与其业务发展相关的金融风险的机会。由此可见，金融衍生品的首要功能是规避风险，这是金融衍生品市场赖以生存和发展的基础。

2.价格发现。金融衍生品市场集中了各方面的参加者，带来了成千上万种关于衍生品标的资产的供求信息和市场预期，通过交易所类似拍卖方式的公开竞价，形成了市场均衡价格。金融衍生品的价格形成有利于提高信息的透明度，金融衍生品市场与基础市场的高度相关性提高了整个市场的效率。

3.套利。金融衍生品市场存在大量具有内在联系的金融产品，在通常情况下，一种产品总可以通过其他产品分解或组合得到。因此，相关产品的价格应该存在对应的数量关系，当某种产品的价格偏离这种数量关系时，总可以低价买进某种产品、高价卖出相关产品，从而获取价差。

4.投机。市场上总存在一些投机者，他们希望利用对特定走势的预期判断来获利，这种行为可能会产生新的风险。投机者通过承担风险获取利润，只要交易在透明公开的条件下进行，投机就是有利于促进市场效率的。

五、金融衍生品的发展

纵观衍生品市场的发展，其总体呈现加速增长的趋势（见表14-1[①]）。

---

① 根据各财经网站相关资料整理。

表14-1　　　　　　2007—2020年全球衍生品成交量增长幅度

年份	涨幅	年份	涨幅
2007	28%	2014	1.5%
2008	13.7%	2015	13.48%
2009	0.12%	2016	1.69%
2010	25%	2017	−0.1%
2011	11.4%	2018	20.2%
2012	−15.3%	2019	13.7%
2013	2.1%	2020	35.59%

　　2020年，全球期货及其他场内衍生品成交量增势迅猛，在亚洲地区成交强劲的带动下，全球成交总量取得较大幅度的增长。且在细分成交数据中，期货合约与期权合约成交量均呈增长势头，其中全球期货成交量增长32.7%，至255.5亿手；场内期权成交量增长规模和期货基本持平，2020年录得212.2亿手，同比增长39.3%。

第二节　期货

一、期货的概念

　　所谓期货，一般指期货合约，就是由期货交易所统一制定的、规定在将来某一特定的时间和地点交割一定数量标的物的标准化合约。

　　这个标的物又叫基础资产，是期货合约所对应的现货，可以是某种商品（如铜或原油），也可以是某个金融工具（如外汇、债券），还可以是某个金融指标（如3个月同业拆借利率或股票指数）。

　　期货合约的买方如果将合约持有到期，那么他有义务买入期货合约对应的标的物；而期货合约的卖方如果将合约持有到期，那么他有义务卖出期货合约对应的标的物（有些期货合约在到期时不是进行实物交割而是结算差价）。当然，期货合约的交易者还可以选择在合约到期前进行反向买卖来冲销这种义务。

二、期货的产生

　　现代意义上的期货交易产生于19世纪中期的美国芝加哥。19世纪30至40年代，随着美国中西部大规模的开发，芝加哥因毗邻中西部产粮区和密歇根湖，从一个名不见经传的小村落发展成为重要的粮食集散地。中西部的谷物汇集于此，再从这里运往东部消费区。然而，由于粮食生产特有的季节性，加之当时仓库不足、交通不便，粮食供求矛盾异常突出。在每年的谷物收获季节，农场主们用车船将它们运到芝加哥。因谷物在短期内集中上市，供给量大大超过当地市场需求，价格一跌再跌。可是，到来年春季，因粮食短缺，价格飞涨，消费者又深受其害，加工企业也因缺乏原料而困难重重。在供求矛盾的反复冲击下，粮食商开始在交通要道旁边设立仓库，在收获季节从农场主手中收购粮食，来年发往外地，缓解粮食供求的季节性矛盾。但是，粮食商要因此承担很大的价格风险。一旦来年粮价下跌，利润就会减少甚至亏本。为此，他们在购入谷物后立即到芝加哥与当地的粮食加工商、销售商签订第二年春季的供货合同，以事先确定销售价格，进而确保利润。于是，在长期的经营活动中摸索出了一套远期交易的方式。

1848年，芝加哥的82位商人发起组建了芝加哥期货交易所（CBOT）。其实当初的芝加哥期货交易所并非一个市场，只是一家为促进芝加哥工商业发展而自然形成的商会组织。芝加哥期货交易所发展初期主要是改进运输和储存条件，同时为会员提供价格信息等服务，促成买卖双方达成交易。直到1851年，芝加哥期货交易所才引进了远期合同。当时，粮食运输很不可靠，轮船航班也不定期，美国东部和欧洲的供求消息很长时间才能传到芝加哥，价格波动相当大。在这种情况下，农场主即可利用远期合同保护他们的利益，避免运粮到芝加哥时因价格下跌或需求不足等遭受损失。加工商和出口商也可以利用远期合同减少各种原因引起的加工费用上涨的风险，保护他们自身的利益。

但是，这种远期交易方式在随后的交易过程中遇到了一系列困难，如商品品质、等级、价格、交货时间、交货地点等都是根据双方的具体情况达成的，当双方情况或市场价格发生变化，需要转让已签订的合同时，就会非常困难。另外，远期交易最终能否履约主要依赖对方的信誉，而对对方信誉状况作全面细致的调查费时费力、成本较高，难以进行，也使交易中的风险增大。

针对上述情况，芝加哥期货交易所于1865年推出了标准化合约，同时实行了保证金制度，向签约双方收取不超过合约价值10%的保证金，作为履约保证。这是具有历史意义的制度创新，促成了真正意义上的期货交易的诞生。随后在1882年，交易所允许以对冲方式免除履约责任，这更加促进了投机者的加入，使期货市场流动性加大。1883年，成立了结算协会，向芝加哥期货交易所的会员提供对冲工具。但结算协会当时还算不上规范严密的组织，直到1925年芝加哥期货交易所结算公司（BOTCC）成立以后，芝加哥期货交易所所有交易都要进入结算公司结算，现代意义上的结算机构的雏形才初现。

三、期货的发展

国际期货市场的发展，大致经历了由商品期货到金融期货、交易品种不断增加、交易规模不断扩大的过程。

（一）商品期货

商品期货是指标的物为实物商品的期货合约。商品期货一般分为以下三类：

1.农产品期货。1848年芝加哥期货交易所诞生以及1865年标准化合约被推出后，随着现货生产和流通的扩大，不断有新的期货品种出现。除小麦、玉米、大豆等谷物期货外，从19世纪后期到20世纪初，随着新的交易所在芝加哥、纽约、堪萨斯等地出现，棉花、咖啡、可可等经济作物，黄油、鸡蛋以及后来的生猪、活牛等畜禽产品，木材、天然橡胶等林产品期货也陆续上市。

农产品期货现在主要包括四个大类：（1）粮油产品：小麦、玉米、大豆、绿豆等；（2）畜产品：生猪、活牛、羊毛、羊绒等；（3）林产品：木材、胶合板等；（4）经济作物：棉花、糖、天然橡胶、咖啡等。

2.金属期货。1876年成立的伦敦金属交易所（LME），开金属期货交易之先河，当时主要从事铜和锡的期货交易。1920年，铅、锌两种金属也在伦敦金属交易所正式上市交易。伦敦金属交易所自创建以来，一直生意兴隆，至今伦敦金属交易所的期货价格依然是国际有色金属市场的晴雨表，其目前主要的交易品种有铜、锡、铅、锌、铝、镍、白银等。

美国金属期货的出现晚于英国。纽约商品交易所（COMEX）成立于1933年，由经营皮革、生丝、橡胶和金属的交易所合并而成，交易品种有黄金、白银、铜、铝等。其中1974年推出的黄金期货合约，在20世纪七八十年代的国际期货市场上具有较大影响。

金属期货主要有三类：（1）有色金属：铜、铝、铅、锌等；（2）黑金属：钢材等；（3）贵金属：黄金、白银等。

表14-2是一张上海期货交易所的阴极铜标准期货合约[①]。

3.能源期货，包括原油、燃料油、汽油等。20世纪70年代初发生的石油危机，给世界石油市场带来巨大冲击，石油等能源产品价格剧烈波动，直接导致了石油等能源期货的产生。目前，纽约商业交易所（NYMEX）和伦敦国际石油交易所（IPE）是世界上最具影响力的能源产品交易所，上市的品种有原油、汽油、取暖油、天然气、丙烷等。

---

① 上海期货交易所. 上海期货交易所阴极铜期货合约（修订案）［EB/OL］.（2017-03-21）［2017-05-23］. http://www.shfe.com.cn/products/cu/standard/90.html.

表14-2   上海期货交易所的阴极铜标准期货合约

交易品种	阴极铜
交易单位	5吨/手
报价单位	10元/吨
最小变动价位	10元/吨
每日价格最大波动限制	不超过上一交易日结算价+3%
合约交割月份	1—12月
交易时间	上午9：00—11：30、下午1：30—3：00和交易所规定的其他交易时间
最后交易日	合约交割月份的15日（遇法定假日顺延）
交割日期	最后交易日后连续五个工作日
交割品级	标准品：阴极铜，符合国标GB/T467-2010中1号标准铜（Cu-CATH-2）规定，其中主成分铜加银含量不小于99.95%。替代品：阴极铜，符合国标GB/T467-2010中A级铜（Cu-CATH-1）规定；或符合BS EN 1978：1998中A级铜（Cu-CATH-1）规定
交割地点	交易所指定交割仓库
最低交易保证金	合约价值的5%
交易手续费	不高于成交金额的万分之二（含风险准备金）
交割方式	实物交割
交易代码	CU
上市交易所	上海期货交易所

注：根据上期发〔2013〕175号文修订。

（二）金融期货

随着第二次世界大战后布雷顿森林体系的解体，20世纪70年代初国际经济形势发生了急剧变化，固定汇率制被浮动汇率制所取代，利率管制等金融管制政策逐渐取消，汇率、利率频繁剧烈波动，促使人们重新审视期货市场。

1.外汇期货。外汇期货是以汇率为标的物的期货合约，实际交割的是一种外币，目的是规避汇率风险。1972年5月，芝加哥商业交易所（CME）设立了国际货币市场分部（IMM），首次推出包括英镑、加元、西德马克、法国法郎、日元和瑞士法郎等在内的外汇期货合约。

2.利率期货。利率期货是以利率为标的物的期货合约，可以分为短期债券期货和中长期债券期货，短期不超过1年，中期指1~10年，长期指10年以上。1975年10月，芝加哥期货交易所上市国民抵押协会债券（GNMA）期货合约，从而成为世界上第一个推出利率期货合约的交易所。

3.股票价格指数期货。1982年2月,美国堪萨斯期货交易所(KCBT)开发了价值线综合指数期货合约,使股票价格指数也成为期货交易的对象。股票指数期货是以股票指数为标的物的期货。

进入20世纪90年代后,在欧洲和亚洲的期货市场,金融期货交易占了市场的大部分份额。在国际期货市场上,金融期货也成为交易的主要产品。金融期货的出现,使期货市场发生了翻天覆地的变化,彻底改变了期货市场的发展格局。世界上的大部分期货交易所都是在20世纪最后20年诞生的。如今,在国际期货市场上,金融期货已经占据了主导地位,并且对整个世界经济产生着深远的影响(见表14-3和图14-1[①])。

表14-3   **2020年场内衍生品各品种交易量表**   单位:亿手

品种	数量	品种	数量
股指	186.09	农产品	25.69
个股	98.97	能源	31.52
利率	41.52	贵金属	9.83
外汇	45.24	非贵金属	14.33

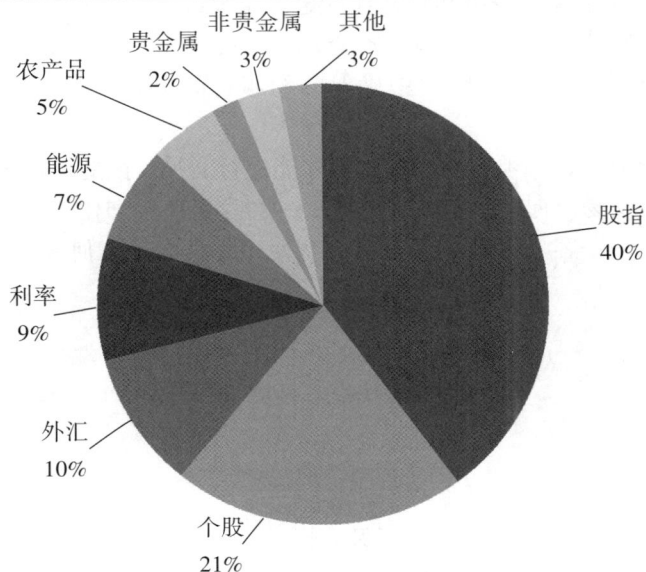

图14-1 2020年场内衍生品各品种交易量比例图

① 表14-3和图14-1根据2020年全球衍生品发展统计报告相关资料整理。

（三）期货期权

1982 年 10 月 1 日，美国长期国债期货期权合约在芝加哥期货交易所上市，引发了期货交易的又一场革命，是 20 世纪 80 年代初出现的最重要的金融创新之一。

期权交易与期货交易都具有规避风险、提供套期保值的功能。但期货交易主要是为现货商提供套期保值的渠道，而期权交易不仅对现货商具有规避风险的作用，而且对期货商的期货交易也具有一定程度的规避风险的作用，相当于给高风险的期货交易买了一份保险。因此，期权交易独具的或与期货交易结合运用的种种灵活交易策略吸引了大批投资者。目前，国际期货市场上的大部分期货交易品种都引进了期权交易方式。有关期权的具体内容，我们将在下一节详细讨论。

四、期货的交易制度

（一）保证金制度

保证金制度是期货交易的特点之一，是指在期货交易中任何交易者必须按照其买卖期货合约价值的一定比例（通常为 5%~10%）交纳资金，用于结算和保证履约。

保证金又分为结算准备金和交易保证金。结算准备金是指会员为了交易结算，在交易所专用结算账户中预先准备的资金，是未被合约占用的保证金。交易保证金是指会员在交易所专用结算账户中确保合约履行的资金，是已被合约占用的保证金。

对一般客户而言，必须通过期货公司才能进行交易。因此保证金的收取是分级进行的，即期货交易所向会员收取保证金——会员保证金和作为会员的期货公司向客户收取保证金——客户保证金。图 14-2 显示了保证金是如何分层收取的。

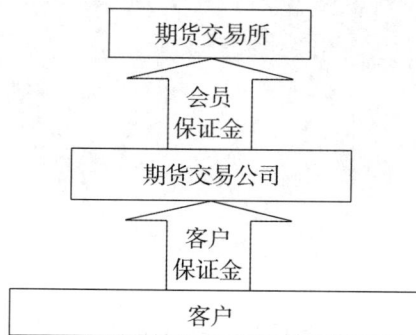

图 14-2　保证金分层收取示意图

（二）当日无负债结算制度

期货交易所实行每日无负债结算制度，又称"逐日盯市"，是指每日交易结束后，交易所按当日结算价结算所有合约的盈亏、交易保证金及手续费、税金等费用，对应收应付的所有款项同时划转，相应增加或减少会员的结算准备金。

（三）涨跌停板制度

此制度又称价格最大波动限制，即指期货合约在一个交易日中的交易价格波动不得超过规定的涨跌幅度。通常以上一交易日的结算价为基准，也就是说，合约上一交易日的结算价加上允许的最大涨幅构成当日价格上涨上限，称为涨停板；合约上一交易日的结算价减去允许的最大跌幅构成当日价格下跌下限，称为跌停板。

涨跌停板制度可在一定程度上控制结算风险，保证保证金制度的顺利执行。

（四）持仓限额制度

持仓限额制度是指交易所规定会员或客户可以持有的，按单边计算的某一合约投机头寸的最大数额。该制度的目的在于防范操纵市场价格的行为和防止期货市场风险过度集中于少数投资者。

（五）大户报告制度

这是指当会员或客户某种持仓合约的投机头寸达到交易所对其规定投机头寸持仓量的80%以上时，会员或客户应向交易所报告其资金情况、头寸情况等，客户须通过经纪会员报告。

大户报告制度是与持仓限额制度紧密相关的又一个防范大户操纵市场、控制市场风险的制度。

（六）交割制度

交割是指合约到期时，按照期货交易所的规则和程序，交易双方通过该合约所载标的物所有权的转移，或者按章规定结算价格进行先进差价结算，了结到期未平仓合约的过程。

一般来说，商品期货以实物交割为主，金融期货以现金交割为主。

（七）强行平仓制度

强行平仓制度是指当会员、客户违规时，交易所对有关持仓实行平仓的一种强制措施。它是交易所控制风险的手段之一。我国交易所规定应予强行平仓的情况如下：

1.会员结算准备金余额小于零，并未能在规定时限内补足的。

2.持仓量超出其限额规定的。

3.因违规受到交易所强行平仓处罚的。

4.根据交易所的紧急措施应予强行平仓的。

5.其他应予强行平仓的。

（八）风险准备金制度

这是指为了维护期货市场正常运行提供财务担保和弥补因不可预见的风险带来的亏损而提取的专项资金制度。

我国规定期货交易所从自己收取的会员交易手续费中提取一定比例的资金，作为确保交易所担保履约的备付金的制度。

（九）信息披露制度

这是指交易所即时、每日、每周、每月向会员、投资者和社会公众提供期货交易信息的制度。信息内容涉及各种价格、成交量、成交金额、持仓量、仓单数、申请交割数、交割库库容情况等。

五、期货交易流程

完整的期货流程应包括：开户与下单、竞价、结算和交割四个环节。

（一）开户与下单

由于能够直接进入期货交易所进行交易的只能是期货交易所的会员，所以普通投资者在进行期货交易之前必须选择一个期货公司开户。虽然各个期货公司的开户程序不尽相同，但是基本程序是一样的，都包括风险揭示、签署合同、缴纳保证金等。

客户在开户以后，就可以进行下单交易。所谓下单，是指客户在每笔交易前向期货经纪公司业务人员下达交易指令，说明拟买卖合约的种类、数量、价格等的行为。通常，客户应先熟悉和掌握有关的交易指令，然后选择不同的期货合约进行具体交易。

一般的下单方式有：书面下单、电话（传真）下单和网上下单。

常用的下单基本指令有：

1.市价指令。市价指令是期货交易中常用的指令之一，它是指按当时市场价格即刻成交的指令。客户在下达这种指令时不必指明具体的价位，而是要求期货经纪公司出市代表以当时市场上可执行的最好价格达成交易。这种指令的特点是成交速度快，一旦指令下达后不可更改和撤销。

2.限价指令。限价指令是指执行时必须按限定价格或更好的价格成交的指令。下达限价指令时，客户必须指明具体的价位。它的特点是可以按客户的预期价格成交，成交速度相对较慢，有时无法成交。

3.止损指令。止损指令是指当市场价格达到客户预计的价格水平时即变为市价指令予以执行的一种指令。客户利用止损指令，既可以有效地锁定利润，又可以将可能的损失降至最低限度，还可以以相对较小的风险建立新的头寸。

4.取消指令。取消指令是指客户要求将某一指令取消的指令。客户通过执行该指令，将以前下达的指令完全取消，并且没有新的指令取代原指令。

（二）竞价

国内期货合约价格的形成方式是计算机撮合成交。计算机撮合成交是根据公开叫价的原理设计而成的一种计算机自动化交易方式，是指期货交易所的计算机交易系统对交易双方的交易指令进行配对的过程。

国内期货交易所计算机交易系统的运行，一般是将买卖申报单以价格优先、时间优先的原则进行排序。当买入价大于、等于卖出价则自动撮合成交，撮合成交价等于买入价（bp）、卖出价（sp）和前一成交价（cp）三者中居中的一个价格。

开盘价和收盘价均由集合竞价产生。

开盘价集合竞价在某品种某月份合约每一交易日开市前5分钟内进行，其中前4分钟为期货合约买卖价格指令申报时间，后1分钟为集合竞价撮合时间，开市时产生开盘价。

收盘价集合竞价在某品种某月份合约每一交易日收市前5分钟内进行，其中前4分钟为期货合约买卖价格指令申报时间，后1分钟为集合竞价撮合时间，收市时产生收盘价。

集合竞价采用最大成交量原则，即以此价格成交能够得到最大成交量。高于集合竞价产生的价格的买入申报全部成交；低于集合竞价产生的价格的卖出申报全部成交；等于集合竞价产生的价格的买入或卖出申报，根据买入申报量和卖出申报量的多少，按少的一方的申报量成交。

（三）结算

结算是指根据交易结果和交易所有关规定对会员交易保证金、盈亏、手续费、交割货款和其他有关款项进行计算和划拨。我国的期货交易所实行会员分级结算制度（如图14-3所示）。

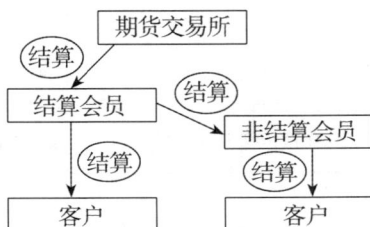

图14-3　期货交易所分级结算制度

期货合约以当日结算价计算当日盈亏，计算公式如下：

当日盈亏=平仓盈亏+持仓盈亏

平仓盈亏=平历史仓盈亏+平当日仓盈亏

$$平历史\atop仓盈亏 = \sum\left[\left(卖出\atop平仓价 - 上一交易日\atop结算价\right)\times 卖出\atop平仓量\right] + \sum\left[\left(上一交易日\atop结算价 - 买入\atop平仓价\right)\times 买入\atop平仓量\right]$$

$$平当日\atop仓盈亏 = \sum\left[\left(当日卖出\atop平仓价 - 当日买入\atop开仓价\right)\times 卖出\atop平仓量\right] + \sum\left[\left(当日卖出\atop开仓价 - 当日买入\atop平仓价\right)\times 买入\atop平仓量\right]$$

持仓盈亏=历史持仓盈亏+当日开仓盈亏

历史持仓盈亏=（当日结算价-上一日结算价）×持仓量

$$当日开\atop仓盈亏 = \sum\left[\left(卖出\atop开仓价 - 当日\atop结算价\right)\times 卖出\atop开仓量\right] + \sum\left[\left(当日\atop结算价 - 买入\atop开仓价\right)\times 买入\atop开仓量\right]$$

当日结算价是指某一期货合约最后一小时成交价格按成交量的加权平均价。合约最后一小时无成交的，以前一小时成交价格按成交量的加权平均价作为当日结算价，以此类推。当日无成交价格的以上一交易日的结算价作为当日结算价。

这里以一张大豆期货简易结算表（见表14-4）为例，来说明在具体的期货交易中是如何结算的。其中假设保证金比率为5%，大豆期货每手为10吨，不考虑交易费用。

表14-4   **大豆期货简易结算表**

日期	结算价	甲方账户	乙方账户
第一天	2 488元/吨	卖出10手大豆期货合约 需要保证金12 440元 需缴纳12 440元	买入10手大豆期货合约 需要保证金12 440元 需缴纳12 440元
第二天	2 502元/吨	亏损1 400元 需要保证金12 510元 保证金变动+70元 需缴纳1 400+70=1 470（元）	盈利1 400元 需要保证金12 510元 保证金变动+70元 可退回1 400-70=1 330（元）
第三天	2 480元/吨	盈利2 200元 需要保证金12 400元 保证金变动-110元 可退回2 200+110=2 310（元）	亏损2 200元 需要保证金12 400元 保证金变动-110元 需缴纳2 200-110=2 090（元）

（四）交割

期货的交割分为实物交割和现金交割两种。实物交割是指期货交易的买卖双方于合约到期时，对各自持有的到期未平仓合约按交易所的规定履行实物交割，了结其期货交易的行为。现金交割是交易双方在交割日对合约盈亏以现金方式进行结算的过程。期货交割是促使期货价格和现货价格趋于一致的制度保证。

实物交割又有集中交割和滚动交割两种：

集中交割是指所有到期合约在交割月份最后交易日交割仓库与基准交割仓库的升贴水。目前，大连商品交易所的所有品种以及郑州商品交易所的小麦品种均采取滚动交割方式。

现在还有一种"期转现"交易方式得到了越来越广泛的应用。期转现（期货转现货的简称）是指持有方向相反的同一月份合约的会员（客户）协商一致并向交易所提出申请，获得交易所批准后，分别将各自持有的合约按交易所规定的价格由交易所代为平仓，同时按双方协定价格进行与期货合约标的物数量相当、品种相同、方向相同的仓单交换行为。

期转现交易有以下的优越性：（1）现货企业可节省成本，灵活商定交货等级、地点、方式，提高资金使用效率；（2）期转现比"平仓后购销现货"更便捷；（3）期转现能有效解决远期交易的安全性问题，也能解决期货合约对交割品级、时间、地点等的限制。

期转现交易的流程：（1）寻找交易对手；（2）双方商定价格；（3）向交易所提出申请；（4）交易所核准；（5）办理手续；（6）纳税。

第三节　期权

一、期权的基本概念

期权是指在未来一定时期可以买卖的权力，是买方向卖方支付一定数量的金额（指权利金）后拥有的在未来一段时间内（指美式期权）或未来某一特定日期（指欧式期权）以事先规定好的价格（履约价格）向卖方购买或出售一定数量的特定标的物的权利，但不负有必须买进或卖出的义务。

期权是一种很特殊的衍生金融品，它交易的对象既非物质商品，又非价值商品，而是一种权利，是一种"权钱交易"。

在人们的印象中，期权是近代才逐渐发展起来的一种衍生金融工具，其实，期权的使用很早就出现了。在古希腊亚里士多德的《政治学》中就曾记载，一位名叫撒勒斯的哲学家，在橄榄榨油机闲置的时候，因为没有竞争对手，所以只花费了少量的钱就租到了两个城市橄榄榨油机的使用权。等到橄榄的收获季节来临，许多人突然需要橄榄榨油机，他就以高价租出榨油机的使用权，从中大赚了一笔。

近代期权的产生是从20世纪70年代开始的，最初源于股票交易，后来移植到期货交易中，发展更为迅猛。现在，不仅在期货交易所和股票交易所开展期权交易，而且在美国芝加哥等地还有专门的期权交易所。芝加哥期权交易所（CBOE）就是世界上最大的期权交易所。

二、期权与期货的区别

期货和期权的区别就在于双方权利和义务的关系（如图14-4所示）。期货合约是双方必须执行的义务，而期权是由卖方的义务和买方的权利构成的。因为卖方收受了买方的期权费，期权合约是否执行，买方拥有选择权。

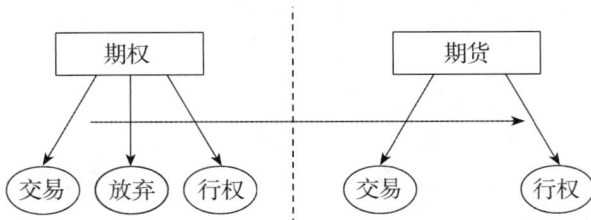

图14-4　期权与期货的区别

比如说，假如某人购买了一份看涨期权，他就拥有了买进标的资产的权利且没有义务。于是，怎样处置这份期权他有三种选择：交易这份期权、到期行权或者到期作废（放弃）。当标的资产的市场价高于行权价时，他可以选择行权或高价卖出合约或对冲合约，即平仓。相反，当市场上的资产价格低于行权价格时，行权就会造成亏损，所以他会选择不行权。但是对于期货而言，不论买卖亏损与否，期货合约必须执行或对冲，不能放弃。

三、期权的分类

（一）看涨期权和看跌期权

通常来讲，期权可以分为看涨期权（call）和看跌期权（put）。看涨期权是投资者通过支付一定的期权费取得的，在未来特定时间以一定价格买入标的资产的权利。这种特定的价格也称敲定价格。标的资产就是执行期权用来交易的资产，理论上任何形式的资产都可以作为标的物，比如股票、黄金、货币、商品等等。看跌期权是期权持有人以特定价格卖出标的资产的权利。看涨期权是给予期权买方对标的资产做多的权利，看跌期权则是给予期权买方对标的资产做空的权利。

图14-5至图14-8是期权看涨和看跌的四种盈亏图。

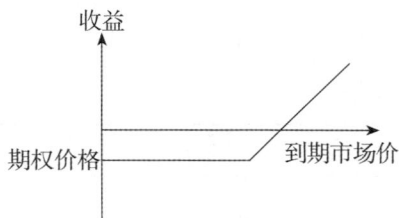

图 14-5　买入看涨期权的收益

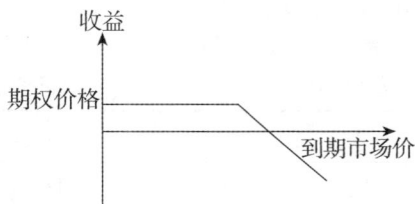

图 14-6　卖出看涨期权的收益

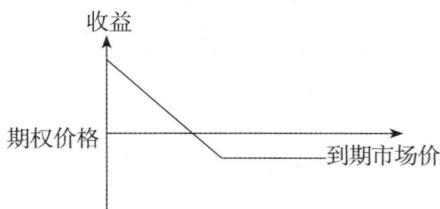

图 14-7　买入看跌期权的收益

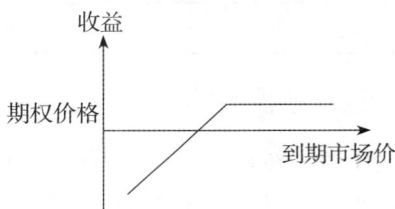

图 14-8　卖出看跌期权的收益

（二）美式期权与欧式期权

美式期权是指期权合约的买方，在期权合约的有效期内的任何一个交易日，均可决定是否执行权利的一种期权。欧式期权是指期权合约买方在合约到期日才能决定其是否执行权利的一种期权。

美式期权比欧式期权更灵活，赋予买方更多的选择，而卖方则时刻面临着履约的风险，因此，美式期权的权利金相对较高。

郑州商品交易所设计的小麦期权即为美式期权。

（三）实值、平值和虚值期权

期权按执行价格与标的物市价的关系可分为实值期权、平值期权和虚值期权。

1.期货价格高于执行价格的买权以及期货价格低于执行价格的卖权为实值期权。例如，小麦期货价格为 1 220 元/吨，执行价格为 1 200 元/吨的买权为实值期权，执行价格为 1 240 元/吨的卖权为实值期权。

2.期货价格等于执行价格的期权，称为平值期权。例如，小麦期货价格为 1 220 元/吨，执行价格为 1 220 元/吨的买权和 1 220 元/吨的卖权均为平值期权。

3.期货价格低于执行价格的买权以及期货价格高于执行价格的卖权为虚值期权。例如，小麦期货价格为 1 220 元/吨，执行价格为 1 240 元/吨的买权为虚值期权，执行价格为 1 200 元/吨的卖权为虚值期权。

执行价格与期货市场价格相差越大，实值额或虚值额越大，称之为深度实值期权或深度虚值期权。期权交易过程中，实值期权、平值期权和虚值期权随期货价格变化而发生变化。

表14-5显示了执行价格与期货价格的关系。

表14-5 执行价格与期货价格关系表

	买权	卖权
实值期权	执行价格<期货价格	执行价格>期货价格
平值期权	执行价格=期货价格	执行价格=期货价格
虚值期权	执行价格>期货价格	执行价格<期货价格

四、期权合约

任何人在玩一个新游戏时，首先必须了解这个游戏的规则。当从事期权交易时，期权合约就是参与者必须遵守的游戏规则。

期权合约是指由交易所统一制定的、规定买方有权在合约规定的有效期限内以事先规定的价格买进或卖出相关期货合约的标准化合约。所谓标准化合约就是说，除了期权的价格是在市场上公开竞价形成的，合约的其他条款都是事先规定好的，具有普遍性和统一性。

期权合约的主要内容包括：合约名称、交易单位、报价单位、最小变动价位、每日价格最大波动限制、执行价格、执行价格间距、合约月份、交易时间、最后交易日、合约到期日、交易手续费、交易代码、上市交易所等。

表14-6为上交所发布的沪深300ETF期权合约。

1.合约标的：指期权交易双方权利和义务所共同指向的对象。交易所个股期权的合约标的是指在上交所上市挂牌交易的单只证券（包括股票与ETF）。

2.合约类型：主要分为认购期权和认沽期权。认购期权是指期权买方支付一定权利金后，有权在约定时间（行权日）以约定价格（行权价）从卖方手中买进一定数量标的资产的期权合约，买方享有的是买入选择权。而认沽期权是指在约定时间内，卖方享有按照规定的价格和数量卖出某种有价证券的权利。

3.行权价格：是指期权的买方行使权利时采用的事先规定的买卖价格。这一价格一经确定，则在期权有效期内，无论期权标的物的市场价格上涨或下跌到什么水平，只要期权买方要求执行该期权，期权卖方都必须以此执行价格，履行其必须履行的义务。

4.行权方式：只能在权证到期日行权（即行权起始日＝行权截止日＝权证到期日）。

表14-6　　　　　　　　　　　　沪深300ETF期权合约

合约标的	华泰柏瑞沪深300交易型开放式指数证券投资基金（"沪深300ETF"，代码为510300）
合约类型	认购期权和认沽期权
合约单位	10 000份
合约到期月份	当月、下月及随后两个季月
行权价格	9个（1个平值合约、4个虚值合约、4个实值合约）
行权价格间距	3元或以下为0.05元，3元至5元（含）为0.1元，5元至10元（含）为0.25元，10元至20元（含）为0.5元，20元至50元（含）为1元，50元至100元（含）为2.5元，100元以上为5元
行权方式	到期日行权（欧式）
交割方式	实物交割（业务规则另有规定的除外）
到期日	到期月份的第四个星期三（遇法定节假日顺延）
行权日	同合约到期日，行权指令提交时间为9：15-9：25，9：30-11：30，13：00-15：30
交收日	行权日次一交易日
交易时间	上午9：15-9：25，9：30-11：30（9：15-9：25为开盘集合竞价时间）下午13：00-15：00（14：57-15：00为收盘集合竞价时间）
委托类型	普通限价委托、市价剩余转限价委托、市价剩余撤销委托、全额即时限价委托、全额即时市价委托以及业务规则规定的其他委托类型
买卖类型	买入开仓、买入平仓、卖出开仓、卖出平仓、备兑开仓、备兑平仓以及业务规则规定的其他买卖类型
最小报价单位	0.0001元
申报单位	1张或其整数倍
涨跌幅限制	认购期权最大涨幅=max ｛合约标的前收盘价×0.5%，min［（2×合约标的前收盘价－行权价格），合约标的前收盘价］×10%｝ 认购期权最大跌幅=合约标的前收盘价×10% 认沽期权最大涨幅=max ｛行权价格×0.5%，min［（2×行权价格－合约标的前收盘价），合约标的前收盘价］×10%｝ 认沽期权最大跌幅=合约标的前收盘价×10%
熔断机制	连续竞价期间，期权合约盘中交易价格较最近参考价格涨跌幅度达到或者超过50%且价格涨跌绝对值达到或者超过10个最小报价单位时，期权合约进入3分钟的集合竞价交易阶段
开仓保证金最低标准	认购期权义务仓开仓保证金=［合约前结算价+max（12%×合约标的前收盘价-认购期权虚值，7%×合约标的前收盘价）］×合约单位。认沽期权义务仓开仓保证金=min［合约前结算价+max（12%×合约标的前收盘价-认沽期权虚值，7%×行权价格），行权价格］×合约单位
维持保证金最低标准	认购期权义务仓维持保证金=［合约结算价+max（12%×合约标的收盘价-认购期权虚值，7%×合约标的收盘价）］×合约单位 认沽期权义务仓维持保证金=min［合约结算价+max（12%×合标的收盘价-认沽期权虚值，7%×行权价格），行权价格］×合约单位

5.行权日：期权合约可以开始行权的日期。行权日当天，提出行权的认购期权权利方需准备足额的资金，提出行权的认沽期权权利方需准备足额的合约标的。期权权利方可对所持有的相同合约标的的认购期权和认沽期权合并申报行权。

6.交收日：融资融券信用账户转到证券账户的合约标的不能用于当天期权的行权交收。如2020年8月到期的沪深300ETF期权合约行权交收日为2020年8月27日，投资者需要根据行权与指派结果在2020年8月27日收盘前准备好足额合约标的或资金，履行行权交收义务，避免交收违约。

7.涨跌幅限制：证券交易所为了防止出现过度投机的行为和市场出现过分的暴涨暴跌，而在每天的交易中规定当日的证券交易价格在前一个交易日收盘价的基础上上下波动的幅度。

8.熔断机制：指的是在股票市场的交易时间中，当价格波动的幅度达到某一个限定的目标（熔断点）时，对其暂停交易一段时间以保护投资者和维持市场稳定的机制。

五、期权的交易流程

（一）交易指令

期权指令种类分为市价指令、限价指令和取消指令等。当某客户发出交易指令，买进或卖出一份期权合约，经纪公司接受指令，并将其传送到交易所。

交易者发出交易指令时，很重要的一点是选择执行价格。选择执行价格的一个重要方面是交易者对后市的判断。对于买进看涨期权来说，执行价格越高，看涨预期越大。对于买进看跌期权来说，执行价格越低，看跌预期越大。

（二）下单与成交

交易者向其经纪公司发出下单指令，说明要求买进或卖出期权数量，看涨期权或看跌期权以及所需期权的执行价格、到期月份、交易指令种类、开仓或平仓等。

交易指令通过计算机按照成交原则撮合成交。期权权利金竞价原则与期货合约的竞价原则相同，即按价格优先时间优先的竞价原则。计算机撮合系统首先按照竞价原则分买入和卖出指令进行排序，当买入价大于、等于卖出价则自动撮合成交，撮合成交价等于买入价、卖出价和前一成交价三者居中的一个价格。

（三）期权部位的了结方式

1.对冲平仓

期权的对冲平仓方法与期货基本相同，都是将先前买进（卖出）的合约卖出

（买进）。只不过，期权的报价是权利金。

如果买进看涨期权，卖出同执行价格、同到期日的看涨期权对冲平仓。如果卖出看涨期权，买进同执行价格、同到期日的看涨期权对冲平仓。如果买进看跌期权，卖出同执行价格、同到期日的看跌期权对冲平仓。如果卖出看跌期权，买进同执行价格、同到期日的看跌期权对冲平仓。

例如，某客户以20元/吨买进10手3月份到期，执行价格为1 200元/吨的小麦看涨期权。如果小麦期货价格上涨到1 250元/吨，那么权利金也上涨，比如上涨到30元/吨，那么该客户可能发出如下指令：以30元/吨卖出（平仓）10手3月份到期、执行价格为1 200元/吨的小麦看涨期权。

2.执行

美式期权的买方在合约规定的有效期限内的任一交易日闭市前均可通过交易下单系统下达执行期权指令，交易所按照持仓时间最长原则指派并通知期权卖方，期权买卖双方的期权部位在当日收市后转换成期货部位。

对于看涨期权多头，按照执行价格获得多头期货部位；对于卖出看涨期权，按照执行价格，卖方被指派，获得空头期货部位。

对于买进看跌期权，按照执行价格，买方获得空头期货部位；对于卖出看跌期权，按照执行价格，卖方被指派，获得多头期货部位。

例如，执行价格为1 200元/吨的11月份小麦看涨期权执行后，买方获得1 200元/吨的11月份小麦期货多头部位；卖方获得1 200元/吨的11月份小麦期货空头部位。当然，如果期权买方已经持有开仓价格为1 260元/吨的11月份小麦空头期货合约，也可用执行买权获得的多头期货部位与已经持有的空头期货部位平仓，获利60元/吨（见表14-7）。

表14-7 期权执行与部位关系

	看涨期权	看跌期权
买方	获得多头期货部位	获得空头期货部位
卖方	获得空头期货部位	获得多头期货部位

3.期权到期

如果到期时，期权没有对冲平仓，也没有提出执行，在当日结算时，投资者的期权持仓就会被自动了结。按照惯例，在期权到期时，实值期权会被自动执行。因此，买方放任到期的一般为虚值期权。

根据需要，期权买方可以不执行期权，让期权到期。而期权卖方除对冲平仓和应买方要求履约外，只能等待期权到期。

随着到期日的临近，期权的时间价值呈加速衰减。在到期日，期权的时间价值为0，因此，时间是期权卖方的"朋友"，是期权买方的"敌人"。期权的买方应尽量避免看对了方向、看错了时间，当期货价格向有利方向变动时，期权已经到期了。

第四节　互换

一、互换的概念

所谓互换，是指两个或两个以上的当事人，通过达成互换协议，在约定的时间内交换货币、利率等金融资产的支付款项（现金流）的交易行为。互换的主要工具是利率互换和货币互换。

值得注意的是互换的对象是现金流，而非本金。互换双方由于存在信用等级、筹资成本和负债结构等方面的差异，通过利用各自在国际金融市场上筹集资金的相对优势，可以在不涉及本金实际转移的情况下进行债务互换，以防范风险、改善资产负债结构。

利率互换（interest rate swap）是指互换双方根据约定的名义本金交换现金流的行为，双方持有的币种、总值和期限都相同，一方现金流以固定利率计算，另一方现金流以浮动利率计算。互换双方各自为对方还息，而不发生本金的交换。

货币互换交换的是货币，双方借款的总值、期限、计息方法都相同，但是币种不同，双方根据互换协议，按期为对方借入的货币偿还本金和利息。使用的汇率一般为即期汇率。可以简单地理解为，利率互换是相同货币间的债务互换，而货币互换是不同货币间的债务互换。

二、互换的产生

互换起源于20世纪70年代英国和美国的平行贷款（parallel loan）。当时，由于英国国际收支恶化，政府实行外汇管制来限制资金外流。在这样的情况下，一些企业采取了平行贷款的应对策略。简单的平行贷款涉及两个国家的母公司（如图14-9所示），英国母公司A向另一家设在英国境内的美国子公司B贷款，作为交换，B的美国母公司向A的美国子公司贷款。

世界上第一笔真正的货币互换产生于1981年。当时，在所罗门兄弟公司安排下，世界银行发行债券所筹集到的2.9亿美元与IBM公司发行债券筹集到的等值的德国马克和瑞士法郎进行了互换（如图14-10所示）。

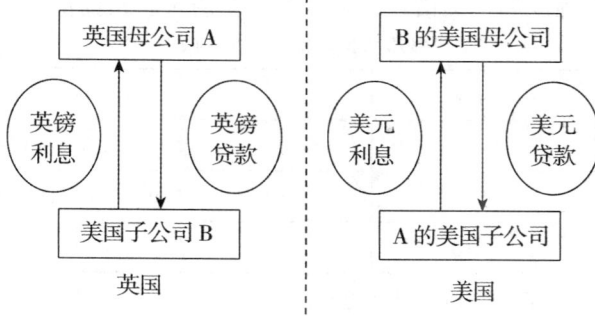

图 14-9　早期平行贷款示意图

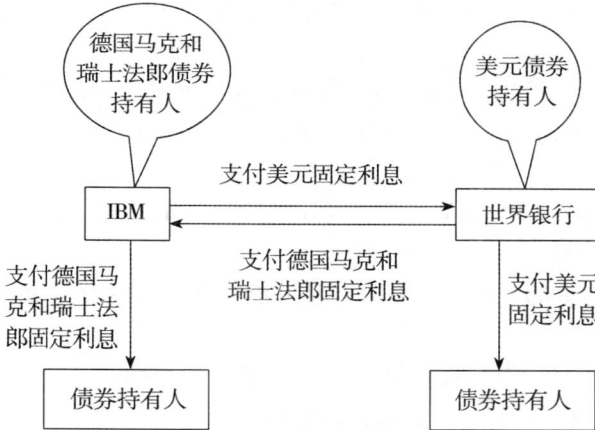

图 14-10　第一笔货币互换示意图

世界上第一笔利率互换也在 1981 年产生，是美国花旗银行和大陆伊利诺斯银行进行的 7 年期美元债券固定利率与浮动利率的互换。

三、互换举例

（一）利率互换

息票互换（coupon swap）是最常见的利率互换交易，是指固定利息与浮动利息的交换。持有同种货币的双方约定本金，一方以其固定利率资金换取另一方浮动利率资金，但实际上只对利息差异结算，不发生本金的转移。利率互换的原理是比较成本优势。下面举例说明利率互换的具体过程。

假设表 14-8 是甲乙两公司借款的年利率。由表可见，甲在固定利率方面具有比较优势，乙在浮动利率方面具有比较优势。但是恰好甲公司需要浮动利率的借款，而乙公司需要固定利率的借款，怎么办呢？两家公司商量后决定进行互换。

表14-8　　　　　　　　　　甲乙两公司借款的年利率

	固定利率	浮动利率
甲公司	9%	6个月LIBOR+0.5%
乙公司	10%	6个月LIBOR+0.8%
借款成本差额	1%	0.3%

首先，甲以固定年利率9%借入2 000万美元，乙以浮动年利率6个月LIBOR+0.8%借入2 000万美元。

其次，两个人互换利息。乙支付给甲固定年利率9%，甲支付给乙浮动年利率6个月LIBOR+0.8%。

这样，甲乙两公司的总成本为：9%+6个月LIBOR+0.8%。

如果不进行互换，直接从市场上借款，两公司的总成本为：10%+6个月LIBOR+0.5%。

于是双方总的借款成本降低：（10%+6个月LIBOR+0.5%）-（9%+6个月LIBOR+0.8%）=0.7%。

这就是互换产生的利益，这部分利益可以根据甲乙的商定再在双方间分配。

（二）货币互换

货币互换分三个步骤完成：第一步，初期本金互换；第二步，期间利息互换；第三步，到期本金再互换。下面具体举例说明。

假设A公司需要发行2 000万美元债券，但是它发行欧洲美元债券的利率相对较高，发行欧洲人民币债券的利率却较低。B公司需要发行欧洲人民币债券1.4亿元，它发行欧洲人民币债券利率较高，发行欧洲美元债券利率较低。同时假设美元对人民币的即期汇率是1：7。相关资料见表14-9。

表14-9　　　　　　　　　　AB两公司发行债券的利率

	欧洲美元债券利率	欧洲人民币债券利率
A公司	8%	4.5%
B公司	7%	6%

这样，就可以由投资银行牵头，A公司改为发行人民币债券1.4亿元，B公司改为发行美元债券2 000万美元，然后双方进行货币互换。充分利用各自的相对优势，以节省大量费用。具体过程如图14-11、图14-12和图14-13所示。

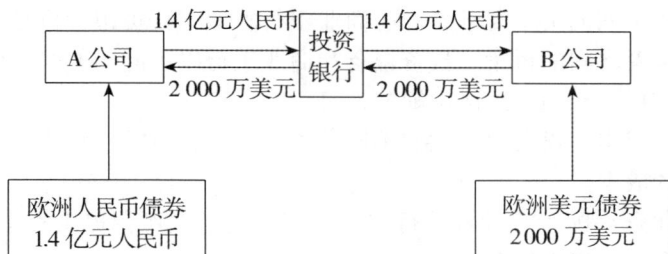

图 14-11　期初本金互换

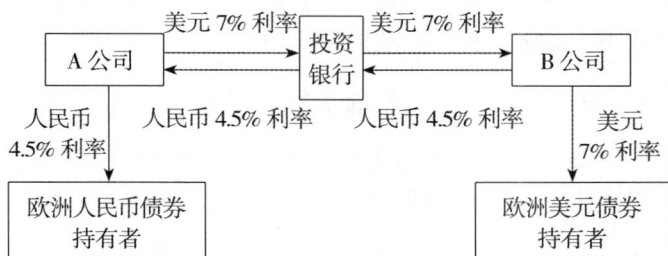

图 14-12　期中利率互换

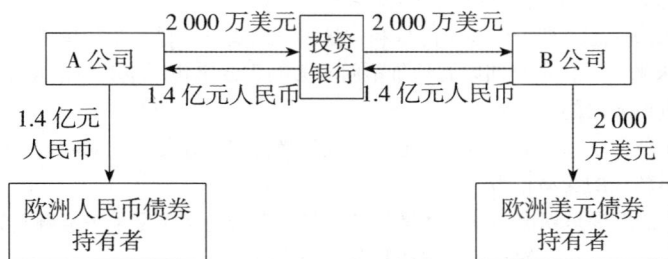

图 14-13　期末本金互换

最终，A 公司以 7% 的利率借入美元，节省了 1% 的利率；B 公司以 4.5% 的利率借入人民币，节省了 1.5% 的利率；假设投资银行向双方各收取 0.2% 的手续费，则可以赚取 0.4% 的利率。可见，三方都有收益。

第五节　投资银行对金融衍生品的作用

金融衍生品及其市场离不开投资银行等金融机构的参与和推动。投资银行的参与方式主要有：

第一，为满足市场需求进行金融创新，开发新的衍生品。

第二，充当做市商，维护衍生品市场的交易。

第三，作为经纪商，辅助客户进行衍生品的交易和结算。

第四，连接不同的资金需求者。与商业银行相似，投资银行也是沟通互不相识的不同资金需求者之间的桥梁。投资银行和商业银行以不同的方式和侧重点起着重要的资金媒介作用，在国民经济中缺一不可。

第五，节约成本。投资银行能使不同的主体发挥各自的比较优势，互相取长补短，节约各方的成本。

第六，优化资源配置。投资银行在资本市场这个大舞台提供资本的运营服务，不断创新，从而实现资本资源在全社会的有效配置。

第七，提高企业竞争力。投资银行为企业进行金融衍生品操作，有助于整合产业资源，帮助企业做大做强，提高企业的竞争力。

本章小结

1.衍生品是有关互换现金流量和旨在为交易者转移风险的双边合约。合约到期时，交易者所欠对方的金额由基础商品、证券或指数的价格决定。常见的金融衍生品有期权、期货、互换等等。

2.期货一般指期货合约，就是指由期货交易所统一制定的、规定在将来某一特定的时间和地点交割一定数量标的物的标准化合约。

期权是指在未来一定时期可以买卖的权利，是买方向卖方支付一定数量权利金后拥有的在未来一段时间内或未来某一特定日期以履约价格向卖方购买或出售一定数量的特定标的物的权利，但不负有必须买进或卖出的义务。

互换是指两个或两个以上的当事人，通过达成互换协议，在约定的时间内，交换货币、利率等金融资产的支付款项的交易行为。

3.衍生品市场的发展呈现出一种加速增长的趋势。金融衍生品是未来金融发展的大方向，金融衍生品及其市场离不开投资银行等金融机构的参与和推动。

思考与应用

1.金融衍生品有哪些作用？它对金融市场会产生怎样的影响？
2.投资银行为什么如此积极地发展金融衍生品业务？
3.选择一项金融衍生品，模仿投资银行说明你的交易策略。

【参考案例】　　　　　　　　　　**中国版CDS**

一、事件回顾：中国版CDS正式启航

2016年9月23日，中国银行间市场交易商协会（以下简称交易商协会）正式对外发布《银行间市场信用风险缓释工具试点业务规则》（以下简称《2016版规则》），并分别针对信用风险缓释合约（Credit Risk Mitigation Agreement，CRMA）、信用风险缓释凭证（Credit Risk Mitigation Warrant，CRMW）、信用违约互换（Credit Default Swap，CDS）和信用联结票据（Credit-linked

Notes，CLN）四类产品发布了具体的业务指引。中国版信用违约互换一经推出便在中国金融市场引起广泛关注，更被视为中国债券市场发展的里程碑事件。

二、CDS的产生和发展

（一）CDS基本结构①

CDS是目前全球交易最为广泛的场外信用衍生品之一。在信用违约互换交易中，银行、保险公司等机构通常希望规避信用风险，因此在市场中购买信用保护；而再保险、资产管理公司、投资银行等专业机构则愿意承担一定的风险，向风险规避方提供信用保护，因此成为交易中出售信用保护的卖方。如图1所示，在CDS合约中，CDS买方向卖方定期支付一定的以面值固定基点表示的费用。

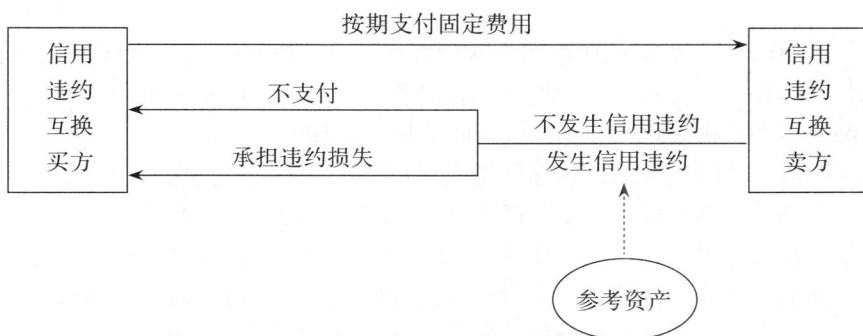

图1　CDS基本结构

继续阅读请扫码

---

① 赫尔 J. 期权、期货及其他衍生产品 [M]. 王勇，索吾林，译. 8版. 北京：机械工业出版社，2012.

参考文献

［1］BEIMAN I. 如何操作中国企业的并购［J］. 企业研究，2003（2），（3）.

［2］安同良，赵巍巍. 有限追索项目融资在中国的实践——合肥二电厂有限追索项目融资实例分析［J］. 世界经济与政治论坛，1999（6）.

［3］巴珊. 我国投资银行现存问题及对策［J］. 商场现代化，2008（5）.

［4］白梓萱，李冀峰. 华尔街巨子摩根［J］. 产业导刊，2007（4）.

［5］贝政新. 投资银行学［M］. 上海：复旦大学出版社，2006.

［6］陈洁，廖菲. 私募股权投资运作流程研究［J］. 财会通讯，2012（26）.

［7］陈浪南. 美国投资银行与证券发行［J］. 国际贸易，1993（5）.

［8］陈琦伟，阮青松. 投资银行学［M］. 大连：东北财经大学出版社，2007.

［9］陈文君. 投资银行实务［M］. 上海：上海财经大学出版社，2005.

［10］陈育明. 论金融品牌创建［J］. 商业经济研究，2005（17）.

［11］程子毅，等. 崛起的中国式 REITs 系列一：鹏华前海万科 REITs［EB/OL］.（2016-01-16）［2017-05-23］. http：//www.goingconcern.cn/article/9313.

［12］戴大双. 项目融资［M］. 2版. 北京：机械工业出版社，2009.

［13］戴天柱. 投资银行运作理论与实务［M］. 2版. 北京：经济管理出版社，2010.

［14］邓翔，林雪娇. "次贷危机"下美国金融监管体制改革分析［J］. 世界经济研究，2008（8）.

［15］丁鹏. 量化投资——策略与技术［M］. 北京：电子工业出版社，2012.

［16］丁弋弋. 喊三年上市未果 百合网或放弃海外上市觊觎 A 股［J］. IT时代周刊，2015（5）.

［17］方磊，杨刚. REITs 发展的国际经验以及中国路径探讨［J］. 商，2015（24）.

［18］方思超. 我国私募股权投资发展现状及建议［D］. 保定：河北金融学院，2015.

［19］高丽亚. 对我国投资银行监管模式的思考［J］. 经济咨询，2005（1）.

［20］董德志，柯聪伟. 国信证券：天使亦魔鬼——CDS的前世今生［EB/OL］. 华尔街见闻.（2016-09-28）［2017-05-23］. https：//wallstreetcn.com/articles/265145.

［21］韩汉君，王振富，丁忠明. 金融监管［M］. 上海：上海财经大学出版社，2003.

［22］何淼. 实务：怎样操作企业并购［J］. 国际融资，2002（1）.

［23］何小锋，黄嵩. 投资银行学［M］. 2版. 北京：北京大学出版社，2008.

［24］贺显南. 中外投资银行比较［M］. 广州：中山大学出版社，2004.

［25］赫尔. 期权、期货及其他衍生产品［M］. 王勇，索吾林，译. 北京：机械工业出版社，2014.

［26］胡定东，谢安峰. 投资银行的金融创新［M］. 成都：西南财经大学出版社，1998.

［27］胡海峰，李雯. 投资银行学教程［M］. 北京：中国人民大学出版社，2005.

［28］黄苹，张悦. 投资银行退出机制研究［J］. 昆明：云南财经大学学报，2004，20（6）.

［29］黄亚均，谢联胜. 投资银行理论与实务［M］. 2版. 北京：高等教育出版社，2007.

［30］吉斯特. 金融体系中的投资银行［M］. 郭浩，译. 北京：经济科学出版社，1998.

［31］蒋运通，韩黄，桂琳. 企业竞争战略优势的创建及评价［J］. 湘潭大学学报：哲学社会科学版，2000，24（3）.

［32］科特勒. 营销管理［M］. 梅清豪，译. 11版. 上海：上海人民出版社，2003.

［33］雷建平. 世纪佳缘宣布与百合网正式合并 即将完成退市［EB/OL］.（2016-05-14）［2017-05-23］. http：//tech.qq.com/a/20160514/010207.htm.

［34］李波. 投资银行战略重构与整合：基于核心竞争力的研究［M］. 北京：中国财政经济出版社，2007.

［35］李成. 金融监管学［M］. 2版. 北京：高等教育出版社，2016.

［36］李明曦，陈仁炜. 中国投资银行的外部环境分析与政策建议［J］. 海南

金融，2003（2）.

［37］李强，叶旭刚，祝佳. VaR模型的计算及应用［J］. 中国管理科学，2000（S1）.

［38］李少俊. 项目融资中的风险控制——合肥二电厂融资案例剖析［J］. 科学投资，1999（5）.

［39］李文龙. 美国金融监管改革评述［J］. 银行家，2008（8）.

［40］李艳. 新形势下中国投资银行业的发展对策［D］. 北京：对外经济贸易大学，2002.

［41］李烨. 高盛，华尔街曾经的笑柄［J］. 新理财，2009（12）.

［42］李勇，陈耀刚. 高盛投资银行业务：经验与借鉴［J］. 金融论坛，2007（3）.

［43］李子白. 投资银行学［M］. 北京：清华大学出版社，2005.

［44］刘建，马虹，马辉. 浅谈对企业并购的新认识［J］. 价值工程，2005，24（5）.

［45］刘建辉. 摩根大通凭什么躲过次贷危机［J］. 英才，2008（3）.

［46］刘丽娟. 摩根大通：在稳健中拓展零售银行［J］. 商务周刊，2005（24）.

［47］刘仁伍，吴竞择. 金融监管、存款保险与金融稳定［M］. 北京：中国金融出版社，2005.

［48］刘毅，因子选股模型在中国市场的实证研究［D］. 上海：复旦大学，2012.

［49］刘振彬. 量化投资在券商资产管理业务中的实现研究［D］. 昆明：云南大学，2014.

［50］卢西，简辉. 中金公司成没落贵族 昔日老大竟沦为二流券商［J］. 新财经，2012（8）.

［51］鲁默涵. 高盛在次贷危机和欧债危机中的盈利［J］. 时代金融，2013（29）.

［52］栾华. 投资银行理论与实务［M］. 上海：立信会计出版社，2006.

［53］吕爱兵. ST美雅收购与反收购大战［J］. 中国投资，2004（2）.

［54］马洪. 经济法概论［M］. 4版. 上海：上海财经大学出版社，2007.

［55］马蔚华. 关于加快金融品牌建设的思考［J］. 中国金融，2005（1）.

［56］牛筱颖. JP摩根大通：贵族与平民的联姻［J］. 金融博览：财富，2008（7）.

［57］潘竞飞. 投资银行监管模式的国际比较及其对中国的启示［D］. 广州：暨南大学，2007.

［58］祁敬宇. 金融监管学［M］. 西安：西安交通大学出版社，2007.

［59］秦远建，罗娅萍. 品牌策略和创新观念［J］. 商场现代化，2008（4）.

［60］屈哲，赵欣. 我国金融品牌建设策略研究［J］. 东北财经大学学报，2006（2）.

［61］任淮秀. 投资银行论［M］. 北京：中国人民大学出版社，2003.

［62］任淮秀. 投资银行业务与经营［M］. 4版. 北京：中国人民大学出版社，2014.

［63］任映国，徐洪才. 投资银行学［M］. 4版. 北京：经济科学出版社，2005.

［64］帕特森. 宽客：华尔街顶级数量金融大师的另类人生［M］. 卢开济，译. 沈阳：万卷出版公司，2011.

［65］宋常，马茂先. 关于我国投资银行监管的几点思考［J］. 会计之友，2002（1）.

［66］宋国良. 投资银行概论［M］. 北京：对外经济贸易大学出版社，2006.

［67］宋国良. 投资银行学［M］. 北京：人民出版社，2004.

［68］宋国良. 投资银行学：运营和管理［M］. 北京：清华大学出版社，2007.

［69］苏健. 西方国家投资银行业务的创新［J］. 产权导刊，2006（7）.

［70］唐时达. REITs的国际比较及启示［J］. 中国金融，2014（13）.

［71］田美玉，鲍静海. 投资银行学［M］. 南京：东南大学出版社，2005.

［72］田瑞璋. 商业银行的投资银行业务［M］. 北京：中国金融出版社，2003.

［73］王静. 中外投资银行历史演进中的若干支持条件［J］. 金融研究，2005（8）.

［74］王文红. 高盛公司欺诈门事件会计问题分析［J］. 财会通讯，2012（4）.

［75］王彦. 量化投资理论基础概述［J］. 经济视野，2015（19）.

［76］王缨，纪亮. 触摸高盛［J］. 中外管理，2008（6）.

［77］王玉霞. 中国投资银行论［M］. 北京：中国社会科学出版社，2005.

［78］王长江. 现代投资银行学［M］. 北京：科学出版社，2002.

［79］魏来. 论投资银行在企业并购中的作用［J］. 时代经贸，2006，4（4）.

［80］奚君羊. 投资银行学［M］. 2版. 北京：首都经济贸易大学出版社，

2014.

[81] 佚名. 企业并购的三大风险 [J]. 南风窗，1998（7）.

[82] 谢剑平. 现代投资银行 [M]. 北京：中国人民大学出版社，2004.

[83] 兴业证券. REITs 系列研究之一：国内外房地产证券化产品模式比较 [EB/OL].（2014-09-10）[2017-05-23]. http：//chuansong.me/n/344150351771.

[84] 熊波，陈柳. 大通曼哈顿与 J. P. 摩根合并的思考 [J]. 经济理论与经济管理，2001（2）.

[85] 徐莉莉，量化投资在中国的发展现状 [R]. 上海：渤海证券研究所，2012.

[86] 徐荣梅，等. 投资银行学 [M]. 广州：中山大学出版社，2004.

[87] 徐长香. 中外投资银行组织结构比较 [J]. 对外经贸，2007（2）.

[88] 许叶红. 浅谈 REITs 在中国商业地产领域的发展前景 [J]. 财经界：学术版，2015（17）.

[89] 阎敏. 投资银行学 [M]. 3 版. 北京：科学出版社，2016.

[90] 阎向军. 美国投资银行的监管模式及借鉴 [J]. 首都经济，2002（1）.

[91] 尹蘅，孔维成. 美国投资银行风险管理架构对我国的启示 [J]. 海南金融，2007（5）.

[92] 于瀛，祝洪章. 高盛业务发展历程对我国券商投行业务创新的启示 [J]. 中国证券期货，2013（4）.

[93] 张极井. 项目融资 [M]. 2 版. 北京：中信出版社，2003.

[94] 张静，任彩银，王晔. 中国私募股权投资的特点及问题 [J]. 金融发展研究，2011（5）.

[95] 张娅. 摩根大通：在长城上赛跑 [J]. 商务周刊，2003（8）.

[96] 赵东. 企业内部公共关系建立与维护 [J/OL]. 中华品牌管理网·文库，（2007-05-28）[2017-05-23]. http：//www.cnbm.net.cn/article/jr91128173_5.html.

[97] 郑鸣，王聪. 投资银行学教程 [M]. 北京：中国金融出版社，2005.

[98] 周冰. 对商业银行开展现代公共关系管理的思考 [J]. 上海金融，2003（9）.

[99] 周程. 国际大投行的人才计谋 [J]. 国际融资，2007（6）.

[100] 周程. 摩根大通看好中国资本市场 [J]. 国际融资，2006（7）.

[101] 周莉. 投资银行实务运作 [M]. 北京：经济科学出版社，2006.

[102] REITs 行业研究. REITs 案例｜国内首单股权 REITs 产品述评 [EB/OL]. [2018-03-13]. https：//mp.weixin.qq.com/s/HgfStVIRAJbt3VKk5Qj71Q.

［103］中购联. 商业地产REITs案例大全［EB/OL］.［2017-11-26］. https：//mp.weixin.qq.com/s/pvV0_6VOyU7I-4EdcXKA9w.

［104］苏苏金. 一步之遥——从中信启航看中国的REITs进程［EB/OL］.［2017-8-21］. https：//zhuanlan.zhihu.com/p/28667424.